丝路百城传

特立,不独行

"丝路百城传"丛书编委会和编辑部

编委会

主　　任：杜占元

常务副主任：陆彩荣

副 主 任：刘传铭

委　　员：（按姓氏笔画排序）

丁　方　　万俊人　　马汝军　　王卫民　　王子今

王邦维　　王守常　　吕章申　　邬书林　　刘文飞

齐东方　　李敬泽　　连　辑　　邱运华　　辛　峰

张　帆　　张　炜　　陈德海　　胡开敏　　徐天进

徐贵祥　　诺罗夫（乌）　　黄　卫　　龚鹏程

阎晓宏　　彭明哲　　葛剑雄　　谢　刚

编辑部

主　　任：马汝军　　胡开敏

副 主 任：邹懿男　　文　芳

委　　员：简以宁　　蔡莉莉　　陈丝纶

出版说明

2013年，中国国家主席习近平向世界提出共建"一带一路"的倡议。自提出以来，"一带一路"倡议深刻影响世界，逐渐从理念转化为行动，从愿景转变为现实，建设成果丰硕，得到国际社会热烈响应。

古丝绸之路打开了各国各民族交往的窗口，书写了人类文明进步的历史篇章。新时代共建"一带一路"的实践，为沿线国家和地区相向而行、互学互鉴提供了平台，促进了不同国家和地区、不同民族、不同文化、不同文明的深入交流。

城市是人类文明的结晶。"一带一路"沿线的城市中，蕴藏着人类千年的历史、多元的文化和无尽的动人故事。我们希望通过出版"丝路百城传"，展现每座城市独一无二的历史和性格，汇聚出丰富多彩、生动可感的"一带一路"大格局，增进文化交流和文明互鉴。

这是一次前所未有的出版探索，我们虽竭尽全力，也深知有诸多不足。期待这套丛书能够得到读者的喜欢，也期待更多的读者、作者、专家、学者等各界朋友对我们的出版工作给予指正。

"丝路百城传"丛书编辑部

HOHHOT
THE BIOGRAPHY

一座草原都市的往昔与今朝

呼和浩特 传

白涛 —— 著

IPG 中国国际出版集团　　新星出版社　NEW STAR PRESS

总　序

刘传铭

如果说丝绸之路研究让我们洞见了一部全新的世界史，一定会有人表示惊讶与质疑；

如果说城市的创造是迄今为止人类文明进程中最伟大的事情，则一定会得到人们普遍的支持与认同。

"丝路百城传"丛书的策划正是发轫于这样一个历史观的文化叙述：

丝绸之路是一条无路之路；

丝绸之路是一条既古老又年轻，"不知其始为始，不知其终为终"的漫漫长路；

丝绸之路是一条历史时空里时隐时现，变动不居，连点成线，连线成网的超级公路；

丝绸之路是点实线虚，点变线变，点之兴衰即线之存亡的交通形态，那些关山阻隔，望洋兴叹的城市，便如一颗颗璀璨的明珠镶嵌在路；

丝绸之路是一个文化概念，叠加其上的影像曾被不同国家不同民族的人们呼作：铜铁之路、纸张之路、皮毛之路、黄金之路、朝贡之路、宗教之路；

丝绸之路是中西文明交流与传播、邦国拓展、民族融合之路，也是西方探秘中国、解码东方之路，更是我们反躬自问"我是谁？我从哪里来？我向何处去？"的寻根之路、回家之路；

丝绸之路是今日中国走向世界的新起点、新思路，是"一带一路"中国倡议走向人类命运共同体的未来之路……

无可否认，一个世纪以来，丝路研究之话语为李希霍芬、斯文·赫定、斯坦因、伯希和、大谷光瑞、于格、橘瑞超、芮乐伟·韩森、彼得·弗兰科潘等东西方人所主导。然而半个世纪以来的大国崛起，正在使"夫唯不争"之中国快速走向文化振兴。我们要将《大唐西域记》《真腊风土记》的传统正经补史、继绝往圣、启迪民智、传播正信，同时也将丝绸之路城市传文学以实为说、以城为据、芳菲想象、拒绝平庸的创作视为新使命、新挑战。让"城市传"这样一个文学体裁开出新时代的鲜花。

凭谁问：昆仑巍峨、河源滔滔、玉山储秀、戍堡寂寞；

凭谁问：旌节刻恨、驼铃悠远、琵琶起舞、古调胡旋；

凭谁问：秦汉何在、唐宋可甄、东西接引、前路正新；

凭谁问：八剌沙衮今何在？罗马的钟声谁敲响；

凭谁问：撒马尔罕的金桃今何在？帕米尔上的通天塔何时建成、何时倾倒；

凭谁问：伊斯兰世界的科学造诣何时传到了巴黎和伦敦；

凭谁问：鉴真大师眼中奈良和京都的樱花几谢几开；

凭谁问：乌拉尔河上何时传来了伏尔加河的纤夫号子；

凭谁问：杭州湾的帆樯何时穿越马六甲风云……

诗人说：这条路是唐诗和宋词的吟唱，是太阳和月亮的战争；

军人说：这条路是旌旗翻卷的沙漠，是铁骑踏破的血原；

商人说：这条路是关涉洞开的集市，是金盏银樽的盛宴；

僧侣说：这条路是信仰鲜花盛开的祭坛，是生命涅槃的乡路……

一个个城市的前世今生，一个个城市的天际线风景，一个个城市的盛衰之变，一个个城市的躁动与激情，一个个城市的风物淳美与人文精彩，一个个城市的悲欢离合，一个个城市的内动力发掘与外开拓展望，一个个城市的往事与沉思，一个个城市的魅惑和绝世风华……

从长安到罗马（大陆卷）和从杭州湾到地中海（海洋卷）是卷帙浩繁的"丝路百城传"系列丛书的框架结构，也是所有参与写作的中外作家和编辑们共同绘制的新丝路蓝图。《尚书·舜典》有"濬咨文明"之句，孔疏曰："经纬天地曰文，照临四方曰明。"《论语·雍也》曰："质胜文则野，文胜质则史。文质彬彬，然后君子。"又《易经·贲卦·彖辞》曰："刚柔交错，天文也；文明以止，人文也。观乎天文，以察时变；观乎人文，以化成天下。"故文化乃"人文化成"而以文教化"圣人之教也"。"周虽旧邦，其命维新"，丛书编纂与出版岂非正当其事、正当其时也！

读者朋友们，没有踏上丝路，你的家就是世界；踏上丝路，世界才是你的世界、你的家园……唯祈丛书阅读能助君踏上这样一个个奇妙无比的旅程。

丝绸之路从远古走向未来，我们的努力也将永无休止。

刘传铭

戊戌谷雨前五日于松江放思楼

目 录

第一章　青冢拥黛，穿越千年的眺望

昭君与青冢 / 3

汉代瓦当 / 7

阴山与河套 / 8

河套人 / 10

青铜时代 / 14

鄂尔多斯式青铜器 / 15

草原金鹰王冠 / 18

秦长城 / 22

秦直道 / 22

云中城 / 25

盛乐城 / 29

六镇起义与高欢 / 37

帝王之乡——武川 / 40

隋炀帝"金河会盟" / 43

受降城外月如霜 / 47

丰州滩往事 / 55

白　塔 / 57

道与谷 / 63

第二章　草原精灵，蒙古马永生的奔腾

图　腾 / 71

天赐神兽 / 72

突厥、回纥与图腾 / 73

蒙古图腾 / 77

草原岩画 / 80

蒙古鹿石 / 83

突厥石人 / 84

高原神驹蒙古马 / 85

马头琴与蒙古民歌 / 96

第三章　库库和屯，漠南蒙古第一城

津关要塞托托城 / 111

亦城亦寺美岱召 / 114

库库和屯，漠南蒙古第一城 / 121

第四章　归化绥远，塞北双城托起大盛魁

走西口 / 127

归化城 / 130

康熙巡归化城 / 131

抚远大将军费扬古 / 138

召　城 / 139

驼　城 / 151

绥远城 / 159

绥远城的蒙古将军 / 163

公主在青城 / 165

建城与伐木 / 170

刘统勋私访归化城 / 174

草原商都与大盛魁 / 178

龙票·印票 / 180

"上至绸缎，下至葱蒜" / 188

"归化城是官马御桥" / 194

马桥"十大股""顶门牙子" / 196

大盛魁闲话 / 202

小号天顺泰 / 205

"小班馆子"和"大戏馆子" / 208

大盛魁的劫难与归途 / 215

大盛魁的隐秘之道 / 221

大盛魁后人的生活 / 225

晋商与大院 / 229

归绥八景 / 234

灾匪频仍的年月 / 236

第五章　大地脉动，河套开渠与草原放垦

何谓河套 / 245

屯垦、移民、开渠 / 246

"河神"王同春本事 / 254

绥远放垦 / 259

草原抗垦"独贵龙" / 262

席尼喇嘛传奇 / 264

嘎达梅林的故事 / 269

第六章　风云激荡，土默川走进新时代

李大钊与内蒙古革命青年 / 277

"孤魂滩"事件 / 279

塞北文豪荣祥 / 283

斯文·赫定与西北科考团 / 300

王若飞在包头、归绥 / 303

蒋介石视察归绥 / 307

第七章　乌兰浩特，红城光照内蒙古

从延安到商都 / 311

"单刀赴会"有故事 / 312

创建自治联合会，实现东西部统一 / 319

乌兰浩特，红城光照内蒙古 / 323

第八章 "绥远方式",呼和浩特新生

"绥远方式" / 329

呼和浩特新生 / 335

乌兰恰特 / 339

乌力格尔 / 344

乌兰牧骑 / 346

草原母亲与三千孤儿 / 349

模范自治区 / 354

第九章 呼和浩特,长调与散板的绵绵风土

呼和浩特,长调与散板的绵绵风土 / 359

呼和浩特大事记 / 369

主要参考书目 / 396

HOHHOT
THE BIOGRAPHY

呼和浩特 传

青冢拥黛，穿越千年的眺望

第一章

草原金鹰王冠

昭君与青冢

在今天的内蒙古自治区首府呼和浩特市城区正南方，大黑河南岸的平滩上，一座中国古代帝陵一样凸起的土丘，巍峨高耸在茂密的树林和草滩之间，特立独行的身影，与远处的大青山各自构成互视的高点，它就是青冢——昭君墓，当地老百姓习惯叫它昭君坟已有多年。青冢之得名是因为每年一到"凉秋九月，塞外草衰"之时，四野的青草都已渐近枯黄衰败，唯独这座大土丘依然青色葱茏犹如盛夏季节一般，人们便称之为"青冢"，祈愿它四季常青。古人早就有"谁似青冢年年青""至今冢上青草多""宿草青青没断碑"之类的诗句，人们又根据对青冢景色变换的观察而有了一日三变的所谓"晨如峰，午如钟，酉如枞"之说。近人张相文《塞北纪行》如此描述："塞外地多白沙，空气映之，凡山林村阜，无不黛色横空，若泼浓墨。故山曰大青山，河曰大黑河。昭君冢烟霭朦胧，远见数十里外，故亦曰青冢。"塞北诗人荣祥《青冢》诗云："巍峨青冢黑河滨，吊古何人此问津。犹夏惨抛军士骨，防秋巧藉女儿身。乌孙艳迹疑同调，凤子轻妆讶效颦。独有东皇知护惜，年年垄上草如茵。"据说，青冢之青也与呼和浩特"青城"的称谓有些关联，而"青冢拥黛"在呼和浩特从前还被称为"归绥"时起，就已经列入"归绥八景"之首了。

二十世纪八十年代笔者曾登临这座昭君墓，墓顶上除一座小庙外别无他物，土丘四周有半颓的围墙，一些石碑靠墙而立。现如今昭君墓早已是国家五A级景区，是呼和浩特旅游文化一张瑰丽的名片。当地人一般在春暖花开之时去踏青，外地游客大多是慕昭君之名而前去拜谒游览。

汉五凤元年（前57），匈奴各部因单于继位出现了"五单于争立"的混乱局面，呼韩邪被迫向南退却，靠近长城，而被称为南匈奴单于。汉甘露三年（前51），呼韩邪南下至长安，自请归附汉朝。汉宣帝刘询给予最高礼遇，置其位于诸侯之上，颁给玉玺赠予冠带、汉服、佩剑、车马及金银、锦缎等大量财物。汉竟宁元年（前33），中国历史上发生了一件影响久远的大事——昭君出塞胡汉和亲。《汉书·匈奴传》载："竟宁元年，单于复入朝，礼赐如初，加衣服锦帛絮，皆倍于黄龙时，单于自言愿婿汉氏以自亲。元帝以后宫良家子王嫱字昭君赐单于。单于欢喜，上书愿保塞上谷以西至敦煌，传之无穷，请罢边备塞吏卒，以休天子人民。"《汉书·元帝纪》又载："竟宁元年春正月，匈奴呼韩邪单于来朝。诏曰：'匈奴郅支单于背叛礼仪，既伏其辜，呼韩邪单于不忘恩德，乡慕礼仪，复修朝贺之礼，愿保边塞之无穷，边陲长无兵戈之事。'其改元为竟宁，赐单于待诏掖庭，王嫱为阏氏。"

"弱女力挽民族怨，落雁佳人垂世间"，王昭君是公认的中国古代四大美女之一，四大美女即西施、王昭君、貂蝉、杨玉环，她们享有"沉鱼落雁之容，闭月羞花之貌"的美誉。精彩的故事是这些美誉的来源："沉鱼"讲的是西施浣纱，"落雁"指的是昭君出塞，"闭月"说的是貂蝉拜月，"羞花"谈的是贵妃杨玉环醉酒，这些倾国倾城、绝代芳姿的人物故事随着悠然岁月都已衍化为汉语成语典故。而"落雁"则来自一个民间传说：昭君离别故土北上高原，一路上马嘶雁鸣令她哀伤不已，不禁悲从中来，起手拨动琴弦。天上南飞的大雁听到动人的旋律，竟忘记扇动翅膀，从空中落向地面……

在湖北省宜昌市秭归县城内立着两块清代石碑，其一题刻"楚大夫屈原故里"，其二题刻"汉昭君王嫱故里"。其实，昭君故里在兴山县西香溪河畔的昭君村，"群山万壑赴荆门，生长明妃尚有村"，杜甫诗中所指就是这里。昭君故里尚有昭君宅、楠木井、梳妆台等遗存。昭君出生于汉甘露二年（前52），本是民间一良家女子，十六岁时被选入汉宫却数年未得皇帝召幸，心中不免戚戚然。恰逢呼韩邪提出和亲，昭君便毅然报名去面见单于，这种见识、胆量和决心非一般女子所具备。《后汉书·南匈奴传》载："昭君入宫数岁，不得见御，积悲怨，乃请掖庭令求行。呼韩邪临辞大会，帝召五女示之。昭君丰容靓饰，光明汉宫，顾景裴回，竦动左右。帝见大惊，意欲留之，而难于失信，遂与匈奴。"这段记述生动有趣，昭君以其靓丽姿容和不凡气质惊艳了整座汉宫，也让汉元帝动了心，更征服了草原王呼韩邪！为纪念和亲盛举，元帝将年号改为"竟宁"，可以看出双方对和平安宁的共同祈愿。

"昭君出塞万马惊，匈奴单于喜相迎"，回到北方草原后，呼韩邪按匈奴规制封昭君为"宁胡阏氏"，即匈奴皇后。昭君与呼韩邪仅生活了两年，呼韩邪去世，他们生有一子伊屠智牙师。孤身塞外的昭君上书汉成帝请求回乡，成帝令其从胡俗继续留在匈奴。昭君随匈奴皇族婚制改嫁呼韩邪与第一个阏氏所生的长子复株累单于雕陶莫皋，昭君与雕陶莫皋又生了一对姐妹，长女须卜居次，次女当于居次。居次为匈奴语公主之意。昭君去世的年代和地点，史料并无记载。

昭君出塞胡汉和亲是古代汉、匈关系史上的一件大事，在阴山下今包头市南郊召湾汉墓出土的汉代瓦当中，其上分别有"单于天降""单于和亲""千秋万岁"和"长乐未央"的字样，人们猜测，当年，呼韩邪带着王昭君离开长安回到漠南的第一个长居之地，可能就在阴山以南黄河以北的召湾一带，即水草丰美的河套平原。依匈奴进出中原的路线推断，召湾向北仅十数千米就是穿越阴山的大通道——昆都仑河谷，即唐代典籍中的"呼延谷"。穿越山谷通向漠北的大道为"参天至尊道""参天可汗道"。这条大道古已有之，直到今天依然是阴山南北公路铁路的交通动脉。而呼韩邪当年被其兄郅支单于逼迫南撤所居的"光禄塞"，就在昆都仑河谷的北口石门障附近。

有关呼和浩特昭君墓的记载最早出现在唐朝杜佑著《通典·州郡》中。宋人乐史所著《太平寰宇记·振武军下》说昭君墓在金河县西北，因墓上草色常青，故曰青冢。元人脱脱主修的《辽史·太祖纪》及《辽史·地理志·丰州下》，也说到青冢即王昭君墓。《元史·世祖忽必烈》明确记载忽必烈曾于一二一九年在青冢一带驻扎，《元史·列传第六·木华黎》也说："秋八月，从驻青冢，监国公主遣使来劳，大犒将士。"

清人范昭逵在一七一九年夏天，曾随兵部尚书范时崇离京西北行，经宣化、大同、杀虎口至归化城，后越阴山瀚海抵喀尔喀蒙古清军驻地。其《从西纪略》载："（五月）十九日蚤行，至舍勒乌孙（今呼市土左旗沙尔沁乡西拉乌素村）少歇。前次黑河沿地，即青冢也。冢高二十余丈，阔数十亩。冢前石虎二，石狮一，享殿遗址尚有琉璃碧瓦，狼藉道左。顶有室，碎石砌其外，磁瓮实其中，云是喇嘛所为也。冢旁有古柳横卧道中，老干上伸，葱郁舒秀。噫！青天碧海，塞外斜阳，白草黄沙，魂归何处？征人短歌，用当长叹：'炎汉宁无出使臣，却教红粉去蒙尘。琵琶不尽当年恨，万里长城倚妇人。'"

一九三〇年，冯曦撰《青冢植树记》碑文（此碑现在昭君博物院内）有"始掘土，获梵文经卷，随风湮灭，既而石虎现，木柱现，而零星螭瓦碧苔叠篆……古人于冢右实有大招提（寺庙）……"之句，考古工作者后来在青冢丘下也确实找到了石虎、石狮、琉璃瓦、木柱和经卷等物。在昭君博物院的展厅中，现存有数方清代之后的石碑，碑上各有"汉明妃之墓""昭君青冢""塞外流芳""懦夫愧色"的书写。二十世纪六十年代初的一个夏天，维吾尔族历史学家翦伯赞和范文澜、吕振羽三人应乌兰夫之邀自西向东游历内蒙古，两个多月行程结束后，翦伯赞先生在《内蒙访古》中对昭君墓写下这样的文字："在大青山下，只有一个古迹是永远不会废弃的，那就是被称为青冢的昭君墓。因为在内蒙古人民心中，王昭君已经不是一个人物，而是一个象征，一个民族友好的象征；昭君墓也不是一个坟墓，而是一座民族友好的历史纪念塔。"一九六三年十月十五日，资深政治家董必武拜谒了昭君墓并赋诗曰："昭君自有千秋在，胡汉和亲识见高。词客各摅胸臆懑，舞文弄墨总徒劳。"在参观呼和浩特南郊桃花人民公社时，董老满怀激情地写道："蒙汉人同社，桃花艳一乡。大田多黍稷，比屋养牛羊。秋实今年好，冬耕早日忙。黑河能供水，青冢尚留香……"

汉代瓦当

其实在内蒙古西部的大青山下黄河岸边，人们说到的昭君坟远不止这一座，计有包头昭君坟、八拜昭君坟、朱堡昭君坟等十多处，走到黄河边上但凡望见几里外平地隆起的大土丘，你若去问询当地人，他们多数会对你说那是昭君坟。其中包头昭君坟名声较大，依笔者的理解主要是在包头市南郊的召湾汉墓曾同时出土过"单于天降""单于和亲"一对汉代瓦当，这两枚瓦当现存于国家博物馆，是汉代瓦当中的绝品，举世无双。召湾汉墓中还出土了三枚"千秋万岁""长乐未央""四夷尽服"瓦当，也是对上面两枚瓦当内容的最佳注释。其"单于和亲"当然是指昭君出塞，其"单于天降"也从一个侧面脚注了呼韩邪单于曾经在包头召湾古城生活滞留，而"千秋万岁""长乐未央"却是胡汉人民向往长久平安生活的深情呼唤。这座习惯上叫作包头昭君坟的地望在黄河南岸鄂尔多斯市达拉特旗昭君坟乡境内，与河对岸的包头有一条过河浮桥常年通行无阻，而达拉特旗在从前的一段时间曾归包头管辖。这一处昭君坟，传说是昭君当年骑在马上要渡河时，一阵风刮过来，她的胭脂盒掉在了地上，就变成了现在的这座大土包。传说多么美好多么芬芳，我们仿佛看见昭君身披红色皮氅，怀抱琵琶，正缓缓轻歌……

关于瓦当，过去我们只知道"单于天降""单于和亲""四夷尽服"之类相关内容的汉代瓦当，殊不知在阴山之北、蒙古高原的北部草原上，关于单于和单于瓦当还有更新鲜吸睛的消息曝出，令人耳目一新。据蒙古国新闻网二〇二〇年七月十七日报道，蒙古考古工作者在古代匈奴中心城市"龙城"遗址残存的房屋建筑材料中，发现了刻有"天子单于"和"天子单于与天母极千万岁"等古代汉文字样的瓦当若干。此龙城在蒙古国杭爱山一带，那里遗存有大型建筑台基和柱洞，是匈奴人祭祀天地、祖先和鬼神的地方。"单于天子"显然是匈奴人的自称，而瓦当上的汉字该如何解释呢？匈奴人没有文字，龙城的亭台楼阁出自汉族能工巧匠之手，恐怕才是合理的解答。"单于和亲""单于天降""四夷尽服"在南，"天子单于""天母"在北，中间是万里大漠，汉与匈奴关系之复杂更需史家们去探寻，也许匈奴可汗也学着模仿大汉皇帝，自命天子了。而在大漠之南黄河岸边发现的那五枚瓦当，依文理似乎应该这般排列理解起来才更有意思：单于天降—单于和亲—千秋万岁—长乐未央—四夷尽服……

阴山与河套

让我们的目光随着黄河的浩荡东流回到呼和浩特的昭君墓吧，如有机缘站在这昭君墓之巅，向北远望，一架黛青色的大山即刻便拥入胸怀——

那就是阴山山脉。阴山山脉位于内蒙古中部，自西向东绵延一千多千米，由狼山、乌拉山、色尔腾山、大青山、蛮汗山、大马群山等多个山系组成，呼和浩特、包头一带的大青山为其主脉，平均海拔一千五百米至两千四百米，主峰为狼山西段的呼和巴什格，海拔两千三百六十四米。西段的狼山折向西南，东段支脉蛮汗山斜向东南，整个阴山山脉的山体形成一个巨大的怀抱，唯富一方的八百里河套就在它的护佑之下，阴山，俨然是一道绝佳的天然屏障。

"河套"之名大约起于明代，《明代宗实录》景泰元年（1450）五月壬戌条录敕宁夏总兵管都督张泰等诏："有延绥来者言，今春达贼过河犯宁夏，因解冻有数千人不能还，尚在黄河套里来抢掠。"此处"套里"一词当是先有"河套"之名而后才有套里套外之说。明成化（1465—1487）后，在边臣们的奏疏中"套房""搜套""弃套""出套"的字眼开始频繁出现。"河套"的地理范畴，明清两代古籍多有载述，顾炎武《天下郡国利病书·河套地广袤略》曰："河套东至山西偏头关地界，西至宁夏镇地界，东西两千余里；南自边墙，北至黄河，远者八九百里、六七百里，近者二三百里，惟黄甫川稍近。川南焦家坪两岸夹山，冰先合后泮，及娘娘滩、羊圈子渡口，交冬冰坚，故边人率其众，或自坪，或自滩入套。"《明世宗实录》嘉靖六年（1527）八月庚戌条载："套房数万踏冰过河，声言大入。"这明清时期的"河套"指的是"河南地"鄂尔多斯地区，南部地界在明长城（边墙）。宁夏大学教授、《河套史》的作者王天顺认为今天的河套地域要大于前者，他划定的范围是：北纬37°35′—41°2′，东经106°—112°，含现在的内蒙古、宁夏、山西三省区。内蒙古阴山以南的呼和浩特、包头、巴彦淖尔、鄂尔多斯均在此范围内。蒙古语的"托海"即"河湾"之意，与河套含义一致。呼和浩特、包头和巴彦淖尔是当年"走西口"人流的落脚扎根之地，而晋陕方言土语里的"套子"，多是形容如绳索曲线一般的河湾。

河套人

说到河套，它还有一个更响亮的名字——黄河大几字弯。作为国家地理标志，大几字弯"自宁夏至偏头关延袤二千里……"[①]，占据了黄河总流程的约四分之一，也是中国大河中纬度较为偏北的一段河道。黄河在内蒙古的流淌行程，几乎就是沿着阴山的走向而行，阴山向东逐渐隐没时，它也不再往前走了，开始转弯朝南方奔去进入了晋陕峡谷。河套在内蒙古分为两部分，一个叫前套，一个叫后套。前套指呼和浩特、包头地界，后套指巴彦淖尔，两套都在这大几字弯的顶端。呼和浩特、包头所在的土默特平原本地人叫土默川，是土默特左、右两旗地望的合称，行政地域前者归呼和浩特，后者属包头。土默川在北魏时期叫敕勒川，土默川是明朝以后的称呼。无论是敕勒川还是土默川，都与民族往来交融有关，敕勒与土默特都是中国古代民族或部落的名字。

呼和浩特一带在地理教科书上也称为呼和浩特平原或呼和浩特盆地，地势相对于包头和集宁来说下陷较大，主因大概是有一条叫大黑河的川流自东而西南的冲击所致。大黑河在战国、秦时称云水，汉代叫荒干水，北魏时叫芒干水，隋唐时叫金河、紫河，辽金元时开始称哈拉乌素，即蒙古语"黑河"，清代蒙古语又称作"伊克图尔根"，形容河水"大而湍急"。大黑河是黄河在河套地区最大的支流之一，流域面积达一万三千七百平方千米，它发源于乌兰察布市卓资县东部的阴山之中，沿阴山南麓向西进入

[①]《明史·鞑靼传》。

呼和浩特盆地。由于年降雨量的不均等而经常改道，一九三三年的一场洪水，它占民丰渠为主河道一路顺渠狂奔，青冢原来在它的北面，一下子却到了它的南面，若非青冢体态丰实，恐怕也难以抵挡住它的冲击。与大黑河相伴而行的还有一条小黑河，由大青山麓溪流汇集而成自北向南穿城而过，与芒干水一道在《水经注》中被称作武泉水，如今已是呼和浩特主要城市景观河道。自清代起，大黑河小黑河分别用蒙古语称作"伊克图尔根"和"巴嘎图尔根"。在呼市城区西部还有一条西河，《归化城厅志》[①]载："札哈海河，源出于红山口子，此处有数泉合流，数百步即伏地，公主府乃重出，流经道署前入小黑河。"此河因在城西，老百姓俗称西河，河槽中泉眼喷涌不绝，又被称为"札达盖（海）河"，蒙古语意"乱水泉"。西河由红山口向南傍城而过，河上架过的桥也都各有其名，桥东桥西又往往成了人们做生意过生活的集散地，也是呼和浩特旧城自明清起居民较为集中的地方。

在呼和浩特地区，人类早期活动曾留下清晰的痕迹，一九七三年十月，在东郊的保合少乡大窑村南山和前乃莫板村脑包梁，考古学者们发现了两处巨型石器制造场。大窑村南山遗址面积达两百万平方米，在旧石器晚期至新石器时代的漫长岁月里，古人类在此地开采石料加工为石核、石片、石锤、石球、刮削器、砍伐器、尖状器等，在这些大量的文化遗物中，数量最多的是刮削器，其次是砍伐器。其中龟背型刮削器是该遗址独有的典型器物，"大窑文化"借此而命名。大窑文化所处的旧石器时代，与北京猿人的生活时代大致相近，距今七十万至五十万年，大窑就是猿人制造谋生工具的场所。另一处前乃莫板村脑包梁遗址，为新石器时代晚期的采石、石器制造场，距今七千年至五千年。这两处旧、新石器时代

---

① [清]刘鸿逵监修，沈潜总纂。

的采（制）石场遗址被同时发现，在国内还是首次，内蒙古旧石器时代文化遗址，也由鄂尔多斯乌审旗的"河套人"一处增加到两处。更证明了呼和浩特及周边地区是华夏儿女自古而今长期生活栖息的理想之地。而在被"黄河百害唯富一套"的河套"套"着的鄂尔多斯南部——乌审旗无定河镇萨拉乌苏河岸"河套人"牙齿化石的发现，更是惊艳了世界。萨拉乌苏河在毛乌素沙漠南缘，蒙古语"黄水"，岸边生长着红皮沙柳，也叫红柳河。此河发源于陕西北部的白于山北麓，流入内蒙古鄂尔多斯高原，在底层结构松散的毛乌素沙漠中迂回穿行，转了一个大弯，带着大量的沙土冲入滚滚黄河。经年累月，流水切开一条宽阔幽深、蜿蜒曲折的河谷，河谷落差间的剖面上，那些距现代地表层深四十至八十米的晚更新世地层袒露无遗，在深土中沉睡了十几万年的"河套人"重现人间。在清末民初，萨拉乌苏河一带就有动物化石出土，消息由传教的天主教人士传播到西方，引起国际社会的注意。真正引发人们关注是在二十世纪二十年代，从一九二二年开始，法国古生物学家、天主教神父桑志华（E.Licent）循着古动物化石的消息线索来到萨拉乌苏河的大弯沟，从地表拾得三块人类肢体碎骨。次年他和另一位古生物学家德日进（Teilharde Chardin）组成考察队，依靠当地蒙古牧民的帮助，在萨拉乌苏河沿岸进行了广泛调查，并做了重点发掘，发现了一批脊椎动物化石和一些旧石器时代的文化遗物。德日进对所获文物进行仔细的研究鉴别，在一堆一九二二年采集的羚羊牙齿和鸵鸟蛋片中意外发现了一颗石化程度较高的七八岁儿童的左上门齿。这颗牙齿经北京协和医院解剖科主任步达生（Bavidson Black）研究，取名"河套牙齿"。一九三七年，我国历史考古学家裴文中教授在他的《中国史前时期之研究》中首先使用了"河套人""河套文化"这两个专有名词，从此，"河套人""河套文化"开始名扬海内外。"河套人"以"河套牙齿"为代表；"河套文化"则被德日进等视为同时代的宁夏水洞沟和萨拉乌苏河两地发现的旧石器时代文化遗物的代表。二十世纪六七十年代，学者贾兰坡、裴文中等和内蒙古、兰州沙漠研究所等地区和单位的考古人员多次在萨拉乌苏河岸进行地层、哺乳动物化石、古人类化石和旧石器的系统挖掘采集，先后发掘出石制品、人工打碎的动物骨头和炭屑、石刻品共五百多件。截至二〇一七年，在这一遗址共发现"河套人"化石二十五件，有额骨、顶骨、枕骨、椎骨、肱骨、胫骨、腓骨、下颌骨、肩胛骨和单个门齿等多种。在内蒙古博物院收藏有十七件，其余八件保存在中国科学院和天津自然博物馆。内蒙古文物局曾于二〇一七年出版了专著《萨拉乌苏河晚第四纪地质与古人类综合研究》。

经中外科学家们共同研究，确定萨拉乌苏文化为旧石器时代晚期我国北方代表性文化，其年代在"北京人"与"山顶洞人"之间，距今十四万年至七万年，是目前中国乃至亚洲发现的时代最早的晚期智人之一，属于独立发展的古人类，与现代蒙古人种接近。萨拉乌苏一带古动物化石也出土不少，有诺氏古菱齿象、普氏羚羊、披毛犀、野马等，而"王氏水牛"和"河套大角鹿"是萨拉乌苏的特有物种，这些动物化石被古生物学家命名为"萨拉乌苏动物群"。由此可见，在远古时代，萨拉乌苏及其周边地域自然生态是非常良好的，森林密布草原广阔河流纵横，气候相对较为温暖。而今天的萨拉乌苏河流域已被重重沙漠包围，与远古的景象形成鲜明对比，自然生态的变化加上人类无穷尽的索取，让这片大地在干旱风沙中苦苦挣扎。假如你站在萨拉乌苏河边，把你的视线从河谷慢慢转向北方的沙海，当沙尘暴猛然降临时，你可能不会相信这里竟然曾经是我们的祖先长期休养生息、创造灿烂文明的地方……

从大窑到萨拉乌苏，从前套到后套，历史上的黄河尽管"善淤、善决、善迁"，虽经洪流冲决改道，大几字弯却始终没有改变最初的形态，始终与北面的阴山山脉相伴勾连、交相辉映，阴山与黄河不但见证着古人类的繁衍发展，也记录着从古至今各民族往来征战与和平相处的生动画卷。草原与农耕两大文明在此交汇，阴山背后是广袤深远的蒙古高原，黄河两岸是坦荡无垠的万里平川，草原民族农耕民族都把这样一座大山一条大河当作自己原有的故乡，当作世代不变的深厚本土。

青铜时代

夏家店，内蒙古赤峰市松山区夏家店乡的一个小山村，村庄虽小却隐隐散发着缕缕古人类神秘而诱人的气息。考古者发现这一处遗址上叠压着两个不同时期差异很大的文化遗存，后被命名为"夏家店下层文化"和"夏家店上层文化"，前者是该地区青铜文明的初始期，后者代表鼎盛期。燕山以北，医巫闾山以西，西拉木伦河以南的广阔区域都在这一文化形态所指范围之内。在"夏家店下层文化"保存至今的众多遗址中，石城（堡）遗址特别凸显，这些城堡多建在河畔山口要地，居高临下，易守难攻。自今天赤峰的松山区、喀喇沁旗、宁城县、敖汉旗，及河北的平泉市，辽宁的朝阳市、建平县等地，自西向东，石城遗址排成一条城堡带，这些城堡面积大的竟超过十万平方米，小的也不下几千平方米。学者们认为，这些规模庞大的城堡显示出城邦和国家的组织力量，具有系统性和统一性，当然也预示了随着城邦的形成人群的大量聚集，烽火狼烟攻城略地的战争也必然伴随人类走向新的文明——青铜时代。还是在赤峰，在翁牛特旗的黄土梁，人们发掘了一座古墓，沉睡千年的墓主人的随葬品是一套完整的铸铜工具，旁边还摆放有多个石质铸范和一件陶制的鼓风管，墓的主人是一位青铜工匠无疑。冶炼铸造所需的古代铜矿在赤峰林西县也被发现，一个叫大井的采矿铸铜遗址内，采矿坑道有四十多条，最长的深入地下达一百零二米。地表上的炼炉成片排列，其他如石锤、坩埚、陶范、鼓风管、炼渣、木炭等遗物随处可见。无独有偶，一九九四年在黄河大几字弯顶、阴山之上的巴彦淖尔市乌拉特后旗霍各乞，一座古铜矿遗址又被发现，采矿坑、炼炉、炉渣、石臼以及精选的矿石堆仿佛在为我们述说着又一个动人的采矿炼铜工的故事。

鄂尔多斯式青铜器

青铜时代，是人类走向高级文明的开端，从距今四千年左右开始，青铜除带给我们鼎箫编钟外，也送来了用于马上拼刺搏击的锐利武器。北京大学考古学系教授李伯谦认为："我们国家从距今四千年前后进入青铜时代，辽阔的内蒙古高原也是在这个时期跨入青铜时代。东部区的夏家店下层、上层文化，西部区的朱开沟文化和继它而起的鄂尔多斯式青铜器，同处于草原地带，同样具有鲜明的草原风格。"鄂尔多斯式青铜器早已闻名遐迩，是华夏大地青铜文明中的一朵奇葩，它的主要类别特征有以下三种：一是便于携带的日常生活实用器具；二是以大量的动物造型为装饰题材；三是绝大多数为青铜质，也包含金、银、铁质地的器物，统称为鄂尔多斯式青铜器。

短剑是鄂尔多斯式青铜器中最具代表性的器物，是早期北方民族男性身上必备之物，展现出战斗民族的一种精神性格。短剑的长度一般在二十五至三十厘米，宽度在二点五至三厘米，剑身扁平，剑面呈柳叶形。首柄的装饰有镂空球形和圆雕的鹰首鹿首马首羊首形状，也称为兽首短剑。凡是见到过鄂尔多斯式青铜短剑的人，心中不免产生一种疑惑：北方民族的这种短剑与中国南方有名的越王勾践剑、吴王夫差剑相比，剑身为何如此短小呢？北方游牧民族是"马上引弓之族"，除弓箭之外，这种短剑（包括后来的短刀）主要是用于近身搏击和切割肉食，与南方民族首领持剑对刺、展示剑术甚而作为一种身份象征有很大的不同。北方民族有歃血为盟习俗，《汉书·匈奴传》记载，汉元帝时期，车骑都尉韩昌、光禄大夫张猛受命出使南匈奴，两位汉使看到匈奴不仅人口众多，而且物资充裕，担心匈奴会起背离之心，便主动提出与匈奴单于盟誓。南匈奴单于呼韩邪为表诚意，遂与汉使一同登上诸水东山，宰杀一匹白马，将血酒倾入用被匈奴老上单于所杀的月氏王头盖骨做成的酒器中，匈汉双方共饮血酒，对天盟誓。文献记载这一盟誓程序中有这样一句话，单于"以径路刀、金留犁挠酒"。"径路"乃匈奴语，即我们今天所言之鄂尔多斯式青铜短剑，以刀剑搅酒也颇具威武风范和仪式感。匈奴人曾有将"径路"奉为崇拜和祭祀对象的习俗，立有"径路神祠"。《正义》引《括地志》云："径路神祠在雍州、云阳县西北九十里甘泉山下，本匈奴祭天处，秦夺其地，后徙休屠右地。"这里的"径路神祠"到底是什么含义？"径路"又是什么神呢？学者们联想到生活在欧亚草原上的斯基泰人有祭祀军神的习俗，推测到以最朴素、最本原的萨满教为至高信奉的早期北方民族，多以自然之物为神灵依附物，所以鄂尔多斯式青铜短剑剑柄上装饰的各种动物，早已被早期北方部族寄予了超自然的神威，而锋利的短剑又蕴含着他们无坚不摧、无往不胜的希冀。因此，他们将"径路"视作军神、战神，借此倚仗祖先、神灵在天之光的庇佑。将青铜短剑竖立于高处，恭敬地加以奉祀，就成了他们与祖先、天神沟通的途径。天长日久，"径路"就成为战神的代名词，就有了"径路神祠"的出现。

在中国古代各类兵器当中，剑与刀往往带有文化象征的意味。青铜刀的出现早于青铜剑，考古发现最早的青铜刀出土于甘肃省的马家窑文化和马厂文化遗址，距今已有五千多年的历史。而青铜短剑，迄今发现时代最早的则当属内蒙古鄂尔多斯市伊金霍洛旗朱开沟出土的器物，年代大约属于商代前期。刀与剑虽形状各异，一个重要的区别在于——刀是单面刃，而剑为双面刃。青铜刀虽然出现很早，但主要用于随身防卫或是一种日常生活用具。青铜短剑在中原及南方地区虽然出现的时间要比青铜刀晚得多，但自西周特别是东周以来却发展迅猛，不仅成为短兵器中的主体，而且在铸造技术、加工工艺等方面更是达到了完美的境界，我们熟知的越王勾践剑、吴王夫差剑以及莫邪、比干剑都生动说明了这一点。原本是一件护身的兵器，逐渐发展成为镶金嵌玉、精雕细磨、优雅华美、价值连城的艺术珍奇，成了一种持有者身份显赫的炫耀。佩剑，作为中国古代社会的一项重要礼仪得到推崇传承。《晋书·舆服制》："汉制自天子至于百官，无不佩剑，其后惟朝带剑。"《商君书·说民》中也记载："古者天子二十而冠带剑，诸侯三朝而冠带剑，大夫四十而冠带剑，隶人不得冠，庶人有事则带剑，无事不得带剑。"这里的事指的是战争，可见不同身份地位等级的人，在不同的场合，对佩剑的长度、重量以及制作加工、装饰用材和佩戴等方面都有严格的规定，佩剑早已占据了其他兵器无法达到的神圣地位。

前面说到，剑在古汉语中称为"径路"源自匈奴语，中原地区青铜短剑的兴起应该是受到北方早期民族的影响无疑，而将剑作为身份地位的象征，也应该是沿袭了北方民族的古老风俗。

早期北方民族皆为"引弓之部族"，在北方长城南北旧石器时代晚期以来的遗存中，经常有大量石质、骨质的箭镞出土。此类箭镞由于材料来源方便、制作简单，曾长期存在于北方民族的生活中，而其后出现的青铜箭镞因其原料珍贵、工艺讲究而数量与前者不分上下。一种叫作鸣镝的青铜箭镞的出现，更使我们进一步加深了对青铜的认知。此箭镞前部呈三翼形，三翼之后为中空的圆球形，圆球前半部的镞翼之间各留有圆孔，飞射出去与空气产生摩擦发出尖厉的哨声，因此被称为响箭。《史记·匈奴列传》记载着这样一个故事：匈奴可汗头曼的儿子冒顿想取代父亲的位置，便用这种响箭来训练他的手下，先是射向他的坐骑，而后射向他的妃子，最终射死了生身父亲，自己当了可汗。在训练射击时谁若不从或稍有犹豫，便当场斩首示众，因此无有不从者。在实际战斗中，这种响箭若万箭齐发，会是一种什么场面，会有多大的声响，将给予敌方多大的震撼，真的难以想象。在鄂尔多斯式青铜器中，还发现了长柄兵器戚和戈，以及鹤嘴斧、棍棒头、流星锤等颇具特色的器物，这些兵器在狩猎生活中同样是打猎的好工具，而青铜凿、锥、匙、焦、镜等生活用品也一应俱全。

草原金鹰王冠

前面说到鄂尔多斯式青铜器具有独特的审美倾向，许多器物都具有很强的装饰性，反映着古代北方游牧民族对美的追求和向往，一些精美绝伦的器物也开始由青铜转向其他更高级的材质。一九七二年冬天，在鄂尔多斯杭锦旗的阿鲁柴登，一件举世罕见的黄金王冠从库布齐沙漠中缓缓出土了。这件完整的"胡冠"由冠顶和冠带两部分组成，总重量达一千三百九十四克，冠顶上部是一只俯冲的苍鹰，高七点三厘米。鹰体、鹰尾分别由金片锤揲而成，中空，双翅、尾羽及周身的羽毛清晰逼真，鹰的头和颈部分别由绿松石磨成，其间用带花边的薄金片连接，宛如鹰颈上一圈金光闪闪的羽毛，头、颈、身、尾之间由金丝串联，均可左右摆动。苍鹰站在用厚金片锤成的半球体上，半球体表面由中心点一分为四，扇状分布着四组浅浮雕的狼咬盘羊图案，狼卧着，盘羊前肢前屈，后肢被狼紧紧咬住而成反转回头状。每组图案内容相同，前后左右相互对称，整个冠顶是一幅狼在捕食羊的草原自然画卷。冠带由三个半圆形金条组成，前部为上下叠加的两条，相互之间由数个小立柱支撑，小立柱与上下金条间均以榫卯方式衔接；后部的一条，两端同样以榫卯方式与前部靠下的一个金条的两端插合，形成一个圆圈。三个半圆形金条的两端均铸有浮雕动物图案，前部靠上的两端为一只卧姿的猛兽，似虎似狮；前部靠下的两端是卧着的盘羊，与后部的浮雕马头图案接对。整套王冠金碧辉煌，气势凌厉，制作精妙，工艺考究，融铸造、锻打、锤揲、抽丝等技术于一身，代表着当时金属冶炼铸造加工的最高水平。

据推测，此金冠应是附着在皮革冠帽之上的头饰，自然是称霸一方的可汗王者才可以佩戴的。

与金冠、金冠带同时出土的还有约三百多件精美的金、银器和玛瑙绿松石等物，有金项圈、金耳坠、虎鸟纹镶宝石金饰牌、虎形、鸟形、羊形、刺猬形、火炬形金银饰件，圆形金扣饰等，皆为随身佩戴的装饰品，属于战国时期北方少数民族的生活所用之物。如今的鄂尔多斯地区，在那一时期被称作"河南地"，河指黄河，当时活动在该区域的北方少数民族主要是林胡王和白羊王两部，林胡王居东白羊王居西。阿鲁柴登位置在鄂尔多斯中部偏西，因此该王冠应属于某一代白羊王所有。我们说鄂尔多斯式青铜器具有装饰性只是一个方面，在多样化的青铜、金银等生活器物中，更为我们展现出古代北方民族追求艺术之美的强烈感受。这些饰件既有青铜质的飞鸿，也有金包玉石的项圈、挂件、耳饰和带扣、饰牌，特别是带扣饰牌的种类和花样之繁多足以令我们眼花缭乱。北方民族习惯四季身着长袍，因此一条上好的腰带系于腰身，既显示一种威武也非常实用。带扣是腰带的构件，腰带饰件多为动物造型的图案，狮虎狼马牛羊，飞禽走兽，样式繁杂，一些以金银打制的带饰明显已失去了实用性，而纯粹是一种艺术品。

在鄂尔多斯式青铜器中，还有一种器物最具本土特色，草原文化气息浓厚，那就是饰牌。这种饰牌依其形制大体分为两类。一类为平面呈长方形或近似长方形，四周有装饰纹边框，框内布局图案。采用浮雕、透雕、锤揲或阴刻手法，表现写实或抽象化的动物造型，虎、狼、马、牛、骆驼、野猪、飞禽等，或单独或组群，被浓缩于方寸之间。另一类饰牌也是长方形，四周没有边框，是各类动物的直接造型。这些饰牌既有带扣的功能，也有上身佩戴的装饰作用，因为有些饰牌是成双成对出土的。《战国策·赵策》记载："（赵武灵王）赐周绍胡服衣冠，具带，黄金师比。"具带即我们说的动物形带扣，黄金师比却无法考证是何物，有学者推测似应为一种高级带扣饰牌，唯王侯者才可以佩戴。除上述饰牌外，另一种佩戴饰件也引人注目，它们是一种体积较小，按动物体型或头型直接制作的，材质多为青铜，此类物件似乎是一种手中把玩之物，或也可用于朋友之间交换的礼物，虎头、大角鹿、野猪、刺猬之类的造型居多，均打磨得非常细腻光亮。

北方少数民族是马背民族，马是他们生产生活和战斗都离不开的助手，也是牧人的朋友。他们会把劳动所得的各种收获用在马的身上，各式马具也由木质向铁质、铜质发展，青铜马具也在鄂尔多斯式青铜器中被大量发现，主要有马衔、当卢、马面饰、铃铛等。马衔为两节环扣棍式，青铜居多。当卢是指固定在马的鼻梁上部至额头间的物件，马面饰指位于马两颊的物件，它们既有装饰作用也有保护马头的功能。当卢表面鼓起，可以分解迎面射来箭镞的力量，马面饰也多为圆形鼓突，并有连串的泡钉固定和装饰。泡钉下还可悬挂柳叶形饰件，当牧人纵马奔驰时，这些小柳叶摆动发出清脆的声响，与马头下的铃铛混响在一起，也是游牧人独自远行消解寂寞的陪伴。铃铛除悬挂在马、骆驼项下和用作车舆銮铃外，从形制上看，一些铃铛是人们随身携带或是萨满巫师用于做法事的响器。铜质铃铛尤其是形制较大一些的会发出一种别样的音韵，驼铃声声中铜质的声音浑厚苍茫，也最打动人心。

鄂尔多斯式青铜器不但分布于阴山南北，在蒙古高原以及西伯利亚乌拉尔山脉地区也有发现，其用材形制基本类同，这些地区的青铜器被统称为"卡拉苏克式青铜器"，专家分析认为其受鄂尔多斯式青铜器影响很大，是草原民族南来北往文化交流的极好例证。因此说，鄂尔多斯式青铜器，是两千多年前的祖先留给我们的一份宝贵的文化遗存。

前面说到那件黄金王冠的主人为生活在鄂尔多斯地区的白羊王，之后此地的主人换成了被称为匈奴的继承者，整个河套一带阴山南北都是他们跃马驰骋的地方。《史记·匈奴列传》在记述匈奴早期历史时说："自淳维以至头曼千有余岁，时大时小，别散分离。"秦始皇统一中国前后，匈奴在其第一个单于头曼带领下，抓住中原各诸侯国在战国后期相互兼并、战争频仍的有利时机，充分利用阴山河套优越的自然环境，大力发展畜牧业，"控弦之士三十余万"，至冒顿单于时期，活动范围已达"东尽辽河，西至葱岭，北抵贝加尔湖，南达长城"[1] 的广大区域，他们"人不弛弓，马不解勒"，在马背上是勇猛的骑兵战士，下马即是牧民，因此对刚刚统一的秦帝国威胁很大。

---

[1] 林幹：《匈奴史》。

秦长城

为防止匈奴南下,秦始皇主动"北击胡,略取河南地",并于始皇三十三年(前214)"并天下,乃使蒙恬将三十万众北逐戎狄,收河南。筑长城,因地形,用制险塞,起临洮,至辽东,延袤万余里"[①]。修筑大军首先对已有的赵、燕长城进行修缮加固,并在其中断空白处新筑石块长城,这样一条连为一体的西起临洮、东至辽东的万里长城诞生了。为修筑秦长城,动用军民劳力达三十万之众,约占当时全国男性劳动力的十分之一,无数劳民死人骸骨相撑拄,因而在民间才有了"孟姜女哭倒长城"的传说。赵、秦、汉长城在内蒙古河套地区、阴山两侧今天仍有不少留存,赵、汉长城多为泥土夯筑,加上保护不善,留存已经不多,只有在呼和浩特、包头一带的山南山北留有部分段落和已经面目不清的烽火台。而秦长城则不然,因其本身是就地取材以山石构筑,坍塌的部分很容易复原,现在阴山之上的秦长城,特别是在包头地区,因旅游的需要一部分坍塌段落已得到修复。其石材多为片石和河沟圆石方石,质地坚硬,修复之后再挺立几百年没有问题。秦长城在包头市固阳县与巴彦淖尔市大小佘太镇交界的阴山上尚有较完整的段落遗存,由京藏高速包头西出口北过昆都仑河谷不久,即可在包固公路西侧的山顶望见其身影。

秦直道

秦长城的修筑,是中原王朝将行政区域推进到阴山一带的标志。始皇

[①] 《史记·蒙恬列传》。

三十五年（前212），秦始皇又使蒙恬渡河，取高阙、阳山（狼山）、北假中，进而把匈奴的势力逼退到阴山之北。秦在阴山以南河套地区置云中、九原郡，调派人马驻扎以守护边地。秦的首都在咸阳，北距阴山长城千余里，从长期驻守、兵马运动迅捷考量，遂使蒙恬通道，"三十五年，除道，道九原抵云阳，堑山堙谷，直通之"①。大秦帝国的首条南北战略大通道——秦直道出现了，"道九原抵云阳"，表明直道修筑的起始点在阴山下的九原。九原如今在包头市复名为九原区。今天的包（头）—茂（名）高速包（头）—西（安）段与两千多年前秦直道走向基本一致。路线大致为包头—鄂尔多斯—陕北—咸阳。《史记·蒙恬列传》中太史公曰："吾适北边，自直道归，行观蒙恬所为秦筑长城亭障，堑山堙谷，通直道，固轻百姓力矣。"他登上阴山顶上的长城，举目南望，黄河如玉带飘飘，直道上车水马龙，发出"固轻百姓力矣！"的感慨，相当于替始皇帝喊出了一句"吾民万岁万岁万万岁"。而始皇帝生前没能走直道登长城，死后却为车马所载经阴山过黄河而南归。公元前二一〇年秦始皇在出巡途中薨于沙丘平台（今河北平乡），随行的少子胡亥、左丞相李斯和中车府令赵高，因"上崩在外，恐诸公子及天下有变，乃秘之，不发丧"，并密谋决定"行，遂从井陉抵九原"，"行从直道至咸阳，发丧"②。这是史有所载的皇室成员大臣们陪着故去的始皇帝行走秦直道的真实记录。《史记》里还说，为掩盖始皇遗体散发的味道，车上特意装满了发臭的鲍鱼。

汉武帝时期秦直道才发挥出它的巨大功用，雄才大略的刘彻不仅几次利用直道的通畅便捷，开展对匈奴的大规模战争，还于元朔二年（前127）在有效控制了阴山南北之后，改秦九原郡为五原郡，使直道又重新得以全线恢复贯通。他本人不止一次驱车奔驰在直道上，只是再没有沿用

---

① 《史记·秦始皇本纪》。
② 同上。

直道之名而已。元封元年（前110）十月，汉武帝下诏："'南越、东瓯咸伏其辜，西蛮、北夷颇未辑睦。朕将巡边陲，择兵振旅，躬秉武节，置十二部将军，亲帅师焉。'行，自云阳，北历上郡、西河、五原。出长城，北登单于台。至朔方，临北河。勒兵十八万骑，旌旗径千余里，威震匈奴。""还，祠黄帝于桥山，乃归甘泉。"①汉武帝此次北巡往返五原与甘泉之间，所走的道路即为直道。同年，武帝登泰山封禅之后，"行自泰山，复东巡海上，至碣石。自辽西历北边九原，归于甘泉"②，绕了一大圈，依然是从九原回到甘泉，秦直道是最后走的路线。到南匈奴呼韩邪单于时代，秦直道也从军事通道转而成为和平大道，《汉书·匈奴传》载："呼韩邪单于款五原塞，愿朝三年正月。汉遣车骑都尉韩昌迎，发过所七郡郡二千骑，为陈道上"。时在汉宣帝甘露二年（前52）。甘露三年（前51）正月，呼韩邪单于"朝天子于甘泉宫"，"过所七郡即五原、朔方、河西、上郡、北地、冯翊而后至长安也"，是单于行于直道沿途经过的各郡，五原即秦时九原。从呼韩邪单于直到西汉亡，直道一直发挥着和平纽带的作用。

汉初始元年（8），王莽篡权，汉匈交恶，直道关闭。

建武元年（25），刘秀称帝重建刘汉王朝，定都洛阳。中原王朝与大漠南北的交往多走河东道。建武二十四年（48），匈奴再次分裂为南北两部后南匈奴内迁，建单于庭于美稷（今鄂尔多斯市准格尔旗纳林乡），这样连同直道北段在内的整个漠南地区，都成了南匈奴人的牧区。他们和汉廷的交往，由关中长安转移到了东边的洛阳，宏伟的秦直道渐渐失去了使用功能，在史籍中慢慢消失了。我们仅在唐代李吉甫所著《元和郡县图志·关内道·襄乐县》中看到这样一条记载："秦故道，在县东八十里

---

① 《汉书·武帝纪》。
② 同上。

子午山。始皇三十年（引者按：当为三十五年），自九原抵云阳，即此道也。"这是秦直道在历史记载中最后的信息。

关于秦直道究竟由何人起意修筑，还有另外一种说法，说战国七雄之一的赵国君主武灵王赵雍在武王二十七年（前299），把王位传给儿子自号主父之后，"身胡服将士大夫西北略胡地，而欲从云中、九原直南袭秦，于是诈自为使者入秦。……主父所以入秦者，欲自略地形，因观秦王之为人也"。[①] 赵武灵王为探听虚实，装扮成赵国的使者亲身进入秦国皇宫观察秦国国力，在宫里他见到了秦昭襄王，并向昭襄王报告了赵国武灵王传位的事情。昭襄王见此人气度不凡，"其状甚伟"，也曾心生疑惑，但并没有太在意。等他再次想要会见这位使臣时，赵雍已离开咸阳，昭襄王忙派人去追，赵武灵王早已踏上归途。赵武灵王此次入秦走的就是他已经营多年、由九原通达咸阳的直道，因为他在战略上早就有"欲从云中、九原直南袭秦"与"欲自略地形"的谋划。因此，这南北大通道的直道最早的构想者应归属赵武灵王。

云中城

正是这位胆识超常的武灵王赵雍，不但构想了最初的直道，还在河套地带构筑了土默川史上的第一座城市——云中城。所谓云中即自战国时期起对今天呼和浩特地区的称谓。云中城所在的云中地方，北面紧靠东西横亘的阴山山脉，东面是南北走向的阴山余脉蛮汗山，西面是一望无际的广阔平原，西南便是滔滔不绝的黄河，境内山环水绕，土地肥沃，宜牧宜农，

[①]《史记·赵世家》。

是一处得天独厚的风水宝地。云中地区不仅有良好的自然条件，而且是南北东西的交通节点，战略地位十分重要。中原王朝都以此地为北疆屏障，北方游牧民族也视其为进据中原的前沿地带，自古以来就是兵家必争之地。

相传，在武灵王之前的一百多年，赵国国君赵武侯屯兵御敌，曾在黄河西岸建造一座大城，但因土质松软城墙倒塌而废弃。后又设想在黄河由西向南转弯处的今呼和浩特附近选址再建。一日，赵武侯正在占卜吉凶时，天上飞来一群天鹅在云朵间盘旋鸣叫，赵武侯顿时觉得这是吉祥天意，说这吉祥的天鸟告诉我了，就在此地建城吧！便命部下就地筑城，取名"云中"。当然，这只是一个传说罢了。

公元前三二五年，赵武灵王即位后，励精图治，大胆改革军队体制，改变传统的车战步战，学习游牧民族的骑兵战术，大力推行"胡服骑射"，穿上"胡人"的短上衣和裤子靴子，以适应骑马作战的需要。他亲自身着胡服，带领军队演习冲杀，组建了以骑兵为主力的庞大军队。这一招果然奏效，他的骑兵在战场上所向披靡，第二年一举击败中山国，林胡王也送来良马表示臣服。《史记·赵世家》载，赵武灵王二十六年（前300），"复攻中山，攘地北至燕、代，西至云中、九原"。赵武灵王乘胜开疆拓土，把居住在今晋北及内蒙古中南部的林胡、楼烦等少数民族，驱赶到黄河西面的鄂尔多斯高原地带。赵国势力沿阴山的大青山、乌拉山南麓向西推去，把疆域推进到了河套的边沿，并在这片新的国土上设置了云中、雁门和代三个郡。

《史记·匈奴列传》："而赵武灵王亦变俗胡服，习骑射，北破林胡、楼烦。筑长城，自代并阴山下，至高阙为塞。而置云中、雁门、代郡"。赵武灵王设置的云中郡，郡治在云中城，即现在的呼和浩特市托克托县古城镇的古城。云中郡的管辖范围包括今内蒙古阴山以南的呼和浩特、包头、巴彦淖尔及乌兰察布地区。自此，历史上的呼和浩特一带便以"云中"之名开始进入中国史册。

秦始皇统一中国后，结束了诸侯长期割据的局面，建立了我国历史上第一个大一统王朝。秦朝以郡县制治理天下，设三十六郡，云中一带仍称赵国之云中郡，在它的西面设九原郡。设置守、丞、尉等官职，以守治民，以丞为佐，以尉掌兵，来统辖和管理这片地方。为加强北部边疆的军事力量和经济实力，除大量派驻部队外，秦王朝还推行"徙民边地"政策，屡次将中原地区的农业人口迁徙到阴山南麓的云中、九原一带，并划给迁徙人口足够的土地供其耕种，生产粮食，以满足人口增加的需要。秦朝的云中郡，地面最大时包括今天的呼和浩特平原、包头及以西的巴彦淖尔后套，当时的云中城，既是郡治所在地，也是秦朝北部边疆的政治、军事、经济中心。

汉王朝承袭秦制，还采取增设郡县、广建城池、编定户口等措施来治理这一地区。西汉时期，又将云中郡分设为云中、定襄两个郡以加强管理，云中郡仍在云中城，辖有云中、咸阳、陶林、武泉等十一个县，地域在大青山以南，东起今乌兰察布市卓资县，西至包头市东河区，人口计三万八千三百〇三户，十七万三千二百人。这个时期云中郡人丁兴旺，是云中城昌盛繁荣的年代。

魏晋南北朝时期，云中地区成为北方鲜卑民族的势力范围，鲜卑人在这里建立过"代"政权，也是当时的政治军事中心。不知何故，云中城在这一时期多次更改名称，出现过"云中宫""盛乐宫""云中镇"等多个名称，这一个"宫"字后面隐藏着的秘密有待人们去考证。不过，这一时期在北魏王朝的有力管理下，云中一带的社会经济得到了迅猛发展。

隋唐之际，云中城仍然是北方军事重镇和屯兵之所。隋炀帝曾巡幸云中，与北方突厥启民可汗在如今的大黑河畔会见，举行了历史上著名的"金河会盟"。《元和郡县图志·关内道四》有载：云中故城，在（金河）

县东北四十里。赵云中域，秦云中郡也。……武德四年平突厥，于此置云州，贞观二十年改为云州都督府，麟德元年，改为单于大都护府，垂拱二年改为镇守史，圣历元年改置安化都护，开元七年隶属东受降域，八年复置单于大都护府。

云中城不仅历史沿革悠久，且有深厚的文明蕴藏，直至今天，在托克托县古城镇的云中古城遗址的地表，仍然散落着许多陶片瓦块，地下自战国一直到隋唐的珍贵文物都有出土。一九五六年，一尊一千五百年前的北魏鎏金铜佛像在古城内被发现，后被定为国家一级文物。佛像通高二十八点五厘米，造型为释迦牟尼说法像。佛陀端坐于四足佛床之上，顶束发髻，额发螺旋，面颊丰润，眉目传神。身披袈裟的佛陀裸露右臂，身上的衣纹线条流畅，质感强烈。上举的右臂做说法状，左臂下展，手据衣角。佛像正面束腰部位雕有双龙相交纹饰，两侧各有一只蹲踞的狮子。在佛床的前两足上雕有四位供养人，他们头戴长尾饰帽，身着长袍，腰中束带，脚着长靴，手中持物，人物造型是典型的鲜卑人。在佛床的后两足上雕有两只盘口长颈瓶，这种瓶子是那个时期鲜卑人常用的器具。一九七四年，在云中城南约三十千米的哈拉板申村又出土了一枚汉代的"云中丞印"，此印为铜质，方形，边长二点四厘米，厚五毫米，上有龟形印纽，纽高九毫米，印文为阴刻汉代隶书。该印为汉代云中城政府官员的大印，印文中的"丞"是官职称谓，负责掌管文书、粮仓、监狱等事物，是郡守、县令的辅佐。一九八八年，又在云中城西门外发现了带有"云中"戳记的陶器残片，上面的云中二字为汉代隶书，与上述那枚丞印一致。此外，清代光绪年间，在云中城南的今托克托县城内，出土过一件极为珍贵的汉代"日晷"。日晷由泥质大理石制成，呈黄白色。晷体方形，边长二十七点四厘米，厚三点五厘米。日晷正面以中央为核心刻有两个圆周和一个方形图案，在内圆和外圆之间刻有等分的六十九条辐射线，辐射线与外圆的交点处钻有小孔，小孔依此记有一至六十九的数字，数字为汉代隶书。在汉代以前，日晷是经常使用的一种测量工具，人们在日晷上立杆测影，根据一年中太阳在日晷上的不同变化，确定昼夜的长短，并以此来推断寒暑往来、节令和气候变化的规律，用于指导农业生产。这件日晷，早在清代就有天文学家作过研究和记载，据《汉简年历表叙》记载："原石背后有墨书两行，光绪二十三年（1897）出土山西托克托城"（托克托县清代归山西管辖）。该日晷是现存年代最早、最完整的一件汉代日晷，国家一级文物，现藏于中国国家博物馆。汉代的日晷、云中丞印和带有"云中"字样的汉代陶片，都是不可多得的珍稀文物，它们不仅是云中城的历史见证，也再次证实了云中城地理位置的准确无误。

云中城自战国始建，终于隋唐，历经秦汉、魏晋等大的历史阶段，绵延长达一千余年，云中不仅仅是一座城，它还是从古至今本土人民对阴山下土默川一带故土的统一称呼，云中既指古城也可以是整个阴山土默川的统称，这种叫法一直传衍到今天，在土默川上至今仍有个别的乡村叫"云中"的。而当地土默特蒙古族汉姓"云"的人家，在名字上有"中"字的男孩子很多，如云光中、云文中、云中诚等，其既是一座城池或地域的名称又可以转换为人的名字。也从一个侧面说明了本土少数民族既是云中城的建设者，也是云中城的主体民族。这云中城是呼和浩特的肇始和滥觞，是呼和浩特幼年时代的城市雏形。自云中城开始，在其后重要的历史朝代，围绕在今天的呼和浩特周边，一座座城池开始陆续出现。

盛乐城

魏晋南北朝时期，是中国历史上一个民族大迁徙和大融合的时代，也是中国历史进入南北分裂、频繁换代、社会动荡的时期。当时的北方地区，政权迭起、疆域屡变，先后（或同时）经历了西晋、十六国、北魏、东魏与西魏、北齐与北周等政权的统治，这些朝代的行政建制各有差异，疆土面积大小不一。北方政权与南方的东晋、宋、齐、梁、陈等朝代形成长期对峙局面，史称"南北朝"。南北朝时期，统治北方地区时间最长的是由鲜卑民族建立的北魏王朝，长达一个半世纪。鲜卑政权最初的活动地点在今天的内蒙古地区，并在呼和浩特平原上建造了他们最早的都城——盛乐城。盛乐城，是在西汉成乐城（西汉定襄郡治所，东汉末年废）旧址上兴建的，是北魏的"北都"。至隋唐辽金元，一直沿用下来，时间长达一千五百余年，是内蒙古境内延续时间最长的一座古城。盛乐城遗址在今呼和浩特市正南四十千米处的和林格尔县土城子乡的土城村，地处呼和浩特平原的东南入口处，北接平川，南邻群山，东西两侧为夹山带河的丘陵地带，是古代北方地区定襄道和单于道的必经之地。该城因地处中原与西北边塞的门户要冲，历来为兵家必争。

盛乐城因历代不断改扩建，形成了一个不规则的长方形。现存城垣东西宽一千五百五十米，南北长二千二百五十米，面积约三点五平方千米。古城分为南北两大部分，南面为汉代最早建成的城区，北面为北魏扩建的城区。在汉代成乐城是北方定襄郡治所，管辖着成乐、安陶、定襄、襄阴、武进、武皋、武要、都武等十二个属县。西汉时期，此地村落交错，经济发达，农业技术先进，人口兴旺时达到十六万之众。由于广泛推行牛耕技术和当时最先进的耕作方法——"代田法"，以及犁、镬、锄等铁制农具的普遍使用，使这一地区很快成为汉代北部边疆重要的粮食产区。至东汉由于战乱，多数郡县都走向消亡，成乐城也逐渐废弃，直到鲜卑人的到来才使这座古城重新焕发了生机。

两晋和南北朝时期，民族迁徙、交融、碰撞是时代的主流，当时的呼和浩特和包头地区,是汉族与匈奴、柔然、敕勒、鲜卑等北方少数民族先后交错杂居的地带,其中尤以鲜卑民族的影响最大,占有的地位最重要。鲜卑族,我国古代北方民族之一,属东胡的一支,发源地在"大鲜卑山"即大兴安岭地区,是一支以游牧狩猎为主的部落,在其远祖拓跋毛的带领下,逐渐发展成为一个较大的部落联盟。由拓跋毛下传五世至推寅时"南迁大泽"至今天的呼伦贝尔草原,再传至第八世诘汾时,遵其父命继续南迁。相传,诘汾率领部众由大泽呼伦湖向南开行不久,就因高山阻挡而无法通行,这时,一匹外形像马吼声如牛的神兽从山谷奔出,来到诘汾面前站住,高扬着脖子嘶鸣不已。诘汾兴奋异常大声喝道"跟我来!",飞身跃上神兽的脊背,高呼着冲向群山,部众人马紧随着他越过高山,历经"九难八阻",跋涉万水千山,终于来到了阴山脚下的河套地区。在其后漫长的过程中,他们与留居此地已久的匈奴部落彼此婚媾融合,一个叫"拓跋鲜卑"的崭新的部落民族诞生了!所谓"拓跋鲜卑"是指其父为鲜卑族,母亲是匈奴族所生育的后代,正是这支拓跋鲜卑在中国古代史上写下了极其辉煌的一页。

诘汾之子力微继位后,势力更加强大,各部落归附者甚多,"远近肃然,莫不震服"。魏甘露三年(258),他率领众部落从西河套地区迁至今呼和浩特平原,并将汉代成乐城改名为盛乐城,确定为都城。盛乐城是鲜卑民族最早建立国家政权的基地,第一座都城,更是鲜卑民族后来不断向东发展、最终融入中原迈开第一步的出发地。

定都之后就是祭天祭祖了,古代华夏诸多民族都有祭天祭祖的习俗,祭祀场面规模往往很大,考古发现的一些祭祀地点很能说明问题。鲜卑族也是一个非常重视祭祀的民族,二〇二〇年十一月十一日《北京晚报·五色土》署名唐山的文章写道:"近日,在呼和浩特市区北的大青山蜈蚣坝顶,考古人员发掘了一处北魏皇帝祭天遗址。内蒙古文物考古研究所副所长张文平表示'史书上与北魏皇家祭天相关的记载很多,但此前没有发现过北魏皇家祭天遗址'。该遗址在二十世纪八十年代被发现,二〇一九年正式考古发掘,目前已初步明确原建筑的形制。"消息传来,引发人们关注:北魏王朝是游牧民族建立的政权,祭坛遗址不过是一座大土堆,发掘它有何意义?其实,在"大土堆"背后,隐藏着诸多历史密码,我们从它的圜丘形状即可以联想到其后始建于明朝永乐十八年(1420)的北京天坛圜丘坛——朝廷举行冬至祭天大典的场所,是否受到过它的影响?

鲜卑是继匈奴之后,在北方草原崛起的游牧族群,和匈奴一样,它也是由多民族构成。鲜卑起源何处,众说纷纭。史学家吕思勉先生认为,应该来自西伯利亚,"西伯"即鲜卑;另说为东胡一支,被匈奴打败后,远遁乌桓山,改称乌桓,进而鲜卑。一九八〇年,呼伦贝尔盟文管站的米文平,在内蒙古大兴安岭北段发现了嘎仙洞(位于呼伦贝尔市鄂伦春自治旗阿里河镇西北十千米山谷中),洞中西壁上有一方留存完整的摩崖石刻。二〇〇〇年十月,笔者曾有幸在洞中目睹了石刻,并拍照留存。据《魏书》载,北魏太武帝拓跋焘因"其国西北有国家先帝旧墟,石室南北九十步,东西四十步,高七十尺",便派中书侍郎李敞去祭祀,并"刊祝文于室之壁而还"。《魏书》中记录的内容,与嘎仙洞西壁上的石刻祝文完全相同。由此可知,北魏祖先"凿石为祖宗之庙"为信史,进而确认鲜卑起源于大兴安岭,公元前一世纪走出森林,统一呼伦贝尔草原后南迁,占据北方中原。西晋时,鲜卑分东鲜卑(有段部、慕容部、宇文部等)、西鲜卑(主要是乞伏部、秃发部)、北鲜卑(拓跋部等)。北鲜卑(也称拓跋鲜卑)是鲜卑与匈奴的混血,后建立北魏王朝。拓跋鲜卑曾长期占据黄河流域,对中原文化产生深远影响。曾经相当长一段时期,北方各部贵族都以拥有鲜卑姓为荣,如隋朝开国皇帝杨坚曾自称普六茹坚,唐朝开国皇帝李渊的父亲李虎自称大野虎,普六茹、大野都是鲜卑姓氏,非受赐不可僭用。杨坚的夫人独孤伽罗、李世民的夫人长孙皇后都是鲜卑人。在规制文明上，拓跋鲜卑对中原文化有较大贡献，府兵制、均田制、三省制等都源于北魏。陈寅恪先生说："李唐一族之所以崛兴，盖取塞外野蛮精悍之血，注入中原文化颓废之躯，旧染既除，新机重启，扩大恢张，遂能别创空前之世局。"拓跋鲜卑之所以能够对中原历史发展影响深远，是因为这个民族主动接受了中原文化，兼而容之，以致宋代人误认其祖先是汉将李陵。这当然可以视作笑谈。

早期拓跋鲜卑祭天比较随意，没有确定的时间地点，始祖神元皇帝拓跋力微（据说他活了一百〇四岁）于二五八年率部到达盛乐后，才确定了在"夏四月"祭天，而祭祀地点就是盛乐城及今呼和浩特北阴山之巅"蜈蚣坝"顶上的巨型祭坛。

自拓跋鲜卑进驻盛乐地区后，始终和中原政权保持着良好的关系，同时主动在政治、经济、军事、文化和生活习俗等方面加强同中原地区的接触与融合，积极加快自身的文化转变。鲜卑族也大量吸收周边其他民族加入进来，既有匈奴、敕勒人，也有大批的汉人。到西晋初年，拓跋鲜卑就已经拥有部众数万户，控弦之士数十万人。拓跋部首领猗卢因帮助西晋征服北方各部有功，被封为"代公""代王"，并获得今山西北部的娄烦、代县、朔州等大片领地。在此期间，他还在汉代的平城县（今山西大同西北）旧址上修建了"南都"，作为拓跋鲜卑向东南发展的新的据点。到三三八年，新继位的首领拓跋什翼犍设置百官，制定法律，正式成立了"代"政权，长达数十年之久。其间什翼犍在与前秦皇帝苻坚争夺北方领土的战争中失败，政权失落。但十年后，鲜卑势力再度崛起，新的部落首领拓跋珪复代王位，重新整合旧部，恢复了政权，仍以盛乐城为都城。登国元年（386）改"代"为"魏"，自称魏王，北魏王朝的历史纪元正式开始。登国十年（395），年仅二十四岁的拓跋珪率军在"参合陂（今内蒙古凉城东北)之战"中,以两万人马大败后燕太子慕容宝率领的八万大军,奠定了北魏统一北方的基础。

经过十二年的努力,拓跋珪政权终于在天兴年间拥有了今内蒙古、山西、河北等北方的广大地区,确立了北魏王朝北方霸主的地位,并且把都城从盛乐迁到了平城,拓跋珪正式称帝,成为北魏王朝的第一代皇帝,盛乐城被称为"北都""故都"。北魏进取中原,盛乐地区作为屯兵练武、储备军粮之地的作用依然不可小觑。盛乐所在的呼和浩特平原,自汉代以来就是塞外米粮川,北魏政权很重视粮食生产,在其初期,就对这一带的各族人民进行"劝课农耕",开展大规模的农业生产,并将这一政策推行到了整个河套地区甚至到阴山以北的高原上。北魏孝文帝时,实行了"三长法"和"均田制"两项较为先进的人口、土地管理制度,促进了盛乐及河套地区农业经济的发展。据史料记载:当时盛乐一带的呼和浩特平原,从事农业生产的人家达数万户,每年收获谷物达百万石。由于连年丰收,粮食陆路外运困难,北魏政权不得不开启黄河水运向中原地区运输粮食。盛乐地区不仅适宜农耕,还是天然的优良牧场,北魏王朝本身就是游牧民族,对畜牧业轻车熟路,他们曾多次把归降接纳的各民族人口安置在以盛乐城为中心的广大平原上,定居与驻牧同时发展,而其中人口最多的是从阴山以北迁徙过来的敕勒族,曾有几十万人来此定居,所谓"敕勒川"一词即从此时开始流传。敕勒族,是中国古代北方一个较大的游牧民族,秦汉时称作丁零,居于贝加尔湖以南。据说他们擅长制作车轮高大的车子,又被称作高车,到北魏以后才被称作敕勒:"高车,古赤狄之余种也,初号狄历,北方以为敕勒,诸夏以为高车、丁零。"[1] 敕勒人之所以喜欢制作高轮大车,源于他们的生活环境,他们所在的草原地带不仅有大面积的

---

[1] 《魏书·高车传》。

沼泽湿地，冬季来临往往大雪封路，车轮高过牛马的大车，为他们的行动迁徙提供了方便，现在蒙古人常用的勒勒牛车据说就源于高车。

《北史·高车传》载："其人好引声长歌，又似狼嗥"，高车人喜好唱歌，但我们平常了解的北朝民歌似乎只有《敕勒歌》这一首："敕勒川，阴山下，天似穹庐，笼盖四野。天苍苍，野茫茫，风吹草低见牛羊。"[①]关于《敕勒歌》，《北史·齐本纪》记载着这样一段动人的故事：北魏之后的北齐高祖神武帝高欢，在与部下饮酒至酣时，让他的相国敕勒人斛律金用鲜卑语唱这首歌，余音未了，"神武自和之，哀感流涕……"。高欢是北魏六镇之一的怀朔镇人，曾参加六镇起义，后发展至称霸中原，其子高洋禅魏称帝建立北齐，他死后被谥为高祖神武皇帝。此怀朔镇遗址在今阴山北包头市固阳县境内。《敕勒歌》一般认为是斛律金所作，宋人沈建《乐府广题》说："其歌本鲜卑语，易为其言"，又认为是经由斛律金翻译成汉语。这首千古流传的塞外民歌，历经数代人的加工提炼，斛律金肯定是其中主要的编创者之一。我们现在只要一念唱起《敕勒歌》，脑海中立刻显现出阴山下敕勒川百草茂盛、牛羊遍野、牧歌悠扬的画面，可以说《敕勒歌》是古敕勒川今土默川最靓丽闪光的名片，它从一个侧面印证了古云中城、盛乐城的历史辉煌。

北魏时期的盛乐一带，不但有繁荣的农牧业经济，交通也非常发达。这里的郡、县、镇之间道路纵横交错，往来通行十分便利。当时的盛乐城不仅有东南通往中原、北方远抵大漠的交通干道，还有连接西域的"草原丝绸之路"。长期繁荣的贸易往来，又使盛乐这座北魏的都城，成为当时草原丝绸之路上的一座贸易名城。作为北魏王朝最早的诞生地，盛乐一直被鲜卑统治者视为神圣之地。北魏开国皇帝拓跋珪在新都平城登基后不

---

① ［宋］郭茂倩：《乐府诗集·杂歌谣辞》。

久，即派重臣回到旧都盛乐，大兴土木，营造宫室，建立宗庙，祭祀祖先。之后的历代北魏皇帝也多次回到故地盛乐，行祭拜之礼。入主中原定都洛阳之后，他们对旧都盛乐依然念念不忘，太和二十年（496），孝文帝拓跋宏还专程巡视北方，到盛乐探望祭祖。盛乐地区不仅是鲜卑民族开创伟业的肇兴之地，还是埋葬北魏最早几代帝王及王后之所，即著名的"金陵"所在地。史载天兴四年（401），太祖道武帝拓跋珪死后就葬在盛乐的金陵，此后明元帝、太武帝、文成帝和献文帝均葬于此。北魏的几代皇后、皇亲、皇族和功臣等多人也在此安葬和陪葬。北魏金陵的建筑规模十分宏大，相传可以和秦始皇陵相比拟，但史籍未见具体位置的记载。根据鲜卑民族"死则浅埋，无坟垄处所，至于葬送，皆虚设棺柩，立冢廓，生时车马器用皆烧之，以送亡者"习俗，当时的墓葬都在地表做过处理，地面上不留痕迹。文献不见明确记载，考古也未有结果，民间多种说法之中下面一种似有可寻之迹。说其址在盛乐古城东偏北约十五千米的塔尔梁（今和林格尔县多纳苏乡）。据该县旧志载："在本县土岗重叠的神山之北有塔尔梁，或（盛乐）金陵故迹。梁上有古塔一座，石兽五尊，附近有古松数十株。相传其树不能悉数，树下有聚宝盆。魏太祖营梓宫（陵园）木尽生成林。现古塔、石兽及巨松犹在。"另据《山西志辑要》载："托里（塔尔）岗（金陵）在归化城南百里"，塔尔梁距呼和浩特正好百里。

许多年来不少怀着各种梦想的人，来此寻找金陵，但均无所获。金陵的具体所在至今仍然是一个谜。

中国社科院历史研究所魏晋南北朝研究室主任、中国魏晋南北朝史学会会长李凭教授在"北魏盛乐历史文化研讨会"上作如下言："盛乐时代为古代大漠以南的发展起了先头的作用，为后来呼和浩特发展成为内蒙古的政治、经济与文化中心奠定了基础。从'天苍苍，野茫茫'（《敕勒歌》），发展到'山边弥弥水西流，夹路离离禾黍稠'（元人刘秉忠《过丰州》）的景象，其间多有起伏，但是道路愈走愈宽。盛乐时代，是古代大漠以南最辉煌的篇章，是和林格尔历史上灿烂的春天。"内蒙古文物考古专家王大方在《呼和浩特历史文化遗产与特色》一文中论述："盛乐古城，作为呼和浩特历史上唯一的由北方少数民族所创建的王朝都城而载入史册……盛乐城是呼和浩特市文化遗产中最有纪念意义的一座古城。盛乐，应当成为呼和浩特历史文脉的主旋律。"

六镇起义与高欢

前面关于《敕勒歌》故事的历史记载中，神武帝高欢是一位颇具传奇色彩的雄奇人物。高欢，别名贺六浑，太和十九年（495）出生在北魏怀朔镇，即现在的包头市固阳县怀朔镇城圐圙古城，其址距包头市区不到一百千米（笔者曾去考察，所谓的怀朔镇地表已经很难看到城镇留存的痕迹，只有一道似城墙的土埂隐约可见。如果不是立有文物保护的石碑，谁也不会想到那里曾经是人头攒动的古代城镇）。延和二年（433），北魏为防御北方柔然的入侵，沿阴山南北东西方向设置了六处军镇"六镇"，怀朔镇为其中之一。六镇是北魏国防的一道生命线，怀朔因其地处北方民族南下中原的必经之地，经怀朔越过阴山即可直抵河套，战略位置极为重要。高欢的六世祖高隐为渤海郡蓨县（今河北景县）人，祖父高谧官至侍御史，因"坐法徙居怀朔镇"，降为兵户。高欢出生不久母亲高韩氏就去世了，由怀朔镇狱队的鲜卑人姐夫尉景抚养成人，因此高欢自幼年起生活已完全鲜卑化。高欢其人相貌不凡，长头高颧，目有精光，齿白如玉。因在城楼上站岗服役，一天被负责征发徒役的司徒内干的女儿娄昭君偶然遇见，这位娄昭君对高欢一见钟情，不禁失口喊道："这才是我梦中的白马王子!"她不顾父母反对,一再通过奴婢向高欢传情示爱,倾囊相助,发誓"愿得一人心,白头不相离!"父母无奈只得答应。婚后高欢配了骑乘,成为怀朔镇队主,并转任函使。娄氏一生贤良宽厚,诚以待人,生活廉朴,与高欢生有六男二女。高欢作为函使,往来怀朔与京城洛阳之间达六年之久,他倾财交友,慷慨大方。

北魏六镇除怀朔镇外,尚有沃野镇(今内蒙古五原县西北)、武川镇(今内蒙古武川县西)、抚冥镇(今内蒙古四子王旗东南)、柔玄镇(今内蒙古兴和县西北)和怀荒镇(今河北张北县东北)五镇,后来又增有高平、御夷、薄律骨三镇,共九镇,但一直只称六镇。人们习惯于说六镇,是因为历史上声名赫赫的北魏六镇起义。史书上说,各镇驻守主将多为鲜卑人,他们长期霸占土地,垄断商业,欺压奴役老百姓,因而引发了起义。北魏孝明帝正光四年(523),怀荒镇兵民杀死镇将于景首发起义,不久匈奴人破六韩拔陵在沃野镇起兵,建号"真王",汉族和当地少数民族纷纷起来响应。次年,高平镇(在今宁夏固原市)赫连恩响应拔陵,推敕勒渠帅胡琛为高平王。拔陵攻下怀朔、武川二镇。北魏派大都督李崇和广阳王元深赶来镇压,在白道(今呼和浩特市北大青山蜈蚣坝山谷)被起义军围歼,几乎全军覆没。此时的起义军已经占据了六镇沿线的全部地块,连北方的东、西部敕勒也参加进来,规模不断扩大。北魏王朝随即与强大的柔然联合起来冲击起义军,六镇原本是用来防御柔然的,如今被防御者却来镇压防御者,民族矛盾转化成了王权争斗。尽管在孝昌元年(525),柔玄镇又爆发了杜洛周起义,仍然不能抵挡柔然南下的压力。同年,柔然主阿那瓌率十万骑向起义军发起进攻,破六韩拔陵的队伍遭到南北夹击,大部溃散,他本人也战死。北魏六镇起义,除柔然的强大难以战胜的原因之外,各镇之间联络松散甚至互不信任也是起义失败的重要因素。

六镇起义是摧毁北魏政权的首要力量,起义被镇压下去后,北魏的统治不但没有得到巩固，其军政大权反而落到了镇压起义的刽子手尔朱荣的手里，而高欢正是跟随尔朱荣发展起来的。高欢先是参加了杜洛周的柔玄镇起义，未久又投奔到怀朔镇将葛荣的起义军中，眼见起义后果难料，他直接到镇压起义军的尔朱荣那里做了部下，是一个十足的投机分子。尔朱荣对高欢早有耳闻，一见面便想一试高欢的身手。他让人从马厩中拉出一匹烈马命高欢骑上去，高欢不等系好马鞍肚带，便猛地跃上马背疾驰而去。那烈马对高欢却不咬不跳，极为顺从，尔朱荣大为惊奇，便对高欢另眼看待。一天在军帐中尔朱荣询问高欢对当前时局的看法，高欢说："方今天子愚弱，太后淫乱，孽宠擅命，朝政不行，以明公雄武乘时奋发，讨郑俨、徐纥而清帝侧，霸业可举鞭而成。"这番言语恰合了尔朱荣的心思，高欢随即被任命为亲信都督。其后，高欢因镇压葛荣起义军和策反河北义军七个称王的将领有功，被提升为第三镇民酋长，直至做了晋州刺史。

尔朱荣死后其侄尔朱兆控制了并、汾一带。葛荣农民起义失败后，流入并州一带的流民多达二十万人，他们不满尔朱兆的统治起兵反抗达二十六次之多。无奈之下，尔朱兆跑到晋州来向高欢寻求解药，高欢对他说："六镇反残，不可尽杀，宜选王素腹心者私使统焉。"[①] 在座的贺拔允听此高见立刻站起来，建议请高欢来统帅六镇起义军余部。高欢听罢起身给了贺拔允一拳，一颗门牙带着响声掉落在地，尔朱兆信服了高欢的诚意，随即委任高欢为统帅。六镇本来就是高欢的老家根据地，起义军们与高欢"俱失乡客，义同一家"，他号令各部"不得欺汉儿，不得犯军令"，严厉整饬，散兵游勇在他的手下变成了军威严整的队伍。时年山西灾荒缺粮，他借此时机移兵粮草充盈的山东，为其后与尔朱兆分庭抗礼称霸一方储备了力量。

---

① 《北齐书·神武帝纪》。

北魏永熙元年（532），高欢与尔朱氏在邺城（今河北临漳）会战，尔朱兆大败。高欢进入洛阳除掉废帝元朗，立孝文帝孙子元修为孝武帝，高欢自封大丞相、天柱大将军、太师、世袭定州刺史，还在晋阳（今山西太原）建大丞相府。永熙三年（534），高欢废孝武帝立孝静帝，孝武帝西投宇文泰部。自此北魏分裂为东魏和西魏，高欢控制了东魏，而他的老家怀朔镇一带则落入了柔然人之手。

东魏武定四年（546），高欢率十万大军在玉璧（今山西稷山）与西魏宇文泰会战，高欢的军队死伤七万余人。在回撤途中高欢病倒了，宇文泰乘机宣扬高欢中箭已不能下床，高欢听此言后拖着病体召集群臣聚会，请斛律金用鲜卑语唱《敕勒歌》。前面说过，高欢听着"敕勒川，阴山下，天似穹庐，笼盖四野。天苍苍，野茫茫，风吹草低见牛羊……"的家乡歌曲时，不禁老泪纵横，痛哭流涕。这一次他再闻故乡之音岂有不落泪慨叹之理。第二年一代枭雄高欢病逝，年五十一岁，葬于邺城。北齐天保元年（550），高欢次子高洋逼东魏孝静帝让位，建立北齐王朝，称文宣帝，谥高欢为神武皇帝，庙号高祖。"慷慨歌谣绝不传，穹庐一曲本天然。中州万古英雄气，也到阴山敕勒川！"金代诗人元好问祖上是鲜卑拓跋氏，作为本族后人，他有感于高欢其人其事而发出这般慨叹，也证明了高欢其人在北魏至隋朝期间，纵马阴山南北，直至逐鹿中原，父子两代人建立崭新王朝的特殊伟力。

帝王之乡——武川

一九九六年五月，经国务院批准，乌兰察布盟武川县划归呼和浩特市。武川县府所在地可可以力更镇，位于阴山北麓的乌兰察布草原上，距呼市约五十千米，清光绪二十九年（1903）设武川厅，民国元年（1912）置县至今。北魏天兴元年（398）道武帝拓跋珪将其东部地区的高门弟子豪杰两千户迁至北境镇守边关，北魏之后西魏的实际掌控者宇文泰四世祖宇文陵由鲜卑地区"随例徙居武川"，此为代郡北地"武川"地名最早的记载。

武川是北魏沿边六处军镇之一，位置在六镇的中部，扼守着战略大通道——白道。六镇初立，驻守各镇的将帅多为皇室嫡系部队，但随着孝文帝迁都洛阳，政治经济文化中心南移，曾经勇武的六镇将士成为孝文帝汉化政策的弃儿，"留居京者，得上品通官；在镇者，便为清途所隔"，六镇甚至成了发配囚徒的苦寒之地，当年几代守护边陲的宇文家、杨家等勋臣豪强逐渐沦落为镇户、府户，身份地位不断下降，各军镇中的不满与怨怒的情绪开始蔓延，六镇由重要的边防地带逐渐转化为动乱频发的地区。正光四年（523）起义首先在怀荒镇爆发，破六韩拔陵随即在沃野镇响应，次年赫连恩在高平镇再发暴动，六镇大部一度为起义军控制，关陇、河北各族也纷纷起兵响应，对北魏政权构成了致命威胁。为镇压起义，疲于应付的北魏朝廷求助于北方宿敌柔然。正光六年（525）柔然可汗郁久闾阿那瓌率十万大军与北魏军队夹击起义军，六镇起义失败。

六镇起义，各军镇集团经过几番混战，从怀朔与武川二镇走出来的高欢和宇文泰两位枭雄脱颖而出，最终将北魏割裂为东魏和西魏两个对峙的政权。高欢是鲜卑化的汉人，鲜卑名字叫贺六浑，他率领原六镇叛民四处征战，又将北魏一个皇室挟持到邺城建国，史称东魏。宇文泰则是鲜卑化了的匈奴人，其部众主要为来自武川镇的胡人。宇文泰退守关中，立北魏宗室元宝炬为帝在长安建立了西魏。

西魏大统七年（541）六月十三日，冯翊城里同州刺史杨忠的夫人生下一个男婴，他就是后来的隋炀帝杨坚。杨坚家族从五代祖开始就在武川任镇守武将，到了其父杨忠这一代开始兴旺起来。杨忠武艺超群也很有远见，跟随宇文泰在对东魏的战争中功勋卓著，被封为隋国公，隋朝的"隋"即源于此。宇文泰的西魏在与高欢掌控的东魏的对抗中处于劣势，军队数量之比是二十比一，身在关陇的宇文泰"广募豪右，以增军旅"，许多汉人豪强带领着乡兵归附于他。同时他施行府兵制，将散乱的地方武装打造成为组织纪律严密的军队。府兵制的最高统帅者是八位柱国，由宇文泰本人和西魏宗室元欣加上李虎、李弼、独孤信、赵贵、于谨、侯莫陈崇组成。八柱国之下，是领兵的十二大著名将军，分别为元育、元赞、元廓、宇文导（宇文泰侄儿）、宇文贵、李远、达奚武、侯莫陈顺、杨忠（杨坚之父）、豆卢宁、贺兰祥（宇文泰外甥）、王雄。

杨坚成年后即随父亲征战，高欢和宇文泰去世后他们的儿子高洋和宇文觉废黜了东魏和西魏的皇帝，建立了北齐和北周。两个对立集团的战争仍然持续，杨坚在战争中崭露头角，被北周皇帝授予车骑大将军、骠骑大将军，展现出超强的军事才能和非凡的王者气象。杨坚出众的表现，引起了势力强大的独孤家族的关注，父亲杨忠为他迎娶了独孤信的七女儿。而独孤信则是西魏的开国元勋，为府兵制八大柱国之一。作为鲜卑贵族的独孤信，先祖即为部落大人，他出生在武川，跟随宇文泰到了关西。他的长女嫁给了宇文毓，成为北周明敬皇后；第四个女儿嫁给了李虎的儿子李昞，就是后来建立唐王朝的唐高祖李渊的父亲，四女儿即李渊的母亲元贞太后；七女儿嫁给杨坚，成了隋朝文献皇后，如此独孤家族出了三个皇后。

西魏时期，鲜卑贵族与汉族贵族的联姻非常普遍，得益于宇文泰的治国之策。割据关陇一隅的宇文泰，兵力不及东魏的高欢，文化上不如南梁，除推行府兵制外，他必须在精神文化层面上将不同的族群黏合在一起，他推行《周礼》，赐鲜卑姓于汉族豪强军将，杨坚就叫普六茹坚。如此一个胡汉势力相结合的政治同盟——关陇集团（势力或籍贯都在陕西关中和甘肃陇山一带）登上了历史舞台。这个由八柱国、十二大将军组成的军事政治集团先后创造出四个王朝，分别为西魏、北周、隋、唐，创造了中国帝王家族历史的奇迹。

西魏、北周和唐朝的始祖都是八柱国之一，隋朝的始祖是十二大将军之一。清代史家赵翼《廿二史札记》卷十五："北周隋唐皆出自武川。"北周的开国皇帝为天王宇文觉（孝闵帝），其父即西魏的掌控者宇文泰。《魏书》载北魏天兴初年（398）宇文泰的四世祖宇文陵"徙居武川"。

隋朝由北周而来，开国帝王杨坚就生在武川。《隋书·高祖纪》云："北魏元寿代为武川镇司马，子孙因家焉"，元寿为杨坚六世祖。《周书·杨忠传》："周武帝命杨忠为帅伐齐，忠出武川过故宅，祭先人，飨将士，席卷二十余镇。""祭先人"表明杨家祖先墓园就在武川。

唐朝开国皇帝高祖李渊的四世祖李熙曾带兵居住在武川。《旧唐书·高祖本纪》：（熙）"为金门镇将，领豪杰镇武川，因家焉。"《新唐书·高祖本纪》：（熙）"金门镇将，戍于武川，因留家焉。"李唐虽自称出自陇西，以西凉李暠嫡裔自居，但陈寅恪先生在《唐代政治史论稿》与《李唐氏族推测》等文中认为，李唐冒称陇西，实为赵郡李氏的一支。

这样便厘清了与武川有着渊源关系的古代帝王，他们分别是北周孝闵帝宇文觉、明帝宇文毓、武帝宇文邕、宣帝宇文赟、静帝宇文阐；隋代文帝杨坚、炀帝杨广；唐代高祖李渊、太宗李世民。共三朝九位，若加上北周的奠基者宇文泰恰好十位。巍巍武川，"中国帝王之乡"的美称可谓当之无愧。

隋炀帝"金河会盟"

敕勒川在隋唐时期称白道川，白道之名源于北魏时阴山白道岭之白道，即今天呼和浩特北大青山蜈蚣坝峡谷山路，如今人们称古代的白道川、敕勒川为土默川，在这片水草丰美的平原上古迹古墓遗存很多。二〇一九年内蒙古文物考古研究院在今呼和浩特市玉泉区沙梁子汉代古城的发掘过程中，发现一处古代墓葬，根据随葬的金币、珍珠戒指、弓箭矛镝等随葬品，推断为隋唐时期的突厥武士墓。

突厥作为一个部族最早记录在《周书·宇文测传》中，是继匈奴、柔然之后蒙古高原上一个具有军事联盟性质的草原行国，常趁冬季黄河封冻的时候南进袭扰中原，为隋、唐王朝的北方劲敌。北齐天保三年（552）突厥阿史那氏部族首领土门击败柔然，在蒙古高原建立突厥政权。隋开皇三年（583）幽州总管李崇击败犯塞突厥，突厥分裂为东、西两部。开皇五年（585）东突厥沙钵略可汗率部越过阴山附属于隋，驻牧在白道川。开皇十九年（599）沙钵略之子都蓝可汗进攻东部的突利，战败的突利又来归附隋朝。隋文帝赐突利"启民可汗"，在今山西朔州右玉筑大利城安置可汗及民众。第二年又在白道川上新筑金河、定襄两座城池供突利居住。

仁寿四年（604）七月隋文帝杨坚之子杨广即位，次年定国号大业，史称隋炀帝。炀帝加强中央集权，修关筑墙，创立科举考试制度，以诗文取士。大业三年（607）三月，炀帝下令开凿一条北起涿州（今北京）经洛阳至余杭（今杭州），长达四千余里的大运河，大业六年（610）竣工。隋炀帝享乐奢侈爱讲排场，在首都洛阳大兴土木建造了华丽宫殿，一处名为"西苑"的苑囿方圆达二百余里，其内人工海子有十几里长，仙山楼台亭阁无尽。到了冬天百花凋零，西苑内的树上竟绑上用彩色绫罗剪贴的花枝，大树树干也用缯帛包裹起来，连前来参观的外国人都禁不住发问："中国亦有贫者，衣不盖形，何如此物与之，缠树何为？"[①] 隋炀帝在位时

[①]《资治通鉴》。

曾先后三次派人登琉球（今台湾），大业三年、四年命朱宽两度招降琉球未果，至六年再派虎贲郎将陈稜、朝请大夫张镇州率军攻琉球，将之纳入隋朝版图。炀帝文史皆通，还在做晋王时就招引文士编纂史籍，继位后指导编著《区宇图志》一千二百卷，是一部图文并茂的描绘山水城郭的地理巨著。他喜好诗赋，宫体诗风靡一时。他喜爱外出巡游，也曾带兵远征阴山、贺兰山、焉支山、河西走廊，雄关大漠自在胸怀，所以他的边塞诗如《拟饮马长城窟》等篇雄健豪迈，对初唐诗歌也产生过影响。

  隋炀帝是一位坐不住的皇帝，即位当年的大业元年（605）夏天即乘船下江南，次年四月才回到洛阳；三年（607）西北巡视到榆林北的阴山下会盟突厥；四年（608）西行张掖会见西域各国使者，疏通丝绸之路；六年（610）再游江都察看大运河。七年至九年三次率百万大军亲征高丽却未能得手。十一年（615）七月巡北疆长城，被突厥始毕可汗包围在雁门（今山西代县），九月才得援军解围。十二年七月第三次巡游江南。至义宁二年（618）被兵变的下属绞死在江都。其在位十四年，驻在京都的时间加起来还不够一年。在炀帝的数次巡游中，大业三年四月的"北巡榆林"足迹抵达阴山下的白道川，当时的榆林地望在今天的鄂尔多斯市准格尔旗黄河南岸的十二连城古城。《隋书·炀帝纪》载："大业三年八月，帝北巡，车驾发榆林，历云中，溯金河，是天下承平，百物丰实。甲士五十余万，马十万匹。旌旗辎重，千里不绝。"盛夏八月，炀帝的庞大队伍由此渡河进入白道川，在启民可汗与义成公主的迎接陪护下，沿金河（今大黑河）逆流而上，抵达位于金河之畔的突厥牙帐（今呼和浩特市和林格尔），接受启民可汗和闻讯而来的吐谷浑、高昌等北方部族首领及高丽使者的联合觐见（大业二年，启民可汗就曾亲往洛阳拜见过杨广）。"启民奉殇上寿，跪伏恭甚，王侯以下袒割于帐前，莫敢仰视。"这段史事被称为隋炀帝"金河会盟"，这次会盟在中华北方历史上是一个不该被忽视或轻视的事件，北方诸部族集体来到阴山下白道川等候中原皇帝驾临，并依次朝觐皇帝，这样规模的"会盟"在中国古代史上也并不多见。炀帝站在大青山耸拔的峰峦之间，远眺风吹草低、紫气蒸腾的漫漫白道川，不禁诗兴勃发，一首《幸塞北——云中受突厥主朝宴席赋诗》脱口而出：

> 鹿塞鸿旗驻，龙庭翠辇回。
> 毡帷望风举，穹庐向日开。
> 呼韩顿颡至，屠耆接踵来。
> 索辫擎膻肉，韦韝献酒杯。
> 何如汉天子，空上单于台。

诗作引经据典，视野开阔，纵横捭阖，气势恢宏。"鹿塞"指的是后套阴山古道旁的汉代塞城鸡鹿寨；"龙庭"借匈奴单于庭比喻眼前的突厥牙帐；呼韩是列举昭君出塞的往事；"索辫""韦韝"是对少数民族的蔑称。末句汉天子、单于台的典故就发生在此刻隋炀帝会启民可汗不远处的阴山昆都仑河畔。

元封元年（前110）十月，汉武帝刘彻亲率十二部将军十八万兵马，自云阳（今陕西醇化）甘泉宫北上。大军沿秦直道经上郡、西河郡，浩浩荡荡抵达五原（今包头地区），在阴山下整饬人马后即沿呼延谷（今昆都仑河谷）穿越秦长城登上单于台（今包头固阳县与巴彦淖尔市乌拉特中旗交汇处）。武帝即派使者郭吉前往匈奴位于土拉河（今蒙古乌兰巴托南）的单于庭下战书。郭吉对乌维单于说："南越王的头现在就挂在京城长安的北门上，天子此时正在阴山北面等你前来会战。你敢去吗？不敢去的话就立刻臣服，干吗跑到这么远的地方躲着呢？"乌维单于怒而斩杀引见汉使臣的官员，扣留了郭吉，也没有派人回复。武帝见使臣未归，料单于也不敢再来，便西南巡行至北河（今巴彦淖尔乌加河）经朔方过沙漠回到长安。

　　此刻的隋炀帝自比巍巍汉天子，胸襟不可谓不大，正因为隋帝国正在走向巅峰时刻，他才会有如此的气魄与襟怀，当然也是隋朝强大国力的一次绝佳展示。诗也写了，外交活动也进行完了，炀帝启程南归，启民可汗"扈从入塞，至定襄，召令归藩"①。这条记载说启民可汗护送炀帝到了隋朝地界才返回白道川。炀帝则自定襄过马邑，经娄烦、太原回到洛阳。而启民可汗则始终与隋朝保持着和平友好关系，直至病逝。隋炀帝是一位有故事的人，后人对他有过多的贬损，然而唐太宗李世民却说过这样的话力赞隋炀帝至大黑河畔的西北巡视："大业之初，隋主入突厥，兵马之强，自古以来不过一两代耳。"

受降城外月如霜

　　在阴山以南广大的河套地区，除去前面提到的历代所建的城郭而外，汉代和唐代还出现过另一种纯粹军事意义上的城池——受降城。在中国历史上，这种军事堡垒式的战城，只在内蒙古河套地区存在过，可谓绝世无双，而且年代也仅限于汉、唐。阴山是蒙古高原的最南端，是游牧与农耕文明的交汇点，也是一条天然屏障。从阴山以南的河套及中原去往蒙古草原或游牧民越过阴山南下，从东向西排列共有四条主要通道，呼和浩特正北的山谷古称白道，是古云中、盛乐、丰州、托克托以及归绥、呼和浩

---

① 《隋书·突厥传》。

特通往北部草原的咽喉要冲，地势极为险峻，历史上曾有多次大战发生在这里。向西在今包头市区西部的昆都伦河谷，是第二条大通道。《新唐书·地理七下》载："中受降城正北如东八十里，有呼延谷，谷南口有呼延栅，谷北口有归唐栅，车道也，入回鹘使所经。"这条道谷是回鹘道、参天可汗道的必经谷口，也是曾经的循秦直道去往阴山以北的通道。再向西到巴彦淖尔市的乌拉特中后旗狼山石兰计山口，古称高阙塞的沟口，是第三条通道。第四条通道在高阙塞西的狼山哈隆格乃山口，古称鸡鹿塞。高阙塞和鸡鹿塞因长久废弃不用，因而得到较好保护，现存石墙石城遗址尚可一观。对于这四条阴山的主要南北通道，在中原王朝势力强盛时，都想到了以军事力量来护佑，受降城的作用之一即如此。

汉代唯一的一座受降城，由西汉名将公孙敖于太初元年（前104）筑于阴山北。此前的元封元年（前110）十月，汉武帝曾亲率十八万大军从长安经直道至五原，穿石门障（今包头昆都伦河谷），越阴山长城，北登单于台，就在此受降城附近。太初三年（前102），汉武帝派光禄勋徐自为在阴山上沿秦长城向西修筑新长城至居延海，受降城恰扼守在新长城沿线上，谭其骧《中国历史地图集》标注的位置在今天包头市白云鄂博与巴彦淖尔市乌拉特中旗之间的某处。其城由都尉镇守，城址现已不可考。受降城也叫宿虏城。所谓"受降"之说，来自这样一个历史真实：太初元年（前104）匈奴左大都尉派人向汉军传话："我欲杀单于降汉，汉远，即兵来迎我，我即发。"汉武帝派公孙敖在塞外筑起屯兵之城来接应，是为受降城。第二年春天，汉将赵破奴率两万多骑兵出朔方西北两千余里，试图响应匈奴大都尉起事。不料阴谋被匈奴乌师庐单于发觉，将密谋者处死，并出兵迎击赵破奴。赵破奴战败南逃，在距离受降城四百里的地方被八万匈奴大军围困，赵破奴独自外出寻找水源时被俘。乌师庐单于遣兵将来奇袭受降城未能破城。太初三年（前102）乌师庐单于亲自带兵再次攻打受降城，中途患病而亡，受降城作为汉朝最北边的一个战略据点得以保全。此后，受降城继续发挥着它的作用。汉将李陵出征匈奴而未能与之决战，也曾在此受降城驻扎休养兵马。

唐代的受降城共有三座，均在内蒙古中西部黄河北岸的阴山下，沿大几字弯顶端东西向排开，称作东、中、西受降城，唐代人称作河外三城。东受降城位于今呼和浩特市托克托县城关镇西北靠近黄河边的古城遗址内，当地人称"大皇城"。古城为长方形，东西宽四百三十三米，南北长五百九十八米，占地面积约二十六万平方米。中受降城位于今包头市区南黄河北岸的敖陶窑子村，古城为方形，周长约一千五百米，占地面积约十五万平方米。西受降城位于今巴彦淖尔市乌拉特中旗乌加河乡西南十五千米处的圐圙补隆村东，为长方形，东西宽二百八十米，南北长四百二十米，占地面积约十二万平方米。现存宋代石刻地图《禹迹图》，在今内蒙古境内就标有唐代受降城三座。该石刻为我国现存最早的石刻地图之一，现存镇江博物馆。

唐代的这三座受降城是汉代军事城池的翻版，就是为了抵抗突厥南下的骚扰，均靠山面河。唐朝甫立，蒙古高原上的突厥势力强盛，不时南下中原内地，给社会的稳定带来了威胁。贞观三年到四年（629—630），唐王朝对突厥发起了大规模反击，大败突厥于阴山白道川（今呼和浩特北）。之后，唐朝加强了对北方地区的管理，改云中为云州，左设定襄都督府，右为云州都督府。麟德元年（664）、开元八年（720）设单于大都护府，一统整个漠南河套地域。唐中宗时，北方的突厥再次兴起，其可汗默啜拥兵达四十万之众，在漠南一带东西拓地万余里，占据了唐朝北方的大片土地，包括黄河以东以北今呼和浩特、包头和巴彦淖尔的前、后套平原及以西地区，并以此为依托经常扰乱中原。当时的黄河北岸很适宜放马屯军，待进入冬季黄河封冻，整个大唐的北境就没有什么屏障能阻挡突厥人的秣马厉兵了。因此，唐朝政府极为重视河套一带的防御事宜，景龙元年（707）唐廷任命左屯卫大将军张仁愿为朔方道大总管，掌管北方地区的军政事务。同年，张仁愿率领大军渡过黄河击败突厥，将其驱逐至阴山以北，解除了威胁。突厥可汗默啜死后，其兄毗伽可汗继位，与唐朝修好，几十年没有战祸。景龙二年（708）张仁愿决定在黄河北岸设立一条防线，并效仿汉代做法，选择险要地形专门修筑三座受降城，以利长久屯兵驻守。张仁愿带领兵民"六旬而三城俱就"，很快就完成了三座城的建筑，随后又"北拓三百余里，于牛头、牟那山北置烽堠一千八百所"以望烽火。三座受降城以中受降城为中心，东、西两城距中城各四百里，每座城"管兵七千人，马一千七百匹"，各守要冲，相互呼应。三座城池所居的地势和位置，形成了对黄河河套地区的有力控制，即"纳阴山于寸眸，拳大漠于一掌"。

东受降城地处呼和浩特平原西南，古代黄河与金河（大黑河）交汇之地，水陆交通便利。这里既是唐朝北方边地的南缘，又是距离中原腹地最近的渡口和要塞，乃兵家必争之地。该城此后又为历代扩建利用。据史籍记载，东受降城初建时不在现址，而是在西北靠近黄河的地方。建成后，被黄河水患冲毁，只得又向东南迁移重建于现址。东受降城先后受朔方道、云中都护府、单于大都护府、云州、振武军等军政机构的管辖。该城还曾是唐朝中后期统管云中、河套地区的振武军节度使的治所。东受降城一带，不仅具有屯军作战的地理条件，还有发展农牧业经济的自然条件。自张仁愿筑起城垣后，就开始大规模屯田。振武军节度使还专门派兵民疏通金河河道，用以灌溉。到唐朝中期，在东受降城下及其向西延伸地区，可耕农田已达三千余亩，每年能收获粮食二十万石。不仅解决了当地军民的生存需求，也带动了附近地区的农业发展。

中受降城北面的阴山上，有一座古称"拂云祠"的地方，该祠的位置应该在今包头市昆都伦河谷南口的某座丘陵上，面朝黄河。神祠北面的高岭称"拂云堆"，故神祠被称作"拂云祠"。《唐会要·三受降城》："朔方军北与突厥以河为界，河北岸有拂云祠。突厥将入寇，必先诣祠祭酹求福，因牧马料兵而后渡河。"张仁愿北渡黄河后，也把此神祠视作宝地，他的中受降城就在黄河与拂云祠之间，该城虽然建在黄河北岸，但距黄河稍远，所以并没有像东、西受降城一样受到河水威胁，史籍上也没有迁址再建的记载。中受降城的建成，与东、西受降城连成了一线，拱卫住黄河，控制着大漠以南的整个态势。由于中受降城在战略位置上的重要性，在建成后唐朝政府曾把安北都护府迁置于此，中唐后期，天德军、开远军也都曾在此设过治所。因为中受降城既是唐朝北方地区的军事防御中心，更是重要的交通枢纽，陆路横贯南北，水路连通东西，既是"参天可汗道"往来必经之地，又是西京长安和东都洛阳通向西域和漠北远途的要冲。《新唐书·地理志》所载七条"入四夷之路"第四条"中受降城入回鹘道"，指的就是从中受降城出发，经呼延谷上参天可汗道、回鹘道可远达于都军山下的回鹘牙帐哈拉巴勒嘎斯（黑虎城）。

西受降城，地处黄河故道北岸，此地既有黄河天堑，又有阴山天然屏障，堪称"东西纽带，南北咽喉"，是唐朝北方河套地区的要塞之一。《新唐书·回鹘列传上》："西城，汉高阙塞也，北尽碛口三百里，悉有九姓地。"将西受降城与高阙塞列为一处地方，高阙塞在狼山山口，西受降城在它的东南方向，距离倒是不远。在西受降城建成之初，唐朝曾将安北都护府迁置于此，直到六年之后才迁回中受降城。这西受降城也因靠黄河太近而被冲毁重建。史料记载，建成不到十年即被毁，又在旧址上再建，再被冲毁，反复多次，不得已只得以石材砖块加固重筑。考古学者在该城西南角遗址上看到城墙上洪水冲刷留下的痕迹。西受降城因其处在河套农业核心区，守卫的将士们在和平安定时期，充分利用丰饶的土地和丰沛的水利资源，开展农牧业生产，到唐中期，地方经济已经相当发达。借与突厥临近之便，和平时期在西受降城下，还不时地举办各种互市贸易活动，官方兴办的马匹交易市场曾闻名全国。唐玄宗时，准许突厥来受降城卖马，换取钱币或铁器、粮食等生活必需品。

唐代受降城，因其独有的军事价值在中国历史上闻名遐迩，建筑形式也与长城关隘等镇守城垣大有不同，高大雄伟自不必说，主要是这种"城"在建筑时不设瓮城和其他防守机关，与雁门关、嘉峪关、山海关这类关城的构造决然不同。唐人李吉甫《元和郡县图志·关内道四》载："初，三城不置瓮门及却敌战具，或问曰：'边城御贼之所，不为守备，何也？'仁愿曰：'寇若至此，当拼力出战，回顾望城，犹须斩之，何用守备生其退恧之心。'"可见张仁愿在开始筑受降城时就已经做好了准备：主动出击，以攻为守，意在进取。凡回头望城、贪生怕死之徒，即令斩于马下，兵将们只能拼死把握住自己战场上的命运而不能有片刻的侥幸退缩。这种建城方式、生存思维，不是我们用"建筑风格"之类的词语可以随便含糊概括的。其后一个叫常元楷的继任总管，"始筑瓮门，议者劣之"，即为人所耻笑。唐人吕温曾著有《三受降城碑铭并序》："……三受降城者，皇唐之胜势也。……昔秦不量力，北筑长城，右扼临洮，左驰碣石，生人尽去，不足乘障。两汉之后，颓为荒丘，退居河浒，历代莫进。矫亡秦之弊则可矣，尽中国之利则未然。唐兴因循，未暇经启。有拂云祠者，在河之北，地形雄坦，控扼枢会，虏伏其下，以窥域中，祷神观兵，然后入寇。……至于中兴，国无宁岁。景龙二年，默啜强暴，渎邻构怨。扫境西伐，漠南空虚。朔方大总管韩国公张仁愿，蹑机而谋，请筑三城，夺踞其地，跨大河以北响，制胡马之南牧。……六旬雷动，三城岳立。以拂云祠为中城，东西相去，各四百里。过朝那而北辟，斥堠迭望，几二千所，损费亿计，减兵万人。分形以踣，同力而守，东极于海，西穷于天，纳阴山于寸眸，拳大漠于一掌，惊尘飞而烽火耀，孤雁起而刁斗鸣。涉河而南，门用晏闭。"① 由此可见，古代北方地区从战国开始，秦、汉、北魏、北齐、隋等朝代，都曾依靠修筑长城来保卫边境。只有汉代和唐朝打破了这个惯例，在阴山以北与黄河北岸建筑战城，且以"受降"来命名，意即在此接受敌人的投降。特别是唐代的三座受降城，不仅取代了长城的作用，更为朝廷节省下庞大的军费开支和数以万计的守边兵马。可以想见，数以千计的兵将守卫在各受降城上，其间烽烟缭绕、军马飞驰，突厥闻之色变而远遁，黄河阴山得以牢固，北部边疆安定祥和。所以说，三座受降城只有在唐朝这样自信满满的盛世王朝，才能得以兴建并威震远方异域，这是国家强盛时才能做出的重大之举，当然也是中原王朝防卫边境的最高最强有力的行动了。

受降城，甚而变成了一种文化符号，闪烁在唐朝诗人们的笔端，其中最著名、影响最大的莫过于"大历十才子"之一李益的《夜上受降城闻笛》："回乐烽前沙似雪，受降城外月如霜。不知何处吹芦管，一夜征人尽望乡。"李益，字君虞，凉州姑臧（今甘肃武威）人，大历四年（769）进士，授华州郑县尉及主簿。据原中央文史馆馆员、中华书局总编辑傅璇琮教授《唐才子传校笺》考证，李益的从军经历大致如下："大历九年（774）至十二年前后，李益第一次从军。其《从军有苦乐行》云：'秉笔参幕帟，从军至朔方'，此处朔方，指上郡、五原，即今河套一带……建中二年（781）秋，李益入朔方节度使李怀光幕府，再次从军塞上……贞元元年（785），李益第三次从军，入杜希全幕……贞元六年或七年（790—791），李益入邠宁节度使张献甫幕，此为第四次从军。"第三次，杜时任灵州大都督、西受降城、天德军、灵盐丰夏节度营田使。"今骤奉

---

① 《全唐文》。

希全辟召，不无捧檄之喜"，"从此出上郡、五原四五年"。李益到过西受降城明白无误，而天德军和丰州即在附近不远的一个防区之内。《夜上受降城闻笛》里的"回乐烽"，学者金性尧在其所著《唐诗三百首新注》中标注"在今宁夏灵武县西南"，应该是一处有名的烽火台，而霜月之下的受降城为西受降城也肯定无疑。

《唐才子传》说李益"二十三受策秩，从军十年，运筹决胜，尤其所长。往往鞍马间为文，横槊赋诗，故多抑扬激厉悲离之作，岑参、高适之流也"，"每一篇就，乐工赂求之，被于雅乐，供奉天子。如《征人歌》《早行》篇，天下皆施绘画"。《唐诗纪事》卷三十："其《夜上受降城闻笛》诗，教坊乐人取为声乐度曲。又有写《征人歌》《早行》诗为图画者，'回乐烽前沙似雪'之诗是也。"《唐才子传》的"岑参、高适之流也"之说肯定不错，起码他的边塞诗不输岑与高，不然何来"乐工赂求之""天下皆施绘画"？除受降城一诗外，李益的《从军有苦乐行·时从司空冀公北征》"边地多阴风，草木自凄凉……剑文夜如水，马汗冻成霜"，《五城道中》"天寒白登道，塞浊阴山雾。仍闻旧兵老，尚在乌兰戍。笳箫汉思繁，旌旗边色故"，《征人歌》"胡风冻合鹔鹴泉，牧马千群逐暖川。塞外征行无尽日，年年移帐雪中天"等句，都是身临其境、身体力行之后才能产生的佳句，非常年边疆守塞的真切体悟而不可为之。而七律《塞下曲》与受降城七绝诗异曲同工，可作姐妹篇来看："秦筑长城城已摧，汉武北上单于台。古来征战虏不尽，至今还复天兵来。黄河东流流九折，沙场埋恨何时绝？蔡琰没去造胡笳，苏武归来持汉节。为报如今都护雄，匈奴切莫下云中。请书塞北阴山石，愿比燕然车骑功。"其中"苏武"一句流传最广，多为今人所用。在唐代边塞诗人中，除去岑参、高适等，我最爱接近李益和李颀，感觉他们的句子比之岑、高更体贴心灵，更具生命中北方边地之人才有的悲凉意识，与下层士兵的百姓情怀也多有混同。

丰州滩往事

时间转入宋辽时代，宋是北宋，辽是契丹。当时的呼和浩特地块属于大辽西京道西南路招讨司之丰州，习惯上人们把这一地方叫作丰州滩，历史上所筑丰州城现在呼和浩特东郊大黑河北岸平原上的白塔村，距市区十八千米。公元十世纪初，北方新兴的契丹族日渐强大，建立起辽王朝。当时的呼和浩特地域受辽的管辖，一直持续到元代。自辽之后，呼和浩特一带就被称为丰州或丰州滩。丰州城，始建于辽神册五年（920），辽金元三代一直沿用达四百五十年之久。辽金时期，丰州城是军事重镇，辽金两代都曾以天德军节度使镇守丰州城，所以也称"天德军城"。据民间相传，丰州城一带曾经是宋朝杨家将大战金沙滩，破洪（丰）州的地方。在丰州城北的大青山中，传说中的"六郎箭""焦赞墓"遗迹至今犹在。据传，当年杨家将镇守边关时，宋朝与大辽谈判划分边界，辽国同意让出一箭之地，杨六郎当即登上雁门关引弓搭箭朝北方射去，一箭就射到了几百里外的大青山上，故有"六郎箭"的传说。焦赞是追随杨家将守护北宋边境的一员猛将，他的墓就在他曾经冲锋陷阵的沙场现在的河北省雄县，传说大青山中存有他的墓地，是当地老百姓对历史英雄人物的敬仰和感念的真实反映。

在辽金两代较长的统治时间里，丰州滩地区的人口不断增长，城市建设也日臻丰富完善。辽王朝为了方便与中原地区的物资交流，在丰州城开设了呼和浩特地区历史上第一个由官方经办的商业贸易市场——"榷场"。榷场的设立，极大地促进了城市及周边经济的发展，到了金代丰州一带出现了"牧马蕃息多至百万和农耕田地数千余顷"的繁盛景象。据史籍记载，辽代的丰州已有人家一万二千多户，到了金代发展到二万二千六百八十户，其中城镇居民达数万之众。元朝建立后经过数十年和平发展，丰州城再度繁荣，这时的丰州城不仅是沟通南北、连接东西的边疆重镇，还是常年车马络绎、市场兴旺的一座塞外贸易商城。元世祖忽必烈的重臣刘秉忠曾数次往来于丰州城下，他的诗《过丰州》如下：

> 山边弥弥水西流，夹路离离禾黍稠。
> 出塞入塞动千里，去年今年经两秋。
> 晴空高显寺中塔，晓日半明城上楼。
> 车马喧阗尘不到，吟鞭斜袅过丰州。

丰州城是一座方形的古城，城的四面各有城门，城围长四千五百米，面积约一点三平方千米。城墙由夯土垒筑，高十米，马面、箭楼、角楼及瓮城军防设施等，曾经都一应俱全，而如今只能看到一点残存的城墙遗迹了，当年的雄伟城市早已消失在岁月的深处。

丰州城的建设布局，完全是仿照唐代中原地区的城市形制建造而成的，按照唐代城市的"城坊制度"，城内分别建造了许多整齐划一的街坊。当时的官衙府第、店肆民宅、各式作坊、街道以及僧道寺观等都排列有序地分布在街坊之内。丰州城早期的布局，完全体现了唐代城市的城区特点，城内街道整齐、布局合理。以城内中心为基准，分出东、南、西、北四条主干大街，通向四座城门，在四条大街的两侧，又延伸出若干条横平竖直的小街巷，构成了一个棋盘状的图形。金代承袭了辽代的城市布局，据城内寺院白塔内一层现存的金代石碑记载，金代丰州城有大小街道数十条之多。在这些街道中，除了以地形位置命名的如东关、西关、东长街、南长街等外，还有许多是以官署衙门、寺院建筑、人名姓氏和市场作坊命名的，如县衙巷、都统临街巷、官察北巷等；以寺院命名的街巷有宣教寺巷、大觉寺巷、药师阁巷、北禅院巷等；以人名姓氏命名的有刘公进巷、刘大卿巷、裴公裕巷、康家巷等；以市场作坊命名的有牛市巷、麻市巷、染巷、酪巷等。这些数量众多的街巷和五花八门的名字，就是当时丰州城繁华景象的真实写照。有人估量，当时的丰州城，在大辽国的城市中大概属于一座中等规模的城市。而如今呼和浩特市旧城玉泉区的大南街、大北街等街名的缘起，恐怕也是有意无意地受到了古丰州城东南西北四条大街街名的启示和影响吧！

丰州城不仅城市繁华，连城郊的村落也相当繁多，白塔金代的碑刻上记载的村落有：高如村、王岩村、薛家村、桦涧村、乃剌村、掴里乙宝村、长寿谋克村、六十五村、东长安村、大岭东村、大岭西村、刘家庄、李家庄、何家庄、大王庄、郎君庄、张家裕、石堕铺、泥河子、上荒地等几十处，丰州一带可谓村庄毗连、人烟密集，是一个多民族和美共处、杂错相居之地。

白　塔

古丰州城遗址内现存一座高大雄伟的"万部华严经塔"，为辽代所建，俗称白塔，是城内佛教寺院的藏经之处，丰州城的地标式建筑。刘秉忠《过丰州》诗中的"寺中塔"说的就是此塔。元末明初，丰州城毁于战火，城内其他建筑荡然无存，唯独这座华严经塔幸存下来。白塔为楼阁式砖木结构，塔身八角形，共七层，高五十五米。三层塔座由白石砌筑，雕有巨型莲花，第一层南门上有石刻一方，"万部华严经塔"六个大字赫然在列。塔身以大木为骨架，再由用桐油浸泡过的大砖加筑，大砖每块重达数十斤，全塔用砖达一万块之多，塔砖之间缝隙以石灰灌注，坚固防腐。顶上的塔刹置有"相轮""宝盖""宝瓶"，相轮由十三个大铜圈组成，代表着佛教的十三层佛天,是佛祖修行的地方;宝盖寓意佛法无边,覆盖大千世界;宝瓶则表示佛法无量,功德圆满之意。白塔的每一层檐下都挂着风铃,北风吹来,铜铃声传数里之外。塔身上的砖雕有佛祖、菩萨、金刚、力士、蟠龙、花草等图案,均生动无比。

据有关部门技术测定,白塔的重量达一点五万吨,如此庞然大物,其基础却只是一圈仅有四米厚的夯土层。自辽至今,跨越了千年之久,丰州白塔岿然不动,从塔基到塔顶依然完好无损,契丹人民的礼佛之心、建塔之术可谓高绝。

在塔的内壁上留存下不少自辽金以来的题记字刻,从四面八方赶来朝觐和游览的汉、突厥、契丹、蒙古、藏、女真等各族人们,在塔内留下的文字,除汉、蒙、藏、契丹、女真、八思巴、维吾尔文外,还有古叙利亚和古波斯等文字,所有这些文刻都是古丰州地区城市风情、宗教活动、市井生活的鲜活再现。一九八二年,白塔内又传出新消息——一张元代纸币"中统元宝交钞"被发现,立刻引起国内外新闻界和学术界的高度关注。经专家小组研究证实,这是我国元朝发行使用的纸币,是中国和世界上发行最早的纸币实物。纸币用桑皮纸印刷,面额壹拾文,币长十六点三厘米,宽九点二厘米,虽有破损但字迹依然可辨。纸币的正、反两面都有文字,均为汉文,正面额头横书"中统元宝交钞",其下用花纹作框,分出上下版图文。上版居中刊有"壹拾文"钞额和纵列的十枚铜钱图案,两旁有竖写的九叠篆文"中统元宝,诸路通行"八个字。下版有十行竖写的文字,中间字迹较大,两边较小,共计八十四字。中间大字为"伪造者斩赏银五锭仍给犯人家产",意思是:凡伪造者视为犯罪,斩首。对揭发的人赏白银五锭,并将犯人的家产也奖给揭发的人。钞面下盖有九叠篆文朱印两方,上为"提举诸路通行宝钞印",下为"宝钞总库之印"。纸币背面很简约,只有"壹拾文"三个字,十枚铜钱图案和一方朱印。

据《元史》载："中统元年七月始造中统元宝交钞。初以丝为本，后以银为本。"当时发行的交钞既可直接使用，也可按铜钱比值兑换成白银。宝钞的面值有十、二十、五十、一百、二百、五百文以及一贯、二贯等。白塔出土的这一张虽是面值最小的，但却是最初发行使用的。而这张纸币之所以能够保存下来，是缘于佛教徒的虔诚所致，信徒把纸币塞进白塔内墙的砖缝里，后又掉进几百年累积下来的风沙尘土中，许久没有被人发现和损坏，处在近乎完全封闭且干燥的环境中，才得以穿越近千年时空留存到今天，成为一件罕有之物。

我国是世界上最早使用纸币的国家，历史上曾有过唐代的"飞钱"，宋代的"交子""会子"等，金代也曾发行过纸币，但多数纸币都因受当时钞法和地域等原因的限制，未能长期流通于世，也就很难保留下来。自元朝我国再次形成大一统的国家体制后，元世祖忽必烈推行新法，改革币制，纸币才空前盛行，成为社会上流通的合法钱币。中统元宝交钞，作为全国流通使用的钱币，对于元初的社会稳定、经济发展和各族人民之间的物资交流和外出旅行等方面都起到重要的积极作用。

白塔及其所在地区文史考古信息含量极其丰富，不仅有元代纸币，颇具文物价值的一件瓷器的发现更是惊艳了世人。二十世纪七十年代，丰州古城一带已经成了农田，一位农民在古城内平整土地时发现了两口大瓮，大瓮内藏有六件大型瓷器，均为元代瓷器的精品。其中最值得人们关注的，是一件元代钧窑香炉，香炉高四十二点七厘米，口径二十五点五厘米，器形较大。香炉两侧有对称的长方形提耳和兽形耳各一。香炉的颈、腹部雕有麒麟、兽面、铺首等纹饰，底部有三只兽足环底鼎立。

钧窑香炉，通体施以天青釉色，色泽淡雅宁静。香炉制作时，由于釉层厚重，在烧制过程中釉色流散于器表，出炉成型后，釉色就会浓淡不一，有一种动态之美。流釉处如蜡烛之泪，凸起于表，立体而鲜活，自然天成。整个器物造型独特,气势生动,不愧为元代瓷器中的绝品。更让人心动的是,在香炉正面的两个麒麟之间,有一块方形的题印,上面刻有"己酉年九月十五小宋自造香炉一个"的楷书铭文。己酉年为元定宗贵由与元宪宗蒙哥之间的海迷失后称制三年时的年号,即一二四九至一二五一年。这一方题印生动地标注了香炉的制造日期和制作工匠的姓氏,如此刻有铭文的钧窑瓷器极为罕见。造器者的悠闲一笔,让我们看到了其时的官窑工匠们活生生的状态和心情,七百多年过去了,一位年轻男性工匠在欣赏自己即将新出炉的作品时,那不无得意飘然的表情、动作,仿佛就在我们眼前。

万部华严经塔所在的丰州城,既是辽、金、元各朝代在大黑河流域建立的一处重要军事重镇,也是中原地区与北方各民族经济、文化交流的汇集点。丰州城的道路四通八达,是连接内地与漠北的交通枢纽,往来于东西南北的各类人等来到城内,登临白塔,即兴挥毫,留下了他们各自的痕迹。这些题记文刻,经考古人员逐一查看辨识,确定共有一百六十三条,战争、宗教、交通和社会生活等内容无所不涉,是十分珍贵的历史人文信息,值得我们认真探究。马可·波罗自西域前往元上都时曾途经丰州,当时的丰州属汪古部督管,《马可·波罗游记》写道:"治此州者是基督教徒"。汪古部部落长的居住地在阴山以北的赵王城,但其管理的范围横跨阴山南北,其部落高层贵族有不少人居于丰州城。部落首长阔里吉思是信奉景教聂思托里派的教徒,该部落居民所使用的文字不但有八思巴蒙古文、回鹘蒙古文,还有古波斯文和加入了汪古突厥成分的古叙利亚文,这些文字都出现在了白塔内壁的题记中。

《马可·波罗游记》第一卷第五十九章:"天德(tenduk)省是长老·约翰统治下的东部领土的省份之一。省内有许多城市和城堡,属于大汗的版图。……它的首府也叫天德。……这个国家的人民,比我在前面描述过的其他地方的人民,肤色光泽,体态也比较优美。他们受过良好的教育,所以他们是一群比较机智的商人。"伟大的旅行家留下的文字著作赫然在目,平民百姓在丰州白塔上写下的题记文字也同样鲜活灵动。在白塔内壁留下题字的人,我们从题记所署人名、地址和身份等信息来看,这些人中既有丰州城内及附近城乡的,也有外地的,有官吏,有僧侣,也有庶民。官吏如三百〇一条、三百〇三条、五百二十一条;百姓如三百二十一条、五百二十八条、七百一十二条;居住在丰州附近州府的如二百一十六条、二百一十七条、三百零八条、三百一十六条等。署名为云内州人所书,今呼和浩特市托克托县古城乡南园子村北的古城,通称西白塔古城,是金元时期的云内州城址,东距丰州城仅六十千米。二百二十五条、四百〇一条为东胜州人所题,今托克托县城北面的古城叫托克托城,古城内西北角套有一座小城,当地人称大皇城,这大皇城就是金、辽、元时期的东胜州城,西南距丰州城一百千米。丰州、云内州和东胜州都是建立在大黑河中下游的城市,三座州城由大黑河串联起来,各城市互相交往是很自然的事。连位于丰州城北阴山北麓的砂井府和净州路,也都有人来到塔上题记,五百二十一条、三百二十五条就是砂井府、净州路来人所题写。砂井府城址在阴山北今四子王旗红格尔图,净州路城址在今四子王旗库伦图,当时砂井府、净州路均归汪古部管辖。白塔中元代题记所见各地路府州县的名称很多,署名来自大同路(今山西大同)的有一百〇七和二百〇五两条,来自京城大都(今北京)的有一百〇八和七百一十六两条。其他地方有:冀宁路(今山西太原)、榆次县(今山西榆次)、忻州(今山西忻州)、石州(今山西离石)、怀仁县(今山西怀仁)、汶水县(今山西汶水)、中兴府(今宁夏银川)、终南县(今陕西周至)、般阳路(今山东淄博)、宣德州(今河北张家口、宣化、涞源及内蒙古兴和、商都等地)、真定府(今河北正定)等,这些地方包括了当时北方广大地区。

白塔内壁上的题记，因题写人等的不同而呈现丰富庞杂的内容，尽管题记大多因年代久远而漫漶不清，但有几处提到的人名、事情仍能触动我们的心灵。塔内明代蒙古文题记四百○八、五百一十七、五百一十八条中出现的蒙古人名，是居住在丰州一带的土默特蒙古人，二百二十二、五百一十四、五百一十七、五百一十八条的题记者，都是明嘉靖年间起陆续迁徙到丰州地区来的汉族，蒙汉人民长期和谐共处，共同开发建设了呼和浩特平原及周边地区。三百一十八条题记显示，明万历十二年三月十日山西郭姓医官出差到丰州，"同喇嘛通士（事）拜塔到此"，就是蒙汉人民密切交往的记录。五百一十四条是一幅长达二百一十字的题记，山西代州崞县儒生段清，于嘉靖四十年六月初八登塔题记，记述了那个战乱年月发生在蒙汉边境地区的场景："嘉靖三十九年九月十五日，大举达兵攻开堡寨……一家近枝六十五口杀死抢去"，危难之际，蒙古人达耳汉出手相救，并将他们带到丰州安置下来，段家称达耳汉为"恩人"。五百一十七、五百一十八两条也是这位叫段清的人所题，五百一十七条仍然讲述与达耳汉相处共事，五百一十八条的四句打油诗："林（临）行路上好南（难），不由两眼留（流）泪，受苦无人知到（道），儿女不知那（哪）厢"，是这位叫段清的人，在烽火年月颠沛流离生活的真实记录。有一些题记也提到阿勒坦汗，明代的呼和浩特一带是蒙古土默特部的游牧草原，阿勒坦汗精明强悍，土默特部落战力威猛，为开通边贸曾与明朝展开大规模的边境战争，明廷被迫封其地为"大明金国"。白塔内部的这些题记所散发出的信息，至今仍栩栩如生，我们来看二百一十四条："朔风凛冽雪侵凌，来此丰州悫外寒。六月火云天不雨，请君来此凭栏杆。"一位多愁善感的人在风雪交加和天旱无雨中登临白塔，情之所至感怀赋诗的样貌仿佛就在眼前。但此人文化水平不是太高，四句诗一共二十八个字，却出现了两处"来此"，看得出来他登塔时的匆匆行色。

道与谷

让我们眼前又一亮的是二百一十九条，题记的作者竟来自遥远的漠北和林城，即今蒙古国的哈拉和林。其地在今乌兰巴托西南方鄂尔浑河畔的草原上，额尔德尼召所在地，元代时称和宁路，是岭北等处行中书省所在地。当时和林与内地的交通，主要有三条重要驿路，一是自和林经上都（今内蒙古正蓝旗）而抵大都；二是经亦集乃路（今内蒙古额济纳旗）而入河西走廊；三是经砂井府、丰州、大同路而进入内地。第三条驿路自北而来，首先要穿过阴山孔钥白道。白道者因其山道中自南向北行进将到达山顶时，道路为凝灰岩山石，色灰而白，故名白道、白道岭、白道川。地址在今呼和浩特北面的大青山山谷之中，山南出口处有一村子名曰坝口子村，属现在的呼和浩特市回民区攸攸板镇。自战国起，白道便是阴山南北交通要道。北魏郦道元《水经注》中称"白道中溪水"是白道最早的记载，北魏之后的历代王朝一直沿用此道，是蒙古草原与中原地区南北往来的一条主要通道。北齐文宣帝高洋于天保六年（555）亲率大军北击茹茹（柔然），将辎重置于白道，而后轻骑穿山快速追击，至西北方向怀朔与沃野镇，大胜而还。隋文帝于开皇三年（583）派卫王杨爽率领李元节等四将，北击突厥沙钵略可汗，在白道即与之遭遇，大破之。宋人乐史《太平寰宇记》云州云中条曾有记载："白道川，当原阳镇北地，至山上，当路千余步，地土白色如灰，遥自百里即见之，即是阴山路也。"在宋代之前，这条有名的大通道都称作白道，道路所穿行的山峦称作白道岭。自金代开始，将白道岭改称作"汪衮"，蒙古语意为神山。元代这条古道是通向蒙古高原岭北地区的重要路道，出白道走净州路、德宁路，即可与西北方向的邻近栈道相互连通。到了近现代，仍是归绥、呼和浩特与武川之间的公路通道，人们将汪衮（翁衮）讹传作蜈蚣，将这段山岭称作蜈蚣坝，自南向北翻山都俗称"过蜈蚣坝"。一九二六年春天，吉鸿昌任绥远警务处长主持修整蜈蚣坝山道时，曾攀上坝顶，并在山顶险要处的一块巨石上题字："化险为夷"。近年呼和浩特与武川之间已修通了一级公路，隧道穿山而过，白道古道失去了主要运输通道功能，但仍是喜欢攀山的旅行者凭吊古人的不错选择。

白道因其战略位置特殊，历代中原王朝都十分重视它的守护。秦汉时期，在山南道口曾兴建一座古城，古城附近现在仍有战国长城遗迹留存。北魏时期为保证大漠南北交通通畅，在谷口南侧山下修建了白道城，其时郦道元的《水经注》对此有明确描述："芒干水又西南迳白道南谷口。有城在右，萦带长城，背山面泽，谓之白道城。自城北出有高阪，谓之白道岭。"北魏的白道城是在汉代古城城垣基础上改建的，考古发现一道东墙长一百九十多米，其余遗迹已荡然无存，但在城址内人们仍找到了石刻佛像和波斯萨珊王朝的银币，可见此一白道在呼和浩特及其周边的历史上，人马往来不绝的盛世繁荣场景。据《魏书》记载，波斯使臣曾向北魏朝贡达十次之多，其中五次是在定都平城期间，使臣们东西往来，白道与白道城是必经的山谷和途中重要的节点城镇。

清光绪十七年（1891）六月，俄国探险家阿·马·波兹德涅耶夫自圣彼得堡启程，经恰克图、库伦、科布多、乌里雅苏台、张家口、北京，于一八九三年三月来到归化城，在其笔记类著作《蒙古及蒙古人》第二卷第三章"归化城"中他写道："宋朝时在呼和浩特这块地方就曾有过一个城市叫甸城。元朝时，归化城成了丰州。中国元朝诸皇帝大概都非常喜欢丰州，并经常来这里巡游。"

光绪三十三年（1907），清政府驻库伦办事大臣三多途经白道，在山下坝口子村发现一通《平治甸城山谷道路碑》石碑，为元延祐七年（1320）所立，现存于内蒙古博物院。碑文中有"丰之为郡，其来尚矣。

地名九原、云朔、三辅……置天德军节度而镇守焉……郡南负郭黑河,青冢古迹仍存。郡北一舍,有环绕之山,名曰祁连,中有捷径故道甸城山谷……"之句,立碑人是当时的丰州知州奥鲁、劝农事官张铸。祁连是当时人们对阴山的称呼。"甸城山谷"是贯通南北连接元上都与哈拉和林之间的"木怜道"的孔钥,木怜道是元太宗窝阔台在前朝基础上整修扩建的,从上都出发西行经兴和路、大同路至丰州,再经甸城山谷出天山（阴山),经净州、砂井西北行至翁金河再北行到达哈拉和林,是元代"供需漠北"的"军旅粮储"的"给饷之正路"。在丰州城内的白塔内部留下题记的人们来自四面八方,北方最远的来自鄂尔浑河畔的哈拉和林城,这也是对元代发达的道路交通最好的证明。《元史·地理志》:"北方立站:帖里干、木怜、纳怜等一百一十九站。"木怜道是元代中原地区与蒙古草原三条贯通大道其中的一条,也是最主要的一条。

《绥远旗志·绥乘·归绥县志》记载,绥远"北至坝口子二十里,又愈蜈蚣坝至克克以力根七十里,即通大青山后四子部落,茂明安达尔汉各旗之大路,并西北之赛拉乌苏、库伦、乌里雅苏台、科布多,以及古城、新疆伊犁、塔尔巴哈台各地,亦皆由此取道焉"。再次说明到清代与民国时期,白道仍然是西北重镇归绥连通漠北、新疆的最主要的通道,当然也是大盛魁等旅蒙商的驼队南来北往的必经之路。

由白道南口外向西,沿京藏高速公路行驶约一百八十千米,来到阴山山脉一处断崖山口,山谷中的昆都伦水库在二十世纪五十年代就已经将昆都伦河水截住,因此河谷中只在夏季雨水丰沛时才有一股细流。近年来,当地政府整疏河道放水置景,使这条包头市区最大的河流改换了颜面。这条昆都伦河谷在《新唐书·地理七下》中有如下记载:"中受降城正北如东八十里,有呼延谷,谷南口有呼延栅,谷北口有归唐栅,车道也,入回鹘使所经。又五百里至鸊鹈泉,又十里入碛,经麚鹿山、鹿耳山、错甲山,八百里至山鹫子井。又西北经密粟山、达旦泊、野马泊、可汗泉、横岭、绵泉、镜泊,七百里至回鹘牙帐。又别道自䃜鹈泉北经公主城、眉间城、怛罗思山、赤崖、盐泊、浑义河、炉门山、木烛岭,千五百里亦至回鹘牙帐。"呼延为匈奴姓氏,《史记·匈奴列传》称匈奴贵种,《晋书·北狄(匈奴)》改作"呼延氏",呼延氏在北魏以前为匈奴人,北魏时开始鲜卑化,等到了唐代呼延氏就成了鲜卑人了。唐人当时把昆都伦河谷称作呼延谷,是指其穿越阴山的山谷隘口部分,由此经漠北通向回鹘牙帐的大道则称作"回鹘道"。而在《新唐书·回鹘列传上》中回鹘"请于回鹘、突厥部治大涂,号'参天至尊道,世为唐臣'"。唐贞观年间(627—650),"于是回纥等请于回纥以南,突厥以北,置邮驿,总六十六所,以通北荒,号为参天可汗道,俾通贡焉,以貂皮充赋税。"[1] 回鹘人将这条大道称作"参天至尊道""参天可汗道",他们将大唐皇帝奉为天至尊、天可汗(至高而广大无边),足以显见大唐天子在他们心中神一般的地位。当然,这条道也是唐肃宗至德元年(756)与代宗宝应元年(762),回纥骑兵"请助天子讨贼"两次南下帮助平定安史之乱时所走的大道。在漠北,这条大道旁曾经耸立的宁国公主城和眉间城,是回鹘人为保持与大唐王朝的"马绢贸易"而专门修筑的,以保商道安全和货物运转。

这条道应该是自土默川一带往返漠北蒙俄,行走草原丝绸之路及晋商驼道,与白道并列的另一条天然通道,因其是穿越山间河谷而非白道需要走艰难的盘山路,所以通行起来要方便得多。

曾经的呼延谷,如今的昆都伦河谷,在汉代曾称作石门沟石门水,在今天沟谷东北方向,汉代还设有石门城障用作屯戍。阴山南北的通道,除上述两条最重要而外,围绕着河套地区,还有几条见于史料,前面说到的

---

[1] 《唐会要·安北都护府》。

鸡鹿塞、高阙塞均废弃已久。而呼和浩特与包头附近的五当沟与哈达门沟，从古至今一直都是通道，这两条沟谷常年流水不绝，车马人流相望。五当沟从呼和浩特西可通山北，从包头到阴山古刹五当召的公路走的也是五当沟。此前几十年，因山中出产工业用煤，道路始终保持着畅通。现在虽资源枯竭旅游却兴旺起来，敞亮的隧洞节省了不少山中弯路。哈达门沟在包头市西，山南山北都是乌拉特蒙古人的游牧地，沟中近几十年以炸药爆破开洞掏挖金矿，连年不止，山野风光尽失。我曾数次站在沟口处的山洪冲积碎石滩上，遥望河套平川，风尘中的一带黄河在远处飘荡如烟。

  我们说到的河套地域上的这几处道与谷，鸡鹿塞、高阙塞和呼延谷、参天至尊（可汗）道等，在山谷南北口和谷底都较为平坦开阔，山谷中溪流淙淙细沙在地，通行比较便利。唯最东边的白道山高谷深，可凭险据守，大有一夫当关万夫莫开之势。

HOHHOT
THE BIOGRAPHY

呼和浩特 传

草原精灵，蒙古马永生的奔腾

第二章

乌拉山岩画

图　腾

呼和浩特平原自古以来就是天然的优良牧场和田地，水草丰美，气候相对温和，既适宜放牧也利于耕种，是北方众多民族往来和定居之地。几千年来，在这片土地上出现过许多游牧民族如匈奴、突厥、敕勒、鲜卑等。如今在这片大地上生活着蒙古族为主体、汉族占多数的众多中华各民族儿女，广袤无垠的土默川承载着的历史人文信息依然鲜活。

"图腾"一词来源于北美印第安人阿尔昆琴部落奥吉布瓦方言的音译，在英文中它被固定为"totem"，意指一个部落的标志或族徽。在西方，第一个使用"tetem"一词的是英国人约翰·郎格，他曾在北美工作生活多年，对土著印第安人的风俗习惯了解不少，一七九一年出版了游记《一个东印度公司译员商人的航海旅行》，在书中他首次使用了"tetem"一词。随着图腾现象逐渐引起西方文化界的关注，"tetem"也成为一个学术用语而沿用至今。一九〇三年，严复在翻译《社会通诠》一书时，首次把"tetem"音译成"图腾"，成为之后通用的译名。

图腾，通常认为它是原始社会最早的一种宗教信仰，与氏族公社几乎同时启蒙。原始社会的人们相信每个氏族都与某种动物、植物甚至某种自然现象，如彩虹和雷雨，有着亲族或血缘上的特殊关系，此物或现象于是逐渐演变成一种神圣的禁物，成为整个氏族的象征和崇拜的对象，这就是人们今天所说的图腾了。

天赐神兽

中国许多少数民族都有自己崇拜的图腾，漠北游牧民族从匈奴、高车（敕勒）开始的图腾崇拜就与狼发生了关系。《北史·高车传》："高车，盖古赤狄之余种也。……或云：其先匈奴甥也。……俗云：匈奴单于生二女，姿容甚美。国人皆以为神。单于曰：'吾有此女，安可配人？将以与天。'乃于国北无人之地筑高台，置二女其上曰：'请天自迎之。'经三年，其母欲迎之。单于曰：'不可，未彻之间耳。'复一年，乃有一老狼昼夜守台嗥呼，因穿台下为空穴，经时不去。其小女曰：'吾父处我于此，欲以与天，而今狼来，或是神物，天使之然。'将下就之。其姊大惊曰：'此是畜生，无乃辱父母？'妹不从，下为狼妻而产子。后遂滋繁成国。故其人好引声长歌，又似狼嗥。"

匈奴的诞生与兴起的摇篮，在漠南黄河河套地区即阴山（狼山、大青山）一带，政治中心在头曼单于庭（今内蒙古巴彦淖尔市乌拉特中旗）。自前三一〇年左右（周赧王初），匈奴骑兵出现在燕国附近，"驱驰于娄烦之下"，还越过黄河，夺取了河套以南的"河南地"（今内蒙古鄂尔多斯），势力到达秦、赵、燕三国边境。

"高车，……初号为狄历，北方以为敕勒，诸夏以为高车、丁零。其语略与匈奴同而时有小异。或云：其先匈奴甥也。"[①] 魏晋南北朝时期，匈奴人已经衍化为敕勒、高车，北方人称他们为敕勒，南方人叫他们高车。北魏时敕勒的游牧地在东至贝加尔湖、西至阿尔泰山一带广大地方，由于部落众多，"各自君长"，"无都统大帅"。四世纪末叶，驻牧在"鹿浑海"（今新疆布伦托海）西北百余里的敕勒部落，"常与蠕蠕为敌，亦每

[①] 《北史·高车传》。

侵盗于魏"。北魏道武帝拓跋珪亲率大军至鹿浑海击败这一部敕勒,并打败驻牧于狼山的另一支敕勒人,又击破驻牧于漠北的敕勒七部,"高车大惧,诸部震骇"。敕力犍、幡豆建等部及鹿浑海、狼山的部落都臣服于北魏王朝。北魏还把远道归附的贝加尔湖畔的东部敕勒近百万人迁徙到漠南。这些敕勒人"乘高车,逐水草,畜牧蕃息",并"渐知粒食",学会了农耕。他们不仅向北魏王朝"岁至献贡",终至"由是国家马及牛、羊遂至于贱,毡皮委积"①,漠南草原出现了一派繁荣兴旺的景象。五世纪中叶,北魏文成帝拓跋濬时(452—465),"五部高车合聚祭天,众至数万,大会,走马杀牲,游绕歌吟忻忻,其俗称自前世以来无盛于此"。自敕勒迁入阴山以南,他们把这片丰美的草原称作敕勒川,一首北朝民歌《敕勒歌》就是他们曾经生活的真实写照:"敕勒川,阴山下,天似穹庐,笼盖四野。天苍苍,野茫茫,风吹草低见牛羊。"②

这是对阴山下、黄河边这片万里平川最早的称呼。敕勒川(今内蒙古土默川平原,包头的土右旗与呼和浩特的土左旗为其大部)地名,从此被记载在中国古籍中。

突厥、回纥与图腾

蒙古国作家哈塔金在他的《天赐神兽》中有这样的描述:"一个看得见摸得着的实物依据是收藏在后杭爱省博物馆的一块石碑。从大塔米尔县包格特地方出土的高近两米的这块石碑顶端是狼在奶婴儿的雕刻。我想,这座石碑上以当时的动物花纹技法雕刻的、看似狼在嗅闻婴儿的石刻无疑

---

① 《魏书·高车传》。
② 《乐府诗集·杂歌谣辞》。

与阿史那的传说有关联。解读碑文（粟特文）的学者们认为，该石碑立于五八二年，是突厥帝国早期的古迹。至今蒙古文里'狼'字的写法还和古代相同，所以对'阿史那'这一名氏的解释是可信的"。

《周书·突厥传》："突厥者，盖匈奴之别种。姓阿史那氏，别为部落，后为邻国所破，尽灭。其族有一儿，年且十岁，兵人见其小，不忍杀之，乃刖其足，弃草泽中，有牝狼以肉饲之。及长，与狼合，遂有孕焉。彼王闻此儿尚在，重遣杀之。使者见狼在侧，并欲杀狼，狼遂逃于高昌国之北山，山有洞穴，穴内有平壤茂草，周回数百里，四面俱山。狼匿其中，遂生十男。十男长大，外托妻孕，其后，各有一姓，阿史那即一也。子孙蕃育渐至数百家。经数世，相与出穴，臣于茹茹，居金山之阳，为茹茹铁工。金山形似兜鍪，其俗谓兜鍪为突厥，遂因以为号焉。……（大统）十二年……铁勒将伐茹茹，土门率所部邀击破之，尽降其众五万余落，恃其强盛，乃求婚于茹茹。茹茹主阿那瓌大怒，使人骂辱之曰：尔是我锻奴，何敢发是言也？"

蒙古史学者韩儒林在其《突厥蒙古之祖先传说》一文中考证道："最堪注意者，《史记》《汉书》仅言乌孙王子为狼所乳，在《魏书》则竟为高车始祖父，在《周书》则为突厥始祖母。是初为乳养神兽，逐渐演变为种族之祖先矣。至于《魏书》中台下所穿空穴，在《周书》不惟变为山中洞穴，而且平壤茂草，周回数百里矣。流传愈久，增饰愈多，息至蒙古，此段传说，更变成极富文学趣味之故事……《旧唐书·突厥传》云：毗伽可汗俄又遣使请和，乞与玄宗为子，上许之，仍请上公主，上但厚赐而遣之。……乃遣中书直省袁振摄鸿胪卿往突厥，以告其意。小杀（即毗伽可汗）与其妻及阙特勤、暾欲谷等环坐帐中，设宴谓振曰：'吐蕃狗种，唐国与之为婚，奚及契丹，旧是突厥之奴，亦尚唐家公主。突厥前后请结和亲，独不蒙许，何也？'

"突厥自认狼种,故虽早离金山故地,犹名新居曰狼山,示不忘旧。唐初突厥灭后,亦尝因突厥地名,于安北都护府,设置狼山州。突厥有时置'附邻'可汗,附邻即拊离,华言狼也。可汗侍卫之士,亦称'拊离'。是狼一词,乃其最喜用之名词也。至于突厥民族徽识,亦用狼头以为饰者,盖所以表示其种族之根本。《通典》卷一九七:旗纛之上,施金狼头。侍卫之士,谓之拊离,夏言亦狼也。盖本狼生,志不忘其旧。

"因此中国天子,往往赐突厥某人以狼头纛。《隋书·长孙晟传》云:玷厥之于摄图,兵强而位下,外名相属,内隙已彰,鼓动其情,必将自战。……因遣太仆元晖出伊吾道后诣玷厥,赐以狼头纛。

"若突厥可汗在中国边陲树立傀儡政权,亦必赐以狼头纛,谬为钦敬。《旧唐书·刘武周传》云:突厥立武周为定杨可汗。遗以狼头纛。

"唐代王孙贵胄游戏,亦以狼头纛为玩具。《新唐书·常山王承乾传》云:又好突厥言及所服。选貌类胡者,被以羊裘,辫发,五人建一落,张毡舍,造五狼头纛,分戟为阵,系幡旗,设穹庐自居。使诸部敛羊以烹,抽佩刀割肉相啖。承乾身作可汗死,使众号哭,剺面奔马环临之。忽复起曰:'使我有天下,将数万骑到金城,然后解发,委身思摩,当一设,顾不快哉!'左右相私语,以为妖。"

"回旋轻捷如鹘"的回纥,"原为铁勒各部中的一支,铁勒在北魏时称敕勒,亦称高车。高车有六部,韦纥居其一,其游牧地在今土拉河北。此外,以今天山为中心,还有乌护。韦纥与乌护俱为回纥一词的同音异译"[①]。六〇五年,铁勒诸部反抗突厥,韦纥联合仆固、同罗、拔野古等叛离突厥,自号俟斤,称回纥,组成回纥联盟,游牧的中心北移至色楞格河畔。唐贞观初,以五千精兵击败突厥十万骑兵,"声震北方"。贞观二十

[①] 林幹、高自厚:《回纥史》。

年（646），回纥首领协助唐军击灭漠北的薛延陀政权，占有了其地域和部众，并自称可汗，成为大漠南北最强大的一支力量。

在漠北汗国时期，回纥大概受突厥影响，常有拜狼头的习俗。直到后期的喀剌汗王朝时，在可汗的尊号中，仍有冠以"阿斯兰"（狮子）、"博格达"（公驼）、"托格鲁尔"（鹫）的沿袭。新、旧《唐书》所说取义为"回旋轻捷如鹘""捷鸷犹鹘"，都应该是不同时期的图腾。回纥与突厥一样，狼是最高的崇拜图腾，其祖先还是突厥名下的高车时期，就有狼祖的传说。狼图腾在回纥著名史诗《乌古斯可汗传》中表述得非常清晰，史诗开头便画了一只狼并写道："人们都说：'愿他就是这样'。这就是他的样子。"图文并茂地说明了回纥祖先以狼为图腾的历史事实。狼，指引着乌古斯可汗，战胜一个个强敌，夺得一系列胜利。每当要出征，乌古斯就高呼："让苍狼作我们战斗的口号吧！"在《乌古斯可汗传》中乌古斯战胜乌鲁木可汗有这样的描写：

　　翌日黎明时候，
　　乌古斯可汗的营帐里，
　　射进来像日光一样的一道亮光，
　　光亮里出现一只苍毛苍鬃的大公狼。
　　苍狼对乌古斯可汗说：
　　"喂！喂！乌古斯，
　　让我在前面带路！"
　　乌古斯可汗起营上路了，
　　只见队伍前头，
　　走着一只苍毛苍鬃的大公狼，
　　于是队伍紧跟在苍狼的后面行进。

走了好几天,

大公狼停下来了,乌古斯的队伍也停下来了。

就在此地,苍狼停下的地方,乌古斯战胜了乌鲁木。

回纥祖先崇拜狼,以狼为图腾,以此传说为最高,上升到可汗级别。回纥也有把狼头镶嵌在战旗上的习惯,叫作"狼纛",与突厥的狼纛上的"金狼头"无异。唐宝应二年(763),当朔方节度使郭子仪来到阴山会见回纥可汗时,"于是可汗自将,与朔方节度使郭子仪合讨同罗诸藩,破之河上。与子仪会呼延谷,可汗恃其强,陈兵引子仪拜狼纛而后见"[1]。

蒙古图腾

到了蒙古时代,苍狼的身旁出现了一只白鹿。《蒙古秘史》一开篇就说:"当初元朝的人祖,是一个苍色的狼。与一个惨白色的鹿相配了。"[2] 这个神话传说般的记载,留给我们无尽的想象。蒙古先民把孛尔帖赤那(苍狼)和豁埃马阑勒(白鹿)看作他们的祖先,从这两个名词组合上看,这是一个半人半动物、半人半神的模糊形象,但肯定是蒙古先民崇拜的祖先,是他们心中的图腾。

一种观点认为,孛尔帖赤那和豁埃马阑勒是蒙古先民的历史人物,属于祖先崇拜的对象范围,比如古波斯史学家拉施特在《史集》中的记载:"所有的蒙古部落都是从(某时)逃到额尔古涅·昆来的那两个人的氏族产生的。那两个人的后代中有一个名叫孛尔帖·赤那的受尊敬的异密,他

---

[1]《新唐书·回鹘列传上》。
[2]《蒙古秘史》校勘本。

是若干部落的首领，朵奔伯颜与妻子阿阑·豁阿以及若干其他部落都出自他的氏族。他有许多妻子哈屯和孩子。名叫豁埃·马阑勒的长妻为他生了一个在诸子中最有出息，后来登临帝位的儿子，这个儿子叫巴塔赤合汗。"台湾学者札奇斯钦也在其《蒙古文化与社会》一书中指出："关于蒙古人和成吉思可汗传说中的第一个始祖，男的是孛尔帖·赤那，女的是豁埃·马阑勒。他们名字的字义，一个是有斑点的狼，一个是美丽的鹿。如果把汉字音译多少改变一下，也可以译为黄白色牝鹿。……因此有许多人以为蒙古民族起源的神话就是如此。其实这是一个故意的误译。可能这是两个人名，但也极可能是一个有狼图腾、一个有鹿图腾的两个氏族的结合。"

与此相反，另一种观点则认为孛尔帖·赤那和豁埃·马阑勒为蒙古先民的神话人物，故属于图腾崇拜的范畴，而非历史真实人物的名称。道润梯步先生在其《新译简注〈蒙古秘史〉》中就说："这当然是正常人不会理解的说辞，无论狼与鹿不能相配，即使配了也不会生出人来，学者们为了论证这个问题，发表了种种议论，都是添足。其实这不过是传说中的两个人名罢了。就同范文虎不是虎，蓝田豹不是豹，马云龙不是龙，岩井万龟不是龟，毛闹海也不是赖狗一样，只是人名而已。"

按照学者满都呼的观点："《北史》所记阿史那氏传说、《史集》所记蒙古传说、哈萨克族的乃蛮部落传说以及柯尔克孜族的'卡巴'部落传说和维吾尔人被神狼所救传说都是同源异流传说，都是在远古时代蒙古突厥语族民族先民中产生的狼图腾族源传说的不同异文，在不同时代经过中外文人的记载和民间的口耳相传流传到各民族当中去的。只是突厥民族传说中明显保留狼图腾崇拜的痕迹，而在蒙古传说中有所淡化和模糊罢了。不过，蒙古人曾经以狼为图腾加以崇拜的痕迹也见于文献和民俗之中。如《蒙古秘史》中记载了蒙古远古女祖阿阑豁阿感光而孕的传说。其中云：

'每夜都有个黄白色的人,借着天窗和门额上(间隙)露天地方的光,进来抚摸阿阑豁阿的肚皮,光渗入其腹,出去时,借着日月之光,如同黄狗一般,摇摇摆摆飘然而去'的说法正是狼图腾崇拜的产物。"①

"在关于成吉思汗、帖木儿的古代突厥传中记载的是,阿阑豁阿的丈夫在去世前留下遗言'我去世后将化作阳光而入,离时如狼貌而去'。阿阑豁阿怕别人不信服,就在家门口设岗哨,让他们看见他化作光而入,如狼而出。可以推断《蒙古秘史》中那个黄犬可能即指狼。对以狼为崇拜物的蒙古人来说,不直呼狼,而用讳称是有可能的。从蒙古人称狼为'天犬'也可以联想到这一点。"②

学者那木吉拉在《中国阿尔泰语系诸民族神话比较研究》一文中指出:"《额儿古涅·昆传说》中的'捏古思'为狼的讳称;实际上捏古思之名指狼部落,所谓狼部落就是崇拜狼的部落。犬也是蒙古、突厥等北方民族所崇拜的动物神灵,狼和犬为同类,可以转换它们的神格。因此,我们认为,《额儿古涅·昆传说》中的狼——捏古思也是蒙古族先民所崇拜的神。"

上述文字说明,在蒙古远古图腾崇拜中,狼的影子是无法抹去的。只不过在走向成熟之后,逐渐淡化模糊或遗忘了而已。毕竟蒙古人的历史绵延比之匈奴、突厥要漫长持久得多。

少年铁木真(成吉思汗)结识第一个安达(朋友)扎木合时,双方交换的信物是铁木真送给扎木合一块铜铸髀石,扎木合则还以钻孔大角鹿骨箭头,也有说扎木合送的是一块狼踝骨。他们因互相交换了护身符而成为"曾说过不可忘的言语"的安达。可见在传说般的记载中,狼与鹿、弓与箭等物都有镇妖驱邪的作用。如今草原上的人,仍然视狼牙鹿角等为吉祥

---

① 满都呼著,陈岗龙译:《蒙古突厥民族族源传说比较凡说》。
② [蒙古]哈塔金:《天赐神兽》。

的护身符而长时间戴在身上。近几年来，随着动物保护意识的不断增强，狼在北方草原上逐渐多了起来，狼祸害畜群的事情也常有发生。牧民没有了猎枪这基本的防备工具，又不许伤害到狼，所以羊就成为牺牲品。为了动物保护，国家对遭受损失的牧户给予一定补偿。

除狼图腾外，有关鹿的形象图形出现得更早，在山地或草原的岩画和鹿石中都有展示。"关于鹿（有时是驼鹿）的神话最为盛行。鹿被认为是中央亚细亚许多部落的祖先，是北亚和西伯利亚神话的中心人物。……在青铜时代末的鹿石上雕刻有图腾鹿——祖先。这一形象在广阔无垠的欧亚大地上，在从黑海沿岸地区到蒙古游牧世界的草原上广为传布。"①

草原岩画

在鹿石、草原石人出现之前很久，岩画就已经开始伴随古人类的生产生活。"岩画是原始艺术遗存。最古老的岩画是旧石器时代岩画。其时的岩画是一种画在洞穴石壁和顶部的壁画，画面为野兽和狩猎场面，用燧石刀刻在石壁上，再用黏土颜料如褐色赭石土、红黄色铁矿石涂抹而成。到中石器时代和新石器时代时，岩画出现了新题材。古代艺术家的作品不但可以在山崖上看到，而且还可以在大块顽石上看到。动物图形的绘制也很逼真，具有很高的艺术水平。"②

"俄罗斯科学院于一八九一年向蒙古派出了以Ｂ.Ｂ.拉德洛夫为领队的专门考察队，研究鄂尔浑河谷的考古遗存。考察队发现了各种考古遗存，其中在纳林河和戈里格河分别注入鄂尔浑河和色楞格河的河口处的石

---

① [苏联]诺夫戈罗多娃：《古代蒙古》。
② [蒙古]迈达尔：《蒙古历史文化遗存》。

头上发现了动物图形，还发现了饰以写实性鹿形的单个石板。"①

这可能是在蒙古地区较早发现岩画的记录。其实不止蒙古地区，在世界各地都发现有岩画存在，在中国发现得更早。北魏郦道元在其《水经注·河水三》中就记录了二十多处有岩画的地方，覆盖了半个中国。其中有关阴山岩画有这样的记载："河水又东北历石崖山西。去城五百里，山石之上，自然有纹，尽若战马之状，粲然成著，类似图焉，故亦谓之画石山也。"

岩画是古老民族在石头上讲述的故事，是草原先民生活场景的艺术留存。围绕着杭爱山，东至大兴安岭，西达阿尔泰山，北至贝加尔湖，南抵阴山，岩画均有分布。漠北地区从三河之源向西为集中地带，漠南地区沿阴山、贺兰山、阿尔泰山一线，三座山脉与其北部草原，是岩画的集中分布区域。无论是漠北漠南，还是山岭草原，这些岩画都应该统称为草原岩画，因为这些艺术作品的风格总体上讲是近似或相同的。即使以地域分类如"阴山岩画""乌兰察布岩画""贺兰山岩画"等，也没有离开草原生活的背景，因为这些岩画的艺术形态是大体一致的，是一种相同生活情状的呈现，亦即草原生活情状。正如我们称呼突厥石人为草原石人一样，文化背景应该是开阔的。文化学者班澜先生在《从岩画看北方民族心理基质》一文中为草原岩画的基本风貌做了界定："作为绘画，岩画尚属前绘画形式。在表现意识上处于混沌状态，是朴素的、非装饰性的表现。构图之随心所欲，线条之粗粝、简练，体现着一种出自直率的'自动书写'的天籁情境"；岩画"画面造型之简练、生动，笔触之质朴、随意，一派天真未凿气象，你会强烈地感受到其中蕴含着一种天真烂漫的生气！"

"一九六〇年秋在乌兰巴托附近伊赫·腾格里·阿姆地方博格多乌拉

---

① [蒙古]道尔吉：《蒙古岩画研究简述》。

山一个山坡上发现了引人注目的铭文和图形。……在黑墨绘成的图形中,一个妇女人形占据中心位置。……这个妇女的脸形是典型的蒙古形,宽而圆;眼细,略微斜视。……这个妇女的衣装中最显眼的是帽子。这顶帽子高得出奇,就像一顶略略弯曲的高筒礼帽。帽子上端的一侧有一突起。上端的中间竖有一棵似乎是细细的带枝杈的小树或是一根有四个叉的弯弯的树枝。……无疑就是十三世纪至十四世纪让那些外国旅行家和使者们感到惊异的那些蒙古妇女的帽子。……威廉·鲁不鲁克把这种帽子叫作'鲍卡'……她们在这根枝条上端饰以孔雀羽毛。枝条四周饰以公鸭尾巴毛以及珍贵的宝石。

"蒙古妇女的这种帽子也使南宋使者们感到惊异。他们是南宋派往蒙古的使者,一位是一二三三年第一个使团的成员彭大雅,另一位是一二三五年至一二三六年参加第二个使团的徐霆。徐霆由蒙古游牧地返回中原后,描述过蒙古人的风土人情。关于帽子,徐霆写道,妇女们'其冠被发而椎髻,冬帽而夏笠。妇人顶姑姑。霆见姑姑之制,用桦木为骨,包以红绢金帛,顶之上用四直尺长柳枝或铁打成枝,包以青毡。其向上人则用我朝翠花或五彩帛饰之,令其飞动。以下人则用野鸡毛'……妇女图形旁边画着一只扁角鹿,头部转向后方,腿部膝盖处弯曲,成蹲踞式。身上可以看到花斑,头上直挺挺地竖着两只长长的扁桃状耳朵。……(这使人)不能不联想到蒙古人女始祖——梅花鹿阿阑豁阿的神话形象。这只神鹿的形象属蒙古人谱系颂诗之首。蒙古人的宇宙起源传说就是以它为开端的。'美鹿'不仅开创了成吉思汗先祖统治地位的'黄金家族'孛尔只斤氏,而且开创了整个蒙古民族。这一传说还与其他民族的传说相呼应。"[①]

[①] [苏联]奥克拉德尼科夫:《博格多乌拉山麓石崖上的蒙古古代人像、铭文和图形》。

蒙古鹿石

这只扁角鹿因其被刻画在一位蒙古女性的身旁而引发人们的无限遐想。其实同样是在欧亚大陆，在南俄草原、图瓦、蒙古、阿尔泰地区和中国新疆的广大地区，鹿的形象被集群式地镌刻在碑石上，人们统称之为鹿石。这些鹿石是直立在原野上的，远看如石碑一般。

这些鹿石上的鹿比之岩画上的那些鹿，更抽象也更鲜活灵动。每一只鹿的体形被拉长，吻部如鸟喙呈尖状前突，鹿角则呈一波浪状线条，起伏在鹿背上。整个鹿石上由几个或十几个鹿叠压斜列向上，呈奔跑状态。石碑最顶端在鹿首前方常常雕刻着一个圆环，象征着太阳。这是最常见也是最基本的主题性图形。在这个基本图形下方或左右，常附带雕刻着战斧、短刀和弓箭，以及虎、豹、狼等图形，草原骑射民族之风尽显其上。但飞鹿的图案占去绝大部分画面，其余图形都是围绕着鹿而排布的。

"巴彦洪格尔省加鲁特县，在巴彦努尔湖宽阔河谷的北界，一座正方形石围附近立着两通高大的鹿石，其中一通鹿石上的图刻是以写实手法完成的。鹿石一，用灰色花岗岩制成，它高达三点三米，除了鹿纹还刻有饰带，南平面上刻有装入弓囊的弓，背面饰带以下刻有战斧。鹿石二，坐落在距鹿石一以东〇点五千米处，在巴彦努尔湖北部河谷环绕的山脚附近。材料为灰色花岗岩，高一点八米，除了通常的图案鹿纹外，鹿石上方更宽的平面上可见惯有的小圆圈，其中一个带着垂饰"；"鹿石是一种碑状石刻，是古代的雕塑艺术遗存，精美的鹿石，都经过人工艰辛细致的敲凿雕刻成形，如刀形鹿石、长方柱形鹿石，都非常规范、整齐，图案非常华丽。鹿石是公元前十三世纪—前六世纪广泛分布于亚欧草原上的一种重要的古代文化遗迹，因碑体上雕刻了著名的图案化的鹿纹样而得名，是非常典型的早期草原古文化遗物。……它或独身向东傲立于古墓前，或成群列布于克列克苏尔祭祀天坛遗址,气势恢宏,体现着草原居民特有的气质和精神。"①

突厥石人

与鹿石有所不同的是另一类突厥石人雕像,统称为突厥石人。从蒙古中央地带到阿尔泰山和中国新疆、内蒙古草原,相继发现的石人像有一千余座,中国境内有二百多座。较早注意到草原石人的是晚清地理学家徐松,在他的《西域水道记》中详细记载了新疆数十座石人的分布情况。在其著第五卷中提到,伊塞克湖附近的"扣肯巴克水东近淖尔岸,有城堡遗址,石翁仲一,偃卧草中,著巾佩剑,右手抚剑,左手当胸。若捧物"。当代学者盖山林在其《丝绸之路与草原文化研究》一书中说道:"内蒙古草原的突厥石雕人像,与新疆的石人像有很多相近之处,但从总体上讲,也有明显区别。这个地区的突厥石雕人像,有一小部分与新疆石人像完全一样,如(包头市)达尔罕茂明安联合旗巴音朱日和苏木保罗忽洞的两个石人像,与新疆突厥石人像几乎毫无二致,尤其与新疆蓄八字胡的石人像几乎没有两样。还有一些石人像,则与新疆突厥石人不同,其最大特点是面部丰满而扁平,圆脸,高颧骨,与蒙古人脸型相近,可能是突厥人与蒙古族系的民族混血而产生的后裔的面像。内蒙古草原的突厥石人像,主要分布在巴彦淖尔、乌兰察布和锡林郭勒三个盟(市)北部的草原上,由西往东有递增的趋势,这可能与当地草场的丰美程度及与此相关的人口分布情况有关。"盖山林先生讲到的有蒙古人面部特征的草原石人像,在内

---

① [俄]B.B.沃尔科夫:《蒙古鹿石》。

蒙古如元上都遗址及各盟（市）、旗（县）如达茂旗、正蓝旗的博物馆中都能看到它的遗存。这类石人像多以敲凿手法制成，只雕刻出人脸及上半身的大体轮廓，而没有精细雕刻。其制作年代应该在青铜时代之前，属于匈奴时期的产物，与草原鹿石年代相近，最晚也应该在突厥的前期，因为在刻制效果上看不到铜器铁器刻画的痕迹。这些石人所以被称作突厥石人，是因为它们往往被立于突厥石板墓周围。当然，远古时期那些土生土长的草原艺术家也许只喜欢采用这样粗糙简约的手法，以豪放开阔之美表达他们心中的艺术追求和精神向度。

高原神驹蒙古马

马是大自然神奇的物种，千百年来与人类朝夕共处，是人类最可信赖的伙伴。马是大自然的尤物，它的身体具有令人惊叹的完美的结构美学，其他物种都难以匹敌。同时，马在人类生活中的实用价值也远超其他物类，与人类相处，马的自然脾性也最容易与人达成合作与默契。特别是在中古的冷兵器时代，是马帮助人类创造和改变了历史的版图和文明，在与马为伍的部落民族中，马是他们的物质需要，更是他们的精神伴侣。马，虽被人类驯化，但从未低下它那高贵的头颅。人驯服了马，马也"驯服"了人，因而人也更懂得尊重马。自古至今，马在骑马民族那里得到的尊重是其他畜类所无法比拟的。

马是力量的象征，代表着雄壮与健美，展示着奔腾和飞翔。马除了没有翅膀不能飞天之外，大地上许多被驯养的动物具有的本领和美德它都具备，所以被人们寄予更大的希望。在文艺作品中人们为它插上了可以上天翱翔的翅膀，飞马的诞生，生动说明了马在人们心中代表着对自由、宽广的无限向往。马的胜利，马一往无前的精神和驰骋万里的勇气，永远是人类所向往的。这些，都在游牧民族的英雄史诗和民歌中得到过深情的描绘和展示。马伴随人类从童年走到今天，依然在草原民族的生活中扮演着无可替代的角色，依然能给我们带来新的希望和梦想。

马的生命史远比人类古老，作为独特物种的马出现在第三纪始新世的早期至中期的亚洲、欧洲及北美洲，那是马的祖先出生的年代，人类在几千万年之后才出现。野马被驯化为家马的故事，是生活在亚欧草原上的人们书写的，宽广的内陆草原带为游牧民和马创造新的奇迹提供了展示伟力的巨大穹庐和旷阔舞台。

家马属于哺乳动物奇蹄目，每条腿上只有一个脚趾，即原生的第三趾，其余四趾都已退化，脚趾的减少更有利于快速奔跑。马的身体结构的合理和完美表现在它奔跑的状态，从头骨、颈椎，到腰椎、尾骨，再到四肢、胸腔，每一部分都相互衔接、搭配得恰如其分，正当其用，和一架技术先进的生物机器几乎没有区别。马除去慢步走、小跑和奔驰以外，蒙古人的骑乘习惯里还有一种更科学、稳健的骑乘法——走马。中国优秀旅游城市的标志性雕塑马踏飞燕（马超龙雀）那匹马所展示的就是走马的姿态，即对称侧步奔跑，一侧的两条腿同时迈步，达到速度与稳定性的协同。走马从小就需要骑手扳着马腿走，让马顺拐迈步成为习惯性动作，直到成熟。牧民习惯于骑乘走马，是因为草原地广人稀，走亲访友出门办事都要骑马，而走马的小步跑既稳又快，曾经和现在都是牧民们的优选。在蒙古人的那达慕大会上，走马作为一个单独项目进行比赛，一般都是中距离赛马。在草原上，牧民家里有一匹好的走马，可是比有一辆汽车在人面前神气多了。

与现代蒙古马有近亲关系的可以联系到蒙古野马或称准噶尔野马，即所谓"普氏野马"。这种野马的原生地即在新疆准噶尔盆地和蒙古国西部。

普氏野马的称谓源自俄国军官、探险家普热瓦利斯基，一八七八年他率领探险队在中国新疆准噶尔盆地获得了一张蒙古野马的皮，带回国内后于一八八一年由沙俄学者波利亚科夫将其命名为"普氏野马"。一八九〇年，一位德国人在中国新疆捕获到五十二匹野马，长途运输到汉堡仅存活下来二十八匹，其中八匹繁殖了后代。普氏野马是世界上唯一现存的野马品种，它的身上保存着六千万年前的基因，它的存在是全球保护生物多样性的重要一环。在中国，真正的野马最后一次观察记录的时间停留在二十世纪七十年代，此后再无踪迹。普氏野马的相似种在内蒙古鄂尔多斯的乌审旗曾被发现，为晚更新世化石，它曾经与旧石器时代晚期的鄂尔多斯"河套人"大致生活在同一个时期。

野马的踪迹在中国史籍中早有记载。《史记·匈奴列传》："其畜之所多则马、牛、羊，其奇畜则橐驼、驴、骡、駃騠、騊駼、驒騱……"后者指的就是野马。据《魏书·食货志》记载，北魏太武帝曾经巡游到阴山以北的稒阳（今内蒙古包头市北部），在山谷里遇到一大群野马，太武帝命人将野马群驱赶到阴山以南的云中草原（今呼和浩特市境内），在大黑河畔专门搞了一处"野马苑"来饲养。《新唐书·地理志》记载，灵武、会宁、九原、晋昌、张掖、酒泉等地，以及单于都护府（今呼和浩特南）进贡的边疆特产中，就有野马的皮革。

一九八四年，中国在新疆准噶尔盆地卡拉麦里有蹄类野生动物保护区成立了野马繁育中心，并以赠送阿尔金山藏野驴的方式，从欧洲交换回十七匹近百年前漂洋过海的蒙古野马的后代，开始探索人工野化放养繁育。到二〇二〇年七月，野马群的数量已达四百七十九匹。其中野放二百六十七匹，半野放一百一十六匹，圈养九十六匹。据《光明日报》二〇二二年五月二十三日报道，目前我国的普氏野马种群主要分布在新疆和内蒙古，数量已突破七百匹，野放的马群已过半数。

"内亚的马,尤其在其对气候的适应能力和坚毅程度上胜于其他一切战马,从斯基泰时期到'二战'一直如此。"绰号"内亚大汗"的美国当代阿尔泰学泰斗丹尼斯·塞诺在《内亚史上的马与草场》中说:"最早的记载可回溯到希罗多德。在描述大流士对斯基泰的战役时,他说'在这些战斗中斯基泰的骑兵总是击败波斯的骑兵。'在内亚的另一端,二世纪时的《汉书》作了相似的赞美'今匈奴地形技艺与中国异,上下山阪,出入溪涧,中国之马弗如也'。"

我们说最早驯化马的人是亚欧草原的先民,"马在内亚文明里的关键作用世所公认"(塞诺语)。"于是冒顿详败走,诱汉兵。汉兵逐击冒顿,冒顿匿其精兵,见其羸弱,于是汉悉兵,多步兵,三十二万,北逐之。高帝先至平城,步兵未尽到,冒顿纵精兵四十万骑围高帝于白登,七日,汉兵中外不得相救饷。匈奴骑,其西方尽白马,东方尽青駹马,北方尽乌骊马,南方尽骍马。"[①]"这一役双方军事利钝胜败的关键,太史公已扼要地描写出来,似乎不在南人与北人,而在乎多马之与少马。"[②]四十万骑的匈奴骑兵所乘之马,西、东、北、南四个方向分别由白色、黑白相间、黑色和枣红色的大马群列成战阵,整齐划一,撼天动地,雄壮威武,令人啧啧称奇。

突厥《阙特勤碑》讲到阙特勤每次出征,都要换乘他喜欢的战马,分别有灰马、白马、黑褐马等不同颜色的坐骑,并对为之血战而死的坐骑流露出惋惜和怀念之情。"唐代突厥文碑铭中著录之马字,为ta。故知《通典》所谓突厥人谓马为'贺兰'者,绝非普通之马。"韩儒林先生在其《突厥官号考释》一文中说,"《隋书》卷九二《地理志》'灵武郡宏静县'条注云:'开皇十一年置,有贺兰山。'自此以后,此山至今尚沿用此名。

[①]《史记·匈奴列传》。
[②]钱穆:《中国史上之南北强弱观》。

南宋末年蒙古人已称之为Alashan，当亦贺兰山之讹转也。"《元和郡县图志》卷四'灵州保静县'条：'贺兰山，在县西九十三里。山有树木青白，望如駮马，北人呼駮为贺兰。'《太平寰宇记》卷三六'灵州废弘静县'条：'贺兰山在县西九十三里，山上多有白草，遥望青白如駮马。北人呼駮马为贺兰，鲜卑之类多依山谷为氏族，今贺兰姓者皆以此山名。'按駮与驳通。《说文》：驳，'马色不纯'。由是知'贺兰'，非普通马，乃一种颜色不纯之马也。……依可失哈里字典，突厥文qula为'野马、野驴'。《蒙文总汇》卷五页一二qula为'黑鬃黄马'。蒙古文qula为'一种黑尾栗灰白三色混合之野马'。满文亦同。"

蒙古马是中国乃至全世界较为古老的马种之一，产于蒙古高原，是典型的草原马种。蒙古马并不高大，但身躯强壮，头大颈短，胸廓厚实，弓背斜尻，四肢粗大有力，被毛浓密，蹄质坚硬。因产自荒漠高原，酷暑严寒对它毫发无损。蒙古马耐粗食野草，不用为它准备专门的吃食，草原上的杂草就是它天然的饲料，因此它的耐久力超群，具备广泛的适应性。蒙古马广布于中国以及蒙古国和俄罗斯部分地区，在中国则占去马匹总量的一半以上。蒙古人培育驯养马有独到之处，各地（盟旗）不同的地理气候和水草养育了各自的名马：乌珠穆沁马，来自锡林郭勒大草原的神骏，体型结构优良，体格较大且多为走马，是蒙古马中最多也是最好的类群；乌审马，在鄂尔多斯乌审旗毛乌素沙漠中长大，体质干燥，体型偏小，在沙漠地带奔驰优势突出；百岔铁蹄马，赤峰百岔河山谷锤炼出来的山地良马，因其蹄质坚硬，善走山路而有铁蹄之誉；阿巴嘎黑马，出自皇家马场的骏骑，通体乌黑油亮，骨骼坚实，胸肌宽厚，受国家农产品地理标志登记保护；三河马，产于呼伦贝尔海拉尔垦区三河马场，是蒙古马与贝加尔马、阿拉伯马和英国纯血马成功杂交而成的混血马，已有一百多年的驯养史。此马比蒙古马粗壮高大，力速兼备，体质坚实，持久力强，曾被周恩来总理称赞为"中国马的优良品种",在中外赛马中,可与外国马一争高下。以上即人所共知的当代蒙古马中的五大名马。

丹尼斯·塞诺在《内亚史上的马与草场》中说,一二四五年当方济各会的教士加宾尼准备他开拓性的蒙古之行时,对于那里情况更熟悉的基辅居民便警告他,如果他要骑马继续前进的话,"马匹都会死的,因为雪很深,它们不像鞑靼人的马那样知道如何挖出被雪覆盖着的草,而他又不能找到别的可供它们吃的东西,况且鞑靼人既没有麦秸,也没有干草和饲料"。蒙古马适应高寒、曝晒、干旱环境的能力是其他种类的马根本不能相比的,同样,它们也无须人工饲料喂养就能顽强地生存下去。嘉定十四年(1221),南宋都统司计议官赵珙奉使到达燕京拜见木华黎,后著有《蒙鞑备录》。书中之"马政"篇云:"鞑国地丰水草,宜养马。……千百成群,寂无嘶鸣。……下马不用控系,亦不走逸,性甚良善。日间未尝刍秣,惟至夜方始牧放之,随其草之青枯,野牧之,至晓,搭鞍乘骑,并未施与豆粟之类。"不施草料,蒙古马自有果腹的办法。"蒙古马不仅耐寒,也善于从雪下觅食,并可以依靠树枝、树皮等一切植物性食物为生。在条件最好的草原地区,秋天高草渐渐枯萎、倒伏,并互相缠绕,如果雪不是特别厚的话,这就是食草动物的一个巨大的草料库。如果研究蒙古人发动大战役的时间,很可能会发现很多都在秋季。……谈到蒙古人的养马方法时,一个十三世纪上半叶的中国学者说:'自春初罢兵以后,凡出战好马,并资其水草,不令骑动。直至西风将至,则取而控之,系于帐房左右,喂以少些水草,经月后膘落而实,骑之数百里,自然无汗,故可以耐远而出战'。""寻找足以支持其大军的草场并非轻而易举,蒙古的军需官为此忙得不可开交。据波斯历史学家志费尼记载,当一二五二年蒙哥大汗准备出征时,'额勒赤们被遣先行,去保存世界国王(指旭烈兀)的军队可能通过的所有牧场和草地,始自杭爱山,从哈拉和林一直到别失八里之间;一切牲畜都被禁止在那里放牧,以免牧场受害或草地受损。所有花园一样的山区和平原均被封禁,不许畜群之齿在那里嚼草'。"①

塞诺在谈到马对于游牧民族的非凡意义时有这样一句话:如果说加农炮可被称为文艺复兴时期军事上的"国王最终的撒手锏"(Ultima ratio regis),那么马就是内亚国家"国王最终的撒手锏"。

蒙古人"其爱惜良马,视爱惜他畜尤甚。见一良马,即不吝三四马易之。得之则旦视而暮抚,剪拂珍重,更无以加。出入不以骑,惟蓄其力,以为射猎战阵所需而已。"②据史料载,成吉思汗所向披靡的西征大军只有十三万人,军队的数量并不算多,但蒙古人身下的坐骑却绝非一般。经过他们调训的骏马战斗力倍增,一匹战马顶得上三四匹的效用。在这方面,草原上的驯马手的发明创造令人叫绝。计有,骟马术:对马群只保留强壮种马,其余在四岁时全部骟掉。被骟之马身体超强而又格外驯顺,成千上万匹在一起也能做到寂静无声,特别利于就近潜伏发动突然袭击。裂耳术:将战马双耳各剪一道V形缺口,目的是让战马在疾速冲锋时减弱因兜风造成的轰鸣,以便能清楚听见背后主人的口令,利于驾驭。犁鼻术:把战马的鼻孔中间挖空,使战马呼吸加倍通畅,加大了马的肺活量,不然气流返回到肺部,容易造成呼吸困难……这些对战马的改造创新,使周边国家的战马不能匹敌而败下阵来。

十六世纪末,意大利文化使者、天主教耶稣会传教士利玛窦也说过:中国军队有很多马匹,但它们已经退化,缺乏战斗品质,听见鞑靼人的马嘶声,就会乱作一团,所以在战斗中特别没用。塞诺在其著作中引用宋代一位高级官员的话说:西北二敌(指金、蒙古)所以能抗中国者,唯以多马而人习骑,此二敌长也;中国马少,又人不习骑,此中国短也。……朝

---

① [美]丹尼斯·塞诺:《内亚史上的马与草场》。
② [明]萧大亨:《北虏风俗》。

廷常以所短御所长，罕有胜理。《元史·兵三·马政》载："西北马多天下，秦、汉而下，载籍盖可考已。元起朔方，俗善骑射，因以弓马之利取天下，古或未之有，盖其沙漠万里，牧养蕃息，太仆之马，殆不可以数计，亦一代之盛哉。"

作为马背上长大的蒙古人，不论男女妇孺，与马为伴是人生第一课。"其骑射，则孩时绳束以板，络之马上，随母出入。三岁，以索维之鞍，俾手有所执，从众驰骋；四五岁，挟小弓短矢；及其长也，四时业田猎。"①"他们的小孩刚刚两三岁的时候，就开始骑马和驾驭马，并骑在马背上飞跑，同时大人就把适合于他们身材的弓给他们，教他们射箭。"儿童如此，妇女也不差。"年轻姑娘们和妇女们骑马并在马背上飞跑，同男人一样敏捷。我们甚至看见她们携带着弓和箭。男人们和妇女们都能忍受长途骑马。"②

蒙古人的养马驯马驭马的历史已逾千年，他们对马的称谓也各有不同。论年岁者有之，论外观者居多，主要指毛色斑迹或身体某个部位的特征，除白马、黑马、花马、栗色马、枣红马外，还有玉颜马、银鬃马、花蹄马、豹花马、海骝马、雪花斑马、银鬃黄马、苍灰白马等美称。诸色之中白色为贵，在蒙古人崇尚的自然色彩中，白色排在首位。自然，纯白颜色的马也比较少见，白马像狼和鹿一样，被蒙古人恭敬到类乎神灵的地位。在诞生于十三世纪的蒙古族民间叙事诗《成吉思汗的两匹白马》中，就对两匹坚韧智慧的白马推崇至尊。如今在成吉思汗陵专门养育着成群的白马，而且每隔一段时间总会有其中最优异的一匹被封为"转世白马"，意即大汗骑乘过的、至今仍在陪伴大汗灵魂的神马。这匹马：眼睛乌亮，四蹄漆黑，毛色纯白雪亮，没有一缕杂毛，尾巴浓密而修长。每逢成吉思

---

① [宋]彭大雅：《黑鞑事略》。
② [德]加宾尼：《蒙古史》。

汗祭奠之日，人们都要面对这匹白马双手合十，酹洒牛奶羊奶，甚至鞠躬磕头，顶礼膜拜。

在蒙古族的草原文化体系中，搏克（蒙古式摔跤）、射箭、赛马被称为"男儿三艺"，蒙古族男人包括孩童对其中任何一项荣誉的获得者都推崇备至。在大小型的那达慕大会上，赛马是必有的传统竞赛项目。三十千米、四十千米赛马比的是马的耐力，十五千米赛马既要求速度又要求耐力，而走马比赛就在十五千米的竞技中。长距离赛马的骑手往往都是些小男孩，他们身体轻便可以减少骏马负载的重量。孩子们的额头上都扎一条彩色绸带，在马蹄卷起的风尘中飘拂着远去又归来，煞是好看！他们手中的马鞭甩了一圈又一圈，就是不肯落在心爱的骏马身上，他们激励骏马向前冲刺的办法多来自口中的哨音和呼喊。

自二十世纪九十年代以来，内蒙古的养马事业得到社会多方面瞩目，草原上的马开始多起来了，以科尔沁草原的通辽和锡林郭勒草原的乌珠穆沁为代表的马产业逐渐兴旺发达。据《内蒙古日报》二〇〇七年十月十六日报道："蒙古马是世界上较古老的马的品种之一，曾被九十年代的马刊评为世界第一优秀马种。"内蒙古是中国五大牧区之一，马产业有过辉煌的历史。但因草场承包、围封禁牧，遍地的网围栏让蒙古马失去了奔跑的开阔天地，马的数量急剧下降。在市场经济面前，马的经济效益不高，使用价值降低，直接关系到牧民的收入，也影响到牧民养马的积极性，个中原因有很多。二十世纪九十年代以降，人们心头关于马的文化因子被激活，社会资本进入马产业，加上政府的调控引导，草原上又重新看到了群马奔驰的场景。在一九九二年广州举办的"金马杯"中国马王邀请赛上，内蒙古通辽科尔沁左翼后旗的骑手扎那力克群雄，夺得"金马杯"，其坐骑被授予"中国马王"称号。同年七月，在北京举办的"康熙杯"马王大赛中，扎那再次折桂。一九九六年，又是科左后旗的骑手那达木德的坐骑获得"中国马王"的称号。科左后旗的科尔沁蒙古马声名大振,马产业蓬勃发展。其后,又有多位骑手为科尔沁草原争得了荣誉。进入二十一世纪,随着"中国科尔沁国际马文化旅游节"的持续举办,马产业不断向规模化、规范化的纵深发展。被誉为"马博士"的内蒙古农业大学教授芒来,对内蒙古马产业状况与前景做过深入的研究,他认为马是内蒙古最具特色的产业,是商机和前景都很看好的朝阳产业。应以经济为引领,以现代赛马带动育马业的发展。笔者曾于二〇一九年夏天参观科右中旗的"莱德马业",两处超大的马厩里养育的多数是赛马用的洋马和混血马,匹匹毛色纯正,高大俊美,气质不凡。你若想靠近它,它的眼睛会警惕地盯住你,陌生人能感觉到它眼神中有一种对人的鄙视。只有它的专门饲养员才可以牵动它。当然,在马厩中不乏个别名人托养的赛马,可见这个行业不但可图之利不小,更不是普通百姓能轻易进入的。

二〇一九年十二月,以"中国马文化和世界马文明"为主题的世界马文化论坛在呼和浩特召开。论坛主席、中国马业协会会长贾幼陵向大会发布了《世界马文化论坛之呼和浩特宣言》,为呼和浩特市颁发了"世界马文化之都"的牌匾。《宣言》中称,呼和浩特是草原文化与黄河文化、游牧文明与农耕文明交汇融合的承载地,拥有源远流长的马文化历史、坚实的马文化基础,有责任有能力肩负起中国马业复兴和重新构建世界马业格局的先锋使命。法国、埃及、俄罗斯、土库曼斯坦、吉尔吉斯斯坦等三十多个国家、八个国际组织和全国各级马业组织的代表四百多人与会,共举办八十多场专题报告会。据《内蒙古日报》的报道:"专家们在马文化、马赛事、马产业等方面提出诸多真知灼见。论坛向世界展现了博大精深的中国马文化,汇聚了全球马文化和马产业的发展成果,促进了内蒙古现代马产业高质量发展,向世界贡献了中国智慧。"

马的生命属于草原,让人无法想象的是,一匹诞生于草原又远离了草原的马会有怎样的命运。同样，一个与马相伴的草原人离开了自己心爱的马则是人生最大的不幸。蒙古族谚语中关于人的不幸有这样的说法："在少年时候，离开了父亲；在中途时候，离开了马。"

一个发生在二十世纪五十年代中期蒙古国的马的故事曾让无数人感动落泪：应越南政府要求，蒙古国挑选了几匹骏马用专车送到越南。第二天发现其中的一匹马不见了，好一阵搜寻也没有找到，因赠送仪式已经结束，护送马匹的官员把一匹马走失的情况报告了上级，就此回国了事。

转眼半年的时间过去了，一匹又瘦又脏的野马出现在乌兰巴托郊外的牧场上，牧场主疑惑着走到近前才看清这匹马在望着他流泪，惊讶激动的主人抱住马的脖颈放声大哭起来。令人难以理解的是，这匹马要走过几千几万里的路，要经过长江黄河这样的大江大河，要翻过无数大大小小的崇山峻岭，它是怎样辨识到故乡的方向，又是如何躲避开那些因好奇贪心的人类的追捕拦截，更令人不解的是它为什么要走这么远的路坚持着回到故乡草原，是什么样的力量在驱使着它如此勇敢坚强？就是一个人要完成这样的壮举也必然要备尝艰辛、费尽周折，何况这是一匹马呢？

《中国草原》二〇二〇年七月也发布了一则一匹蒙古马长途寻找并返回故乡的消息：一匹一岁大的小马驹被它第一个主人、十二岁的恩和巴图缠着父亲格日勒图从通辽市扎鲁特旗市场上买回，养育了七年之后这匹枣骝马被卖到兴安盟科右中旗，复又被科右前旗的牧民哈斯买下。虽经几度辗转，但这匹马却始终没忘自己从小长大的地方。它出发了，穿过一条铁路线、两条高速公路以及一道道网围栏，到第三天它站在了扎鲁特旗的罕山顶上。它的身影被和它一起长大的几匹伙伴认了出来，它们热烈呼唤的嘶鸣声引来了它的原主人格日勒图和儿子恩和巴图，几匹马儿互相和鸣的场面让父子俩热泪盈眶。马的新主人也追赶过来，两家商量觉得还是让马儿留在原地，让它自由自在地生活在自己的原乡。

如今人们都说"吃苦耐劳、一往无前"是蒙古马的精神，如若从自然生命本身去探寻，其未知的深度恐怕远不止于此。这两匹蒙古马的行为遭际，不但说明马的天性聪慧，恰恰印证了在马的大脑沟回里，只有草原、故乡和亲人才是它们命运的归处。

马头琴与蒙古民歌

在蒙古人心里对马的感觉是十分特殊、复杂的。冷兵器时代，作为战友与伙伴的马，背负着这个民族越过高山跨过河流，让他们领略了亚欧草原的壮美山河，也让他们知道了世界的广阔。马已经成为蒙古人生活中不可或缺的家庭成员，蒙古人用自己的方式来表达对马的感情。这里面就有马头琴和蒙古民歌。

马头琴是蒙古族诸种乐器中的主打乐器，脱胎于草原民族古老的拉弦乐器"潮尔"，因"潮尔"一词在蒙古族音乐中还有其他含义，所以此处专指马头琴，蒙古族音乐理论家乌兰杰教授称之为"抄兀儿"。他在《蒙古族音乐史》中介绍道："拉弦乐器抄兀儿，乃是蒙古人所创造的一件具有草原特色的乐器。其形制为：倒梯形的琴箱上蒙以羊皮，约三尺长的琴杆贯穿其上。两根弦均以一缕马尾为之，弓子则是以食指粗细的留条弯制而成。唐、宋以降，从蒙古族弹拨乐器中演变出一种新的拉弦乐器，蒙古语称之为'奇奇里'，也译作'也克勒'。奇奇里是两弦拉奏乐器，琴弦以马尾为之，被认为是马头琴的前身。奇奇里善奏双弦和音，保持着胡笳时代人声与笳声同时共鸣而形成双音的特点。蒙古人取其共鸣之意，称之为'抄兀儿'。

"抄兀儿这件民间乐器，原是同蒙古英雄史诗联系在一起的。蒙古人将那些在抄兀儿的伴奏下（自拉）吟唱英雄史诗的艺人，称之为'抄兀儿赤'。到了元代，抄兀儿已不是单纯为史诗伴奏的乐器了，它已发展成为能够演奏乐曲的名副其实的独奏乐器。……元代的抄兀儿，琴杆顶端饰以螭首。清末民初，改成了马头。由此，古老的抄兀儿便有了一个响亮的新名字：马头琴。"

马头琴的诞生也来自一则传说，尽管在蒙古民间有数个不同的版本，但其中《苏和的白马》（也译作"马头琴的传说"）最具影响。说草原上的牧人苏和养育的一匹白色良驹在赛马中被王爷看中，强夺进王府。某天小白马冲出王府向苏和奔来，却被追赶上来的毒箭射杀在草滩上。按照小白马临终前的嘱托，苏和就用它的腿骨和鬃鬈做了一把马头琴，从此，马头琴跟随苏和流浪在无垠的草原上。以《苏和的白马》为同一母题的创作阐释，在日本国有一部动画片，而马头琴大师齐·宝力高创作的同名马头琴曲则影响力非凡。

说到马头琴就不得不论及齐·宝力高，这与说到蒙古民歌不得不说到马头琴是一样的道理。齐·宝力高是内蒙古公认的首席马头琴大师，是非遗国家级马头琴音乐代表性传承人。他师承马头琴演奏家桑都仍先生，创新改造了马头琴的构造和质地，使马头琴在音域、音量和音高等方面得到了品质的提升。他往来于中、蒙、日三国之间，交流普及马头琴音乐，规范教授马头琴演奏技法，一生中多数时间都用在了马头琴事业上。二〇〇八年北京奥运会开幕前的文艺演出中，他以一百二十位马头琴手组成庞大阵容演奏了他的名曲《万马奔腾》。二〇一五年一月他荣获"二〇一四中华文化人物"称号。他培养的马头琴学子达五万余人，桃李遍天下。

"蒙古高原递相兴起的诸游牧之族，音乐始终伴随着他们的历史。他们的悲欢离合、胜败兴衰往往寄托在音乐的语言中。"[①] 在早期蒙古，原

[①] 陶克涛：《蒙古族音乐史》序。

始宗教萨满教普遍流行,萨满教在施教活动时,常伴以歌吟和舞蹈,"手之舞之,足之蹈之,歌之吟之"。因而在蒙古族民间音乐中,萨满歌舞曲非常之多,影响自然很广泛,可以说是渗透到了彼时北方草原生活的每一个毡房。萨满教虽然消失已久,但现存的萨满歌舞曲中仍然遗存着古老民歌的基因,比如仍在草原上传唱的《神谱》《吉雅奇》等民歌,奇特的旋律中仍能捕捉到悠然飘忽的远古风韵。

前面说到的民族音乐语言,就是指蒙古民歌。一九二六年成立的中国、瑞典"西北科考团"成员、汉语蒙古语兼通的丹麦学者亨宁·哈士伦在其考察后的著作《蒙古的人和神》中说:"对我而言,感受古老民歌中的音乐与情感给我带来了极大的乐趣,我常常听得入神,它往往能排解欧洲人长期旅居国外的孤独与空虚。这些歌曲帮我如何理解这空旷草原上的审美观。是那些挤奶工的歌唱和在死一般寂静的沙漠中行进的商旅们的歌声使我看到了这个民族心灵最深处的情感;夜幕降临,我坐在温暖的篝火旁听萧瑟的晚风掠过大草原,这正是歌中所描绘的图景;也正是老人们的歌唱与传奇帮我领略到组成这个民族丰富变迁史的巨幅画卷;这些音乐是高品质和动人心弦的。"

我们对蒙古民歌似乎只有长调与短调的简单区别,如此区分情况下,蒙古民歌的民间传统称谓仍有其复杂多样性,如:陶林道(史诗歌)、乌日汀道(长调)、包古尼道(短调)、潮林道(潮尔歌)、乌力格尔(说书)、好来宝(说唱)等;直接汉译的称谓则有战歌、酒歌、赞歌、宴歌、婚礼歌、思乡曲、安代歌和萨满歌等,接近于按题材分类。若按部落或地域划分,则有科尔沁、卫拉特、察哈尔、鄂尔多斯、阿拉善、喀尔喀、乌珠穆沁、苏尼特、土默特、茂明安、巴尔虎、布里亚特等。

"长调"一词是蒙古语"乌日汀道"的意译,"乌日汀"为"长"之意,"道"为"歌"之意,汉译作"长调"比较贴切。"短调"一词是蒙古语"包古尼道"的意译,"包古尼"为"短"之意,"道"是"歌"之意,汉译"短调"也很恰当。蒙古长调很多人都听到过,人们耳熟能详的计有《牧歌》《走马》《赞歌》《天边》《呼伦贝尔大草原》等。长调曲式悠长,气息幽远,旋律高低起伏流动,加上特有的演唱发声方式,成为蒙古民歌中的一绝。长调一般为独唱。短调与长调的风格特征恰好相反,旋律快节奏强,歌词内容丰富而多变。短调民歌因其歌词、旋律的便捷通俗和生活化,而盛行于草原普通牧民之中。

我们说蒙古民族是草原文明的集大成者,在文化、民歌方面正是如此。长调,并不是蒙古人的发明创造,它来自远古,来自草原游牧民中的那些先知先觉的人。

"从某种意义上说,草原文化的历史,比蒙古族本身的历史还要漫长。""纵观我国北方游牧民族的文化发展史,大体经历了四个高潮阶段:匈奴时期;鲜卑时期;突厥时期;以及蒙古时期。对于蒙古族来说,以匈奴为代表的古草原文化,堪称是一副民族发展的催化剂。蒙古人在经济、政治、文化、宗教,乃至生活方式等方面,无不接受了匈奴人的强大影响。蒙古族本身的兴旺发达,与草原文化的哺育是分不开的,音乐方面同样如此。"[①]

燕支(胭脂)山,是祁连山脉中的一脉,汉朝之前那里曾经是匈奴浑邪王与休屠王的驻牧地,雪峰皑皑森林密布,牧草茂盛河流淙淙。因与汉朝发生战争而失去故土的匈奴人,发出了这样悲伤的哀歌:

失我祁连山,
使我六畜不蕃息……

[①] 乌兰杰:《蒙古族音乐史》。

失我燕支山，

使我嫁妇无颜色！①

两段四行二十四个字，可谓字字溅泪，千古绝唱！首字（词）押韵，是北方游牧民歌的特征，字数虽少却利于回旋反复，与草原长调的调式十分吻合。

再来看北朝民歌《敕勒歌》：

敕勒川，阴山下，天似穹庐，笼盖四野。
天苍苍，野茫茫，风吹草低见牛羊。②

这是一首敕勒（高车）族自漠北迁徙到阴山下的敕勒川之后产生的民歌。同样是上下两段的句式，质朴豪放，自然流畅，是典型的草原民族的长调抒情。《北史·高车列传》中说得好："其人好引声长歌，又似狼嗥"，坐在高车上的敕勒，穹庐在上，草原绵延，视野一定很开阔。

在史书中最先提到《敕勒歌》的是唐朝初年李延寿撰写的《北史·高祖神武帝》：公元五四六年，东魏权臣高欢率兵十万从晋阳进攻西魏的军事重镇玉壁（今山西稷山县西南），折兵七万，返回晋阳途中，军中谣传他已中箭将亡，高欢便带病设宴面会手下各部将。因兵败而心情沉重的他，把汾州刺史斛律金叫到跟前，"使斛律金敕勒歌，神武自和之，哀感流涕"。据说当从将军帐中传出苍凉悲壮的《敕勒歌》时，引发了征人的怀乡之情，将士们闻之泪如雨下，于是群情激奋，军心大振。高欢虽为汉

---

① 《汉乐府诗集·匈奴歌》。
② 《乐府诗集·杂歌谣辞》。

人，青少年时代以及成长生活的地域全在北魏界内，最西边到了北魏六镇之一的怀朔镇（在今阴山以北内蒙古固阳县境内）。据史料讲他已经完全鲜卑化，他的队伍里也以鲜卑人为多，斛律金高声唱诵的《敕勒歌》所发出的也一定是草原人卷动的舌音。

金元时期鲜卑族大诗人元好问对《敕勒歌》以诗赞曰："慷慨歌谣绝不传，穹庐一曲本天然。中州万古英雄气，也到阴山敕勒川。"明代胡应麟云："此歌成于信口，正在不能文者以无意发之，所以浑朴苍莽，使当时文士为之，便欲雕缋满眼"。二十世纪六十年代中国科学院文学研究所出版的《中国文学史》在论及《敕勒歌》时说："语言简练而有味，全诗一气灌注，音调雄壮，即使在民歌中也是很突出的。"沈玉成《南北朝文学史》也作了相类似的评价："语言浑朴自然，气象苍莽辽阔，如同画家大笔挥洒，顷刻之间，便在笔底出现一幅粗线条的塞外风情画。"

早期的蒙古人民的祖先，以部落与氏族的方式在黑龙江上游的额尔古纳河流域的深山密林中，过着古老的狩猎采集生活。有人推测，彼时的蒙古民歌应该只是一些类似短调的歌曲，山林部族也许只能有一些与其生活状态相符的曲调。乌兰杰在《蒙古族音乐史》中论及蒙古人早期音乐（民歌）时说："蒙古族历史学家罗卜桑丹津在其《黄金史》一书中，对忽图剌汗（成吉思汗曾祖父）时代的歌手库岱·薛臣，以及他所唱的一首《劝诫歌》，做了详细的记录。这是蒙古族音乐史上第一首完整的歌曲，具有极高的历史价值。"

库岱·薛臣在《劝诫歌》中唱道：

俺巴孩汗的十个儿子，你们听着：

围猎于险峻的山岗，射获那团羊和盘羊。

为着分配猎物呵,你们怕是(要)残杀一场!

围猎于蓝色的山谷,射获那公鹿和母鹿。
为着瓜分鹿肉呵,你们怕是(又要)争吵械斗。

狩猎于起伏的山丘,射获那褐色的黄羊羔。
每当分配猎物之时呵,你们(为)何不宴筵欢笑?

狩猎于苍莽的山腰,射获那肥壮的公狍子。
每当分配猎物之时呵,你们(为)何不相敬通好?

这样的歌节奏紧凑,曲调简短富于变化,有一种歌舞交织的画面感,让人不由地想到草原岩画展示的场面。

十四世纪波斯史学家拉施特在《史集》中记述了乃蛮太阳汗因其兄弟不亦鲁黑不来拜见他而心生不满,使一场盛大的宴会顿时变得冷冷清清,这时一位叫忽巴迭斤的人用歌声对太阳汗唱道:

你们两个,
好像公牛的一只角和母牛的一只角,
是唯一的一对。
而今你们兄弟俩不和,
动荡不宁得像海洋般四分五裂的乃蛮兀鲁思,
又将托付给谁呢?

这段歌词之前应该还有一段比兴或铺垫,合在一起是一首完整的歌。内容和上面那首一样，都是在劝诫人心归拢、和睦相处。这段歌词从文字排列来看，也不像是长调，仅是即兴而作的奉喻之辞。依拉施特说这位忽巴迭斤是"歌唱着说"，也不像是专门的歌手，倒像是可汗身边的近臣在说唱古老的乌力格尔。草原民族早有以歌叙事、以歌记事的传统习惯是固有事实。

蒙古人走出大兴安岭山脉，向西溯克鲁伦河而上开始向蒙古高原迁徙挺进，是在公元七世纪左右。以肯特山为中心，在斡难河、土拉河、克鲁伦河三河之源地方开始了以放牧为主的草原生活。辽阔的草原山丘，开阔的川谷河流，让他们的眼界和胸怀为之一变，开阔辽远的莽野长歌便油然而生，蒙古长调诞生于这样的生活环境即成为可能。

蒙古长调的源头和蒙古语应该同属一个时代，指向都在"百蛮大国"匈奴。《诗经》所记匈奴时代有一种唱法叫"啸"，大概就是早期草原民族的长调。蒙古语源自匈奴、突厥、东胡、鲜卑、敕勒，蒙古文源自回鹘文，草原长调也必定经过这些草原民族中的优秀分子来传递接续。我们说短调歌曲根植于底层生活，适合于牧民百姓。而长调歌曲则有所不同，其中就有对歌者的天赋和演唱方法方面的要求。在蒙古长调民歌的演唱技巧中，"诺古拉"是最为突出和最具代表性的，"诺古拉"是宛转、折回的意思，在旋律表现上有浓重的装饰性。演唱技巧中还有一种高腔部分的假声唱法，使长调歌曲充满了音律的变化和丰富性，具有超常的艺术效果。长调歌者既要有一定天赋，也要经过相应的专门训练。

当代长调歌王哈扎布曾说，蒙古长调，除了有其延长的乐句特点外，还蕴含着漫长的历史过程这一含义。史载成吉思汗西征时，不论他的军帐扎在阿尔泰山顶还是兴都库什山麓，都有专门演唱长调的歌手日夜随行，一位叫阿昭莫日根的歌手，据说不但歌声嘹亮，还擅长编曲，发明了其时长调歌曲的创作新形式——拼乐，因而被大汗嘉奖，看来成吉思汗也是很喜欢长调的。

亨宁·哈士伦在《蒙古的人和神》中记载,在二十世纪三四十年代,内蒙古草原上仍然有流浪歌手存在。这些流浪歌手一个人骑着马背着一把马头琴,靠自己的嗓音去闯天下。他们走浩特串蒙古包,阅尽了人间风雨。在从前的草原上,流浪歌手是最受欢迎的人,他们往往被视为与神灵感情相通、传达苍天之音的人。而今怀抱吉他和电贝斯的所谓歌手们,已与旧时代的流浪歌手了无渊源了。

草原上的民歌手(指的是旧时代的歌手)内心都明白,真正的歌手,他的歌其实是唱给自己的影子听的。

在过去,草原上的民歌手其实都是真正意义上的行吟诗人。他们每到一个地方,都要和那里的山水风物融为一体,都要即兴编创带有当地自然风光和人情风味的词曲段子,也会把此地味道的词曲传递到彼地,有意无意间就成为文化信息的直接传播者。因此,蒙古民歌中不少歌曲跨越了地域、部落的苑囿,为所有草原人民所共享。

我们当然可以这样说,这些大漠荒野上形影相吊的民歌手,就是过去年代里最具骑士风度的男人。

草原人民生活的蒙古高原,像一块孤立的大陆,既远离海洋又缺少大河大湖,沙漠与戈壁占去很大空间。不但降雨稀少,四季的干风后面还有严寒的逼加。但法国思想家孟德斯鸠这样说:"寒冷的气候则赋予人们的精神和肉体以某种力量,这种力量和勇气使他们能够从事持续的、艰苦的、伟大的勇敢和行动。"俄国哲学家伊凡·欧姆斯基说:"气候严寒地方的各民族的勇敢,使他们保持住自由的状态。"千百年来,蒙古牧人生活在高原空阔、单调而恶劣的环境当中,生存方式的单一脆弱,生命旅程的严酷艰险,打造了他们生命特质中的古老而年轻的冲动。面对白灾(冰雪)、黑灾(旱灾)、火灾、蝗灾等自然灾害的不断压迫,面对狂风、黄沙和无边无际的砾石戈壁,游牧人只有在灾难到来之前,一家老小、几户联合,以致整个部落以车马为家,带上"活的、会走的家具"——牲畜,踏上迁徙之路,寻找能使生命得以延续的新的生存家园。在不断的迁徙中,歌声与琴声无时不在地陪伴着他们。有人说,世界上没有哪个民族像蒙古人一样,用歌声记录历史,用歌声感知未来。此话确可当真,无论遭遇怎样的灾害,走到何种艰难的境地,蒙古人的身上都带着自己的歌声。

蒙古民歌区别于其他民歌的一个最重要的特征或独特性,是它的深邃、苍凉与痛感。对山川河流,对骏马飞鹰,对羊驼母亲,甚至对公牛般健壮的搏克手都一样,总有一份伤情在旋律中流动,让你的眼眶不免潮湿。歌王哈扎布的《小黄马》,达木丁苏荣的《都荣扎那》,德德玛的《额吉》,腾格尔的《母亲》,乌云毕力格的《枣骝马》《四岁的海骝马》,哈琳的《风中的额吉》《年迈的母亲》等,无不如此。而对母羊母骆驼唱的《劝奶歌》则更是人与动物之间情感的真切交流与互动,在草原产羔季节里,总有些母羊或母驼因初次产子受到惊吓等原因而遗弃刚刚产下的羔子,不愿让小羊幼驼吃自己的奶,这样幼畜就有饿死的危险,蒙古牧民解决问题的办法就是唱歌:

> 台姑,台姑,好心肠的妈妈呀,
> 你怎么能不要自己的孩子呢?
> 难道你忘了她在你肚子里扑腾的样子了?
> 台姑,台姑,好可怜的妈妈呀,
> 你要是真的不要你的宝贝了,
> 我现在就抱着她去找别的妈妈!
> 台姑,台姑,好坚强的妈妈呀,
> 快快站起来亲亲你的心肝宝贝,
> 快把你那饱胀的奶子塞给你的孩子……

在母羊母驼犹豫的瞬间，牧人们赶紧把羊羔驼羔塞到它们的腹下。母羊母驼在主人的歌声中感觉到了孤独和愧悔，母畜竟会流下眼泪，回心转意，去亲吻舔舐眼前的亲子。

唱这类《劝奶歌》的都是慈祥温柔的女性，在这种场合她们的本领要胜过男人。

其实，蒙古民歌尤其是长调民歌的演唱者往往是男人，其歌曲曲目中从来就不缺乏高亢昂扬之作。明代徐渭在其戏曲理论专著《南词叙录》中说："听北曲使人神气鹰扬，毛发洒淅，足以作人勇往之志。"同代人王世贞也说："自金元入主中国，所以胡乐嘈杂凑紧。缓急之间，词不能按，乃更为新声以媚之。"《马可·波罗游记》介绍：两军对阵之时，很多种乐器声和歌声一起响起来，鞑靼人作战以前，众人练习唱歌，弹奏双弦乐器，声音非常悦耳。

如战歌《江沐伦》：

寻找砾石浅滩，强渡那江沐伦。
趁我们英雄年少，实现那宏伟志愿！

测量旋涡激流，把那江沐伦飞渡。
趁我们年富力强，实现那远大抱负！

"江沐伦"，是蒙元时期蒙古人对长江的称呼。这首歌是蒙古大军在强渡长江进攻南宋之时所唱，数以万计的军马在震天动地的歌声中强渡长江的场面，我们今天实在难以想象。

至元十六年（1279），广东江门崖山海战后，赵宋王朝灭亡。丞相文天祥（自号文山）被俘，次年解往燕京。"国初宋丞相文山被执至燕京，闻军中之歌《阿刺来》者，惊而问曰：'此何声也？'众曰：'起于朔方，乃我朝之歌也。'文山曰：'此正黄钟之音也，南人不复兴矣。'盖音雄伟壮丽，浑然若出于瓮。"[1] 英雄文天祥也被似瓮中回声般的歌声所震撼。

草原那达慕男儿三艺之一的搏克比赛，赛前有搏克手轮番上场的程序。上场开始，搏克手们三五一排，模仿着苍鹰和秃鹫降落地面时的跑跳姿态，左右两脚轮流跳离地面的同时，两臂朝前高高扬起，像一只只鹰鹫准备腾空搏击，脖颈上的江嘎（彩绸）迎风飞舞。在这些搏克手上场的同时，歌唱他们的长调歌曲也顺势而起：

搏克手出场了，
搏克手出场了……

就这一句歌词，再无其他。一个人可以唱，几个人也可以唱。在歌词唱出之前，须发出持续低音的"呼麦"。嗓音应嘹亮有震撼力，抵达深邃辽远。这时候，歌词退后到最简单，仅类似于一种衬词。而突出的旋律则把蒙古长调的悠长辽远发挥到最高，大跳跃大转折长气息，"呼麦"加"诺古拉"（假声颤音）的交替混合，尾声拖腔的抒情也远在其他歌曲之上。蒙古长调的优越或超群之处，在于有一定范式而不拘泥，歌者兴之所至到无词而歌之时可以随意处理尾声拖腔，只要旋律音色与所歌唱的内容没有大异。用"歌手在民间"这句话来形容蒙古民歌的状况是恰当的，因为能唱几句长调的歌手在草原上随处可遇。他们的歌声不像专业歌者那般规矩刻板了无生气，而恰似那旷野上踏尘而过的马群，河湾上随风起舞的水雾一般。

---

[1] [元] 孔齐：《至正直记》卷一。

呼麦，蒙古语"浩林·潮尔"，意为嗓音共鸣的和声，是一种蒙古民族独有的喉音艺术，即一个人在发出持续低音的同时，调节口腔口型，强化突出泛音，从而形成两个声部以上的同步和声。其低音如鼓，高音清亮激越，往往有一种金属似的哨音，类似于古时匈奴人的"啸"。"浩林·潮尔（呼麦）应归属于人类早期的音乐文化范畴，（它的出现）比胡笳可能更早更远古一些。"[①] 在蒙古传统音乐中，以"潮尔"来形容的音乐样式有很多，木管、草茎共鸣的叫"毛都潮尔"，弹拨共鸣的叫"托克潮尔"，丝弦共鸣的叫"乌他顺潮尔"，都是指两种声音以上的和声音响。如莫尔吉胡所说，它们的来源都应归于浩林·潮尔，古人在还没有找到能够发出和声的材料时，他们的喉咙就是乐器。

音乐家吕骥先生二十世纪三十年代来到内蒙古抗日前线劳军并在绥远、包头一带收集过民歌，他说过："蒙古族有一种一个人同时唱出两个声部的歌曲，外人是想象不出来的。"说的就是浩林·潮尔。

"学着理解游牧民族，无疑是高自动化、高科技世界中使紧张生活重新焕发活力的健康源泉。"[②]

[①] 莫尔吉胡：《浩林·潮尔之谜》。
[②] [丹麦]亨宁·哈士伦：《蒙古的人和神》。

HOHHOT
THE BIOGRAPHY

呼和浩特 传

库库和屯，漠南蒙古第一城

第三章

美岱召

津关要塞托托城

在今天呼和浩特市西南的托克托县城关镇西北，有一座当地人称作"托托城"的明代古城，它是内蒙古西部地区现存最完整、面积最大的一座古城遗址。

托托城既是一座著名的明代古城，又是容纳三座历史名城于一处的古城遗址：即唐代的东受降城，辽金元时期的东胜州城，明代的东胜卫城。古城沿用的时间绵延九百多年，到明末清初才逐渐废弃。

托托城地处呼和浩特平原西南的黄河东岸，为黄河河套自西向东再向南的转折处，古城傍河而建在高过河面的土岗上。城东北是一望无际的广阔平原，城西南是一处黄河古渡，因其独特的地理位置而成为历代兵家必争之地。古渡史称"君子津""君子渡"，其名由来于郦道元《水经注·河水》的记载："河水于（桢陵、桐过）二县之间，济有君子之名。皇魏桓帝（拓跋猗㐌）十一年，西幸榆中，东行代地。洛阳大贾赍金货随帝后行，夜迷失道，往投津长，曰子封，送之渡河。贾人卒死，津长埋之。其子寻求父丧，发冢举尸，资囊一无所损。其子悉以金与之，津长不受。事闻于帝，帝曰：君子也。即名其津为君子津。"

黄河古渡君子津，即在今托克托县河口古镇，位于黄河"几"字弯右上角，贯穿土默川的大黑河一路携带着数十条季节性流水，在此注入黄河。

不单是君子津，在古代中国，凡渡口地方，都是战略要地，都要派人镇守。西汉时在托克托附近的黄河两岸设置了云中、桢陵、沙陵、阳寿、沙南等十一县，统归云中郡管辖。隋朝时期，在黄河南岸原汉代沙南县故城处设立了榆林郡，并筑起一座胜州城，即今十二连城古城。到了唐朝，沿袭隋制设榆林郡，还扩建了胜州城，加强了黄河关渡的控制，因为一个强大的对手——突厥，已在黄河北岸、阴山一侧壮大起来。为阻止突厥南下，唐景龙二年（708），朔方郡总管张仁愿在黄河东、北岸新筑了东、中、西三座受降城。东受降城最初就建在渡口君子津北面几千米的地方，即在今天托县县城的西北角，当地人叫作"大皇城"的地方，至今高低起落的城垣遗迹还在。城不大，围墙约两千米长，面积仅〇点三平方千米，但却可以驻扎几千名守兵。其时，黄河对岸三十千米处的胜州城与之隔河相望，互为犄角，对水陆口岸都是有力的扼守。公元十世纪初，大辽王朝西征结束后，把黄河南岸隋唐时胜州城的居民迁到东岸的东受降城，受降城更名为东胜州城，以区别于原胜州城。重修后的城堡，东西宽五百六十米，南北长六百二十米，城围扩展到两千六百米，面积增加到〇点三五平方千米。东胜州城，辽代归西京道管辖，与当时阴山南部平原上著名的丰州城、云内州城三足鼎立，并称为辽代"西三州"城。

金、元时期继续设置东胜州，金代的此城既是守卫黄河渡口的卫城，又是与周边地区开展贸易交流的互市榷场，金和西夏的主要经济往来都发生在这里。此时的东胜州已有常住人口一万四千多人，三千五百多户。元朝的大一统为东胜州城带来了巨大繁荣，由于人口的增长和交通运输的需求，水陆陆路都得到迅速发展，东胜州城兼具水驿的功能。当时的黄河水道上，官商船舶往来不绝，东胜州城已然是一处交通要冲和商品转运集散地。从城下君子津起航，西行可至兀剌海路（河套）、宁夏府路（银川），南下东去可以远达安西路（西安）、河南府路（郑州）和扬州路（扬州）。陆路交通更是四通八达、通行无阻，向南过了黄河就是中原，向东经大同路、集宁路可达本朝的上都与大都，向北经兀剌海路、亦集乃路，可以抵达岭北行省的哈拉和林，向西可以远赴窝阔台、察哈台、伊利、钦察汗国。故此，东胜州城在元代达到了最辉煌鼎盛时期。

十四世纪下半叶，明朝为防卫边地，阻止西北蒙古势力东山再起进扰中原，除去修筑史上最长的长城外，还沿边境接壤节点地带设置了众多军事卫所，屯聚大量军队，以保本土不失。由于长期与蒙古之间的拉锯消耗，明朝的防御力量大减，不得不把西北边境的许多卫所后撤到长城以里。洪武四年（1371）明军进驻东胜州，东胜州改为东胜卫。废除了元代丰州、云内州建制，其属地划归东胜卫，东胜卫城即原东胜州城。

卫城，是明军防卫的军事城堡，因设有军队建制"卫"而名。每座卫城额定兵员五千六百人，最高长官为指挥使。明朝在西北边地实行"以军隶卫，以屯养军"政策，卫所兵士平时屯田战时打仗，指挥官则军政民诸事务都要处理，卫城同时承担着地方政府的职能。东胜卫城为长方形，东西宽一千九百三十米，南北长二千四百一十米，周长八千六百八十米。夯土垒筑的城墙高十二米，基宽十四米，顶宽七米，其高大之状实属罕见。城四面开门并筑瓮城，其中东门和北门是内外双瓮城，防御功能成倍增加。而城外的四围，除西墙为紧靠黄河河岸的陡坡外，其余三面都开挖了宽达二十米的护城壕沟。高墙、深沟、内外瓮城，如此壁垒森严，只说明了明朝对北元蒙古的忌惮。现在的东胜州城的高大城墙遗迹就是这个时候留下的，人们习惯称之为托托城。

明代初期，在东胜卫城建成不久，朝廷增加了北方的防御构筑，又在东胜卫城的周围（今呼和浩特南境）筑起四座卫城。即今天的托克托县黑城乡的镇房卫城、和林格尔县新店子乡的玉林卫城、大红城乡的云川卫城，以及与东胜卫城隔河相望的东胜右卫城。东胜卫城与这四座卫城相互拱卫，以前、后、左、右、中合称为"东胜五卫"。明朝中期，随着东部蒙古的统一，迫使明朝军队向南转移，东胜州的这些卫所也随之荒废。

十五世纪末，北方蒙古部落首领、成吉思汗第十五世孙达延汗统一蒙古大部后，占据了长城以北的广大地域，并建立了六部万户政治体系。此后，其嫡孙阿勒坦汗（俺答）率蒙古土默特部进驻今呼和浩特平原一带。该部曾与明朝以长城为界对峙，但最终与明朝修好，明隆庆五年（1571），阿勒坦汗被明朝册封为"顺义王"，与明朝正式建立了"通贡互市"关系。阿勒坦汗在此建立草原都市，大力发展农牧业生产，到隆庆末年，昔日的东胜州一带又恢复到了古丰州"垦田万顷、村连数百"的和平繁荣景象。

东胜卫城虽被明廷放弃，但仍然有续用的价值，阿勒坦汗遂命他的义子恰台吉脱脱率两千兵进驻。脱脱大兴土木复建该城，并以此为据点，积极沟通边关贸易，增进了与内地的和平互通。明朝也对他多次褒奖，由百户官晋升为四品指挥佥事官。脱脱在东胜卫城驻守四十余年，维持了与明朝的长期和平发展局面，人民生活平静祥和，深受当地老百姓的尊敬爱戴。当地人乐于用他的名字"脱脱"来称呼该城，日久天长，"脱脱"衍变为"托托"，成了后世人们对该城的约定俗成的称呼，至今未曾改变。

亦城亦寺美岱召

在阴山山脉中段的大青山下，一座名为美岱召的古城，以其"亦城亦寺"的独特构筑，已在土默川上完好留存了近五百年。如今的美岱召早已没有了城的含义，作为庙宇则依然是内蒙古地区著名的佛教圣地之一。

美岱城，由明代蒙古土默特部首领、成吉思汗第十七代世孙阿勒坦汗兴建而成，这座"大明金国"的部落王城始建于明嘉靖十八年（1539），迄今已有四百八十多年的历史。古城为不规则方形，占地三点六万平方米,围长七百六十米。城墙高五米,顶宽二点五米,底阔六米,墙体由石块包砌而成,城墙四隅建有角楼。城门南开,拱顶的大门上箭垛排列,三层歇山式城楼矗立在上,"泰和门"三个大字牌匾悬于二层楼檐下。城门中央的墙体上镶嵌着一块石匾,上刻"皇图巩固 帝道咸宁 万民乐业 四海澄清",题记和落款俱在,标明了该城的完工年月"大明金国丙午年戊戌月己巳日庚午时建,木作温伸,石匠郭江",丙午年即明万历三十四年(1606),是指泰和门建成的年月,"大明金国"是阿勒坦汗对其所控地域的自称,意为光明灿烂的土地。

美岱召建成时名为"灵觉寺",清代改作"寿灵寺",明廷曾赐名"福化城",但都不如"美岱召"这个名字响亮,"美岱召"三个字既有"佛"、"僧"的内容,又是"召"(庙)、"城"的表示,是城与寺合一、人与佛共有特色的准确说明。万历三十四年,西藏高僧迈达里胡图克图曾在此讲经弘法,人们便称此召庙为迈达里召或迈达里庙,而转音为美岱召。

自明末到清代,历代王公都曾增修续建此城寺,内部庙宇计有天王殿、大雄殿、琉璃殿、万佛殿、两廊殿、太后庙、达赖庙、乃琼庙、佛爷府等,其中大雄殿、琉璃殿、太后庙是主要建筑。

大雄殿,即大雄宝殿,是美岱召的主体庙宇,前为经堂后为佛殿,是供佛念经拜佛的地方。在大雄殿的四壁上,满是明清时期留下来的壁画。有佛祖释迦牟尼的多种佛像图和反映佛祖生平的十二生相图;有藏传佛教黄教创始人宗喀巴大师"成道、传道故事图";有各式菩萨、罗汉、金刚、护法、明王等神灵法像图;有阿勒坦汗家族供养人图;也有蒙古族历史、生活生动有趣的风情图。壁画内容丰富多彩,人物故事灵动活泼,画面上山川河流、珍禽异兽、吉祥宝物等场面宏大,内容庞杂,构图精美,色彩艳丽,绝少人为损坏,甚为难得。

琉璃殿,是一座汉式三重檐楼阁样建筑,因其殿顶和各层出檐都镶有金色琉璃瓦,故称作琉璃殿。琉璃殿建在城内最北面的高台之上,是美岱召建造最早、最为华丽的一座殿堂。建成时就是阿勒坦汗的汗廷议政堂,还是西藏达赖喇嘛与迈达里活佛曾经的驻跸起居之所,是智性、灵光、佛缘之所在。改作佛殿后,专供佛教的"三世佛"。琉璃殿的壁画除绘有十八罗汉、护法诸神外,令人瞩目的是西藏佛教五大派别祖师、领袖人物都展示在东、西两壁上,有宁玛派莲花生、萨迦派萨班·贡嘎坚赞、噶玛噶举派米拉日巴、格鲁派宗喀巴、三世达赖喇嘛、噶当派阿底峡,是藏传佛教各派别尊像的大全,这是在其他召庙很难见到的画面。

太后庙,俗称三娘子庙,庙内供有一座覆钵式佛塔,所以又称作塔庙,相传此庙是专门为供奉阿勒坦汗的妻子三娘子的骨灰而建。三娘子名钟金哈屯,是阿勒坦汗的第三位夫人,生前在团结土默特蒙古部、处理与明朝的关系和发展佛教等方面,都有卓越贡献,明廷曾封她为"忠顺夫人"。晚年的她留下遗言要葬于大青山下的美岱城,在她去世后,族人将其骨灰从库库和屯迎回美岱城,建庙供奉。当地百姓念其生前功德,便尊称此庙为太后庙。庙内佛塔下有一地宫,藏有腰刀、盔甲、珍珠及木箱、皮箱和梳子、耳坠、念珠、药盒等物,据传都是三娘子生前所用之物。旧土默特旗总管荣祥年幼时曾亲眼看到太后庙内原挂有八幅锦装绫绡画,每幅宽二尺,高近一丈。画中有一蒙古妇女身着盛装,接受各部酋长贵族的朝贺,这当然只能是三娘子才会拥有的礼遇荣光。光绪三十四年(1908),十三世达赖喇嘛土登嘉措赴京朝觐时的随从德尔智(布里雅特喇嘛)买下这些画,从此便再无踪迹。

美岱城的真正主人是阿勒坦汗和三娘子。阿勒坦汗,别称"彻辰汗",明朝人称呼他"俺答",阿勒坦汗,蒙古语意"黄金之汗",他是成吉思汗第十五代世孙达延汗的孙子。要说阿勒坦汗就不能不说他的祖父——明代蒙古中兴君主达延汗巴图蒙克和他的妻子满都海。达延汗生于明成化十年（1474），作为黄金家族的后代，他的家族赓续从元惠宗妥欢贴睦尔薨于北逃途中算起，已经一百多年过去了。当幼小的巴图蒙克还不太明白这个世界的时候，周围的人们就开始注意到他了。第一个专注于他的人叫满都海哈屯。满都海生于一四四八年，后来她的父亲——阴山之北汪古部的绰罗斯拜特穆尔丞相，把她远嫁到西边的瓦剌部做了部落首领满都鲁汗的夫人（从辈分上讲，满都鲁是巴延蒙克的叔祖父，巴延蒙克是巴图蒙克的父亲，在大汗手下任济农）。在父亲看来自己的女儿与成吉思汗的子孙合姻是至上的荣耀，因为在辽金时代，汪古部就主动归附成吉思汗，成吉思汗家族与汪古部世代联姻，互称忽答（亲家）。满都海嫁给满都鲁汗后生下二女，长女博罗克沁公主嫁与瞥加思兰太师，次女伊锡克公主嫁给了火筛。一四七九年满都鲁汗去世，满都海继承了丈夫的遗产。作为大汗的遗孀，她并不满足安于现状，而是担起了抚养巴图蒙克的重任。

　　为重振蒙古黄金家族的崇高威望，满都海经过深思熟虑决定嫁给巴图蒙克，以合情合理的哈屯（夫人）的身份扶持他登上汗位。一四八〇年这一年她三十三岁，巴图蒙克七岁。在随后召开的即位大典上，巴图蒙克以尊号达延汗的名义称汗。达延即大元，表示为大元王朝的延续。在达延汗称汗之时，整个蒙古地方是"瓦剌为强，小王子（达延汗）次之"的局面，达延汗也只是名义上的蒙古大汗，他所控制的草原也只在漠南地区。多少年来瓦剌之主"杀元裔几尽"，必然是达延汗和满都海要兴师问罪的首敌。达延汗即位的第二年即一四八一年，满都海哈屯带着才八岁的小王子出征瓦剌，在达延汗的威名下瓦剌被降服。接着满都海哈屯于一四八三年征讨与达延汗有杀父夺亲之仇的亦思马因太师，在东北地区的兀良哈三卫将其诛杀，这两次出征确立了达延汗在蒙古诸部中的有利地位。右翼的亦不剌和满都赉阿固勒呼也在与达延汗的数次战斗中败走。几番大战结束，达延汗来到鄂尔多斯高原，面对成吉思汗八白室再次宣威蒙古大汗的称号，六万户已完全置于他的麾下，此时的他真正成为名副其实的达延汗——大元汗。从他七岁即位开始，整整三十个年头过去，终于夺回了本属于蒙古黄金家族的天下。

六万户分为左翼三万户：察哈尔万户，喀尔喀万户，兀良哈万户；右翼三万户：鄂尔多斯万户，土默特万户，永谢部万户。在六万户之外，还有西北的瓦剌，东北的科尔沁，辽西的兀良哈三卫，它们不在达延汗的管辖范围。在统一六万户之后，达延汗开始分封诸子，土默特万户封给了达延汗之孙、巴尔斯博罗特之子阿勒坦汗，其他万户也同样被分封给黄金家族成员，这样蒙古大部又重新掌握在成吉思汗血脉后裔手中，所以达延汗在历史上被称为蒙古中兴可汗。一五一七年达延汗去世，时年四十四岁。他在继承汗位的三十七年当中，先是在满都海哈屯的辅佑下，将瓦剌的嚣张气焰灭掉，继而消灭了最大的异姓首领亦思马因；其后亲率大军征服右翼蒙古，实现了重建万户，使分裂割据长达一个世纪的蒙古高原重新统一，蒙古黄金家族的地位得以恢复确立，并为后来的阿勒坦汗施展才华、振兴漠南蒙古打下了坚实的基础。因此达延汗和满都海哈屯是蒙古历史上罕见的杰出人物，影响深远而持久，今天呼和浩特市区中心位置有一处街心公园，它的名字就是以满都海命名的。

祖父达延汗去世时，阿勒坦汗十岁，父亲巴尔斯博罗特去世时，他十二岁，生于乱世备尝艰辛，阿勒坦汗在诸汗争雄的动乱中成长起来。土默特之名，一般认为源于蒙元时期远在贝加尔湖一带的"秃马惕"部，后东迁至阴山一带。土默特万户辖有许多鄂托克（万户下面的基本军政单位），如蒙郭勒津、多伦土默特、乌古新、畏兀儿、兀鲁、弘吉拉等，合称十二鄂托克土默特。各鄂托克的首领都是阿勒坦汗的兄弟或者叔父。阿勒坦汗受封之初，曾率部众驻牧在开平（今锡林郭勒盟正蓝旗）的上都草原上，进而游牧至河套，直至占据以丰州滩为中心的敕勒川，即今呼和浩特、包头一带。因辽金元王朝在这里设置过丰州天德军和丰州，所以又称丰州滩，土默特部进驻之后称土默川。

阿勒坦汗十八岁起六次出征平定兀良哈万户叛乱，最终使该部臣服并回归祖制——"敬奉守护额真（主人）之白室"，成为世代看护圣祖成吉思汗陵寝的部落——达尔扈特。阿勒坦汗的一生多半在戎马生涯中度过，他不但长期与明廷对峙，还数次远征到甘肃、青海，追击逃亡到此的家族宿敌亦不刺残众至其灭亡。他远赴西域两度进兵瓦剌，使土默特蒙古的势力一直延伸到最西边。一系列的军事行动，肢解了兀良哈万户，逼迫察哈尔东迁，占据了青海，压制了瓦剌，"九塞外虏，俺答最雄，自上谷（今河北承德）抵甘、凉（今甘肃武威），穹庐万里，东服土速（指达赉逊之子图门汗、内喀尔喀的速巴亥），西奴吉丙（指衮必里克之子诺延达喇济农、阿勒坦汗四子丙兔）"[①]，从而称雄蒙古右翼，形成了蒙古大分裂中的部分统一的局面。

晚年的阿勒坦汗，由于其部长年战争的过度消耗和经济发展缓慢，加上包括蒙古民族在内的各族人民的厌战情绪，使他不得不改变生存策略，开始改善与明朝的敌对关系，同时也带领部族人民改进生活习惯，由游牧生活转变到半农半牧的定居生活。为此，他大量接纳内地投奔而来的汉族民众，学习汉族生产实用技术，推进了本地的经济发展。这一时期的阿勒坦汗，积极致力于当地农牧业经济振兴，他对从内地来的汉民"给以瓯地，令其锄耕"。他亲自扶犁耕田，激励本地蒙古人学习农耕，客观上促进了各族人民同牧同耕、和睦共处的安定局面。阿勒坦汗的这些做法，得到了明廷的回应，隆庆五年（1571），双方达成和平协议，明朝赐封阿勒坦汗为"顺义王"，并沿长城开放了关闭多年的马市、贡市等边境贸易市

---

① [明]瞿九思：《万历武功录·俺答列传》。

场。应阿勒坦汗的请求，明廷多批次派遣内地的各种匠人，送来砖瓦、木材、工具等建城所需，帮助阿勒坦汗在土默川上兴建板升（村庄、城镇）。美岱城就是在这一时期建造完工的，初建成的美岱城，曾有朝殿、寝殿、佛殿、台吉府、土楼、大宅、仓房等多种用途的建筑。

蒙古人对喇嘛教的信仰，最初是从元代末期开始的，信奉者多为上层贵族，在民间并没有广泛传播。阿勒坦汗当年进军青海时已与喇嘛教有过接触。他原本信仰萨满教。隆庆五年，西藏高僧阿辛喇嘛传教到土默特，在美岱城的佛殿里，阿辛高僧回忆起元世祖忽必烈皈依喇嘛教，实行政教并行的措施和历史传统，巧妙而隐晦地规劝阿勒坦汗信奉黄帽喇嘛教，敬奉佛法僧三宝。阿勒坦汗的侄子彻辰洪台吉也劝他说："今汗寿已高，渐至于老。事之有益于今生以及来世者，惟在经教"，"阿勒坦汗深为嘉许"。[①]万历二年（1574），阿勒坦汗派出使者带着书信，前去邀请西藏活佛索南嘉措，又在青海新建了"察卜齐雅勒庙"（仰华寺），先后三次派人去迎接活佛，第三次由彻辰洪台吉亲自前往。

万历六年（1578）五月十五日，索南嘉措来到青海的仰华寺与阿勒坦汗会面，举行了有十万人参加的隆重仪式。其间，索南嘉措对数万信众讲述了佛经，还为阿勒坦汗及夫人主持了佛教灌顶仪式。索南嘉措宣言前世达赖喇嘛与蒙古可汗结有世缘。彻辰洪台吉便说："前世成吉思汗之孙忽必烈汗，以传教使天下太平；此次喇嘛与大汗相会，应将涌血之大江，变为溢乳之净海，普久众生，无穷无饥。"[②] 阿勒坦汗非常赞同，立即宣布自己是忽必烈的化身，并赠索南嘉措为"圣识一切瓦齐尔达喇达赖喇嘛"，意即"大海一样遍知一切，金刚不坏之大师"。中国佛教界最崇高称谓的"达赖喇嘛"，就是从这个时候开始启用的。索南嘉措则赠予阿勒坦汗"转

---

① [清]萨囊彻辰：《蒙古源流》。
② 同上。

千金法轮咱克喇瓦尔第彻辰汗"的称号。咱克喇瓦尔第即转轮王,是古印度神话中的圣王,转宝轮而降服四方。彻辰汗与忽必烈的汗号"薛禅汗"相同,意为"睿智之汗"。

青海会面之后,阿勒坦汗完全皈依了佛教,他听从索南嘉措的劝告,放弃征战之念,表示愿在有生之年为普度众生多做善事,多行和平安宁善举。返回故乡之后,阿勒坦汗即开始广建寺庙,虔诚供佛。由此,藏传佛教在北方蒙古地区生枝散叶,广泛传播,形成了蒙古草原第一次藏传佛教的建庙高潮。

万历初期,阿勒坦汗的政权中心逐渐东移至草原新城库库和屯,美岱城交由阿勒坦汗的孙子大成台吉驻管。大成台吉去世后,其妻子五兰妣吉依然驻守该城达数十年。其间,她投身于佛教事业的发展,不但礼佛念佛,还在城内建寺庙造佛像,迎请高僧讲经说法,佛事活动影响甚大,最终将美岱召发展成为一座名副其实的寺庙之城。

库库和屯,漠南蒙古第一城

《大清一统志·归化城六厅》载:归化城"在杀虎口边城外二百里。蒙古名库库和屯"。库库(呼和)为蒙古语"青色"之意,和屯(浩特)意即城镇。青城,是呼和浩特今天的别名,更是对古老呼和浩特最初的称谓。

自阿勒坦汗的土默特部人民在大青山下的平滩上驻牧以来,每逢荒灾年月,中原一带的底层穷人便拖家带口逃荒到"口外",草原蒙古人收留下他们,给他们土地让其耕种谋生。土默川平原一望无垠的土地本身十分肥美,又靠近黄河,除去放牧外,也是耕田播种的好地方,"毕克齐至包头铁道沿大青山脉行,据山数里,尽为膏垠。作物殷茂,穰穰满沟。"①那些从山西、陕西、河北来的农民和小手工业者,在大青山下找到了生存之地,第一年他们先扎下窝棚,第二年就能盖起黄泥草木的房子,一个个"板升"便开始出现在土默川上。板升,蒙古语"房子"之意,引申为村落或小镇。至明隆庆四年(1570),土默川的汉族农民及工匠人口已达五万多人。随着土默川不断出现汉族聚居的村落——板升及其持续发展扩大,城郭的出现就成为必然。今天,我们仍能在呼和浩特城区及其周边看到"麻花板"(肉铺)、"攸攸板"(杂货铺)、"厂汉板"(白房子)、甲兰板(参领驻地)、刀刀板(下方村)、色肯板(好村子)等不少由"板升"一词传衍下来的地名村名,就是那段历史留下的痕迹。

随着蒙古族汉族人民相互之间交往的逐步加深,土默特蒙古人开始走向半农半牧和定居的生产生活。阿勒坦汗也感受到了定居生活的安定舒适,从生产劳动中看到了汉族人民的智慧才能。他和他的祖先成吉思汗一样,喜欢手艺高强的人,他依靠这些汉族匠人建起冶炼、铸造、造纸、烧制砖瓦、皮毛加工、木器制作和酿造白酒等多种行业作坊和工厂,丰富了土默特蒙古人的生活需求。当初阿勒坦汗率部刚到达土默川的时候,迫于各类物资的极端缺乏,曾反复多次派使者去明朝境内协商互通贸易,遭到明廷严词拒绝,阿勒坦汗派去的使者也被杀害。阿勒坦汗只得用兵于明朝城下,直至进扰北京,蒙古大军与明廷对峙达四十年之久,直到一五七一年的"隆庆和议"开始,才有了一些有限的边贸。

隆庆六年(1572),阿勒坦汗做出了一个重大决定,在土默川上大黑河畔建设一座像忽必烈汗曾经的上都、大都一样的城市。明廷也在工匠技术和建筑材料方面给予了不少援助。到万历三年(1575),一座名为"库

---

① [民国]吴国栋:《绥远游记》。

库和屯"的城市出现在大青山下。"库库和屯"呈四方形，每边城墙只有二百米长，全城周长不足二里，城墙高两丈四尺并建有敌楼，南北各开一城门，更像一座城堡，因此也叫"大板升"大村镇。城西百米处即为扎达盖河，城北门里路西为顺义王府，清初废顺义王号，王府为土默特都统丹津占据而改称"丹府"。《阿勒坦汗传》："圣阿勒坦汗于水猴年，仿拟失陷之大都起造库库和屯，聚集十二土默特之大众，共议以无比精工修筑此城。"《明神宗实录》万历三年十月丙子条载："顺义王俺答遣夷使乞佛像、经文、蟒缎等物，所盖城寺，乞赐城名……赐城名归化。"蒙古语称之为呼和浩特，明朝译写为"库库和屯"。万历九年（1581）春天，阿勒坦汗和他晚年所娶的年轻美貌的妻子三娘子（钟金哈屯夫人）对库库和屯进行扩建改造，三娘子亲自筹划设计，当年即告完工。阿勒坦汗去世后，三娘子继续陪伴两代"顺义王"在库库和屯城中居住，为维护和平可谓鞠躬尽瘁，奉献了余生，深受城中百姓的爱戴，人们又习惯性地把库库和屯叫作三娘子城。四百五十多年过去了，曾经的"库库和屯"城址早已随风消失，只留下一个叫"北门"的地名隐约尚在我们耳边。

HOHHOT
THE BIOGRAPHY

呼和浩特传

归化绥远，塞北双城托起大盛魁

第四章

王相卿

走西口

（男）："咸丰正五年，山西遭年限，
有钱的粮满仓，受苦的人儿真是可怜。"
（女）："太春要走西口，玉莲也难留，
止不住玉莲我那伤心的泪蛋蛋，一道一道往下流。"
（男）："二姑舅捎来一封信，他说是那口外好收成，
我有心去走西口，就怕玉莲她不依从。"
（女）："正月里娶过门，二月里要口外行，
早知道太春你要走西口，哪如咱们二人不成亲！
家住在太原，我的爹爹名叫孙朋安，
生下我这一枝花，花花起名就叫孙玉莲。"
（男）："走出二里半，扭回头来看，
我瞭见玉莲她，还在那房上站"……

这是流行于内蒙古西部和陕北、晋北一带最具代表性的地方戏曲二人台《走西口》开头的唱段，背景是中国历史上五次人口大迁徙之一的走西口事件。剧情讲述的是清咸丰五年（1855），山西太原府女子孙玉莲与丈夫太春新婚不久就遇到大旱之年，太春出门借粮却空手而归，便与周围伙伴们相约准备远去西口谋生。太春把要动身的消息告诉了玉莲，便有了小夫妻二人生离死别的戏剧开场。电视连续剧《走西口》说的是晋商在包

头、呼和浩特以及蒙古、俄国贩运易货而至"汇兑天下"的事情,其实与最初的走西口风马牛不相及。最早走西口的人,是那些居住在靠近长城一带的人,是遭了年限没饭吃,不遭年限也不"活脱"的那些底层农民。长城的那些关隘人们称为口子,西口最早指的是山西右玉的杀虎(胡)口,这是旱路;水路在山西河曲和陕西府谷黄河古渡,也习惯性地称为西口。其实要从大的地理方位上讲,应该叫"北口"才准确。但从右玉、河曲出关过河那一段路,方向确是朝西的,说走西口也没有错。

西口南面称为口里,北面为口外。口里口外,农耕与游牧,长城划开了界限。口外人不善耕种,放牧而外尚余不少荒郊野地。口里人稠地窄,遇到年景不好,吃饭活命都是问题。口里的汉民早有到口外开荒种地的想法,只是朝廷为社稷安定计而禁止他们这样做。但仍然难以阻止跑到口外偷偷开荒种地的流民,甚而出现了成群成批流民闯口外的移民潮。据《清实录》记载,清政府曾改变了政策,推行"借地养民"之举,下令不再禁止内地灾民到口外蒙古地开垦土地谋生。乾隆年间再次布告:"如有贫民出口者,门上不必阻拦,即时出发。"此令一开,走西口的人流猛增,嘉庆朝时"出口垦荒者,动辄以千万计"。

"河曲保德州,十年九不收,男人走口外,女人掏苦菜。"这成千上万的流民,有拖家带口的,有孤儿寡女的,出了杀虎口,渡过黄河湾,他们要到哪里去呢?一个大的方向就是正北方大青山下的河套地区。河套有前套后套之分,也有套里套外之称。套里为鄂尔多斯,套外是呼市、包头、巴彦淖尔。出右玉杀虎口的线路指向为归化城(呼和浩特)、乌兰察布、包头;过河曲、府谷古渡的指向则是鄂尔多斯、包头和巴彦淖尔。以"千万计"的走西口人来到口外,接纳他们的是大青山下黄河岸边海海漫漫的大平川——从东向西的地理范围依次为归化城(呼和浩特)—乌兰察布—包头—巴彦淖尔。

最早走西口的多是几个人"盘伙伙"，三三两两的"雁行客"，像雁子一样春去秋归，长工短工包租土地挣点口粮。日子久了，前套的土默川上开始出现村落营子，扎下根的走西口人开始向城市靠拢集中，后来者不得不向更西更远的巴彦淖尔和阴山背后的乌兰察布转进直至落脚。

光绪二十三年（1897），国子监司业黄恩永向朝廷报告，说内蒙古乌、伊两地牧地数千里，河套东西，土质更为肥沃。伊盟北部的缠金地，民众已经私自开垦，不如朝廷来经营垦殖，以利于财政收入。光绪二十七年（1901），清政府战败与列强签订《辛丑条约》，要支付赔款四亿五千万两白银。清政府国库空乏拿不出这些银子，为筹赔款，慈禧太后接受山西巡抚岑春煊开垦蒙地，在蒙垦押荒银中搞一笔银子的建议。第二年，清政府即对蒙古地区实行了全面放垦，在包头、张家口分设"西垦"与"东垦"，任命贻谷为督办垦务大臣，后又追封其为"理藩院尚书""绥远城将军"。光绪二十八年（1902）五月，清廷一品封疆大吏贻谷到归化城后即设立了垦务局，在内蒙古西部推行放垦措施，此即臭名昭著的"贻谷放垦"。此举更加刺激了更多农民从口里涌向河套地区，走西口人数达到历史的峰值。

这样"雁行客"们不再春来秋去，而是在土默川上扎下根来，人群聚集逐渐形成"代州营子""崞县窑子""祁县窑子""定襄营子""刘宝窑子"等村落，一代又一代的走西口人先是做农民、牧民，而后涌向城镇打起了短工，做起了买卖，以至发展到呼和浩特的"大盛魁"和包头乔家"复盛公"，生意最终发达到"货通南北""汇通天下"，并在一定程度上左右着他们所在城市的兴衰。

归化城

明万历四十四年（1616），女真族首领努尔哈赤建立了后金政权，以剿抚并用之策，女真对漠南蒙古诸部开始了征服。崇德元年（1636），清太宗皇太极改后金国号为"清"，并对被征服的蒙古诸部进行整编，漠南蒙古土默特部被编为左、右两翼，每翼一旗，每旗各设都统一员进行管理。都统府设在归化城内，都统所辖的土默特旗兵成了清政府在漠南的重要武装力量。此时的归化城虽脱胎于阿勒坦汗和三娘子的草原大板升库库和屯，但随着历史的演进，作为一座城市的内涵和作用已悄然发生了改变。

《绥远旗志》载："清太宗崇德三年春，征喀尔喀札萨克图汗，师旋，驻归化城。谕左右翼都统古禄格、杭高曰：'尔等所守，城小濠狭，势唯御敌，宜于城外建筑层垣，以资捍卫。'垣四面置四门，门各置瓮城，四隅各建望楼，垣外环以深濠。工竣之日，内城外垣，严加防守，敌自不敢窥伺云。盖其时城制略同围堡，地虽边要，人烟稀少。及至康熙中年，生聚日繁，市廛拥挤，始由土默特旗约略前谕规制，扩址改建，然视绥城犹不逮耳。"

康熙三十年（1691）归化城再次改扩建，内城外城两重格局初步形成。城的中心地带为鼓楼，衙署、议事厅等官府办事机构都在内城，蒙古官吏们都居于外城。平民百姓多散居在外城城下，南门外人口比较集中。归化城的街道以大南街为主干道，南北贯通畅达。以汉人为主的商贾们在南门外大街道路两侧争相兴建或租赁房舍，开设买卖字号，逐渐形成了城内商业最集中繁华的街市，到康熙三十一年（1692），归化城才算是有了"生聚日繁，市廛拥挤"的面貌。

康熙巡归化城

  康熙初年到中叶的三十多年里，归化城逐渐演变成为朝廷拥兵塞外的军事重镇。康熙二十七年（1688），漠西卫拉特蒙古准噶尔部趁漠北喀尔喀蒙古札萨克图汗部与土谢图汗部发生纠纷之机，以兵甲三万，越过杭爱山攻击札萨克图汗部、土谢图汗部和车臣汗部。三部喀尔喀竟不能敌而败退到漠南草原。康熙二十九年（1690），噶尔丹带兵追击喀尔喀三部蒙古，直抵距北京仅七百余里的乌兰布统草原（今赤峰市克什克腾旗）。康熙皇帝御驾亲征出兵阻击噶尔丹。八月，双方激战，噶尔丹败走。

  归化城与北京对乌兰布统成犄角之势，战略地位极为重要，作为北疆门户，时刻须做好军事防卫。噶尔丹虽败，但实力犹在，因此包括归化城在内的西北各地都在做后续战争的准备。康熙三十年（1691），归化城两都统率领土默特左右翼将士、六大召庙喇嘛及住城居民积极备战，加强城市防护功能，对原有城池进行了加固和扩建。北门楼和城墙保持不变，扩展了东、西、南三面城墙，城域面积有所扩大。扩建后的归化城平面呈"凸"字形，南北长四百四十米，东西宽五百米，城墙为土筑，高约五米，底宽五米。"清康熙三十年，经土默特左、右翼与六召喇嘛台吉等重修，并于旧城南增设外城。包东西南三面筑墙。每面各增一门。东曰'承恩'，西曰'柔远'，南曰'归化'，北曰'建威'，俱建楼其上，以旧南门为鼓楼，颜曰'威固'。城址较前宽阔，周约不里许。"[1]扩展后的归化城北门址在今北门广场南，南门址在今大什字路口，东门址在今官园巷东口，西门址在今九龙湾街西口。此外，为安排接待好官员军人往来，还特意在城外的东南西北四处兴建了用于临时休息的驿站，旧时人称之为"茶坊"。

---

[1] 《绥远通志稿·城市》。

时至今日，呼和浩特旧城的老户人家仍习惯于以"南茶坊""西茶坊"来称呼旧城区的方位。

康熙三十五年（1696）初，噶尔丹再犯喀尔喀蒙古，康熙帝当年十月到达归化城，在塞外指挥清军行动。归化城一时成为康熙帝的前敌指挥部，排兵布阵，亲自督战，剿抚并重，清军设想争取在归化城迎降噶尔丹。次年五月，双方在昭莫多（今蒙古国乌兰巴托市东南土拉河上游南岸）展开激战，半日后仍不分胜负，清军抚远大将军费扬古出奇兵袭击噶尔丹侧翼和后方辎重，噶尔丹军阵大乱而溃散，仅带数骑逃脱，妻子阿奴死于乱军之中。未久，噶尔丹在科布多病亡，噶尔丹博硕克图汗的"圣上君南方，我主北方"的称霸梦想破灭。

康熙帝于三十五年九月十九日与次年五月十六日，两次御驾亲征，第一次在归化城驻跸十一日。九月十九日，康熙帝率领文武大臣及八旗将士两千三百九十人，出京"巡行北塞，经理军务"，并命皇长子允禔、皇三子允祉、皇八子允禩随驾出巡。大军出京过昌平、怀来、沙城、宣化，经张家口北上至海流图（今河北安固里淖东），又西入察哈尔正黄旗、正红旗，至察哈尔镶红旗的磨海图（今乌兰察布市卓资县东），沿伊克图尔根河（大黑河）上游喀拉乌素河至察哈尔镶蓝旗察罕布拉克（今卓资县后房子乡厂不浪村）和白塔（今呼和浩特市东郊），于十月十三日抵归化城。

康熙帝在出巡中间时刻关注着漠北的战事，当他获知副都统祖良璧按照他的谋划在翁金河（今蒙古国阿尔拜赫雷东南）消灭了噶尔丹侄儿丹济拉的两千多人时，随即对战略做出调整："噶尔丹为我军所败，……食尽衣单，渐及寒冻，……虽不进讨，亦必灭亡，今但以招抚为要。"他同时谕令费扬古："不必进兵，至来年青草萌时，秣马以待，视噶尔丹所往，剿而除之，此际当频遣厄鲁特降人招抚为要。"并做出姿态，对昭莫多战役中的战俘"男妇三千许，……皆赐银赎出，使其父子夫妇兄弟完聚"。①

康熙三十五年十月十三日，"上自白塔往归化城，卤簿全设，副都统阿迪等率官兵来迎。民间老少男妇，皆执香集路旁跪接"。阿迪等奏称："我两土默特，自太宗皇帝至今五十九载，所贡赋马几二百匹，部员来应马二匹，拨什库一匹。夏捉雉兔掘石青，秋征雏鹰，冬猎野豕，兼纳狐皮，赋役甚重，圣祖尽行豁免，已六年矣。恩德高厚，每思一叩天颜，不意驾临荒野，愚氓得瞻天日……"归化城土默特蒙古民众，备感康熙帝免除赋役之恩，为表心意，担心皇上"不收牛羊，皆杀而去毛，鸡鸭鹅猪烹熟之后戴于首，再四求受。"②当天，康熙帝入览陀因库图克图庙（小召）、西勒图胡图克图庙（希力图召）、默尔根绰尔济庙（巧尔齐召），晚驻跸于陀因库图克图庙。

康熙三十五年十月十四日，康熙帝移帐于南阙下营。"达赖喇嘛、达赖汗使人入觐"，康熙帝在营帐中会见了他们。据漠北报来的军情，康熙帝这一天又亲自制定了抚远大将军费扬古撤军及留防的作战安排。到十五日，"午时，上出行宫，左翼则科尔沁和硕达尔汉亲王额驸班第、和硕土谢图亲王额驸沙津，喀尔喀和硕亲王策旺扎卜，多罗郡王端多卜多尔济，内大臣一等台吉额尔黑图等；右翼则大臣西勒图库图克图，达赖喇嘛使人刚占堪布丹巴囊素，达赖汗使人彭素克，青海台吉扎什，使人喀木扎木卜等；及归化城官员，土默特官员，黑龙江官兵，察哈尔官兵，俱坐左右两旁，作乐饮宴"。③十六日，康熙帝"遂于西勒图胡图克图寺观傩舞"。十七日，康熙帝谕大臣吴巴什："兹遣尔五百察哈尔兵，赴大将军伯费扬古军前，并无紧急之事，尔等当缓行，毋得劳马，到将军军中之后，听将军指挥。"④

---

① 《清实录》卷一七六。
② [清]王谨：《圣祖北征行在述略》卷中。
③ [清]温达：《御制亲征平定朔漠方略》卷三十一。
④ 同上。

康熙帝驾临塞北边城归化,社会各界上至官吏下至百姓,备感皇恩浩荡,纷纷进贡物品表达心意。"此数日自早至晚,无有暇时。进献驼马牛羊者不绝,贫乏之人亦持马绊络首条革来献"①,"有各种工艺及弹筝唱歌者"在康熙皇帝行营周围表演杂技,奏乐高歌。康熙帝为归化城老百姓的一片盛情所感动,说道:"归化城耆老制为歌词,语虽粗鄙,亦有是处。"在巡察过程中,当他看到城里及右卫军中所俘获噶尔丹军队的战俘不少,为感化他们以吸引更多噶尔丹兵士前来投诚,便降旨:"收养来降之厄鲁特,完聚其夫妻,……离散者以价赎之,令其完聚。……支缎面皮袄三百领,皮袄一百领,并食物需用给支。"②噶尔丹的兵士与亲人及旁观者"一至即令完聚,相抱痛哭,蒙古王公等以下,无不下泪,皆喜悦称善"。③

康熙帝一面感受着边疆重镇归化城的歌舞升平,一面对漠北战局运筹指挥。他判断噶尔丹已经没有再发动进攻的可能,并认为敌军很有可能会向哈密方向逃跑,便多处调兵赴甘肃,及时勘探掌握哈密方面的消息。十月二十日,康熙帝在归化城召开议政大臣会议,指出:"今噶尔丹已向哈密前去,当趁此机会作速剿灭。"会议做出新的军事部署,派精锐绿营骑兵和驻大同八旗精兵一千八百人向哈密集中,随配良马七千匹。次日,康熙起草并手书劝降文书,派使臣送往噶尔丹军营:"朕统御天下,要以中外一体为务。往者乌兰布统之役,尔等虽经败北,朕尚欲与尔等会约,以定喀尔喀之事,故使命屡颁。尔等及违弃誓言,抢掠纳木扎尔陀音,竟至克鲁伦地方。朕亲率师,欲与尔等会同定议,遣使申谕,尔复狐疑不信,不亲见朕使。及朕至克鲁伦,尔遂望风奔溃,……今朕又亲率六师,远莅

---

① [清]温达:《御制亲征平定朔漠方略》卷三十一。
② [清]王谨:《圣祖北征行在述略》卷中。
③ 同上。

于此，且各处调兵邀截。……时渐严塞，朕不忍尔属下厄鲁特妻子相失、穷困、冻饿而死，特遣谕招抚。今重复降敕，尔等若悔前愆，俯首向化，朕一体加恩抚恤，俾各得所；……尔等可速领余众，抒诚归顺，朕必令尔等家富身荣，各遂尘养。惜此厄鲁特如许生灵，被尔驱迫，至于此极，今若又不觉悟，听信匪言，则后悔莫追矣。尔其勿疑勿惧。[①]"康熙帝的劝降书虽然未能使噶尔丹轻易臣服就范，但在噶尔丹的军中却产生了积极的影响，一部分噶尔丹属下逃离噶尔丹奔康熙阵营而来，"丹济拉、格垒沽英、车陵等寨桑十五人，亦愿归服，遣察罕哈什喀来陈奏悃诚"[②]。

战与和，康熙帝均运筹帷幄，并随时准备调整战略战术。他当然深知噶尔丹的冥顽不化，在等待噶尔丹归降的归化城驻跸也已有些时日，于是他做出了巡视鄂尔多斯部的安排，并对归化城的防务谕旨如下："归化城当留一大臣，受厄鲁特降人，完其夫妇，给以衣食。着散秩大臣宗室永吉，侍卫汉楚翰等随驾至湖滩河朔，仍回住归化城。"康熙帝对喀尔喀费扬古前线军情万般牵挂，又敕令永吉："如大将军处有急务，即拨兵六百，前赴大将军处。"同时，"命督运于成龙等运湖滩河朔仓米一千五百石，至大将军伯费扬古军前喀剌穆冷地方"[③]。二十三日，归化城土默特官方为欢送出巡大军举办了一场那达慕，康熙帝饶有兴致地观看了摔跤、射箭比赛，并对蒙古武士给予嘉奖。二十四日，康熙帝及随行启程前往鄂尔多斯部巡视，"归化城百姓依恋缱绻，挥泪道左"，当天驻跸于河津村之南（今呼和浩特市土左旗白庙子乡）。二十五日，右卫八旗劲旅奉旨前来接驾，康熙帝"往亲视食，八旗官兵排齐迎接；驾至，众官兵趋进，跪而同声请安；上下马坐定，引官兵俱近前坐，自官兵以至仆从，遍赐食及茶

---

① 《清实录》卷一七七。
② 同上。
③ 同上。

毕"①。康熙帝命议政大臣索额图传旨:"戎行效力,我朝之常。朕欲剿灭噶尔丹,亲统大军进讨,噶尔丹望风逃窜,遇尔西路之兵,遂大败之。尔等乏粮步行,而能奋勇败敌,殊为可嘉。是以朕亲临赐食,尽免尔等所借官库银,加恩于得伤病故之人。"八旗官兵闻之集体"叩首谢恩,欢声雷动"②。随后,"上起,步行往来,遍阅八旗官兵"③。康熙帝出巡驻跸塞北归化城,自三十五年(1696)十月十三日入城至十月二十四日离开,前后历时满十一天。此次巡视影响深远,在民间也留下许多传说故事。在呼和浩特市北达茂草原女儿山上就有一处石块垒砌的房屋遗址,当地人说那是"康熙营盘",说是康熙帝追剿噶尔丹,北征途经时住过的营盘。于史料无载,属民间传说,是人们对一代帝王宏图大业的赞美和缅怀罢了。

康熙在武力平息噶尔丹叛乱过程中,曾专门派遣归化城土默特掌印札萨克达喇嘛伊拉古克三作为使者去到噶尔丹军中,希望能有和谈的机会。但伊拉古克三却转身站到噶尔丹一边,并以自己的宗教身份蒙蔽信众和百姓,妄图瓦解清军的士气。康熙帝为抵御叛军的宗教攻势,在康熙三十一年(1692),委任忠于清政府的托音二世为归化城掌印札萨克达喇嘛。在康熙帝巡视塞北驻跸归化城期间,托音二世紧随其左右,出谋划策,耳提面命,为完成平叛贡献不小。康熙帝进入归化城当天晚上就留宿于托音二世坐床的小召,次日离开之时,康熙帝特意将自己随身之物全套甲胄、战袍、锦靴、弓箭和腰刀、撒袋、鞍辔,以及虎皮座一、豹皮座一、金线绣龙坐褥一、金线靠背一、金线绣枕二等随身之物留赠庙内,以示钦重。这些珍奇,小召在之后的每年正月十五都要展出,名曰"晾甲"。在《圣祖御制崇福寺碑》中,康熙帝说道:"朕惟归化城为古丰州地,山环水亘,

---

① 《御制亲征平定朔漠方略》卷三十二。
② 《清实录》卷一七七。
③ 同①。

夙称胜境。城南旧有佛刹，喇嘛拖音茸而新之，奏请寺额，因赐名崇福寺。丙子冬，朕以征厄鲁特噶尔丹，师次归化城，于寺前驻跸。见其殿宇弘丽，法相庄严，命悬设宝幡，并以朕所御甲胄、弓矢、櫜鞬留置寺中。"

这些宝物的下落如何，民国时吴国栋发表在一九二五年《农学杂志》上的《绥远游记》中这样写道："小召喇嘛众多，殿宇狭小，有康熙皇帝所赐之御用玉带，镶满珍珠。黄缎蟒袍，顾绣龙纹，领袖宽大，与戏台所见相似，已破烂不堪。朝靴长统厚底，与常见者同。全胄未见，只有其顶端貂皮而已。甲为青缎所制，内衬铁片，迄今未锈。弓囊、箭袋、宝刀俱全。伧夫不知宝藏古物，渎亵摩弄，毫不知惜。余意古物之遇此辈，值遭劫耳。"民国二十三年（1934）八月，"平绥沿线旅行团"成员、著名作家冰心女士在其《平绥沿线旅行记》中记录了她在小召参观所见："前堂西室内，挂有康熙之甲胄，以铁环编缀而成，甚沉重，已锈黑，并有铁灰"。有据可查的是，康熙御刀在一九四六年七月八日，由当时的土默特旗总管荣祥亲自在南京呈献给了蒋介石。

叛乱平息之后，康熙四十二年（1703），康熙帝应托音喇嘛之请，在崇福寺（小召）和延寿寺（席力图召）二召内，以满、汉、蒙、藏四种文字敕建了两块石碑（上面所引碑文是小召之碑文），勒石纪念平叛胜利，表彰召庙喇嘛的爱国功勋。如今这一对石碑仍存于呼和浩特，碑文内容基本一致，记载了康熙皇帝巡视塞北、亲率大军平息叛乱的过程。为庆贺与纪念康熙皇帝亲征巡视胜利，当年归化城军民在城北门西北的扎达盖河上还建起一座长七丈、宽两丈的三孔石桥，命名为"庆凯桥"，此桥在二十世纪五十年代末的一场山洪中消失，近年又在原址恢复新建。

抚远大将军费扬古

在康熙平定噶尔丹叛乱的战争中，驻于归化城的安北将军费扬古功不可没。费扬古（1645—1701），董鄂氏，满洲正白旗人，清代名将，曾因在平定三藩之乱中战功卓著而闻名。康熙三十四年（1695）任右卫将军，授抚远大将军，为防噶尔丹而率军驻归化城六年。康熙三十五年（1696）春再次征讨噶尔丹，费扬古作为西路军统帅，在漠北昭莫多大战噶尔丹一万多兵马，噶尔丹主力被全歼，清军取得平叛战争的决定性胜利。作为费扬古的助手，土默特都统阿剌纳、副都统阿迪率蒙古官兵也参加了昭莫多之战，回师土默川时，还运回战利品长炮七十九门置于归化城内。

康熙三十七年（1698）二月初一，诏令费将军回京。启程时，将军衙府前人山人海，欢送的人群竟将街道拥塞。将军离开后，归化城各界民众为怀念他，用两年时间建起一座"费扬古大将军生祠"，主要捐资者是山西商人贾举财，旧址在大南街南财神庙巷五号院。

祠内原有塑像一尊及清代商界人士敬献的一帧匾额，立有石碑一座，勒有《归化城抚远大将军费公祠堂碑记》长文，在其画像一侧还有题句：勒石全军胜，屯用上策奇。《碑记》中称颂道："于归化城驻跸数载，以致商贾骈集，泉货交通。荒莱既垦，黔黎茂育。兵革之余，倏成繁华之地，虽古之纪功狼胥，勒石燕然者，未若斯之盛也。"碑文中还有对当时归化城情状的描述："鸡犬不惊，贸易交错，兵无匮饷乏怨，民鲜输挽之苦，且秉雄谋具，远略威仪，外严风神，内照谦光，下物赤心示人，无论官兵军卒咸被仁风而遵纪律焉。"

费扬古返京后，任领侍卫内大臣。康熙四十年（1701），从幸索约勒济，途中发病，康熙帝特意驻跸一日亲临问望，赐予御帐蟒缎鞍马帑银等，并派大臣护送将军还京。不久即病逝。

召　城

归化城内除佛、道、儒三教及伊斯兰、天主、耶稣教外,以藏传佛教的喇嘛召庙为最多,民谚"七大召,八小召,七十二个免名(绵绵,形容多)召"及"喇嘛点上数的三千六,点不上数的无其数",就是对归化城被称为"召城"的生动说明。"蒙古称庙曰召,供佛者众不特喇嘛为然,故其寺院扑地,率皆栋宇崇宏,辉煌金碧。"[①]"召"源自藏语,经喇嘛们的口传而成蒙古语。

明、清立国以至维持统治的最大威胁来自北方蒙古,因而朝廷除对蒙古各部采取防御与怀柔政策外,就是在蒙古草原地区大量兴建庙宇,清政府规定每个蒙古人家庭须出一男子入庙当喇嘛,很大程度上削弱了蒙古人反抗的力量。归化城作为漠南首城,召庙自然不会少。有记载,自明万历至清乾隆的两百多年中,归化城出现过三次建庙高潮。第一次是明万历至天启年间(1573—1627),第二次是清顺治至康熙年间(1644—1722),第三次是清雍正至乾隆年间(1723—1795),在归化城内外先后共盖起了八十七座庙宇,几乎每两年就新起一座。

归化城的七大召为:大召(无量寺)、小召(崇福寺)、席力图召(延寿寺)、朋苏克召(崇寿寺)、乃莫齐召(隆寿寺)、拉布齐召(宏庆寺)、班第达召(尊胜寺)。八小召为:喇嘛洞召(广化寺)、什报气召(慈寿寺)、东喇嘛洞召(崇禧寺)、巧尔齐召(延禧寺)、章嘉召(广福寺)、太平召(宁祺寺)、乌素图召(庆缘寺)和美岱召(寿灵寺,现归包头市)。七十二个免名(绵绵)召主要有:藏康庙、菩萨庙、新城庙、新城家庙、席力图东庙、古佛寺、东家庙、西家庙、南家庙、北家庙、慈灯寺、隆福

[①] [清]贻谷修,高庚恩纂:《土默特旗志》。

寺、红召、白庙、兴福庙、永寿庙、菩提寺、广法寺、永福寺、增福寺、苏卜盖庙、毕克齐召、红山口庙、沙尔沁召及五当召（广觉寺）和锡拉穆仁召（普会寺）（此二召现归包头市）等。

归化城中除了上述这些庞杂的喇嘛召庙而外，儒庙、佛庙、道观和俗神之庙也不少。儒庙有蒙古文庙和汉文庙，蒙古文昌庙和汉文昌庙。佛庙有观音庙、圆通庵、十王庙、关帝庙。道观有吕祖庙、财神庙、东岳庙、飞龙观、玉皇阁、圣母庙、玄武庙、城隍庙、孤魂庙、五道庙、龙王庙、大仙庙等。俗神庙有三官庙、药王庙、马王庙、河神庙、井神庙、神农庙、土地庙及费公祠等。

归化城被称之为召城源于阿勒坦汗，明万历六年（1578）阿勒坦汗在青海仰华寺与索南嘉措会见时，就颁布命令，蒙古人成规模地信奉喇嘛教即从这个时期开始，"蒙古人信黄教，实始于俺答"。翌年，阿勒坦汗即开始在归化城南一里处兴建喇嘛教大寺院大召，随后，其长子黄台吉秉承父愿在大召东侧再建席力图召。数十年后，阿勒坦汗之孙俄木布又在席力图召东边建一新召，即康熙皇帝下榻过的小召，这便是阿勒坦汗及其后人持续兴建喇嘛庙的简单经过。

归化城兴建召庙之风方兴未艾，代代赓续，由明万历直至清乾隆年间，横跨明、清两个大的朝代。在两百多年时间里，归化城内外相继建成了七大召、八小召及七十二个免名召等近百处大小蒙古召庙，归化城的"召城"之称开始闻名遐迩。

随着召庙建设的进程，到了清代各种机构、制度也相应而生。管理归化城大小召庙重大事务的最高机构为"掌印喇嘛印务处"，设在大召东仓。有清一代全国共有五处喇嘛印务处，分别设在承德、北京、五台山、归化和多伦。《钦定大清会典事例》规定："印务处设札萨克达喇嘛一人，副札萨克达喇嘛一人，札萨克喇嘛六人。"札萨克达喇嘛是印务处首长，由呼图克图葛根喇嘛就任，清政府理藩院还为之颁发任命状。因此，归化城的召庙等级森严，其召庙规格不是依建筑大小喇嘛多少来确定，而是以有无札萨克喇嘛和达喇嘛在住持来认定高低等次。清《归化城厅志》载："由札萨克喇嘛主持的七座召为'七大召'。由达喇嘛主持的八座召为'八小召'。"没有札萨克喇嘛和达喇嘛主持的叫免名（绵绵）召，地位名分便远不及七大召和八小召了。

大召（无量寺），蒙古语称伊克召，明万历七年（1579）由土默特部首领阿勒坦汗率建，次年竣工，是归化城建设的第一座召庙。因寺内供有释迦牟尼银像，又称银佛寺。《万历武功录·俺答列传》载："十二月俺答请寺名，及遗番僧哈望喷儿剌，秩为大觉禅师。于是礼尚书会大司马请于上，诏从之，赐书及币帛，名其寺曰弘慈寺。"万历十四年（1586），黄台吉和三娘子迎请达赖喇嘛索南嘉措东来主持弘慈寺的开光法会，并为顺义王阿勒坦汗举行了葬礼。达赖三世索南嘉措在蒙古圆寂后，阿勒坦汗的曾孙云丹札木素被指定为呼毕勒罕转世灵童，即四世达赖喇嘛云丹嘉措，后被迎回西藏坐床。大召九间楼内供奉着他的铜像。"崇德五年，土默特左翼都统古禄格楚琥尔奉太宗皇帝圣谕，右翼章京宝音、左翼章京拉布太会同德木齐喇嘛修葺扩建该寺，清太宗赐名'无量寺'及满、蒙、汉三体文字书写寺名，悬挂于大召山门。"[1]这幅匾额一直悬挂到大清王朝走向衰落，而无量寺的寺名一直衍续至今。大召坐落在今呼和浩特市玉泉区大南街路西。山门檐下有一横幅，上书"九边第一泉"，所谓"九边"是指明朝为抵御蒙古来犯，所设"东起鸭绿，西抵嘉峪，绵亘万里，分地守御"[2]的九处军事塞镇，由东迤西依次为：辽东、蓟州、宣府、大同、太原、延绥、宁夏、固原、甘肃。这"第一泉"就在大召山门南一百米处，

---

[1]《土默特志·宗教卷》。
[2]《明史·兵志》。

即"玉泉井"。第一泉、玉泉的美称当然是说这口井水质的甘甜。清人钟秀《古丰识略》传：康熙帝率军进击噶尔丹时，在大召前他的坐骑"马蹄踏地，有泉涌出，味清而甘，四时不竭，居民建神祠于其上，水侧流数步汇为池，上盖巨石作井眼，寺前一带咸取汲焉。"照此说来，"玉泉"本应为"御泉"才对。直至二十世纪七十年代，大召周围的居民还能饮用到玉泉井水，如今玉泉井只是大召前的一处景观了。

席力图召（延寿寺），蒙古语意为"首席""法座"之意，明万历十三年（1585），由阿勒坦汗长子黄台吉主持建成。《土默特简志》第六卷记有："延寿寺乃旧庙也。在归化城正南一里许。康熙三十五年修复，奉赐今名，归呼图克图住营，内有呼弼勒罕三名，札萨克喇嘛、达喇嘛各一名。"

"席勒图呼图克图，早在阿勒坦汗时代随从索南嘉措达赖喇嘛至此，就以锡迪图噶卜楚喇嘛闻名于世。达赖喇嘛圆寂时遗书：'锡迪图噶卜楚，你替我坐我的床，舍利之一切后事告终，将我后身呼毕里罕从东方寻找'。根据遗书，锡迪图噶卜楚喇嘛代替达赖喇嘛坐了床，以国师却尔吉扬名。国师却尔吉从东方找到并迎来了云丹嘉措达赖喇嘛呼毕勒罕，在他年幼时就亲自抚育传授佛经，故获得班第达锡勒图国师却尔吉封号。"[①]

万历十六年（1588），达赖三世喇嘛索南嘉措在蒙古圆寂，锡迪图噶卜楚依照他的《遗书》，认定阿勒坦汗之孙松木尔台吉之子云丹札木素为达赖三世的转世灵童，即四世达赖喇嘛云丹嘉措。坐床典礼后，云丹嘉措即在席力图召学习生活。四年后，应西藏方面请求，还是由锡迪图噶卜楚活佛与西藏来的高僧一起护送四世达赖云丹嘉措至西藏坐床。由于锡迪图噶卜楚坐过达赖喇嘛在席力图召的法座，自西藏回来后他即被称为席力图

---

① 额尔敦昌：《内蒙古喇嘛教》。

呼图克图，即"首席""法座"，他所住持的召庙便被称作席力图召，他即成为席力图呼图克图一世。

康熙三十三年（1694）噶尔丹再次东进蒙古，归化城需要立即加强防备。当时，归化城掌印札萨克达喇嘛内齐托音呼图克图二世在科尔沁因教务活动，无法及时赶回，康熙帝便委任席力图召的呼图克图四世代理掌印札萨克达喇嘛掌控局面。呼图克图四世为保障归化城及百姓安全，号召六大喇嘛会同蒙古台吉等社会各方力量，重新加固了归化城外城，受到康熙帝的称许。

此后，席力图五世、六世、九世均为归化城掌印札萨克达喇嘛，在两百多年沧桑岁月中，席力图召始终处于归化城各教派的领导位置。至二十世纪五十年代，席力图召共传转世活佛十一世，无愧于归化城最大最重要的召庙。

《呼和浩特沿革简志初稿》载："清康熙三十五年（1696）清帝西征驻跸于此，值锡莲图呼图克图重修旧寺完工，奏请赐名为延寿寺，并赐御制碑文。雍正四年（1726）就以锡莲图呼图克图为主持活佛。嘉庆二十二年（1817）补授札萨克达喇嘛掌印。咸丰九年（1859）重修，寺前有跨街牌坊一座，碧瓦朱楹，巍然与天王殿对峙。天王殿左右各有拱形山门，进门为广场，门侧为钟鼓楼，刹竿耸立在正面的菩萨殿前，殿左右各有垂花门，进门又一广场形大院，这是寺的中心。往年春节后举行的佛会，跳布礼，就在这里。南面为碑亭，正北面白石高台上为九九八十一间的瑰丽大经堂，藏语称'笃供'，这是全寺的主要建筑。经堂后原为大佛殿，可惜在日伪时期殿内起火，此殿和最后一进的九间楼同时被毁。在经堂西侧为佛爷府，即锡莲图呼图克图的居邸，东侧榆树院为罗布忽毕勒罕的住宅。在大院西有古佛殿，就是前文所述'金国'遗迹。"此处的金国，是指阿勒坦汗的"大明金国"。"御制碑文"指的是"康熙平定噶尔丹御制碑"，又称"圣祖御制延寿寺碑"。此碑以满、汉、蒙、藏四种文字刻成,碑高二点六米,宽一点三米,于康熙四十一年(1702)立于席力图召。内容除兴建本寺庙的人名和寺名外,其余与同时期小召内所立之碑完全相同,即"敕准建造青色琉璃瓦石碑,镌刻满、蒙、藏、汉文灭噶尔丹事迹,以流传后世"。

小召(崇福寺),蒙古语"巴嘎召",明天启三年(1623)由土默特统治者阿勒坦汗之孙俄木布(温布)洪台吉(苏都那木)建立。《内齐托音呼图克图一世传》载:内齐托音一世自科尔沁返回归化城,在小召前建宅。土默特左翼都统古禄格楚琥尔诺颜前来叙谈,内齐托音问:"此寺何人所建?"都统诺颜答:"阿勒坦汗之孙温布洪台吉所建。"俄木布效仿其祖父阿勒坦汗建大召、其父僧格都古楞汗建席力图召之举,挨着这两个召庙也建起一座召庙,俗称小召,以别于大召。作为七大召之前三位的召庙,小召设札萨克喇嘛、达喇嘛各一。

小召位于席力图召东侧百米处,曾经的整体建筑由过街牌楼、山门、藏经塔、过殿、大经堂、大佛殿、九间楼、东西配殿组成。九间楼据说就是康熙皇帝当年在归化城首选的驻跸之所,民间曾称"康熙行宫"。小召为三楹式山门,门上悬挂"便是西天"大字横匾,清嘉庆二十三年(1818)六月立,相传是明末清初晋地文豪傅山的手迹。"小召殿宇构造十分壮丽,与太和殿、雍和宫等画栋雕梁、精美绝伦,有杭之灵隐、苏之西园、宁之毗庐莫能焉。"[①]一九六六年冬,小召大部分建筑被拆除,仅余下九间楼和过街牌楼,过二十年后九间楼也被拆除,现在仅有过街牌楼孤零零立在小召前街,成为小召过往的唯一见证。

《内齐托音呼图克图二世传》对小召的记载:"主庙十二丈见方,为上

---

① 吴国栋:《绥远游记》。

下两层，外壁彩漆精画。院内有三世院，长寿佛、八大菩萨、密执金刚，雕塑栩栩如生。主庙南建有一座能容纳千余名花喇格的双层大庙。西南与大殿并排建一座释迦牟尼与七大普陀佛寺。两侧是二十一度母殿。东南是依佑佛殿，其两侧为罗刹四大天王殿及上座佛殿。主庙后是一座十四丈高的大神殿……"这些辉煌的殿宇印证了一句民谚：大召不大，小召不小。

内齐托音一世是小召最早的住持，自明万历四十七年（1619）抵归化城，凡三十余年，最终圆寂于小召。关于内齐托音一世的一些情况，《内齐托音呼图克图一世传》有载："由此向北（西）的地方是额鲁特、土尔扈特。国君阿尤希汗，其叔父莫尔根塔布本是一位胸有韬略、远近闻名、统率雄兵百万的大诺颜。他得一子欢喜欲狂，举行盛大宴请，赏名为阿毕达。……阿毕达奔赴西藏的喇希仁本，接受班禅格根的超度洗礼、赐名，具足戒成为佛教之一大绍续，超度圣人以世袭的权利，对己对人，以致庶民百姓一视同仁，故受别号内齐托音。令尊诺颜听其自然，渐渐亦称儿内齐。于是内齐托音的名字广传于世。"

初到归化城，内齐托音在大召因拜奉罗刹天王佛经而受到指责后，遂至阿巴嘎赫尔洞修行十二年，又到大青山黄帽洞坐禅二十三年，共三十五载。其间在奉天他拜见过清太宗皇太极，颇受赏赐。后遭顺治帝及达赖喇嘛冷落，被"限令退居"归化城，孤身一人在破旧的小召前搭毡帐居住。有一天土默特左翼都统古禄格楚琥尔诺颜来看望他，他问：小召如此破损，何不修复？古禄格都统说：修召容易，找一位合适的喇嘛难哪！托音答道：召修好了，有缘分的喇嘛自然会来的。古禄格楚琥尔诺颜于是请人将小召修缮一新。博格多喇嘛葛根（即内齐托音一世）便就此坐床住持，至顺治十年（1653）十月十五日坐化，终年九十七岁。

内齐托音二世是阴山以北茂明安旗人，其父成吉思汗胞弟哈布图哈萨尔君王所属明安旗台吉瓦其尔阿拉图，其母瓦其尔夫人阿迪萨。经班禅额尔德尼指示方位和父母姓名，年幼时被托音一世弟子发现，选为转世灵童，于康熙十八年（1679）九岁时坐床。康熙三十年（1691）四月，为重新整治喀尔喀七旗，康熙帝在多伦淖尔举行盛大会盟，其间内齐托音二世受到与哲布尊丹巴呼图克图同样高贵的礼遇，多次受到召见。同年仲秋康熙帝派员接他入宫，面谕："科尔沁十旗属于你的施主，也是朕的舅家。那里有我们满洲国赫哲族、锡伯、呼勒沁部落，你去把锡伯、呼勒沁人请来，朕赐其诺颜，把他们招收过来。"内齐托音二世活佛圆满完成了圣命后回京复命，康熙帝龙颜大悦，以隆重仪式迎接。《内齐托音呼图克图二世传》载："这一年（1696），康熙三十五年的夏天，康熙率领三路大军，中路以内齐托音呼图克图二世为宗教顾问，身居野战黄城，共同磋商旨意，每日不离左右，蒙受极大皇恩。大败博硕克图汗（噶尔丹），凯旋回师，于喇嘛葛根庙留住三日，举行了大祭。皇帝将全副盔甲、战袍、弓韬、箭筒、腰刀、鞍辔等赏赐该寺。"《归化城沿革简志初稿》载："康熙皇帝西征凯旋，于此暂住，为提高这新寺的威望，就把他出征用的一切戎装武器赐予该寺作纪念。大清时，每年正月十五都陈列展览这些累世珍藏的物品，历经两百多年不敢损失。日伪占领时期，曾把它们运往日本做过展览及至运回。许多零星配件和镶嵌珠宝已残缺不全，这是很可惜的。现在这些古物已由历史博物馆保存，成为人民的财产。"

五塔寺，即慈灯寺，雍正五年（1727）奉旨敕建，次年建成，清廷赐名慈灯寺，附属于小召崇福寺。《绥远厅简志》卷九载："慈灯寺，在崇福寺东南，内有塔基围十丈、上歧为五，亦呼五塔。招其制，与都城西直门外长河北岸大正觉寺略同。又曰新召。"《呼和浩特沿革简志初稿》写道："慈灯寺，惟寺后五塔，确是全寺精华荟萃的一部建筑物。这五塔的安排，既不是横列成行，也不是环形围绕，而是按中心和四隅簇立在一个拱门方形台之上的。别寺的许多佛塔，或作圆形，或成八角，独慈灯五塔寺一律作方形，每一塔身都以雕刻涂油加工预制的琉璃砖砌成，梵文佛像，备极精巧。其凌云挺秀之风格，较北京西直门外大正觉寺的五塔毫不逊色。四周有玲珑短墙围绕，墙中每隔咫尺，即置一块铁铸莲花灯，灿若繁星。"

五塔位于寺的北部，通高十六点五米，由塔基、金刚座、慈灯五塔组成。在"金刚座舍利宝塔"（即五塔寺塔）北面塔基上青砖砌成的照壁东墙上，镶嵌着一幅阴线雕刻的天文图，图中标刻有星宿一千五百多颗，以及太阳轨迹和二十八星座等图像。图标为蒙古文，据说此乃目前发现的世界上唯一的蒙古文天文图。这幅天文星座图是以北极为中心呈放射状的"盖天图"。全图采用阴刻法，单线刻出经纬、银河和星座连线，复线刻出黄道圈和黄赤刻度圈。除度数用藏文码以外，其他部分均以蒙文标注，字头指向北极。这幅天文图为俯视图，与之前发现的敦煌星图、苏州星图、杭州星图等的仰视图正好相反。此图落款为"钦天监绘制天文图"，说明它是由国家测绘而成的天文图，根据图上蒙文题名记述，此图成于雍正三年（1725）。康雍乾时期，在钦天监中满、蒙、汉族的天文生各有定员，著名的蒙古族天文学家、数学家明安图，就是这个时期由钦天监的五官正升任为监正的，所以说这幅图与明安图本人恐怕不无关系。

归化城五塔的建筑容汉、藏、蒙文化于一体，是中国古代建筑艺术的典范精华，是极为珍贵的天文学文物遗产。

五塔在中国大陆共有五座，除呼和浩特现存的这一座外，其余四座有三座在北京，一座在云南。北京的三座是：始建于明永乐年间（1403—1424）的真觉寺（一七六一年改名为大正觉寺）金刚宝座塔；清乾隆十三年（1748）建于香山西山的碧云寺塔，是全国现存金刚宝座塔中最高的一座；清乾隆四十七年（1782）建于鼓楼外大街西侧的西黄寺塔。云南昆明妙堪寺中的妙应兰若塔系明天顺年间（1457—1464）所建。可以说，呼和浩特的五塔寺，就是北京大正觉寺五塔的翻版，高度仅低了〇点五米而已。

乃莫齐召（隆寿寺），亦作额木齐召，额木齐，蒙古语"医生、医院"之意。"乃"字为呼和浩特地方话的发音，源在晋语。该召康熙八年（1669）由绰尔济达喇嘛建成并住持。《绥远通志稿·古迹》载："最初创建此寺的喇嘛，精通青囊五禽之术，据黄教僧徒相传云：清初尝被征入都，为帝后疗疾，奇验，遂特为建寺。"医术高明的绰尔济达喇嘛为帝后治好了病，面对皇帝的赏赐，他只求建一庙宇，于是就有了乃莫齐召。"康熙三十四年（1695），俄木布札木素呼毕勒罕重新扩修，报理藩院，敕赐'隆寿寺'，赏满、蒙、汉三种文字寺额。"[①] 康熙三十八年（1699）喇嘛印务处决定，乃莫齐召设置满巴扎仓（医学部），即成为归化城各召庙喇嘛们开展蒙医藏医医务培训和理论学习之所。

乃莫齐召坐落在归化城西南，民市北街北顶端，为七大召中占地面积最大者。其建筑沿中轴线依次排列有：山门三楹、白塔（藏经塔）、天王殿、大佛殿、东西厢房。召内的白塔规制有些特别，塔体为坛形，塔的中部靠上建有挑檐，檐上覆以青瓦，如粮仓状，是当年归化城中最大的一座白塔。十年动乱中被毁。在此之前，每逢正月十四，乃莫齐召前广场上喇嘛云集，法号锣镲齐鸣，各召庙轮流上场表演"查玛"，并沿街抛撒铜钱，一时人声鼎沸，煞是热闹。

乌素图召（庆缘寺），在呼和浩特西北大青山南麓乌素图村西坡上，由庆缘、长寿、法禧、罗汉、广寿五座不同年代建成的寺庙组成，各庙都有独立院落，统称乌素图召。乌素图，蒙古语有水的地方。乌素图召矗立在山前高台之上，依山傍水，风景绝佳。其庆缘寺居坡前，长寿寺在庆缘寺东侧，长寿寺后面是法禧寺，罗汉寺在北面，罗汉寺后面是广寿寺。庆

[①]《土默特旗志》。

缘寺是归化城八小召之一，设呼图克图喇嘛一人，呼毕勒罕喇嘛一人，达喇嘛一人。

庆缘寺始建于明万历十一年（1583），由察哈尔游方喇嘛萨木腾阿斯尔募集兴建。萨喇嘛云游到大青山下，在乌素图附近的山洞中念经修行。他因擅长医术，为周边百姓解除病痛，受到牧民们的尊敬。于是他便在山下建起一座召庙，成了乌素图召的第一代活佛。有关蒙古文献记载，乌素图西召（庆缘寺）由蒙古族工程师希呼尔、贝勒二人设计，蒙古族工人师傅修建。萨木腾阿斯尔是拉西札木苏活佛的弟子，庆缘寺建成后，成为察哈尔迪彦齐一世。清顺治十五年（1658），萨木腾阿斯尔活佛携白银三万两赴五台山，在五座山上建起五座庙、五尊塔。康熙十年（1671）老活佛圆寂，年九十三岁。察哈尔迪彦齐至民国共传八世。

乌素图召"三宝"之一的庆缘寺壁画，是该寺最值得提叙的艺术品。壁画铺展在正殿东西两壁上，每幅各长十二点六米，宽三点九五米。依所绘人物景象分为上下两部分。上部绘有七尊姿态表情各异的菩萨，菩萨们骑着骏马、雄狮、大象、山羊，威风凛凛，生动活泼，背景衬有火焰和云彩；下部图中的大象、马、驼、鹿、虎、孔雀、飞禽等祥瑞动物，穿插于各色山石树林之间，与上部分画面构成整体效果。这么多动物集中被描绘在一个画面上，在整个内蒙古的召庙中独此一家。据说在民国时期，乌素图召还有五名喇嘛画师，这些壁画应该都是他们留下来的杰作。

乌素图召的庆缘寺等五座召庙都曾绘有壁画，和召庙中的彩塑、神像、唐卡和各类法器一样，在十年动乱中难逃被铲除、砸烂、烧毁、偷盗的厄运，大多已不知所终，唯庆缘寺的壁画幸存至今。各庙除壁画外，在藻井、梁柱和斗拱上都附有彩绘，盘龙、翔凤、云纹、卷草和各种几何图形，浓墨重彩，金银勾线，各美其美。在庆缘寺配殿残存的壁画上，可以看到一幅戴着蒙古人圆形盆帽的神像图，这种样式的帽子是元、明时期蒙古男士经常配戴的。

乌素图召的另外两件宝藏在法禧寺。该寺乃乌素图三代活佛专属医生罗布桑旺札勒于雍正三年（1725）建成。山门前有石狮子一对，石狮子旁各竖立有一青石旗杆，旗杆由整块条石雕刻而成，高二十多米，底部衬大青石莲花座。这对青石旗杆是法禧寺的镇寺之宝，为乌素图召三宝之一。法禧寺经堂为二层楼，楼上厅外有阳台，檐下"普度慈航"的巨大横匾引人注目。二楼的墙面和殿顶都贴着蓝绿琉璃砖琉璃瓦，据说是活佛的医术使皇后康复，经允许才换瓦贴砖，是一种彰显寺庙地位之举。乌素图召的第三件宝还在法禧寺，即《松布堪巴著经》，是一部内容包括经、律、论、医、算、五稷的藏文著作。据说罗布桑旺札勒在青海塔尔寺学习时，拜西藏喇嘛松布堪巴为师，学成离开时他将《松布堪巴著经》原稿带回，镌刻成版藏于法禧寺中。

法禧寺的东边连通一处大院，一进院即见一照壁，砖雕斗拱，中间刻有一条腾龙。照壁长五米，龙长一米。照壁北侧立有石质旗杆一根，后有正房三间，是乌素图召的佛爷府。不知寺中哪代活佛有如此超级待遇，竟有祥龙附于左右，这个谜目前还没有人能揭开。

值得一提的还有一个小庙，《呼和浩特沿革简志初稿》载，乌素图召背后的小山谷里有一个规模不大的佛寺，名永安寺。因为地址在察罕哈达山下，故俗称哈达召，是城内延寿寺（席力图召）的属院。殿宇虽很小，环境却极幽美，若无人指引，一般游客很难发现它。古人说的"深山藏古刹"，恰是此寺写照。清《归化城厅志》载："永安寺，在旧城北乌兰察布地，以寺基逼近公主府，蒙府助银一万两，移建乌素图东沟内察罕哈达山阳，俗名哈达召。"

驼　城

走不完的沙滩过不完的河，
什么人留下个拉骆驼？

穷汉养不起花轱辘辘车，
受苦人无奈拉骆驼。

一出大门往东瞭，
泪蛋蛋滴在马鞍鞒。

走一程路来驼铃响，
满嘴黄沙渴断肠。

到了黑夜囫囵身仰，
骆驼就是那挡风的墙。

掌柜的有钱炕上睡，
受苦人拉骆驼走草地。

十二属相都数完，
尘世上就数拉骆驼难……

——二人台《拉骆驼》（选段）

二人台俗称打玩意儿、二人班、蒙古曲儿，起源于山西晋北地区，滥觞于内蒙古，是内蒙古中西部及山西、陕西、河北三省北部地区的传统民间戏曲。因其剧目多采用一丑一旦二人演唱的形式，所以统称二人台。在长期的发展过程中，以呼和浩特为界分成东、西两路，形成了差别较大的艺术风格。

二〇〇六年五月，经国务院批准二人台列入第一批国家级非物质文化遗产名录。二〇二一年五月，包头市土默特右旗申报的二人台经国务院批准列入国家级非物质文化遗产代表性项目名录扩展项目名录。土右旗还被授予"中国二人台文化艺术之乡"称号。二人台盛行于内蒙古中西部半农半牧地区，在包头土右旗颇成气候，是该地区农牧民生活娱乐的主要形式。其曲调来源主要是蒙古族民歌、晋北陕北民歌，并夹杂着晋剧曲牌、民间吹打乐和宗教音乐。表现内容多以下层普通人生活为主，生活情趣浓厚，唱词与音乐表现力较强，代表性曲目有《走西口》《打金钱》《打金枝》《刘干妈探病》《阿拉奔花》《挂红灯》《刮野鬼》《眊妹妹》《方四姐》等百余个。《拉骆驼》普遍流行于呼和浩特、包头间的土默川平原，"长脖颈颈骆驼细毛绳绳拉，也不知道亲亲你游活在个哪"，近二百行的唱词以男女爱情离别与思念为题，细腻而鲜活，是拉骆驼人苦难谋生场景和年轻驼工顽强不屈内心情感的真实再现。我相信这样的民歌那些已经远去的骆驼客都唱过，这样的调调伴着驼铃声声，陪他们穿沙海过河滩，走过漫漫无垠的大草地，纾解着他们内心无尽的寂寞和惆怅……

归化城的"驼城"之称，据说是起自明朝万历末年。所谓"驼城"，是指归化城当年拥有骆驼数量之巨，也指以骆驼为主要交通运输工具而开辟的草原丝绸之路万里驼道，为曾经的归化城带来的繁荣景象。从万历年间开始到民国时期渐衰，三百余年由驼运开创的穿越亚欧草原的茶叶贸易之路，作为中国古代汉唐丝绸之路新的接续和拓展而被称为草原丝绸之路，也称万里茶道、驼道。

驼城归化，作为万里茶道的起始点与返程的终点，作为漠南地区最大的商品货物集散地，在驼运兴旺时期形成了几条主要商道驼路：

前营路——归化城至乌里雅苏台，全程五千三百二十里，共六十站，是货物运输量最大、人马往来最频繁的驼道。从归化城出发，北越阴山白道岭，经可可以力更（今武川县）、召河、察汗讨勒盖、后白不浪、贝勒河、塔拉赛汗至察汗乌苏；从察汗乌苏向北入喀尔喀蒙古地，沿途为章茂公、哈拉脑包、合毕勒格尔、十八圪台、合套、白达利河、格里塔拉、阿贵至乌里雅苏台。

后营路——归化城至科布多，全程六千六百二十里，共七十三站，前五十四站至格里塔拉走的还是前营路，四千九百七十里。从格里塔拉后营路离开前营路西行，经察汗艾里更、天灵、驼累口、札格勒、乌兰不浪、札康尔忽洞抵科布多，这一段路程十九站一千六百五十里。

前营后营，即清军设在外蒙古的军营所在。

大西路与小西路——均为归化城至古城子（新疆奇台）驼道商路。大西路：七十八站五千四百三十里，自归化城起程，经可可以力更、召河、百灵庙、伊克淖、海流兔河、乌尼乌素、阿贵尔湖至赛圪贴尔；由此向北入蒙古喀尔喀界，经吉力毛都、乌兰鄂博、乌兰忽洞、哈塔布盖梁、红古尔岭、速力贡尔、玉石洼、哈拉牛独、忽洞科布尔、速红兔、红淖……至东天山北麓的奇台。可以看出，大西路大致是在内蒙古与喀尔喀蒙古的接壤地带附近行进的，这些地方没有站点，人烟稀少，驼队可以自由行走，相当于走在边境公路上，差不多就是今天的京新高速内蒙古五原以北靠近边境、往额济纳旗与哈密的方向。小西路：同为归化城至奇台的驼道，共七十二站五千四百七十里，与大西路方向、路途基本一致。一九二四年十一月，蒙古人民共和国成立，前营、后营受阻无法通行，归化城的商贸驼队所走的驼道只剩下归化至奇台这一条路。由于再不能在边境线附近来

153

回穿梭，大西路、小西路也只得改道，驼队只有沿着原来的驼道在中国境内通行，为与旧驼道区别，人们称这条道为"绥新路"。从阴山以北的后草地进入宁夏、甘肃再入新疆。此道虽在中国境内，比之旧有驼道反而艰难危险，据说是因为不时会有劫匪出没于戈壁沙漠。

上述从归化城去往蒙、俄以及我国新疆的驼队运输大道中的蒙、俄方向的驼道，被一位晋商后代、山西学者郎加明先生归入以大盛魁、复字号为代表的"晋商驼道"陆路运输"北三线"（即他所说的东北线、华北线、西北线）中的四条华北线主干线中的首条。这条路线为：晋中和关南地区—雁门关—岱岳（今山阴县）—右玉杀虎口（或从大同到丰镇）—归化（西支线有包头、固阳、百灵庙、五原、临河等；东支线有武川、四子王旗等）—集宁—伊林（今二连浩特）—扎门乌德—库伦—买卖城—恰克图—伊尔库茨克……派生的线路有归化—赛尔乌苏—乌里雅苏台—科布多。

郎加明先生划定的"华北线"到了归化城，便向东北集宁、二连浩特、库伦方向走了，与我们所了解的归化城向北，越阴山入蒙古草地再北行西行，至乌里雅苏台、科布多的路线和方向有很大的不同。依他的观点，晋商驼道中的东北线，包括了内蒙古地区的多伦、锡林浩特、海拉尔、满洲里和赤峰、通辽。但他的"西北线"至陕西榆林便折向宁夏、甘肃，与内蒙古无涉。更没有说到我们印象中的归化城经后草地、中蒙边界，到达新疆古城子（奇台）的大、小西路。其实，人们都知道，汇通南北的晋商所走的商道，绝不会是我们想象的那么简单死板，应该说从山西、陕西到内蒙古中西部，当年走西口人们走过的路，就是他们走的路。走西口的人们到了榆林、神木、右玉，完全有可能继续北上穿越鄂尔多斯进入归化城和包头城，然后继续向西向北前行。而闻名中外的秦直道，就是从咸阳过榆林到达包头的，这样一条古已有之的便捷大道通衢，后人怎会无故弃而不用？将草原驼道归入晋商活动的大范畴应该没有问题，但驼道毕竟是由骆驼的蹄子走出来的，从古而今，骆驼这种生物只生活在黄河以北的沙漠荒原戈壁地带，所以，驼道的起点在归化城无疑。而晋商自南方采购的货物所依托的运载工具多为骡马驴拽拉的车辆，在归化城以南的商品运输大道上，成队的骆驼肯定是罕见的。所以，驼道只属于归化城和它北面西面的那片草原瀚海。故此，郎氏"晋商驼道"的概念与线路划分是值得商榷的。

归化城之所以有"驼城"之称，是有历史记载做支撑的。大盛魁及茶叶之路、驼道研究专家邓九刚先生在其《驼道寻梦》一文中引用学者刘映元先生的文字说，归化城在清代某个时期骆驼的数量达二十万峰之多："卢明辉先生在他的著作《旅蒙商》一书中记载，挨至十九世纪的后半叶，归化城专营驼业运输的字号尚有万盛泰、昌盛源、义和荣、元盛昌、兴盛茂、义昌瑞、福德堂、和盛公、万有堂、德厚堂、贵元堂等数十家。他们多则每个字号拥有骆驼七八百峰至数千峰，少则百余峰至二三百峰。还有数十家字号联合成立的驼业运输公会，名为集锦社，该公会拥有三十九家驼户会员。这些驼业字号和公会，共计约拥有二十万峰骆驼。其中，十五万峰为常年'跑外路'，即来往于外蒙古和俄罗斯各地，另有四五万峰为专门'走西路'的驼队，即赴新疆古城、伊犁、塔尔巴哈台、乌鲁木齐等地以至远赴西亚各国的驼队。"

归化城驼运各字号往来于大漠南北和新疆等地的驼队，都由"领房子"的人全权负责。汉民驼队的房子分大中小三种，大房子直径一丈五尺五寸，可容四十人休息。中房子一丈三尺五寸，可容三十人。小房子一丈一尺五寸，可容二十人。所谓"房子"既指毛毡帐篷的大小，也指驼队的数量规模。驼队以把子计数，大房子由八把子骆驼组成。每个把子分为两链，一链子有十八峰骆驼，共计二百八十八峰。小房子四到五把子，骆驼在一百四十峰到一百八十峰之间。大房子每顶除了驼倌儿十六人外，还有领房子一人及杂务二人。领房子人之下，随队还配有商号派出的先生一人，类似于监管。

领房子人是每顶房子的主事人，是驼队的老把式，既要管理驼倌儿也要负责保证骆驼和所乘之马的安全，包括途中为牲畜治病等，人畜平安顺达是他的责任。而随队先生则负责饮水饭食和到达终点后的点货交接。据三代家传老驼户、元盛昌驼运店主沈世德一九六五年的口述[①]："当年在元盛昌开业的时候，我随驼队往各地送货，所收的运费都是以白银计算。由归化城启程，十五天左右能到张家口，每只骆驼能得白银八两；二十天能到道口（丰台），可得十两。两个月左右能到乌里雅苏台，运费近四十两；两个半月能到科布多，得四十五两。新疆的驼运，由归化城到古城（奇台），三个月能到，运费要五十两，有时货少驼多，降成四十两。民国十八年大西路驼运中断，走小西路，运费上升到七十两。"

驼倌儿受雇于驼主，即使在清朝末年，只要是太平年月，归化城的驼倌儿按月每人可得白银二两五钱。运货途中，还可以夹带一些日用小百货针头线脑在路上贩卖，赚些零用钱，夹带的这些货品也不用支付运费。回民行的驼倌儿，每月可得白银四两，不准带货自卖，但其日常伙食包括冬季用的皮袄皮帽毡靴，统由驼主供给，不论赚钱多寡。民谚曰："赶车下夜拉骆驼，世上三般没奈何！""三般"之中拉骆驼行当恐怕是吃苦最重的"一般"了。出归化城过阴山就是蒙古高原，天高风烈，戈壁沙海，在到达目的地之前，驼倌儿们要走过万里空旷之地，经历旁人无法想象的艰难困苦。尽管途中有站点可以打尖，但时间是约定下的，卖货可不等人。每个白天，不管是风沙遮天蔽日，还是冰雪铺天盖地，不管脚下是沙丘还

---

① 《内蒙古文史资料第十二辑·归化城的驼运》。

是泥淖，他们的脚步只能跟着驼队的节奏，他们的耳畔回响着的只有单调喑哑的驼铃声声。没有在北方高原生活过的人可能根本不知道，仅是春秋两季的大风沙尘就足以令一般人却步。蒙古高原的风干烈如刀，人的眼睛、口腔、鼻孔的毛细血管会因干燥而出血，在高原上行动的人尽管戴着风镜捂住口鼻，也难以抗拒猛烈的风沙。加上北方高原无法躲避的严寒冰冻，连常年拉骆驼的老驼倌儿也难免会落下风湿之类的病根。而驼工们白天行走要看护好驼队，晚上轮到值守夜班，还得去放一阵子骆驼。

驼道漫漫，驼工们体力消耗很大，加上走的都是戈壁沙原，饮水就成了一个大问题。一般的站点都靠近水源，但在有的站点之间却找不到可以饮用的水。据老驼工沈世德讲：小西路又叫甘边路，也叫小草地。大西路封了以后，货运主要集中在小西路上。它走百灵庙，过居延海，到塔尔寺，再到镜尔泉子，然后分两路：一路北上，由盐池、奎素到达镇西，再由骆驼井、三盖泉子、奇台、古牧地进入迪化（乌鲁木齐）；另一路从鸭子泉到达哈密。……当年一般驼户走到额济纳旗，再由拐子湖经过斯布斯太、伊克高勒、陶赖、老爷庙戈壁、鸭子泉而达三塘湖。这一段路程，从陶赖到老爷庙戈壁，有十多天找不到泉水，只能驮水。每天每人分两小碗水，乘马也只能饮两小桶，骆驼不给水喝。再由拐子湖、芦草井到达甲兰壕、石板井，又是四天得不到水，人们管这地方叫连四旱。再由野马井、红泊到五个泉子，又是三天没有水补充，也叫连三旱。在返程途中，由斯布斯太南到拐子湖、道布拉、发盛魁、松福岭，走的是小西路。"一旦途中发生不测遭遇土匪，我们就从三塘湖不远的鸭子泉经过老爷庙直奔陶赖。中间有几处泉子，水是绿色的有毒，水边插着牛骨头，提醒过路人不可饮用。到了陶赖，有一个很浅的泉子，只可用小碗舀水，人畜要排队等水。"

说起匪患，光绪十年（1884）前后，归化城驼庄兴盛魁从奇台起运一批镖银，两顶房子。谁知泄露了消息，被土匪跟上了。这些土匪假扮成商队，带着白酒蔬菜和押运镖银的驼队相随而行。到了玉石洼站点歇下后，这些人抱上酒篓子端上蔬菜，对领房子的、王大掌柜和驼倌儿们大献殷勤。由于长途一起行走，人也都熟了，就放松了戒备，吃肉饮酒划拳行令，以为在站点上不会有事。等到半夜，这帮贼匪趁驼队酒醉熟睡，一顿刀斧棍棒过来，全驼队四十多人死的死伤的伤，驮着白银的骆驼被一扫而空。驼庄兴盛魁险些因此倒闭，只可怜那些拉骆驼的人，成了荒野沙漠里的孤魂野鬼……

拉骆驼，由于日久年长而形成了一种职业，驼倌儿近乎给地主种田的长工，都是因为生活所迫才不得已而为之。俗话说行行出状元，有个叫丁福庆的，起先也是一个普通的驼工，随后发达成领房子的能手，在归化城驼行及商道上声名赫赫。据传他的月薪酬曾达十五两白银，是普通驼工的五六倍。此外，每次出行，驼庄还专门给他五峰骆驼，专运他本人的货物。他抽大烟的巨额开销，也由他所在的元盛昌驼庄支付，平均每天一两白银在他眼前冒了白烟儿。

驼倌儿们没日没夜苦难行走的经历，被街头巷尾的民间艺人们编成小曲《拉骆驼的叹十声》，在归化城外的扎达盖河边，西路二人台风味的演唱缕缕不绝，只可叹这悲凉辛酸的调调早已在往日的风中消失殆尽了。

归化城有本地人养的骆驼，也有从北方草原贩运回来的骆驼，和牛桥一样，用于骆驼交易的驼桥也在旧城北门外的扎达盖河岸。以驼城归化拥有二十万峰的规模来看，交易量肯定不小。为管控交易价格，协调相关事务，归化城的驼行还专门成立了一个驼桥福庆社，参与交易的买卖双方都必须通过驼庄才能进行交易。驼庄与钱庄联手，购进、收养、卖出，提供一条龙服务。为此，每个驼庄都需在大青山以北的草原上设立驼场，专门养育骆驼。卖主托驼庄养育待卖，需要给驼庄交付水草钱和场子费。骆驼一般在秋季的成交量较大，因为那时候的骆驼都已经膘肥体壮了。

在买卖中间，除了驼庄对驼庄外，还有一种叫"牙记"的中间人专门代表买卖双方谈驼论价。牙记可以对驼庄，也可以牙记对牙记，各自代表买主和卖主，从中赚得一份佣金。牙记这种活计非头脑灵活、随机应变之人难做。

据邓九刚先生讲，民国初年归绥仍有五百多家养驼户，城市外围骆驼板升（驼村）错落分布，麻花板、攸攸板、辛辛板、水泉村等都是靠养骆驼为生计的村子。沈世德老先生也讲过，民国十九年（1930）金树仁霸占新疆封锁了交通，商途驼道被阻塞，回汉人民经营的驼运店如元盛昌、和盛公、兴盛茂、义昌瑞等纷纷歇业，归绥驼运行业开始走向衰落。"七七事变"后，日寇侵占归绥，除曹德厚堂和杨贵元堂还有少数骆驼，起运一些到甘肃、宁夏和新疆的货物外，仅有几家小驼户往返于乌兰花、百灵庙一带承揽少量的粮食运输。中华人民共和国建立初期，呼和浩特仍有骆驼一千三百多峰，曾成立过驼运合作社，做过抱团生存的努力，但随着交通运输工具的现代化，驼运行业已无法跟上时代的脚步而被无情淘汰。

绥远城

"清雍正十三年十二月，命大臣赴归化城，视形胜地，筑城驻兵屯田。乾隆二年兴工，四年告成，赐名曰绥远城。……城门四，东曰'迎旭'，南曰'承薰'，西曰'阜安'，北曰'镇宁'。每门上有箭楼，下有瓮城，四隅有角楼四，四围设堆拨八处，每处建兵房三间。城之中央建钟鼓楼一座，上有弥勒阁。创建者为建威将军王常。"[①] 绥远城的城工始于乾隆元

---

① 《绥远通志稿·城市》。

年（1736）十月，为安排八旗军将士驻防，首先设立了军营。次年二月，开始大规模兴建城墙、城门、钟鼓楼、角楼，一边建设一边投入使用，同年夏天，清政府令山西右卫将军王常率八旗军移防进驻新城。

绥远城的布局据说是仿照北京城的形制而建，正方形的街道犹如棋盘。城垣总长一千九百六十丈，每面城墙各四百九十丈，墙高二点九五丈，底宽四丈，顶阔二点五丈，筑有马面四十座。城墙上筑炮台四十四座，每面列炮十门，城墙四隅各列炮一门。每面城墙上建有巡察士兵所用堆拔（哨房）八处，每处房屋三间。城墙外表均以大青砖包砌，内为三合土夯筑，基础由花岗岩块石加固。城内西南角空旷之地与城外的大教场、演武厅，是八旗兵练武之处。绥远城下是宽约五丈的护城河，四座城门外建有吊桥和石板桥，城西南角有一条泄水渠，雨水废水顺护城河外排。绥远城城墙在二十世纪五十年代大炼钢铁的运动中，被掏空改造成一排土法炼铁炉，遭到损坏。一九五八年又将大部分拆除，现余六百多米残墙被保护起来，成了稀罕之物。

可以想见，这座建成于乾隆四年（1739）并由清政府命名的绥远城，完全就是一座兵营，是清政府为防备西北蒙古准噶尔部袭扰，加强土默特蒙古力量而专门修筑的，城里的人基本都是满洲八旗军。也可说是为保卫归化城而新建的一座"卫城"，为使漠南地区的"镇守如故"，特以绥远城将军坐镇。因其建筑于归化城之后，当地人便习惯性地称之为"新城"（当时也叫"满城""八旗城"），归化城遂称为旧城。呼和浩特的新城、旧城之谓自此时始。

"乾隆四年，绥远将军王常创建城垣碑文，其略曰：……城在归化城之东五里许，大青山拥其后，伊克图尔根，巴罕图尔根之水抱其前，喀尔沁之水带其左，红山口之水会其右。地势宽平，山林拱向，实当翁稳岭喀尔沁口军营之冲。……钦定佳名曰绥远城。……皆出圣裁。"① 绥远城的城名与四座城门，都是由乾隆皇帝亲自命名的，足见清政府对漠南土默特蒙古地区和归化、绥远两城战略地位的重视程度。

"同治九年，将军定安重修北门城楼碑文略曰：绥远城在归化城东北五里，……两城犄角，而当关外之冲，扼陇西之隘，所谓北部锁钥者，洵无以要于兹矣。"② 绥远城以钟鼓楼为中心，东、西、南、北四道大街纵贯连通，附有城防街、马神庙街、粮饷府街、苏老虎街等小街二十四道，棋杆巷、公议泉巷、老缸房巷、江南馆后巷等小巷四十六条及市场一处。因绥远城为驻防兵马而建，所有建置都有严格规制，街衢位置整齐划一。按《敕建绥远城碑记》，除四条大街上有商铺房屋一千五百三十间外，八旗官兵带家室的城中用房则有一万两千多间。"当日兵民麇集，廛舍栉比，市面繁荣，概可想见。由钟鼓楼而南之大街，商贩骈列，百物杂陈，为城内唯一之市场。"③

绥远城的主要建筑首推钟鼓楼，它雄踞城市的中心，是全城的制高点。城楼高二十余米，共分四层，底层基础由花岗岩条石铺砌，条石上用大青砖垒筑。四面墙上各开一个六米高、四米宽的石券门洞，供东西南北往来交通。门洞顶部砌有一块圆形青石，一幅八卦图镌刻其上。二楼台面的东、西各有一小亭，东亭悬一铁钟，西亭置一面鼓。清代的城内每晚初更和五更，都有专人擂鼓三声，敲钟一百〇八响，以安民众作息起居。三楼南檐下正中间悬木板一方，上刻绥远城定安将军手书"帝城云里"四字。北檐下木匾"玉宇澄清"四字乃清廷兵部颁授。西檐下木匾上则刻有"震鼓惊钟"四字。东檐下无匾。四楼为玉皇弥罗阁，南面檐下悬有"弥罗阁"巨匾，楼内供奉着一尊檀香木雕刻的玉皇大帝像。楼顶则覆以青

---

① 《绥远通志稿·城市》。
②③同上。

瓦，晨昏之际，燕雀盘飞其上。

在钟鼓楼西边不远处，有一片规模宏大的建筑群，这就是清代绥远城将军统治漠南地区的办公驻地——将军衙署。将军衙署是绥远城中最大的建筑群，几次维修后至今完整如初。这座衙署建于乾隆二年（1737），与绥远城同期，其正门（南门）在今天的新城西街东端，后门（北门）在今天的建设西街。衙署坐北朝南，五进院落，有一百三十间房舍。从正门进入，一块长二十九米、高四米、厚一点七五米的青砖大照壁立在大院中央，一方刻有"屏藩朔漠"的石碑镶嵌在照壁正中，这四个字据说是由镇守将军克蒙额于光绪十六年（1890）手书并立。据《绥远通志稿》记载，从乾隆二年（1737）九月至宣统三年（1911）三月的一百七十四年间，大清各朝皇帝共授七十七任绥远城将军。其中任职时间最长的将军是钦命督办蒙旗垦务大臣贻谷，据说他本人不但不在衙署内居住，还鼓动八旗乡亲到城外做生意，去后套地区谋生发财。辛亥革命后，清政府最后一任绥远城将军堃岫，在一九一二年十月被请出衙署。此后，将军衙署便失去了它的历史作用，但从民国政府到北洋政权，衙署始终被中央委派的官员以"将军""都统""主席"之名占据，直到一九四九年九月，绥远省主席董其武等三十九人发布通电起义为止。

作为清政府在全国常设的十四个驻防将军之一，绥远城将军是正一品武官，权力很大，手中掌握着朝廷颁予的金印，其职权有：一、统帅驻绥远城满洲八旗官兵；二、领导归化城副都统；三、管理西部乌兰察布、伊克昭盟等王公民众；四、节制沿边各道厅；五、有权调大同、宣化绿营兵；六、有指挥山西巡抚所兼三关提督的权力。

绥远城将军手下有多少兵马呢？据考在乾隆二年（1737）春，朝廷调汉军两千人，热河汉军鸟枪兵一千人，首批驻防绥远城。八月，又调右卫八旗蒙古兵五百人入驻，兵力达到三千五百人。乾隆六年（1741），由两千名汉军扩充至两千四百人。乾隆十二年（1747），两千四百名汉军调驻直隶、陕西绿营，京师满洲兵一千两百人入驻绥远城。乾隆三十年（1765），绥远城定兵额两千人。在绥远城的旗人人口也随之增减，一七三七年首批随军入城的满蒙旗人达一万七千五百人，一七四七年一万六千人，一七六八年一万三千五百人。辛亥革命后旗人人口减少很多，民国初年全城满蒙旗人八千余口，民国末年已不足两千人。

绥远城的蒙古将军

在七十七位绥远城将军中，绝大多数是满族旗人，也有不多的宗室爱新觉罗氏一族，唯有第十、第五十两任例外，由蒙古人巴禄和德勒克多尔济担任。巴禄（？—1771），蒙古镶黄旗人，博尔济吉特氏，乾隆三十二年（1767）十月至三十三年（1768）四月任绥远城将军。父班第，康熙年间授内阁中书，雍正二年（1724）晋内阁学士。乾隆十三年（1748）授内大臣，赴金川军营督运粮饷。十九年（1754）授兵部尚书署定边左副将军，至北路军营筹划进兵准噶尔事，旋授定北将军，十月以军功封一等公。二十年（1755）率北路军进抵伊犁，因功封一等诚勇公。后准噶尔部阿睦尔撒纳叛，各部多应之，以兵少不支突围走，途中自刎。巴禄，初以察哈尔总管从军，袭一等诚勇公，授蒙古镶红旗都统，率军进定伊犁。因军功加授云骑尉，为后五十功臣之首，再任凉州、绥远城将军，察哈尔都统。

巴禄子庆林，亦作庆麟，曾任京口副都统，生平资料缺失。庆林子裕谦，嘉庆进士，道光六年（1826）任湖北荆州知府，十九年（1839）授江苏巡抚。二十年（1840）鸦片战争爆发，署理两江总督，亲赴宝山、上海要塞筹防，疏陈规复定海之策，疏劾琦善张皇欺饰，军心沮丧，事败诿过林则徐等五大罪状。二十一年（1841）授命为钦差大臣赴浙江办理军务，实授两江总督。英军复犯浙江，他率军驰至镇海督战。八月英军陷定海，攻镇海，总兵余步云不战而退，镇海失陷，裕谦遂允其与镇海共存亡的誓言投池殉节，殓于杭州。巴禄一家四代可谓大清忠良，确属为国尽忠的将才。

德勒克多尔济，生于嘉庆十六年（1811），卒于同治七年（1868）七月十五日，喀尔喀蒙古土谢图汗部中旗人，博尔济吉特氏。道光十二年（1832）十一月，二十一岁袭札萨克固山贝子，乾清门上行走，同年十二月赏戴双眼花翎。道光十四年（1834）三月总理外蒙古车臣汗、土谢图汗两部与俄罗斯毗连的二十八处卡伦事务。道光二十七年（1847）正月补授土谢图汗部副将军，按清廷定制，喀尔喀四部的副将军由蒙古王公担任，掌管本部兵事，由乌里雅苏台将军节制。

咸丰十年（1860）正月，德勒克多尔济由土谢图汗部副将军调任归化城副都统，咸丰十一年（1861）五月至同治五年（1866）六月，任绥远城将军，从一品，时年五十一岁。民国《绥远城驻防志》载："由三等台吉于道光十一年（1831）十二月子保将来袭爵，十二年（1832）十一月承袭札萨克固山贝子。任绥远城将军，于咸丰十一年（1861）五月到任"。同治五年（1866）六月调任乌里雅苏台将军，次年因病解职。同治七年（1868）二月署理绥远城将军，七月病故于任上。清廷赐谥号"威勤"，并赐碑赏祭。绥远城建城将军王常号称"建威将军"，"威勤"的称谓则是对德勒克多尔济将军的恰当评价。

清张穆《蒙古游牧记·土谢图汗部》载："（中旗），札萨克固山贝子游牧。察珲多尔济长子噶勒丹多尔济，康熙二十五年随父赴库伦伯勒齐尔盟，授札萨克。二十七年来归，三十年封多罗郡主。子敦多布多尔济娶和硕恪靖公主，三十九年晋和硕亲王。察珲多尔济卒，诏袭土谢图汗。四十一年以溺战袭郡王原爵，雍正元年复封亲王。次年，次子额磷沁多尔济袭。乾隆二十年以罪诛，削爵。二十二年恩复世袭，改为札萨克固山贝子，以敦多布多尔济长子根扎布多尔济袭。四十六年诏袭罔替。"此为察珲多尔济家族第一代札萨克固山贝子，第二代敦多布多尔济三子格斋多尔济袭爵，第三代根扎布多尔济次子车布登多尔济袭爵，第四代车布登多尔济长子逊都布多尔济袭爵。嘉庆三年（1798）逊都布多尔济卒，长子宁保多尔济袭爵。道光十二年（1832）宁保多尔济卒，其子德勒克多尔济袭爵。从敦多布多尔济开始到德勒克多尔济，这个家族共有两世郡王、亲王，四世札萨克固山贝子，一世公品级札萨克，敦多布多尔济与和硕恪靖公主的儿子及其后人都曾袭爵，德勒克多尔济为第八代袭爵人。

公主在青城

和硕恪靖公主，亦称固伦恪靖公主、海蚌公主，康熙十八年（1679）七月生，是康熙帝的第六个女儿，齿序为四公主，由贵人郭洛罗氏所生，没有名字。都说她打小就聪慧过人，知书达理，深得皇父喜爱。康熙三十六年（1697）十一月，十九岁的她受封和硕公主，下嫁喀尔喀蒙古土谢图汗部郡王敦多布多尔济。康熙四十五年（1706）二十八岁时，受封为和硕恪靖公主，和硕即一方部落，恪靖为恪守安宁之意。雍正二年（1724）四十六岁时，封金册晋固伦恪靖公主（《恪靖固伦公主金册》现存于蒙古国国家历史博物馆）。固伦为满语"天下"之意，安定天下，是对公主的至尊形容了。而"海蚌"则为满语"参谋""议事"之意，作为皇父的参谋参与议事，必然是皇父治理边疆的有力助手，可见这位女儿在康熙帝心中的地位。雍正十三年（1735）四月公主在漠北库伦去世，享年五十七岁。

敦多布多尔济是外蒙古喀尔喀四部之一——土谢图汗部的汗察珲多尔济的孙子，《清史稿》对土谢图汗部的重要性有如此记载："是部本为喀尔喀四部（土谢图汗部、车臣汗部、赛音诺颜部、札萨克图汗部——笔者注）之首，内则哲布尊丹巴，住锡库伦，外则邻接俄罗斯，有恰克图互市，形势特重，号称雄踞。"康熙帝育有二十位公主，存活下来八位，六位嫁于蒙古博尔济吉特氏，土谢图汗部即为博尔济吉特氏，蒙古黄金家族。康熙帝在位时，曾发生西部厄鲁特准噶尔部噶尔丹勾结沙俄的叛乱，他对"邻接俄罗斯"的土谢图汗部的动向当然就要高度关注了。土谢图汗部对清政府并非十分恭顺，顺治三年（1646）苏尼特部首领腾机思叛逃外蒙，土谢图汗部曾出兵二万相助，还大掠巴林部的人畜。康熙二十七年（1688）噶尔丹进兵喀尔喀，察珲多尔济战败被逐出本土，康熙帝不计前嫌接收了他们，安顿该部在苏尼特草原暂居驻牧，还从归化城米仓调来粮食接济，并允许一部分人马到张家口解决食宿。清政府的这些做法对喀尔喀诸部产生了积极影响，到康熙三十年（1691）见到了效果，至"喀尔喀全部内附"。康熙三十五年（1696）康熙帝亲征噶尔丹，喀尔喀各札萨克纷纷争先"从征效力"。次年康熙帝就将六女儿恪靖公主赐嫁于察珲多尔济的孙子敦多布多尔济，并将其由郡王晋为亲王，意在使喀尔喀诸部"仰体朕一视同仁，无分中外至意。自今以后，亲睦雍和，毋相侵扰，永享安乐"。康熙三十九年（1700）察珲多尔济离世，敦多布多尔济承袭了土谢图汗部汗位，作为皇帝的额附（驸马）统领的部落，在喀尔喀四部之首的地位得到进一步巩固。此后的二百多年里，外蒙古喀尔喀四部一直雍服清政府，和平安定的局面得以维持。

和硕恪靖公主自京城来到归化，原本是打算随敦多布多尔济远赴漠北去的，但因那里的战事还未结束，便听从父命在归化城暂住下来，她的住地在归化城北五里的"固伦恪靖公主府"，习称公主府。这座建于康熙年间的"龙女"府，在今天呼和浩特市新城区通道北街，是一座占地面积一万八千平方米、四进五重院落。属亲王一级建筑品级的府邸。现存主体建筑面积仅有二千二百〇一平方米，是原有面积的二十分之一。《绥远通志稿》载："后枕青山，前有碧水，建筑与风景之佳，为一方冠。"是目前国内唯一保存完好的清代和亲公主府邸，全国重点文物保护单位。

海蚌公主身负特殊的监国之责，当年的固伦恪靖公主府不仅是清政府联系大漠南北蒙古各部的纽带和中心，更是归化城中的独立王国。公主不但不受归化城都统衙门的管辖，都统还须向她跪安问候。"参谋""议事"既有参与地方政事的权力，还有代皇帝行监国职责、为皇父参谋的义务。康熙四十八年（1709），在土谢图汗多尔济厄尔德尼阿海时期，经公主允准制定了《喀尔喀三旗大法规》。公主不但参政议事，而且懂得体恤民情。《公主府志》说："圣祖仁皇帝之六女，恭俭柔顺，不恃皇家之骄，娴于礼教。"进归化城之前，她曾在南部的清水河小住时日，当地有一方功德碑称颂她"自开垦以来，凡我农人踊跃争趋者，纷纷然不可胜数，亦之累年丰收，万民乐业，共享升平，虽彼之天颖粟，实公主之盛德所感也，且我公主留心民瘼，着意农桑……普及万性，真乃尧天舜日……大德难忘……共日月以俱长矣"，是说公主暂住清水河期间，曾圈地开荒四万八千多亩，并开修"青龙渠"引水浇灌，吸引了杀虎口内大批汉民前来耕种，连年丰收之事。为此，康熙帝曾亲笔御书两匾训示提戒自己的女儿，一曰"萧娴礼范"，一曰"静宜堂"，挂在公主府的过殿和寝室。

固伦恪靖公主与敦多布多尔济成婚后，喀尔喀蒙古诸部没有再起内讧，一致将矛头指向西边的噶尔丹。喀尔喀三部（雍正时又分出赛音诺颜部，合称四部）全体内附，构成了清朝大一统版图，促进了外蒙古各部与内地在经济、文化方面的交流发展。同时也为晋商们大显身手，开拓出草原商业贸易的新天地，草原丝绸之路万里茶道再度复兴提供了条件。《公主府志》对固伦恪靖公主的评价是："外蒙古二百余年，潜心内附者，亦此公主。"在康熙帝嫁到蒙古的各女儿中，固伦恪靖公主的婚姻别有含义，她是喀尔喀蒙古内附之后第一位下嫁的公主，她不但维持了较为圆满的婚姻生活，作为满蒙之间的血缘纽带，起到了很好的传达联络沟通的作用，也真正行使了父皇赋予的监国权力。

从一位嫔妃贵人所生的和硕（一方，旗）公主，到被晋封为恪靖公主、固伦（皇后嫡出之意）公主，被皇廷视作皇后嫡出，以家国和天下为己任的公主，皆因其自身的行为庄重和政绩超群乃尔！她与敦多布多尔济的婚姻，堪称清朝满蒙和亲政治婚姻的典范模本。

固伦恪靖公主生前的庄园包括今天呼和浩特东郊大黑河畔的美岱村，有一种说法说公主就安葬在此地，其实不然。《公主府志·陵墓编》载土谢图汗部在外蒙古库伦（今蒙古国乌兰巴托）城南土拉河北岸有自己的汗山，其部历任大汗均葬于此，敦多布多尔济也不例外。汗山之阳有乾隆五年（1740）立下的《恪靖公主神道碑记》石碑，说明公主也葬在此处。大汗和公主的后人经常前往汗山祭奠，据回来的人讲，公主的墓穴为一人工开凿的山洞，棺椁由银子包裹的檀香木制成，置于洞内高处，周围撒满了碎银。

呼和浩特东郊的美岱村作为公主府曾经的私家园子，则葬有公主与汗的长子及其夫人。长子名根扎布多尔济，夫人为和硕格格郡主，雍正元年（1723）五月，作为清开国功臣多尔衮的五世孙，她下嫁于敦多布多尔济与恪靖公主的长子根扎布多尔济。乾隆二十二年（1757），根扎布多尔济袭札萨克之位，封固山贝子。根扎布多尔济与和硕格格之墓在美岱村东五里的山湾中，陵园有砖砌围墙，南开门，有祭奠所用的房舍，从前有过四户守陵人家。因为是外蒙古土谢图汗部汗王后裔在内蒙古最早的墓葬，故被人称作老坟。根扎布多尔济与和硕格格的七个儿子及孙辈们，都葬在今呼和浩特市郊的美岱村、太平庄、辛庄子、西美岱、黑沙兔等公主府的封地。此外在黑沙兔村东南的南梁上还有七座坟冢，人称"女儿坟"，据说那是公主府中因侍奉公主而孤老离世后葬于此的姑娘们的墓地。

德勒克多尔济将军是敦多布多尔济与固伦恪靖公主的五世孙，长期生活工作在归绥与乌里雅苏台，其在任绥远城将军期间，正值西北回民暴动波及内蒙古西部及漠北喀尔喀地区之时。从同治元年到七年间，为防范回军，他受命出任绥远城和乌里雅苏台将军。同治七年（1868）回军兵锋到达河套地区，包头、归绥受到严重威胁。当时德勒克多尔济正在养病当中，察哈尔都统文盛给朝廷上奏称"德勒克多尔济病体初愈，即不自耽安逸力图报效"。朝廷"深堪嘉尚，着即迅赴归绥，将包头等处防务会同裕瑞等悉心筹划。德勒克多尔济曾任绥远城将军，于该处情况熟悉，必能办理裕如。着文盛知照该将军克期启程，用副委理"。德勒克多尔济赴任后即"督率沿边蒙兵实力堵御"，终至沉疴复发于七月十五日卒于绥远城将军任上，享年五十八岁。数年前，学者王胜龙在呼和浩特市赛罕区太平庄乡黑沙兔村东南约一千米处找到了将军的墓地（这个地方应该距该村南梁上的女儿坟不远），他描述如下：墓园坐东朝西，据残存的墙基推测为长方形，长七十米宽四十米。西侧神墙中间阙门六米宽，园内据阙门十六米处立汉白玉神道碑一座，碑通高四点四五米，碑身为满、蒙、汉三种文字阴刻，是对德勒克多尔济的悼词。碑后刻有汉字"御赐碑记"。碑后三十米处有墓冢两座，德勒克多尔济之墓据北，其子那森多尔济之墓偏南，两座墓残高约一米。因墓园建于"窨子梁"上，故居高可见南有大黑河北有大青山，极目西边就是曾经的归化与绥远，自当一处形胜之地。德勒克多尔济的后代除上述那森多尔济外，尚有那木其勒端多布，同治七年

(1868）袭土谢图汗部中旗札萨克固山贝子，光绪十年（1884）其孙朋楚克车林袭札萨克固山贝子，子孙们皆以喀尔喀土谢图汗部札萨克身份兼任清廷库伦蒙古办事大臣。民国以后，时空转换物是人非，再也见不到什么记载了。

曾经的公主府外围均为其牧场，后建及至今天的小府、府兴营等地都是公主支系的发展后续。现在，已然辟为博物馆的公主府以它独特而庄重的历史风貌展示在呼和浩特繁华的都市之中，提醒着人们勿忘在塞外青城曾经有过一位了不起的公主。

建城与伐木

归化城因"大青山拥其后"，东西各有河流环绕而自具一番风景。然而在归化城建城的那个年代，房屋等的主要建筑材料是木材，大青山上的森林就成了建城所需木材的主要来源。十七世纪末，随着杀虎口驿路的开通和蒙古台站的恢复设立，沿明长城一线的关隘津渡也因税收巨大而完全通放。据清人刘士铭修、王礥纂《朔平府志》记载，笔写契（今呼和浩特毕克齐）在归化城西七十里，北通碛口，大青山的林木在此发卖，居民商贾有百十余家。据此可知，毕克齐当时就是大青山木材的批发转运之地。而在毕克齐以西则有察素齐一镇，其地名蒙古语意即造纸之地，大青山的木材当然是造纸的好材料。除去归化城一带的本地消耗外，许多木材还被源源不断运往了中原内地。当时对大青山林木垂涎已久的晋商获准进山伐木要有合法的"照票"，才能买卖木材。清政府户部每年向杀虎口关下发伐木照票一百张，由该关税务监督收取地方官印结和商人的互保具结后，发给木材商，木材商持票照章纳税。因有"只准于大青山伐木，不准越界砍伐穆纳山之木"，违者"严拿送部议罪"的规定，与大青山相连的穆纳山（乌拉山）逃过一劫。但照票仅限定了伐木地点而对砍伐量这个关键环节不做限制，大青山森林消失的厄运就在所难免了。

大青山上的松柏榆槐杨桦栎桑银杏等究竟被砍伐了多少，不见文字记载，但自十七世纪末至十八世纪六十年代这半个多世纪的乱砍滥伐，山上的成材大树已所存无几。不单是城市建设耗费木材，黄河航运所用船只也要靠大木来制造和修补。土默特旗毛岱乡是古已有之的黄河官渡，水运船队的大船也都是用大青山上的木材打造的。乾隆十年（1745）毛岱的官船有一些损坏需要修补，因山上已经没有大木可用，便以杂木替代，但根本抵不住黄河的风浪，没用多久就坏掉了。不得已，土默特户司向朝廷申请砍伐穆纳山的大树，因为修造河船起码也要用三丈到四丈长也就是十米以上长度的大木。此事发生在乾隆十六年（1751），可见当时大青山上的大树已经被砍伐殆尽，官府与商贾都把目光瞄向了穆纳山。

至于官商勾结盗取国财的败类更是一个都不少。保德，这个在位四年的绥远将军不但侵吞公款，还带头收受贿赂，归化城厅同知普喜等官员与保德同流合污，准许木材商盗伐穆纳山林木，他们从中捞取好处。乾隆二十五年（1760）二月，朝廷派重臣刘统勋会审"归化保德案"，依大清律保德、普喜被正法，连带数人被庭前杖毙，活活给打死了。这些惩处措施对猖獗无度的盗伐行为起到了一定的震慑作用，只可惜为时已晚。

大青山林木的非法砍伐买卖是一方面，绥远城建设新城同时也用去大量的木材。据土默特满文档案记载，雍正十三年（1735），归化城都统丹津、协理都统事尚书通智奏称，拟修筑的新城"用木之项，城门楼、钟楼、大小衙署、众兵丁之房、仓库计有一万二三千间，需用木三十余万根"，他们认为，这些木材"若完全从大青山伐取，则杀虎口木税事务从此每况愈下"，要求收用穆纳山私伐之木二十余万根，"自黄河水运至修城近处，就近运来使用"。这还远远不够，"再有不足之木，亦即雇匠夫自穆纳山砍伐，以足工程之额"。随即"奉旨依议"，绥远城城市建设所需木料已经波及穆纳山，这座当时被称作穆纳山的乌拉山在河套的包头以西，木材要靠黄河上的大船才能运到绥远城，只是运输船队还未启动，这位通智大人就被朝廷革职查办了。

乾隆元年（1736）冬，筑城工程启动，但因黄河结冰无法运输，右卫建威将军王常请求改变原奏案，以"工程用木于大青山砍伐足够"为由要求继续砍伐大青山林木，得到乾隆帝允准，于是更大规模的砍伐活动又开始了。绥远筑城用去多少木材不得而知，民间"绥远城竣工，大青山林尽"的说法看来不虚。"杀虎口木税事务从此每况愈下"，木材税收锐减，恰恰说明大青山上的成材树木已经所剩无几了。

大青山上的林木被盗伐贩卖运往中原，建绥远新城又加剧了森林的消失，而一个新的因素的出现，再次让大青山的树木遭到灭顶之灾。雍正末年，清政府为安置驻防绥远的八旗官兵和眷属，解决他们的口粮等所需，使他们能够长期在塞外生活下去，决定在土默特两翼旗开垦大粮官地四万顷。这么大的一片土地上要开垦，种地的农民从哪里来？本地自然无法解决，靠近归化城土默川的晋北、陕北就成为农业人口的输出之地。乾隆元年（1736）至四年（1739）短短四年时间里，就有十余万人口进入到土默特两翼旗境内。此前虽有不成规模的"雁行"内地农人来土默川开荒种地，但不许长住，秋天必须回到口里。而垦种大粮官地者不仅可以盖房定居，死后还可以就地入土为安，但他们的户籍未变，因此被称为寄民或客民。还有一些租种蒙古地的农人也在土默川置家立业，也被看作客民，这些农人数量也不少。说到盖房，不论是种大粮官地的还是租种蒙古人地的，但凡到了土默川上，作为农民谁不想盖房生子传宗接代过安定生活呢？这就又成了在一定时间内，大青山森林被无节制砍伐的第三个原因。

《绥远通志稿》说："乾嘉以后，本地之木已罄，大宗所需皆仰给于宁武之白杉、红杉"，原先是木材输出，现在反倒要从内地输入了。

成材大树被用作建城造船盖房，大青山上的小树和灌木也未能幸免。那时塞外苦寒之地的归化城、绥远城和土默川上的人们，过冬所用的取暖原料也多为木材，归化城的大南街上就有南柴火市，烧柴都来自大青山。起初，归化城的衙门用木炭取暖，到了乾隆年间大青山的林木几近枯竭，烧制木炭的原料也近乎于无。衙门衙署、兵营召庙及各大商号富裕人家开始烧煤过冬，煤炭价格是烧柴的数倍，老百姓自然买不起。烧柴的人多，一到天寒地冻柴火市场便红火起来，砍柴挖树倒卖柴火竟成了一时之投机买卖。据土默特档案记载，乾隆三十一年（1766）五月，托思霍（今陶思浩，在呼和浩特西）、沃其特二村之达都津、布尼、巴图扎布、乌把什、格斯贵达尔济等呈控："今有民人……上山伐木，刨挖树根转卖""其中有力能干之民唯利是图，招人雇工伐木，运至城内转变者渐已极多，小的等蒙古人众若至山谷砍伐薪柴，众民人反以此山为私业，各自分占山口，竟不容蒙古人等进出""今所聚民人势力较前倍增""若任其随意霸占，不数年之间漫山草木将尽被刈刨"。《绥远通志稿》载："沿大青山一带，乡民入山，旦旦而伐之，以代薪柴，甫见丝生即旋斤斧"，"赖此为业者，农暇结队负粮，依山结茅庐以滋生，名曰窝铺，攀崖越涧，搜觅林灌，一住或数月不归，大干小条概以砍伐，来而成捆，名曰梢子，积有成数，背负驴驮以出山，人负车载而进城，讨价求售"。这种对大自然完全彻底的毁灭性掠夺，从十七世纪末到十八世纪六十年代，再延续到民国，从未禁止。直至今天，当我们沿着京包铁路西行，你会看到在阴山山脉南坡的一处处山口袒露的碎石滩，那由山洪泥石流冲出山谷而形成的冲积扇，舌苔一般十分刺眼地摆在山坡前，那是大青山水土流失异常严重的生动写照。山中林木稀少降水得不到涵养，碎石便随山洪直接从山沟中排出去，形成冲积扇。此种情形，在中国各大山脉中十分鲜见，这种独有的景致属于阴山。民国时期吴国栋的《绥远游记》也有这方面的记载："阴山山脉所经，峻岭崇山，连绵万里，但无林木。大雨之后，山洪暴发，河道淤塞，宣泄困难，氾滥为灾。雨止水涸，仍为沙河。"

刘统勋私访归化城

刘统勋，字延清，号尔纯，山东青州府诸城人。康熙三十八年（1699）生，乾隆三十八年（1773）卒，谥文正。父亲刘棨曾任四川布政使。其子刘墉，字崇如，号石庵，乾隆年间体仁阁大学士，公案小说《刘公案》和大陆热播电视连续剧《宰相刘罗锅》中"刘罗锅"的原型。刘统勋二十五岁时殿试中进士，任翰林院庶吉士、翰林院编修，后任南书房行走、上书房行走及詹事府詹事。雍正年间从政十一载四次得到升职，在满朝汉族官员中并不多见。

乾隆帝继位，刘统勋更得以重用。乾隆元年（1736）即拜为内阁学士，跟随大学士嵇曾筠赴浙江参与治理海塘的工程。次年留任浙江授工部侍郎，乾隆六年（1741）转刑部侍郎，十一年出任漕运总督，十五年加封太子太傅，并赏孔雀花翎。二十一年擢升刑部尚书。二十二年赴徐州督河运工程，加封太子太保。二十四年擢升协办大学士，二十六年拜东阁大学士兼管礼部、兵部。二十八年任上书房总师傅，兼管刑部和教习庶吉士，国史馆总裁。刘统勋为人正派，克己清廉，不惧权贵，秉公办案，所到之处皆有很好的口碑。乾隆二十二年（1757）十月，在徐州监督河运时杨桥工程迟滞不前，负责施工的官吏以乡民交不上秫秸秆来搪塞。刘统勋知道后没有说话，待天黑下来他脱去官服，轻车简从来到河岸上，只见"大小车载刍茭数百辆，皆驰装困卧"①，人困牛乏露宿在大堤上，哀怨叹泣之声不绝于耳。刘俯身探问众人因何露宿在大坝上，答曰："吾等皆某县民也，去此三日程。奉县官檄，输送秋秸于此。而收料某委员每车索钱数缗，钱不出，料不入。吾辈婪人，安所得钱？淹留已将旬日，所赍已罄，即欲逃归，亦不可得，是以泣耳。"②听罢刘统勋并未做出决定，而是扮作坝上乡人赶着牛车来到料场。收料的小官吏见他衣帽整齐，估计是乡间大户，便不加盘问地成倍勒索，被刘统勋即刻就地枭首。

乾隆时皇帝经常派他到全国各地巡察，他的足迹遍及广东、云南、陕西、江苏、江西、浙江和新疆巴里坤等地，在骑马坐轿的年代，其辛苦程度可想而知。乾隆二十二年（1757）十月，新任山西巡抚塔永宁上奏朝廷弹劾山西布政使蒋洲等一批贪腐官员，朝野震动，乾隆帝龙颜大怒："山西一省，藩臬朋比作奸，毫无顾忌，吏治之坏至于此极，朕将何以信人何以用人！"③乾隆帝继而吼道："查审此案非刘统勋不可！"急调正在徐州监察河运的刘统勋赴山西，会同塔永宁一道展开彻查。山西省自乾隆六年（1741）开始在原有的河东、冀宁、雁平三个道基础上，又增设了一个归绥道。在口外的归化、绥远两城设有土默特左右翼两旗的两个都统衙门，归绥兵备道的道台衙门，归化城厅的二府衙门和管理监狱的巡检衙门。绥远新城自有的将军衙门与绥远城粮饷府同知衙门。此时归绥还没有设儒学教谕的老师衙门，如此，太原府里的归绥衙门数量已达七个。

乾隆二十二年（1757）之前的山西巡抚为明德，布政使蒋洲，按察使杨文龙，太原知府七赍，冀宁道员刘墉。绥远城将军为保德，绥远城粮饷府同知为呼世图，归绥兵备道道台由归化城厅理事同知普喜护任。这众多

---

① 《清史稿·刘统勋传》。
② 《清朝野史大观》。
③ [清]王先谦：《东华录》。

官吏中除刘墉外，其余皆为贪官，其中蒋洲是山西贪腐案的核心人物。作为布政使他独揽全省的财政、民政、建设大权，还主管藩库银两的支用，结案时他贪污合计达二万多两银子。山西巡抚明德被他收买，对他的事不闻不问，按察使杨文龙和太原知府七赍早已与蒋洲同流合污，大肆收受贿赂。蒋洲升官离任怕事情败露，令属下筹银为他补窟窿，于是道、府、州、厅、县各级官员开动人马公开敲诈勒索钱物，社会动荡不安。一个叫朱廷扬的知州贪污了二万多两，另一位绿营守备武琏克扣军饷一千多两。刘统勋与塔永宁合力严查，坐实了明德收受蒋洲金银古玩的贿赂及杨文龙、七赍的犯罪事实。乾隆诏令明德解职押送京城；蒋洲、杨文龙就地正法；七赍绞监候待秋后处决；知州朱廷扬、守备武琏等均治罪或杖责。

穆纳山毁林案，虽在山西贪腐案中已发现各道、府、州、厅、县为蒋洲弥补亏空，盗伐寿山、房山及口外穆纳山森林的线索，但并未引起刘统勋的注意。直到归绥兵备道道台、归化厅同知普喜为自保而揭发绥远城将军保德时，才引起朝廷重视，乾隆二十四年（1759）初夏，刘统勋私访归化城的故事才拉开了帷幕。

乌拉山在辽金元时称牟那山，清代叫穆纳山，因其地处乌兰察布盟乌拉特三公旗所在地，故民间又叫乌拉山。乌拉山是阴山在河套西北的延伸，迤西为狼山，以东是大青山，昆都伦河谷将乌拉山与大青山分开。成吉思汗当年远征西夏在乌拉山避暑时曾说：此山冬可避寒，夏可避暑，是休养生息的好地方。乾隆二年（1737），山西右卫将军移往绥远新城，乌兰察布、伊克昭二盟和土默特旗归属绥远城将军管辖，每到春季，将军都要率部众前往乌拉山祭敖包，以示对祖先和大自然的崇敬。

乾隆二十四年（1759）正月，刘统勋升任协办大学士不久，清政府接到归化厅同知普喜奏绥远城将军保德的折子。因为归绥发生的事情与前年山西窝案有牵连，于是朝廷再派刘统勋与山西巡抚塔永宁联手赴归绥查办，刘统勋私访归化城开始成行。因为保德和普喜都是满族官吏，刘统勋为保密起见，没有直接去太原与塔永宁见面，而是带着少数几个随从装扮成商客先行赴归绥。离开京城后，他从延庆州到独石口，穿过察哈尔草地绕道土默川，再入归化城。清代张曾在《归绥识略》中收录刘统勋在途中写下的诗句："骞驴破帽独冲风，路指阴山落日红"，不无幽默调侃的味道。一路上他轻车简从，吃农家饭，住路边店，只为能从民间多了解一些有关归绥的事情。到归化城后他凭自己的地方口音扮作山东布料商人，匿名住宿在大南街的"东升店"，然后走街串巷开始查访，张曾《归绥识略》说他"微服出塞月余人莫之识"。对向朝廷把保德参了一本的普喜，刘统勋也没有轻易放过，他打听到普喜要给母亲做寿，便设法混在祝寿的戏班子里，在堂会上观察衙府生活的豪华奢侈，掌握了第一手情况。《归绥识略》中录有刘统勋这样的诗句："皇恩雨露苏边草，使节星霜滞转蓬。几度拂云堆上望，纷纷得失悟虽虫"，便有人猜测他曾到过乌拉山上的拂云堆。拂云堆一词在唐诗中屡有出现，是突厥穿越阴山南下渡过黄河之前祭天的地方，在乌拉山与大青山分界的昆都伦河谷西山坡上。据此是否可以断定刘统勋曾经到乌拉山实地探查，依他的工作作风来看当然极有可能。从归绥到包头以西的乌拉山近五百里地，坐着三驾马车一路奔驰，打一个来回也就十天半月。而仅在三年前，刘统勋尊乾隆帝之命主修《西域图志》时，就曾率领测绘大队远赴天山以北的巴尔喀什湖，获取大量实地资料，乌拉山这点儿行程对他来讲真是小菜一碟。

一册流传于清末民国的演义小说《刘大人私访归化城》，不但说到上面的混入普喜堂会观察，还说到离开归化城赴太原会塔永宁时，他曾专门绕道托克托厅，在河口镇特意留宿于一家叫"祥荣木店"的木材铺，暗查当地木材经营情况。到山西右卫城他登城踱步丈量城垣，来计算核对路途中听到的绥远新城建城时偷工减料的说法。这一次刘统勋在太原见过塔永宁后并没有回马归绥，而是回到了北京。

二次到归绥，刘统勋与塔永宁一道按惯例从大同得胜口出关，一路大张旗鼓鸣锣开道，过丰镇、宁远（今凉城），进入土默川。归绥各族官吏在归化城下东茶坊关帝庙前迎接，入驻绥远新城公馆。次日清早，绥远城将军衙署大堂上明镜高悬，刘统勋与塔永宁并排端坐在断案席上。证人到齐，会审开始，保德、呼世图和普喜自知难逃法网，都放弃了抵抗，对所列罪证均供认不讳；而普喜手下的官吏白德明却矢口抵赖无理狡辩，惹得二位钦差大怒，当堂大杖猛打至皮开肉绽，旋即毙命。依据保德伙同呼世图侵吞库银粮饷一万八千多两，保德私下允许开伐乌拉山受普喜贿赂五千两，加普喜其他罪行，刑部依《大清律》判处二犯死刑。乾隆皇帝诏令刘统勋和塔永宁将二人在绥远新城监斩。归绥其他衙门中被查处的贪官均按律定罪处罚。此案震惊了整个归绥地区，老百姓对刘统勋办案的神秘准确和干练无不拍手称快，同时也感觉惊奇钦佩，以致在他走后多年，但凡有人在归绥街头遇见银发素衣的老者飘然而过，都传话说刘统勋大人又来归化城明察暗访了。

草原商都与大盛魁

如果说美岱召、库库和屯与归化城的"召城时代"源于阿勒坦汗和三娘子，属于他们开荒拓土建立家园的时代，那么作为一链又一链的庞大驼队沿着草原丝绸之路向蒙俄进发的起始点，"驼城时代"的到来，则标志着归化城开始进入引人奋进的崭新的商业时代、开拓时代。说清朝中期至民国时期二十世纪三十年代的归绥是由几十万座驼峰托起的巨型草原商业都市是恰当的，二十多万峰骆驼集中往来于一座城市，是今天的我们根本无法想象的场景。据一九八二年的统计，号称中国骆驼之乡的内蒙古阿拉善盟的骆驼有二十五万一千四百峰，达到历史峰值，而这些骆驼是分散在二十七万平方千米浩瀚旷远的沙漠戈壁草原上。如何像归化城的骆驼集群往来于一条大道、归属于一座城市，我们当然可以这样想象，归化城北门外的扎达盖河畔，一队队的驼队从右岸出发，由左岸归来，驼影交错行进，驼铃叮咚，由清脆渐入沉浑悠远，驼倌儿们的二人台爬山调仿佛犹在你我耳边……

自康熙朝中期发端，至民国十八年（1929）歇业，作为漠南内蒙古地区最大的旅蒙商号的大盛魁，它的浩荡驼队承载着商业帝国的兴衰，整整走过了两百多年光阴。

康熙三十五年（1696），清朝征噶尔丹后，废除了明朝的"马市"，只准辟归化、张家口、多伦诺尔等几个贸易地点。随后准许内地商户请领"票照"方可进入蒙古各地行商，凡不持票照者不得进入蒙旗。一七八九年颁定的《理藩院则例》"边禁"条规定：入蒙旗的实际人数超过票照上准许的人数即撤销票照；不按票照指定的地点、路线行走给予处罚；严禁贩卖铁器；商人在蒙地逗留期限为一年，当地王公须于一年内勒限催回票照，以免生事；禁止商人同蒙古女人结婚；禁止数量过大的白银贷予蒙古人，等等。在此严厉规定下，能够去到蒙地的商户并不多，最初几家商号也都是跟随清军进退的行营，为军旅所需而行商。但时间一长，朝廷的限制措施就变得不那么严格，商户们随机在漠南漠北间开始买卖，并渐成气候。这就是大盛魁创立时期的时代背景。

康熙三十四年（1695），右卫将军费扬古率军驻防杀虎口（今山西右玉）时，大盛魁创始人王相卿、张杰和史大学三个人，在费扬古的队伍里做伙夫杂役。他们时常到北面阴山下的归化城为军队采购鲜活牛羊等生活需用，时间久了便学会了简单的蒙古话，熟悉了蒙古人的一些习俗。第二年康熙征噶尔丹指挥费扬古的部队进军乌兰布统草原，王相卿等三人肩挑马驮随军前往，作随营生意，也了解了漠南漠北两地商品行情的差异。几个人一商量，决意以归化城为起步基地合伙做贩运商品到后草地的生意，先成立了"吉盛堂"商号，继而创立"大盛魁"。康熙帝征噶尔丹之后，清军在乌里雅苏台和科布多驻下重兵，两个驻军基地分别称作"前营"和"后营"。清政府以"定边左副将军"驻乌里雅苏台，统辖外蒙及乌梁海诸部；以"参赞大臣"驻科布多，辖金山厄鲁特北部，隶属于乌里雅苏台将军。因此乌里雅苏台就成为清廷治理外蒙的军事政治中心。大量的军政人员及随军家属需要商家为他们提供生活用品服务，大盛魁初期的总号就设在了乌里雅苏台，并在科布多和漠南的归化城设了分庄。这样，清军前、后营的军需供应不但由大盛魁来承办，连外蒙一百多个"和硕"（旗）的王公晋京纳贡、值班、引见等活动，也由大盛魁联系协助，并以高利贷的方式贷支所需银两。紧随大盛魁之后进入外蒙古的是元盛德和天义德另外两家大商号。

龙票·印票

嘉庆年间，大盛魁和天义德两家商号获得清政府颁发的"龙票"——上面盖有皇帝印玺的营业票照，名为经商执照，实则一种专营特许证。这种龙票是清政府厉行边政，为规定各商号的经营活动范围而颁发的。规定大盛魁放"印票账"的范围是外蒙科布多地区金山厄鲁特各旗以及札萨克图汗、土谢图汗、车臣汗部地块。天义德商号放"印票账"的地块只有赛音诺颜部一处。手持龙票放"印票账"，相当于商号的背后站着最高统治者，"兜底"的是当今朝廷，信用自不必说。为独享这种特权，旅蒙商各大商号为争夺经商地盘而互相竞争无情倾轧，天义德曾向大盛魁发起挑战，展开许多排斥和驱逐大盛魁商户的行动，后经草原王公"楚古拉"会议裁决，天义德惨败，地盘反被大盛魁吞并。

那么"印票"又是何物呢？简单说就是一种借据，外蒙王公或札萨克，代表本旗或部落向高利贷放贷方出具一种盖有王公或旗署印信的借据。借据上盖着官印，所以叫印票。

放印票账是有清一代以大盛魁为代表的旅蒙商在外蒙古地界发放的独特高利贷形式。但经营这种高利贷生意的商号向借贷者借贷银两或赊销货物时，不是由借贷者本人向商号打借据，而是由借贷者所在的"和硕"（旗）的王公、札萨克，代表全"和硕"向商号打借据。开具借据（印票）的商户叫作印票庄，而大盛魁则稳坐印票庄的头把交椅。王公、札萨克们开出的印票，不但对贷款者作了人身证明，而且对贷款负有保证还清的责任。据说当年的印票上写有这样严苛的话："父债子还，夫债妻还，死亡绝后，由旗公还。"这种贷款利息较高，手续简便，还款有可靠的保证。所以放印票账高利贷，压倒了其他种类的高利贷，是大盛魁在外蒙市场上居于垄断地位的重要手段和原因。

放印票账的第一种途径，是支应外蒙各"和硕"（旗）向清政府纳贡和王公们晋京"值班"时所需的费用。清政府规定蒙古各王公要定期晋京轮流"值班"点卯，远道往返和在京期间，都要花费不菲的银两，靠王公们自筹显然有困难，途中随身带那么多的银子也很不安全。大盛魁便利用这种机会放印票账，从中谋得稳定而丰厚的利润。晋京的王公们准备出发之前便招来商号的随从，请他们帮助做好一路上的车马、服饰、礼品、宴请及通关节、赏赐、付小费等必须做而他们又不想做也懒得去做的筹措事宜，这些商号的随从其实就是王公们的账房先生和管家。为稳定经营好这项业务，大盛魁专门成立了一个小号"大盛川"票号，这个小号只做王公们往来京城的生意，和如今的省（市）驻京办的业务类似，王公们活动起来很是方便。有不少王公们不好办不愿意去办的事情，由大盛川代替出面去办就顺利便当了许多。而大盛川对王公们委托交办的大小事情，总是竭尽全力做到周详妥帖，随着王公们对大盛魁信任度的不断增强，它的印票账业务也自然水涨船高。

王公们在北京值班留居期间，除办事应酬之外，还经常外出入庙拜佛游览风景名胜，特别是在喇嘛庙的进香拜佛布施上，要支用不菲的现银，一次用去千两银子很常见，上万两的也有人见过。由于大盛魁对王公们所需支应的银两能够做到借多少支多少，能为他们解决现实困难，所以外蒙的王公们只要借贷就直奔大盛魁，很少选择别的商号开的印票庄。别家的印票庄长于赊销货物的放贷，对支付现银的贷款多不愿办理，原因就是印票贷是本金加利息，利息还是定死的，再无他利可图。而赊货放贷的定价权、决定权掌握在商号手中，说多少就多少，王公和牧民恐怕连价都不敢还也不会还的。大盛魁、天义德既作现银放贷也作赊货放贷，两条腿走路互为支撑，经营路子自然越走越宽广。《内蒙古文史资料·旅蒙商大盛魁》引用日本国《经济调查丛书·外蒙古共和国》材料："从一个记忆不清的年代起，当蒙古王公晋京值班，呼图克图（活佛）晋京觐见，征收驻外蒙中国军队的维持费，王公世子袭爵，向乌里雅苏台将军赠贿，对博克多葛根（哲布尊丹巴）献礼的时候，蒙古各旗往往遇到财政上的不如意。蒙古人唯一资产的家畜，在刻不容缓的情况下，很难折变为白银，在这样迫在眉睫的时候，就不得不乞援于大盛魁或天义德这两家商铺。他们是有求必应，一定会满足他们的要求，贷给他们必需的金额，附以高利，以后由家畜或其他副产品收回……""外蒙古的一百四十旗或沙毕之中，不负于大盛魁者，仅有十旗或二十旗左右，其他大部分都是大盛魁的债务人，天义德对科布多管区内各旗也有同样情况。"

放印票账的第二种途径是赊销货物，即以高价售货，以高的利率计息，再以低价收购牲畜还本付息。有研究者认为这种方式纯粹是盘剥，是"一羊三皮"，比之第一种途径的放、收贷更凶狠。加上一些不法商人的欺骗巧取、多收少付、以假乱真等行为，草原上的牧民近乎属于"待宰的羔羊"，是没有多少抵抗力的。况且，像大盛魁、天义德这样的大商号还持有龙票，再多的利润也有"合法"的保护伞。

大盛魁放印票账的做法，是在清朝统治下的外蒙地区，通过"楚古拉"会议，由王公们出具盖有印信的借据，使之合法化。赊销货物则以乌里雅苏台、科布多分庄为中心，划定通往各旗的路线，每条路线上设一个掌柜、若干销货员，驼队驮着日用百货到各地赊销货物，由王公开具印票，放印票账的工作即告完成。

印票账放出去了，到期要收回结账，与其他商号相比，大盛魁的收账也超人一等。在放账原有的路线上指定若干集中羊马的地点，沿途各部、旗有专人"班头"掌柜，为羊马驼作价、打火印，办理收账手续，然后统交来接收牲畜的房子，这些房子负责放账收账，与部、旗的王公们对接。大盛魁放账收账房子的掌柜，每次到各部、旗时，都事先备好各种礼物，遇王公及其下属均以礼相待，上好的绸缎料子和绣着佛像的哈达送给王公，烟酒茶日用品送给下属随从。不但如此，大盛魁还在随队的帐篷内设宴款待王公们，以示诚意，请托帮忙。王公们也专门备下新扎的蒙古包，杀羊备酒招待大盛魁的掌柜们。《外蒙古共和国》一书中如此描述："在蒙古最活跃、规模也最大，（是）由库库和屯（归化）移来的大盛魁，……因为它的资本雄厚，声势也很煊赫，大盛魁的店员可以受到蒙古人的特别待遇，蒙古人让他们住在白毡子的幕帐里，还可以吃到最肥美的羊背子，没有许可不能进入他们的幕帐……"而其他旅蒙商恐怕是享受不到此种优待的。

待羊马驼收集完成，各房子要尽快把牲畜赶到漠南阴山北麓的召河草原，那里有大盛魁专属的羊场马场驼场。从先于别家商号收印票账到赶运羊马驼，大盛魁总是领先一步。在召河草场剔除病弱牲畜后，大盛魁的羊马驼即出现在归化城的市场上，成为中原各地商户的抢手货。大盛魁之所以能先于别人提前收印票账，是因为它有一套自己的放贷计息还本办法，这方面又优于别人。由王公和大盛魁等商家参加的"楚古拉"会议规定的借贷利息率为月息三分，满三年还本付息，其他商家印票庄均照此办理。而大盛魁与王公们订立的借贷规定是：行息期限为三十三个月，期满停息。这样就比其他商家的还账期限提前了三个月。表面看还息时间短了，偿还利息未达到足额的百分之百，似乎借贷人占了便宜，其实是大盛魁"吃小亏占了大便宜"。在其他商家印票庄的贷款还没到期时，它的贷款已经完成了一轮资金周转。不但资金使用率高，还可以抢先一步挑选顶好的牲畜收回到自己的帐下。而在王公和牧民看来，这三个月的利息免收，是大盛魁给他们的不小的福利呢。

大盛魁放印票账的账簿，记法也颇有门道，可谓用尽心思。在借款户名下只记一笔账，只记载某年某月取借贷银若干两，旁注按月息三分记利，再无其他文字。到收账时同样是总计一笔，在借款户名下只记载某年某月收牲畜银若干两，不记载收上来的牲畜的品种、数量和价格。年终结账一共就三笔：欠本银若干两，利银若干两，收银若干两。下一年的账簿在借款户名下，在上年结算的三个数字下接着再记，到年终结账还是三笔数字。这样在账簿表面只看到放账、利息、收账的银两，看不到大盛魁在以高于市场的价格赊货和低于市场的价格收回牲畜中间所产生的高额利润。同治光绪年间，库伦办事大臣桂斌联合几位王公向朝廷报告大盛魁"重利盘剥"，清政府调阅大盛魁的账簿，得出的结论是"平允合理"，就账论账，就三笔数字，能得出什么结果呢？由此可以看出，大盛魁在放印票账之初，就有意在账簿上预先做了规避，有人说这是"吃肉不吐骨头"，事实的真相被彻底隐瞒遮蔽掉了。

大盛魁的印票账除了支应王公们赴京值班和赊销货物外，还做一种叫"支差放贷"的生意，即清政府派驻外蒙的军政人员所需费用，都由旅蒙商垫支。这些经费包括各驿站徭役，各部、旗派驻乌里雅苏台和科布多的值守和差兵的开支，会盟活动和清查等诸项费用。花费的款项票据由札萨克加盖官印，转为印票账。

清政府派驻乌里雅苏台和科布多的将军衙门、参赞大臣衙门，除官俸兵饷由户部发给外，其办公、车马、餐食、驼运、燃料、杂费等物资、器材、人工，甚至刑具棺材在内，都由三大号——大盛魁、元盛德、天义德先予支付，然后按地方七成商号三成或地方八成商号二成的比例分担，这其中大盛魁自然负担得最多。抗战前夕，大盛魁前任经理段履庄与《大公报》记者杨令德在一次谈话中曾透露："大盛魁在外蒙供应浩繁，如前后营将军、参赞衙门，一切日用食品，都是大盛魁供给。旧历年前，水果、鱼鸭之类，用几百峰骆驼从归化城运过去。每年招待王公和支应差官，仅饺子馅一项开支，就得用掉四千多只羊，数量惊人。"在这项业务中，大盛魁乘机扩展生意，凡摊派到地方的费用，大盛魁在收印票账时一并收讨。如不能结清，就转为印票账，按月行息，等于放贷，而且是官贷。这是一份送上门来的生意，收入稳定而且丰厚。所以在进货采购上，大盛魁也舍得花本钱，丝绸鞋帽、鸡鸭鱼鹅、山珍海味、水果蔬菜、烟酒茶糖，由专营的小号不断地运来，尽可能让衙门和王公官僚们感到满意。同时也为王公入朝和官员升迁送礼选购他们所需的如貂皮、鹿茸等名贵特产。大盛魁货品齐全保证供应，还可以赊账，自然得到王公官吏们的称赞，所以有话说："别家商号有什么卖什么，在大盛魁买什么有什么。"这项生意由原来的三家商号轮流来做，到同治和光绪后就成了大盛魁的独家买卖。乌里雅苏台参赞大臣，后任杭州将军、伊犁将军的志锐曾为革除"值月支差"的花费上奏朝廷："查承平之年，乌、科、塔三城各大臣日用之需，皆由各商家轮流支应，谓之值月。兵燹后，商号歇业大半，而值月仍未革除，贵至钟表绸缎，贱至米盐酱醋，无不立折支取，年终归商号清偿，甚至例进马匹亦归采买，每年总在八九十匹，概以八两官价付之，每马非数十金不能入选。此外，狐皮、猞猁、狼皮、羊皮每年均有定章，应交之数，统归商号应差。……昨至科城调查，每年总有一万四五千金……"此等巨额耗费，连出身大清官宦世家的志锐将军都看不下去了，虽力主革除，但也属无力回天，只要官办的事情在大盛魁的生意就在。

清代学者姚明辉在其《蒙古志》中记载了朝廷在喀尔喀乌里雅苏台和科布多的驻班人员数量，其中乌里雅苏台：副将军、参赞和札萨克、汗、王、贝勒、公、台吉、章京、骁骑等计三百五十八人；在科布多：参赞、副都统、札萨克、汗、王、贝勒、贝子、公、台吉、章京、参领、佐领、骁骑等计三百二十八人。两地驻班官兵当差吏役合计六百八十六人，这些人在驻班当差期间的公费支出均由大盛魁等商号支应。

会盟，是由爱玛克·达拉嘎（部、盟、专区的首领）召集所属各和硕（旗）举行的例会，王公们在会盟议事的同时，中间也举行那达慕和商品交流活动，时间几天到几十天不等，但开销肯定要比平时大得多。

清查，是清政府诏令驻外蒙古的将军、参领等会同王公们查办旅蒙商经营中的"信票"活动，每年检查一次，未领取或过期的，处罚之外直接遣返回内地。那些被处罚没收的店铺货物，往往低价折给了大盛魁。清查本是朝廷的例行公务，却成为官宦们勒索发财的好机会。清廷官员桂斌上的奏折道出了其中的利害："始悉清查一次，满大臣可得茶面等项约可折银二百五十两，蒙古大臣约可折银二百一十两，以至该章京及印房满蒙官员并家丁书役均有茶面可分，约而计之，银在二千数百两……"奏折所指的清查范围仅仅是在土谢图汗部所属西北旗界哈喇河一带垦地一个专题的清查，并不包含其他诸多事项。

乌尔屯（驿站）徭役，是阿拉布特（驿站当差者）身上沉重的包袱，阿拉布特在驿站除负责传送公文外，最重要的是为往来官员提供食宿和马匹。驿站的马匹出自阿拉布特，而食物饮品杂物则由旅蒙商支应。咸丰、同治后，差役愈加繁重且管理混乱。桂斌等的奏折称："查阿尔泰军台向由本台官兵当差外，并钦奉谕旨由喀尔喀四盟派有察达科（警察）兵丁监管，同食粮饷，按四、六成应差。嗣因关外不靖，差务烦多，因驼马不敷，于就近游牧之户乘便取用，名曰'杆子驿'，以致附台居住之喀尔喀蒙众，被扰不堪，……至四盟充当各差，往往被人冒骗，无中作有，滥列浮开，又复勾串奸商称贷作息，……现在乌城奸商罔利，视库商加倍强索，自应彻底澄清，照例惩办"，"查库伦地处极边，管辖两盟四十三旗及哲布尊丹巴胡图克图沙毕，并东西四十七卡，南北二十五台站，从前徭役无多，均称富庶，近来逐年加派，困苦异常，该属供应部给，强令变产当差，十数年来，富者变而为贫，贫者而流为盗……"

乌尔屯徭役的繁多加重，使大盛魁等旅蒙商的支差放贷数量也不断增长，阿拉布特们的支应本已困难，加上年度"清查"官员一到，支差应付就成了大问题。王公们为了省事和推责，请主管衙门批准后，把归化城到乌里雅苏台的五十四个台站的支应费用交给了大盛魁包办，大盛魁到收账的时候，连带代收这笔费用。如不能结清，即转为印票账，按月走息。

清政府在外蒙征税是按银两计算。由于漠北草原银子缺乏，阿拉布特多以牲畜来缴税，因而产生不少麻烦，牲畜作价、保管、饲养和场地、设备、人员等，征收机关干脆委托大盛魁代收包办，即大盛魁收账之时一并收缴，当然，那些还不上账的，自然又转为大盛魁的印票账，利息照收。

大盛魁总是为政府排忧解难，紧随左右，政府便愈来愈离不开大盛魁。

大盛魁承包和代征的税费及各项摊派，一般都以牲畜抵价折算，但也有缴纳现银的。除银锭外，有些银子在周转使用中破损成碎银子，大小不一的银块含量不准确，使用起来就会产生问题，有时还会有假货混入其中。于是清政府派驻外蒙的户部人员委托大盛魁立起银炉，将碎银和含量不一致的银子入炉重炼，新铸含银量一致的元宝和银锭，并在其上铸以"魁记"二字，以大盛魁的信誉来保证这些银子的分量，在使用周转上也顺便了许多。然而人们有所不知的是，此乃大盛魁除印票账之外的另一项额外收入，因为银炉冶炼是有损耗的，大盛魁在"平余"衡器的使用中，采用多入少出之法，"平余"出来的银两数额竟达万余两之多。因为是政府交办的事情，并不违法。

但印票账仍然是大盛魁的主营业务之一，每年大盛魁在外蒙放出多少笔印票账，放贷收贷数额有多大，没有一个相对可以参考的数字。有人分析过，辛亥革命后外蒙独立，大盛魁的印票账生意已经萎缩到很小的数额，即便如此，其总量当时也在千万两银子之上。

"上至绸缎，下至葱蒜"

大盛魁生意覆盖的地区基本上是前营乌里雅苏台和后营科布多周围的各和硕（旗），专区爱玛克分给各和硕的差务就是爱玛克和驿站的花销，这些花销要转入印票账必须经爱玛克批准。大盛魁起家在归化，发迹在乌里雅苏台，业务拓展在科布多。总号初设在乌里雅苏台，科布多和归化城设分号，随着业务量大增，归化城的"买"与"卖"的数量远在乌城与科城之上，经理掌柜们在归化城办理业务的住柜时日更多，他们又大多不愿意长期在漠北过草原上的生活，于是大盛魁把总号从乌里雅苏台移回到归化城，乌城与科城两柜变为分庄支号。

乌城、科城两柜每三年与爱玛克公署衙门及众和硕王府开一次"楚古拉"会议，商定需要进货的品种、数量、价格和牲畜换货的头数、口齿、作价等条款。货价和畜价一经议定，不管市价如何波动，不得随意涨跌（所定货物的价格也总是高得离奇，如供给各王府的砖茶，在归化城每块是三钱或四钱银子，运到乌里雅苏台就成了八钱银子，整整翻了一倍，利润比市面上高出几倍。当中肯定有某种勾结猫腻无疑）。议定之后，乌、科两柜列出清单交予归化城总号，总号照单进货，一般每年春冬两季运货到乌、科两柜，货品交予爱玛克及各和硕王府，这相当于今天的集团式采购。零售业务则由乌、科两柜懂蒙古语的店员组成售货组，深入牧民居住点上零售。一个店员找一个牧民向导，骑马驼运推销，夏秋之季换回羊马驼，冬春之季换回皮张。至乾隆年间，大盛魁进货的品种不只是茶叶、布匹、铁货，又增加了绸缎、烟叶、糖味和医治人畜病患的药包。

紧随大盛魁之后，元盛德在后营科布多的经营活动，借支放贷给牧民的款额也很大。天义德获得了在赛音诺颜部行商的龙票后，生意大涨。加上大盛魁，在归化城商界形成了"大外路"（归化城里对大盛魁、元盛德、天义德称三大号，也称大外路，其余旅蒙商称小外路）三足鼎立的局面。由此带动了外地中原商家的跟进，这些商家在归化城开设货庄，争相向三大号直接供货。与此同时，归化城本地的手工业制造作坊的数量也猛增，这些都为三大号在外蒙生意的发达备好了充足的货源。

大盛魁销往外蒙的商品种类也不断增加，特别是日用品如马靴、铜器、鼻烟、白酒、炒米，甚至西洋人的织布机也卖到了后草地。同治年间，茶、烟两项销路持续稳定增长，大盛魁看到了商机，专门制作出"三九"砖茶和"祥生"烟等品牌货，受到牧民的欢迎。光绪、宣统年间，王公们的需求日益奢华，大盛魁极力设法满足供给，讲究一些的货品如各色糕点、香米饽饽、绍兴黄酒、露酒梅子酒等，在王公们蒙古包的餐桌上都能看到。为结交官员支应官差，大盛魁的掌柜们也常带一些如海菜、干菜、干果蜜饯等草原上极难见到的稀罕货，逢年过节时送给王公和官员们。当然平时也要备下一些海菜、干菜、烧酒，以应酬清查官员和驿站的官员。

大盛魁为方便进货保证货品质量，或开设自家小号，或接手别家专营商号。归化城商业发达时，专卖绸缎的大字号有协和泰、聚生泰和天顺泰三家，人称绸缎行"三大泰"，而天顺泰就是大盛魁自家开办的。到了民国，协和泰欠下大盛魁的债还不上，便由大盛魁全面接收，改商号名为鼎胜新。几乎同时，大盛魁又收揽下归化城老茶布店"东升长"作为自己的小号，从而垄断了归化城的绸缎业。

就每年采购进货、出货的数量而言，归化城三大号所占比例分别是：大盛魁走十六顶房子，元盛德走十二顶房子，天义德走九顶房子。前面说过房子即一个运输单位的驼队，大房子四十人，有骆驼二百八十峰，小房子二十人，有骆驼一百六十峰，中房子取中间数也有三十人，骆驼二百多峰。大盛魁每年进出货就要走十六顶房子，按中房子估算，即随驼队者达四百八十人次，骆驼要达三千二百峰，至于运进运出多少货物就无法计算了。

"集二十二省之奇货"，这句当年大盛魁的广告词其实不但不存在虚假宣传，实际的货品种类来源地远远超过二十二个省。不管产地远在何方，大盛魁总有办法采购到手。为保证货源，大盛魁在归化城自己开设绸缎庄和茶布店，在山西祁县开设茶庄。对大户买卖一次收付在三百两银子以下的都是现银交易，不向对方还价，为的是招徕更多合作的"相与"。对归化城内的手工行业，也只选择几家传代的铺子定制采购，不随意更换。这些铺子若出现资金等困难，便低利息借给银子，这些"相与"和铺子岂有不跟随大盛魁一同发财的道理？那些从前在大盛魁艰难初创时帮衬过它的商号店铺，大盛魁也没有忘记，福盛隆商号遇到难处，大盛魁以极低的利息借支给它，以示报答。每到年终，大盛魁都会按惯例宴请老客户和大客户，下帖子请各柜上的员工聚餐。经理掌柜们被邀请到高档餐馆"小班馆子"，享用讲究的美酒大餐，并有歌女唱曲侑酒。对一般的商户"相与"只请一位当家的，在"大戏馆子"里赏大戏吃宴会酒席，谓之"喝元宝汤"，宴席上是不是真有一道菜叫"元宝汤"也未可知。在那时的归化城能够被大盛魁邀请去吃年节酒席，证明和商界大佬交情深厚，是一件很荣耀的事情。凡此种种，都是大盛魁为下一年的采购进货便利做的铺垫，既拉近了关系，也给足了生意场上"相与"们的面子。

大盛魁远销外蒙、俄国的不见得是什么"奇货"，往往都是些牧区生活必需品，这些商品在那里根本就不出产。像砖茶，在中原和南方地区是只有下层人才喝的粗茶，而到了漠北就成了人人离不开的宝贝。大盛魁一般每年运出的砖茶达四千箱左右，光绪到民国初年，砖茶紧俏时，大盛魁一年运往外蒙的砖茶达到一万多箱，一箱能装三十九块，值十二三两银子，销量令人瞠目。大盛魁也在砖茶销售上舍得投入银子，在乾隆年间就成立了"三玉川"和"聚盛川"小号，厂址设在山西祁县，从湖北采购茶叶后制成茶砖再运到外蒙卖出。如今市场上售卖的"川"字号砖茶，除精细程度外，应该与当年深受草原牧民欢迎的砖茶差别不大。大盛魁"川"字茶上的"川"字在成品外销之前，即由它的小号在砖茶成型时压制在了茶砖上，两个"川"字号的专营品牌，当然是万里茶叶之路上最著名的名牌产品了。再就是生烟，最大的烟庄是平遥人开的魁泰和、祁县人开的祥云集，"魁生烟""祥生烟"都是名牌货。生烟按囤计，每囤一百八十包，每包十两重，每囤货值二十三四两银子。据说在光绪二十年前后，大盛魁一年走过两千囤生烟。接下来是绸缎布匹，绸缎主要供给王公、喇嘛及乌、科两地衙门官僚，牧民百姓根本买不起。有统计说大盛魁每年能销四千匹绸缎、六千匹洋布和斜纹布。布匹要染色,再裁成做袍子长短的料子,卖给牧民。还有就是糖味,冰糖居多,红白糖次之。

大盛魁行销的商品是根据外蒙人民生活所需来采买贩卖的,除上述物品外,就是铁锅、铁锹、火撑子、剪子夹子;铜锅、铜壶、马靴、木桶、木盘、木碗等。食品类有白酒、炒米、糕点、饽饽。药材供给喇嘛们为牧民治病用,也带一些治牲畜的药,都是在归化城配好的药包。白酒大盛魁每年销出三万多斤,每斤一钱银子。炒米销出三千多担,一担一两五钱,都不是小数目。这两项都由归化城的"复生泉"和"三和兴"专营商号供应,质量应该是有保证的。糕点叫细点心,饽饽叫粗点心,王公喇嘛吃细点心,牧民逢年过节才能吃上几口粗点心。糕点的价格高于饽饽两三倍。糕点、饽饽在归化城采买,草纸草绳包扎,分装在五斤、二斤半和一斤的木匣子里。卖给牧民的粗点心说是一斤装,实装只有十二两(旧秤十六两为一斤)。大盛魁一家每年销到外蒙的点心五斤的匣子有五千多个,二斤半的一万多个,一斤的三万多个。

大盛魁在前、后营销售的砖茶、生烟、布匹等各类货品,一年要走十六顶房子上百种货物,如何来量价结算呢?砖茶,就成为比量计算其他货物价格的首选,即能够比照砖茶价格的就比照砖茶,不能比照的按银两作价。大盛魁每年经营的百货在外蒙销售的数量和种类实在过于庞杂,比照砖茶价格进行计算既简单又方便。要知道,大盛魁的销售人员即使熟悉一些蒙古语,但在快速复杂的不同语言的交流中仍会遇到麻烦和不便,指定用砖茶计算和结算确实很方便,再辅以说明手势就能简单交流,完成交易解决问题。这是旅蒙商们在自己不熟练的语言环境下总结发明的交易方法,也得到蒙古牧民的认可。

据《内蒙古文史资料·旅蒙商大盛魁》一书中的统计换算,光绪二十七年(1901)到民国元年(1912),归化城的一块砖茶价值三钱多银子，运到前营乌里雅苏台卖四钱多，这是一般旅蒙商出货的市场价。大盛魁赊给官府和王府时，则以五钱银子起价，最高议定到八钱银子，一块砖茶除掉运费竟达到一倍四钱银子的纯利。四千箱砖茶（按每箱三十九块计算），就有六万二千四百两银子的利润。生烟二包顶一块砖茶，成本约合二钱六分银子，折成砖茶，除掉运费，至少也有四钱银子的利润。一千囤（每囤一百八十包，每包十两）生烟，就是三万六千两银子的利润。布匹绸缎一匹斜纹布裁六个袍子的料，成本是五两银子，最多一两银子的运费，折合十二块砖茶，价格就变成了九两六钱银子，每匹斜纹布就有三两六钱银子的利润。六千匹就有两万一千六百两银子的利润。绸缎、哈达至少是布匹两倍的利润，四千匹绸缎、哈达的总价值约合四万六千三百两银子。以上茶、烟、布匹绸缎三宗主要商品的成本总计为十四万六千五百两银子，利润就达十五万一千六百两，利润率超过百分之百。

上面三宗外，其他如糖味等几十种货品，若以每一两银子的货品增加四钱银子计算，十二万二千五百四十五两银子的货就能赚到四万九千〇一十八两的利润。十六顶房子的利润全加在一起，就是十九万〇六百一十八两；此之上，再转入印票账，以三分行息，三十三个月后利润就又翻了一倍。这是大盛魁收账时所得的直接利润。在采购的付项中，也是想尽办法压低进货价格，降低成本。大盛魁采买的茶、烟都是对年期，布匹、糖味买的是本镖或下镖，即缓期一季或半年后才付款，先拿货后结账；其他手工制品也是提前订货，价格比购买现货要低。这样，就以比实际还要低的成本，获得近二十万两银子的利润。以上这些并未包括年节往来时供应及王公、官僚们专门订购的特需高价商品"奇货"的那些利润。

以大盛魁为代表的旅蒙商商号总部都设在归化城。归化城是旅蒙商往返于库伦、乌里雅苏台和科布多以及恰克图的贸易中心和根据地，对比彼时归化、乌城、科城这三地商品的差价，应以归化城的物价为基础数据。

归化与乌、科两地用于比量价值尺度的物品为白银、砖茶、绵羊、貂皮及各国的银圆和钞票。旅蒙商在销售结算的实际操作中，多以蒙古牧民熟悉的砖茶来比价，以货易货。我们来看光绪和宣统时期三地的货品比价：

归化城：七块砖茶可当一只绵羊所值，优等绵羊抵十二块砖茶所值；一块砖茶可当三斤绵羊肉；一点四块砖茶抵一张绵羊皮；一块砖茶顶二斤半绵羊毛；四十六块砖茶换一匹马，八十六块砖茶易一匹良驹。

乌里雅苏台：两块砖茶换一只绵羊，优等绵羊再加一包针或几盒火柴；一块砖茶换十五斤绵羊肉；一块砖茶顶两张绵羊皮；一块砖茶换七斤绵羊毛；十四块砖茶能换一匹马，良马需再加三斤糖或三包生烟。

科布多：两块砖茶换一只绵羊，优等绵羊再加一壶烧酒或一包针；一块砖茶换二十斤绵羊肉；一块砖茶顶三张绵羊皮；一块砖茶换八九斤绵羊毛；十四块砖茶换一匹马，好马则需另加三斤糖或三包生烟。

在整个清朝统治的近三百年中，归化城、绥远城的物价起伏变化不是很大，总的来说是来自蒙俄的物品价格"稳定"，而来自中原各地的商品价格却是"稳升"，价差是在不断加大的，旅蒙商的非等价交换的利润所得自然与日俱增。

"归化城是官马御桥"

大盛魁常年从外蒙贩运到归绥的牲畜主要是羊和马，贩运数量最多的时期是在清咸丰至民国八年（1919）的六十多年间。一般年份之下，羊少则十万只，多则二十万只，马少则五千匹，多则两万多匹。有人估算过，到清朝末期，整个归化和绥远的羊马需求量激增，每年约从前、后营赶回八十多万只羊和十多万匹马，加上城区周边养畜大户的存栏数，每年约有一百万只羊和二十万匹马云集到归绥城下。如此巨额数目的牲畜长途贩运与周转，在世界城市史上是极其罕见的。时间一久，在其时的当地人中就有了"归化城是官马御桥"之说。"官马御桥"是指归化城的牲畜市场是经当朝皇上钦许的买卖，也顺带形容交易数量的惊人。

大盛魁在乌里雅苏台和科布多的分庄，每年一到牧草茂盛、牲畜肥壮的入秋时节，即派人数庞大的店员下到各和硕集中收账。旗王府召集各苏木的主事官达拉嘎（牧主）来王府开会，同大盛魁的收账人讨论当年年景好坏、牲畜存栏繁育情况，由王公提出当年还账的牲畜数目。在还账数目上大盛魁一般不会强求，那些还不上的自然转到下一轮的印票账上，计息行息，和新放的账一样，只要有王府作保，就不会有什么损失。议定了还账数目后，要商定牲畜的口齿年岁和作价价格，价格定了，将验收牲畜的时日和地点通知到牧民，再集中将验收合格的牲畜赶到大盛魁的专属牧场。

大盛魁在乌里雅苏台西面的什勒格和科布多，在阴山北的百灵庙与召河，即从前、后营赶往归化城的牲畜沿途必经之地，都有自己的大牧场，长期滋生繁育牲畜，平时来往的驼队需要更换的驼马都在这些牧场进行调换，乏驼病马留在牧场滋养，收账后大量的羊群马群也要在这些牧场停留歇脚待售。据说，什勒格牧场牲畜平常的存栏有骆驼两千峰，羊一万只，牛一千头，百灵庙、召河牧场牲畜的存栏数量比这还要大。赶运到归化城当作商品交易数量大的是羊和马，赶运这些羊马各商号要组派专门的"羊房子""马房子"来运作。领房子的掌柜们在乌、科两地的分庄按各旗收回羊马的情况下派房子数量。每一顶房子赶运的羊有一万五千多只，分成十几个群，每群一千多只，两个羊倌儿赶一群羊。几千里路要走四五十天，才能把羊群赶到距归化城的最后一站——召河。在这里，大盛魁所属京羊庄的"协盛昌""协盛公""协盛裕"商号负责接收、养护，然后待价

195

而沽。那些赶羊的羊倌儿，由商号按月支付酬劳，一个月也就二两银子。但赶牲畜的羊倌儿从来都不缺，因为从归化城走之前他们可以从商号柜上预先支取半年的酬金，还可以带一些小百货沿途捎带着贩卖，返程时还能顺手赶上十几只自己的羊，连去带回也都有额外的收入。

为大盛魁带来巨大利润的除去印票账及砖茶、生烟、牲畜、皮毛、绸缎布匹、铁器、药材等百货外，还有从各和硕王府收账驮回的银板；给各家小号放护本、按年利七厘收回的利息；上年未列清单今年销售出去的物资；以股东身份从十几家小号获得的分成等。大盛魁每年赚回多少银子，利润究竟有多大，恐怕是一个无法查考的数字，一个谁也无法搞清楚的悬念。我们暂且知道它每年一千万两左右银子的营业额，从总号到各地分号、分店的庞大开销，历年积累下的隐秘记账的公积金，每三年的分红要支出的三十多万两银子……对大盛魁的这些"厚成"，我们也只有张口瞪目了。"一个大盛魁，半座归化城"的俗语似乎并不夸张。美国蒙古史学家拉铁摩尔在《中国的亚洲内陆边疆》一书中说"大盛魁每年收取的利息就有七万匹马和五十万只羊"。

马桥"十大股""顶门牙子"

大盛魁、元盛德与天义德三大号每年从前、后营赶回的马群到了百灵庙、召河马场，要在后山"坐冬"，第二年才"放场"。马群经过一个冬天的集中调养，瘦马病马个个变成了肥马壮马，成了人们俗称的"热马"，只待各路买主前来挑选。农历七月，全国各地的马客开始涌向归绥。各大商号要从后山马场挑选二三十匹良马，赶到归绥城里的马桥上"亮马"，这是给那些远道而来的马客打眼看的，带有一种产品展示和表演的意思。

因为城里的马桥市场容纳量有限，只能做一些三百只羊或三十匹马为一小把的零星买卖。要做大批量的生意，马客们还要坐上马车穿越阴山白道岭蜈蚣坝，上到召河高原马场精心挑选。马客中那些经验丰富的买头，要看几匹、几十匹马的精气、骨劲、肌腱、蹄步和毛色，剔除那些腿瘸的、害眼疾和病态的马。查验过后，选出十几匹几岁口的马作为标准样马即可议价成交。成交之后，给马挨个打上烙印，待秋分时节再赶下山。

清人伊桑阿《大清会典》载，清初民间不得进行马匹买卖，乾隆十年可以买卖骡驴，但仍然禁止民间马匹交易。对来归绥买马也有严格规定，只准湖、广、江、浙、陕、甘和直隶及其他北方五省来买，南方和西北因路途遥远，水草有别，买回去的马折损较大，只能就近采买。但购买军马还是要来归绥，这种惯例一直延续到民国，各路军旅和广州、南京、保定等地的军校每年夏秋季节都来采买。他们看中的无非是归绥的马都是北方草原上近乎自然生长的蒙古马，体质健硕，皮实耐用。

嘉庆朝开始马政有所放松，归绥的旅蒙商即开始介入马匹交易。原来设在绥远城西门里的马市改设到归化城后沙滩、太平召以东地方，但到交易旺季场地就容纳不下了，于是将满旗校场与赵马河作为新的马市来满足要求。乾隆二十六年（1761）绥远城将军奏请朝廷准许，开始在归化关（塞北关）征收牲畜税九千串。嘉庆十年（1805）前后，在新城西街设立马税厅，这也从一个侧面说明马匹的交易量在不断上升，衙门也没忘了来抠一勺油。

从马市开张时起，马桥上就出现了这样一群人，他们土生土长且对马的习性状态和马市的情况都很熟悉。来马市准备交易的马主们，往往请托依靠这些人加以关照，招引买客来促成买卖，天长日久，这些往来于买卖双方之间的串客竟发展成了一种职业——牙记。"一根鞭子两条腿，还有一张能说的嘴"，他们专门代客买卖牲畜，交易成功按行规抽取佣金。马牙记在买卖双方之间牵线搭桥，旧有的"马市"即被"马桥"这个新名词替代。当然马牙记也不能随意去到马桥上拉客倒腾，他们首先要被专营马匹的马店雇用，分属于各家马店。各路来归绥赶马桥集市的马客，都吃住在马店里，委托店家的牙记代为买卖。马店则起一个后勤保障和买卖托底的作用，马客携带的款项都须交由马店收管，如买主购买的马匹超过货款支付不足时，马店必须向卖家出具担保手续，规定期限，买家可过后补足欠款。在归绥从事牲畜买卖的马店有复兴店、四海成店、义顺店、通顺店、德恒魁、福厚堂等十几家，他们获取的佣金是交易额的百分之二，这是由全马行的"马王社"规定好了的。马王社是马店和马贩子、马牙记们组织起来的行社，负责处理马桥事务、统一马的价格和支应差税摊派。马店每天上午要指派牙记陪同买主或卖客上桥去做生意，马桥生意最旺的时候在每年的夏秋之季。有人做过统计，在归绥马市发达的高峰期，竟有二十万匹骏马上桥交易。民国初年，归绥马的价格平均为白银十六两，按二十万匹估算交易额为三百二十万两，按二分五厘报税则可收税八万两。即使在马市清淡的三十年代日伪时期，一年也收过牲畜税十三万多元。

归绥的牲畜交易发达起来，上桥的马牙记人数也就不断增加，光绪二十三年（1897），地方官府为增加税源，开征牙贴课银，共发出牙贴二十一张，由积善堂、明玉堂、怀仁堂、德胜马店等分摊。一张牙贴一年纳银一两二钱，共收白银二十五两二钱，缴于山西布政使。民国初年，把原有牙贴分为三等：上等五张，每张每年收税六十元；中等十五张，收四十元；下等二十三张，收二十元。共发出四十三张，全年收税一千三百六十元。在马市不振的日伪时期，牙记则需进行登记并交执照费一元。

马桥上交易的还有骡子和毛驴，由回民牙记专做，汉民牙记不参与。牛羊牙记骆驼牙记也是以回民为多，比较有名头的是韩姓温姓和于姓三大户，在牲畜交易兴隆时，马桥上行走的回、汉牙记超过二百人。

马桥在每年农历正月十八开桥之日，在绥远新城的马王社要搭台唱一出神戏，并给马王庙献牲祭神。六月初三，将戏台转移至新城西门外，再继续唱三天大戏，为日渐旺盛的马市添柴拱火。

　　归绥过去一直都是我国北方地区重要的马匹交易市场，它曾经的繁荣发展与以羊马交易为主的牲畜买卖紧密关联。马匹的买客主要来自直隶、山西、河南和山东，对这些远道而来的马贩子，各个马店自然都好生招待，进门有下马宴，走时设送别席。中间遇买卖成交皆大欢喜，还要共约去吃馆子，尽显东道主的热情有礼。而马牙记们则从马店到马桥，再从马桥到马店，在马客身旁形影不离，随处关照，为此而结识下不少多年生意上的"相与"。

　　归绥的马匹生意因规模的不断扩大和延续年代的久远，逐渐在市场上形成了两种十分特殊的人群，一为"十大股"，一为"顶门牙子"。在马桥市场上，常有一些地痞无赖对马客们无故滋扰，甚至敲诈勒索，无奈之下，马贩子和牙记们出于维持生意正常秩序的需要，花钱雇用一帮懂点拳脚会舞枪弄棒的人来对付那帮地痞。这些人既能震慑邪恶势力，还能在买卖双方间拉话帮腔，促成生意。马贩子和牙记给他们的报酬分成十个股份，按每个人实际本领和财务实力来顶股，由高到低有顶一股半和一股的，有顶八钱、五钱的，共同结合成行帮性质的团伙——"十大股"。"十大股"威震归绥的马桥，不但地痞流氓渐渐销声匿迹，发展到后来连马客们对他们都礼让三分。这"十大股"有回民十大股和汉民十大股之分，他们共同参与到马市交易活动当中，各谋其利，互相并不干扰。有时也不免交叉到同一桩买卖当中，但并不矛盾，还能达到利益均沾。

　　光绪年间，回民十大股由马骏、薛根、金满仓、马双喜、马祥、李二白碗、白富、库成八人组成，马骏当家。薛根曾当过清军管带，白富、库成在后来的宣统年间的清真民团中还做过哨官。少年时的白富、薛根曾随武术名师吴英学习过武术格斗，早年走过码头，在行内颇有名分。遇生意闲暇时，这兄弟二人便拉开架势，在马桥的空场上翻筋斗练把式，引得人们围观喝彩。某天，一个叫韩六十三的回民找上门来，想凭自己的蛮力在回民十大股当中开一份股。马骏、金满仓知道他会硬气功，脑袋撞人非死即伤，也知道他在张家口闯"白花"（一种黑社会性质的行当）混过世面，就准备答应他，但遭到薛根的坚决反对。韩六十三找到薛根，薛根问他想吃哪一股，韩六十三以为薛根软了，竟狮子大开口说十大股都要吃，被薛根劈头盖脸一顿痛骂。韩六十三自知无理便使出绝招，照着薛根的胸膛猛地撞去！岂料薛根已有防备，一个顺手牵羊左手扭住对方的头发，右手拧住胳膊，将韩六十三按倒在地，一阵猛拳打得韩六十三连连求饶。后来经友人调停化解了恩仇，韩六十三也只是被结为十大股的外援，遇有急难可来帮忙得一份辛苦慰劳，并没有分到什么股份，可见马桥十大股这碗饭并不是那么好享用的。民国初年，随着归绥马市的日渐清淡，回民十大股也萎缩至六股，白富和薛根仍坚持在绥远新城马桥上活动。到民国十一年（1922）前后，绥远都统马福祥主政归绥时，在旧城的马桥上还能看到十大股们活动的影子。后来马市上的牙记开始登记审查，建档管理，十大股便在马桥上彻底消失。当年回民十大股的当家人马骏有一位后人叫马正元，子承父业继续在马市上做牙记，直到二十世纪五十年代，还在呼和浩特市食品公司牲畜交易所做类似马牙记的工作。

汉民十大股的参股人为归化旧城剪子巷的郭氏三兄弟（老大存智，老二存孝，老三存先）和绥远新城的陈宝子、金大林、李世明，由郭家二兄弟郭存孝当家。郭氏三兄弟在市面上的绰号分别为狮子、豹子、老虎，当家人二兄弟郭存孝人称"金钱豹"，坊间把他比作《水浒传》一百单八将中的第八十八位梁山好汉"地孤星"金钱豹汤隆，足见他确是一位身强体壮、智勇双全的好汉。马桥是各路人等集中汇聚之地，人们为利而来，争议争端时有发生，闹得凶了就动拳脚使棍棒群体斗殴。汉民犯了案十大股的人要出头去官府衙门赴案交涉，金大林、李世明就时常充当这类角色，为汉族马客撑腰，马桥上的人们戏称他俩是"顶命鬼"。而那位陈宝子据说最爱出风头，经常身穿讲究的绸缎长袍，到饭馆点上一个什锦火锅，带到马王社与行业把头们聚会饮酒。汉民十大股与回民十大股的命运相仿，民国初年时仅余下七股，到民国十一年时与回民十大股几乎同时退出了马桥。马桥上的十大股在世面上活跃的时间拢共不过二十来年，在那个特殊的年代，围绕在这一奇特的产物周围所发生的故事，在民间被编成不少此地串话：

"十大股太'日玄'，陈宝子每天上来抖威风；金大林、李世明，抗前攘后带铁绳；豹子老虎吃海龙，你看威风不威风。"

"十大股真有名，都是汉民与回民；天天结伙上马桥，走遍旧城与新城；三教九流走江湖，十大股处处显神通。"

如果说归绥的十大股在马桥上的行为处事，还能为保一方平安做点事情，那么所谓"顶门牙子"的出现则纯粹就是对某一类人的特殊关照，这些颇受关照的人等和我们今天所说"啃老族"倒是有些相似。"顶门牙子"分两类：一类是他们的先人在羊马等交易活动中，曾经给大盛魁等三大号或某一家羊马店出过力立过功，到他们这一辈就会得到商号和店铺的特别关照；另一种情形是从羊马店出号自己成立店面的人，感觉个人经验不足，必须聘用一个能撑顶起生意门面的牙记，以期招徕马客。羊马店里凡有顶门牙子的，在进行交易时须向买主表明：买一匹马须给顶门牙子五百城钱（二十个左右的制钱算一百城钱，城钱是本城交易的底钱），后改为二角银洋。这笔钱由羊马店掌控，无论顶门牙子是否在场，只要有交易就必须给顶门牙子记在账上。那时候马桥上的人送给顶门牙子的别称叫"点数牙子"，每天啥都不用做，只点数钞票就行了。其实不然，顶门牙子不但要懂得一些交易行情，还要参与号内和店家的行情分析，时刻关注马桥上的市场变化，因为这直接关系到他本人的实际收入，只不过他不用去马市充当牙记罢了。大盛魁有一对叫张泉喜、张秃子的父子，专吃顶门牙子这碗饭，据说他们的先人在大盛魁初起做羊马生意时，是跑后草地的马倌儿驼倌儿，为大盛魁的兴隆发达出过大力。当时商号要给他们的先人顶一份生意邀他们入伙，先人辞而不受，只求号上将来对他们的后人给予帮助。于是大盛魁就给他的后人安排了一个顶门牙子，坐享先人的惠泽。据说中和马店经理白维利与大盛魁做了一笔马匹买卖而未给张泉喜记账，张找上门来，二话不说就在白维利的肩膀上扎了三刀，此后再没有哪家马店敢无视顶门牙子的存在。因为按约定俗成，顶门牙子一旦聘用就不得无故取消。而对一些年老体衰的牙记们，马王社特意关照他们给年轻力壮的马贩子和牙记们拉缰拴马，指点带路，出点劳力，买卖成交也能得到一百城钱的酬劳，马桥上称这些人为"蹲门狗"。到民国初年，牙记这种行当开始登记管理，顶门牙子和牙记仍持续存在到民国末年，但随着归绥马市的日渐萧条而四散。

大盛魁闲话

历史上的大盛魁有过两百余年的辉煌历程，几代大盛魁人运筹帷幄开疆拓土，货行南北汇通天下，在中国北方及亚欧草原的商业贸易史上写下了光耀的一页。围绕着大盛魁的兴衰所产生的故事传说，已经成为归化、绥远以及呼和浩特的独特的文化财富。归化、绥远因大盛魁等旅蒙商的兴盛而成为历史上亚欧草原漫漫丝绸之路、茶叶之路上的重要节点城市，旅蒙商们的足迹不但闪现在丝绸之路、茶叶之路上，也向南行进在中国南方的广大地区，超出了丝绸之路、草原丝绸之路的地理范围，这是以大盛魁为代表的旅蒙商留给我们的值得探寻的想象空间。

在归化城大盛魁城柜供奉的财神牌位的桌子上，摆放着两只木头箱子、一条扁担、一块石头、一个宝盒。据说这些物件自创始人之一的王相卿任经理起就供奉在案桌上，已经相传多年。木箱和扁担，不难猜到是三位创始人王相卿、张杰、史大学随清军做伙夫杂役，肩挑背扛做小贩时的所用之物。也有人说木箱不是用来装货物的，而是三人得到意外之财时的宝箱，所以不舍得丢弃。一块石头说是当称量银子的衡器所用，自身有固定的分量，这是一种怎样的计量方法不得而知。宝盒之中藏有何物没人能说清楚，有人说里面是一把赌博用的骰子，也许这三人在与人赌博中占过大便宜，赢来的钱在大盛魁的发展中起了关键的作用。在案桌上除了这几件"神物"外，每逢大年初一早上，大盛魁的经理要亲自端上一碗谷米稀粥，率众供奉在财神座前。这不是普通的一碗粥，它是大盛魁历经苦难艰辛、持续坚守创业初心的象征。据传某年除夕之夜，家家户户都在红火热闹中辞旧迎新，大盛魁柜上却因赊欠的面粉钱付不了，准备包饺子的白面也被面铺来人给拿走了。大盛魁的柜员们人人端着一碗稀粥度过了这个春节。这可能是大盛魁所有的故事中最悲催的一个，令大盛魁人代代不忘，故而每到大年初一早上，一碗热气腾腾的谷米粥就端上了案桌，成了多年必做的惯例。

归化城里那些上了年纪的老人，对大盛魁豢养的狗儿们也有一些说道。说某年外蒙物价猛涨，旅蒙商们的货品开始脱销，这时候谁家若能抢先一步将货物快速运到，必定大发其财。这一商机转瞬即逝，必须把信息急速送达到归化城柜上。情急之中有人想到了狗，寄希望于它的灵性忠诚。于是人们在狗的护项圈里藏好书信，让几条狗一齐出发，很快就将消息送到了城里，这几条狗为大盛魁立下奇功。大盛魁也不亏待这些个狗儿，掌柜们一商议决定给狗狗们在柜上顶一个整股，并记录在"万金账"里，这就是民间传说中大盛魁"狗股份"的来由。这当然是老百姓街头巷尾的口头说道，不足为信。但大盛魁专门饲养过大量的草原蒙古獒确是事实，这些壮硕凶猛的巨獒对大盛魁驼队的行程安危来说至关重要。这些蒙古獒体格如牛犊一般，脑袋如牛头，在草原上是牧民们看护牛羊驱赶狼群的依靠。旅蒙商的驼队，一顶房子带领着二百多峰骆驼，羊房子则分成十几个群一万五千多只，茫茫荒原上，要对付饥饿的狼群，没有这些威猛的蒙古獒是不行的。一般讲一顶房子需要三十条蒙古獒的护卫，平常年景大盛魁大概需要用到六百条的蒙古獒。遇到生意兴隆买卖顺达的年月，蒙古獒的使用数量能超过一千条。这时候，大盛魁要在归化的城柜大院门前搭台唱几天戏，一来庆祝生意规模的扩张，二来感谢狗狗们立下的汗马功劳。因之在归化城街头，常有人用手指着那些无家可归在墙角晒太阳的流浪汉说道：看那活得还不如大盛魁的一条狗呢！

大盛魁最早的几个创业人，肩挑小木箱随清朝大军而行，就是游走于草地上的小货郎，最早看到他们的牧民管他们叫"丹木格沁"，说他们是"身上有烟草（烟叶子）的人"。神奇的烟草是货郎担与牧民之间最好的媒介，这些最早进入漠北草地的少数货商，也最先学会了草原上的蒙古话，他们是大盛魁、元盛德和天义德这三大号的"通词行"，即能用蒙古话和草原牧民做生意的人。大盛魁在乌里雅苏台、科布多、库伦、恰克图和在唐努乌梁海地区开展的生意，全靠这帮汉话蒙古语都能交叉混用的人才。后期随着茶叶之路的兴起，生意拓展到俄国，又出现了汉、蒙、俄三种语言都能随口而出的生意人，这些掌握多种语言的人才是大盛魁历经两百年而不衰的骨干支柱。

小号天顺泰

在归化城里大盛魁当年开设的分庄小号均各领风骚独霸一行，业绩较为突出的有：羊马庄德恒魁、京羊庄协盛昌、银号通盛远和裕盛厚、茶庄三玉川和聚盛川、绸缎庄天顺泰和鼎盛兴。作为最早开设的小号，天顺泰是大盛魁旗下的绸缎布匹分庄，由大盛魁出资二万一千两银子成立。紧接着成立了三玉川茶庄。但我们看到，天顺泰和三玉川的字号都没有使用"盛"和"魁"，这有些令人不解，既然是分庄小号，延续老字号的名头应该是常规。但在大盛魁的经营管理体系中，多以"入伙"的形式结交"相与"，给外人一种不远不近、似亲非亲，非嫡系近亲的感觉。在实际经营操作中也是如此，这些小号的掌柜所做的买卖，不只对大盛魁一家，是在保证大盛魁所需之下，还与别的商号开展生意。在天顺泰的生意中大盛魁占比在三分之一左右，另外三分之二为其他商号和归化城的面铺营业额所占。大盛魁既是天顺泰的财东，也是它的"相与"，既是后台老板，也是朋友伙计。

天顺泰在归绥存在的时间超过一百年，每年"流水"过多少货物、得多少利润，没有人查到过。我们从大盛魁后人的讲述中了解到这样一些信息。说到了民国八年（1919），天顺泰最后一次开股分红，财股按七分计，每股分红三千六百两，大盛魁分得现银二万五千二百两，应该是按顶七股所得。此后到晚期的民国二十年（1931）的十二年里，天顺泰虽然没有再开过股，但仍然按季度、年度支给财东一些利润，给员工发放薪水。如顶一厘生意的财东每季镖期支于十两，学徒工到年底也能分到二十两银子的打工钱。天顺泰以经营绸缎布匹为主，还兼销京鞋京帽及北京同仁堂、太谷广升誉和云贵川的药品。上海产的礼服呢，俄国产的哈拉、雨毛纱、兔绒，在归绥、乌里雅苏台、科布多、库伦和唐努乌梁海等地的销售形成专营优势，其他商号根本插不进去，草原人民喜欢的花色丰富艳丽的绸布、多种款式的鞋帽及龟龄集、定坤丹等丸药颇受牧民的欢迎。神奇的中药丸与哈达、砖茶、白酒、干果、点心一起，被每一座蒙古包的主人视作珍贵贡品，摆放在佛龛和大汗的相框前面。

经营了百年以上的天顺泰可谓是老字号了，其长年积累下来的公积金和账面以外的"厚成"实绩的殷实程度令常人难以想象。商号房屋面铺的租金，柜内伙友的日常生活开销，员工薪水及捐税应酬等的支出，当年的开销都在八千两银子以上。从民国八年到二十年倒闭这十二年当中，这些花销用去近十万两银子。

在归化城扎下根来的各路晋商分作"南县班子"（太原府南十县）、"岭后班子"（大同左云右玉杀虎口）、"代州班子"（代县）和"忻崞州班子"（忻州崞县）几个"路道"。这些"山西帮"在归化这座塞外城市里的日常生活也颇为讲究。"南县班子"和崞县人开的钱庄票号中的员工，吃的是白面羊肉，开"六陈行"米面铺的祁县人和忻州人则粗茶淡饭、朴素平常。天顺泰是大盛魁响当当的分号，背靠着归化城第一大财主，卖的是高档奇货，在吃喝花销方面的铺排自比"南县班子"不差，在它柜上共事的员工们的待遇也自然超于别家商号。据大盛魁后人刘某在一九六二年的回忆中说，天顺泰常年的伙友三十多人吃住在店内，商号和店铺的经理掌柜在小灶上吃饭，普通顶小股生意的人和店员的一日三餐顿顿白面肉菜，餐餐饭菜不重样不说，晚饭时还要加菜上酒。新鲜果蔬更是一样不少，随时令季节尝鲜。端阳节和中秋节是仅次于春节的节日，天顺泰当天席面的主菜必须是以海鲜为主，螃蟹海鱼河虾管饱。中秋节少不了的月饼是从糕点铺定做的，由印花红纸包着，员工每人一份，每份整整五斤。有的员工尝一两口舍不得吃，托人捎回晋北老家，就是要告诉邻里乡亲自己如今是在归化城吃大盛魁饭的人呢。春节来临，天顺泰商号内更是张灯结彩、喜气盈门，鞭炮声伴着觥筹交错划拳行令，从腊月三十一直红火到二月初二。从大年初一开始，每天早饭的饺子一直供应到二月二，天天不落。从大年三十的"辞岁宴"到正月初五的"破五席"，海鲜牛羊，煎炒烹炸，火锅烤涮，汉餐清真餐蒙古手把肉可谓无所不有。初六至元宵节正餐都是八大碗的肉菜席，正月十六开始才在平常的伙食上加四盘炒菜，延续到二月二。

过春节的时候，天顺泰柜上还给每位伙友店员赠一份年礼：一顶礼帽、一块衣料和一双鞋。平时在柜上常住的顶生意的伙友，三年有一趟探亲假，不管轮到谁回乡探亲，柜上都会发给他一笔足够往返的路费，再加一份探亲礼，即一块砖茶、五包生烟、一斤冰糖和一份保健药包，这让天顺泰的伙友和店员的脸上感觉很有光彩。春节柜上不忙的时候，掌柜的会叫人去库房把平时卖布余下的布头搬到院子里分给大家，多的能分到十几斤，再小一点的布头也不丢弃，转卖给驼官儿们带到后草地，就成了蒙古妇女手工绣花的好材料。而贵重一些的绸缎布头，则给每位顶生意的掌柜做一件马褂，穿上这件特殊材料制作的马褂从归化城大南街繁华的商铺街面上招摇过市，显示的是天顺泰的优越，更是大盛魁的荣耀。以天顺泰为首的"岭后班子"等人群背靠大盛魁这棵大树，在归化城还组织成立了"云中社"行业帮会，实力和势力称霸一方。

时间的指针指向一九二一年九月，作为中国第一条由詹天佑主持设计组织建设的自建铁路——京张铁路的延伸，全长六百六十千米的京绥铁路（现京包线）通车到归绥，北部边疆地区的交通运输历史性地进入蒸汽机时代。除客运外，京绥线上的货运也十分繁忙，从绥远转运出大批的杂粮、皮毛、牲畜、药材、盐、碱等地方特产，内地的布匹、绸缎、茶叶、食糖、日用杂货等批量运进或转运到西北地区。同时，来自大同、左云的"东路班子"在归绥安庄设号，布匹绸缎业出现了德铭号、忠义恒、恒

207

聚兴、增兴源，鞋帽业出现了德华兴和大德成，药庄出现了怀仁堂、济仁堂、南山堂，这些新开张的商号选择在归绥人气最旺的地段街区开设铺面店庄，而且店面装修装饰时髦洋气，虽然库存货物未必有多少，货架上却是琳琅满目、货色齐全。德华兴、大德成、正大茶庄等还在包头开设了分号，为以后的发展铺开道路。这些新鲜事物吸引了各色人等，对归绥老字号们的生意现状产生冲击是无法避免的。相比之下，以天顺泰为典型的晋商老字号，很大一部分生意在后草地，本身就不很看重在归绥城里的商号铺面，天顺泰在旧城大南街的一处店铺几十年面貌不改，门窗老旧了就刷刷油漆换块玻璃，货品全堆放在库房里，柜台货架陈旧破烂，看上去甚至不如一家县城里的店铺，一副瓜皮帽老棉袄的土财主形象，而它本有的厚实也只有那些多年光顾的老顾客旧相识才知晓。

陈旧的铺面难掩老商号的衰败，也只是一些表象，随着大盛魁在外蒙的生意一落千丈，天顺泰三分之一的收入也一去无归。临到大盛魁破产之时，天顺泰在归绥的那些店铺也被拿去顶了账，终于在中华民国二十年（1931）歇业。

"小班馆子"和"大戏馆子"

在大盛魁与天顺泰这些晋商商号内部，可以想见员工们的生活待遇一定不差，而在归化城街面上那些为政商各界服务的餐饮店堂也在清光绪与民国间开始发达起来。其中的"小班馆子"是归化城各种餐馆中档次最高的，所谓"小班馆子"，是因在这种馆子就餐时会有琴师歌女各一在酒桌旁唱曲侑酒为食客助兴而得名。小班馆子据说是在嘉庆年间因西北鹿茸市场由太原迁移到归化城而时兴起来的，是归化城里以鹿茸客商为主要宾客应酬交际的地方。馆子里不但饭菜讲究，歌女也是当时城里红极一时的顶尖儿人物。光绪年间"小班"中色相演艺超群的歌女是有名的"四村水地"和玉莲子等。所谓"四村水地"本指固伦恪靖公主的封地，即今天呼和浩特市郊美岱村、太平庄、辛庄子和黑沙兔四个村子的肥沃田地，坊间老百姓用它来形容风靡全城、人人争睹芳容的歌女们却是别有一番意味。

光绪年间，归化城的小班馆子有三家开在僻静的街巷，"锦福居"在大召东夹道北段，"荣生元"在棋盘街的四合院，"旺春园"在三官庙街。其中以"锦福居"名头最响，它的创办人是来自太原的一位鹿茸商人。每到冬天，会说蒙古话的通词行们纷纷从后草地回到归化城，把花费一个秋天才辛苦收购上来的鹿茸、麝香、羚羊角、贝母等森林草原特产、贵重药材带到"锦福居"，在餐馆大过堂里开盘。在归化城采买鹿茸、麝香做"茸盘子"生意的另一方多为"南客"，有的年份因采买不到足够的药材，他们不得不滞留在归化城等待通词行们回来，一来二去就只得在北方过春节了。而"锦福居"就抓住这个大好时机往往一个冬季不歇业，春节期间也照常张灯结彩开门迎客，一个冬季的营业就赚得盆满钵满。

在"锦福居"应酬交际的除了做"茸盘子"生意的老板外，还有归化城的钱庄票号的经理财东，一些想做买空卖空投机生意的人因手头缺钱，就在"锦福居"宴请他们，有了这些宾客的支撑，小班馆子才会坐到归化城餐饮的头把交椅。那些踏进小班馆子门槛的客人，都坐着自己柜上的骡马轿车前来，一到中午时分，从大召东夹道经过棋盘街直到三官庙街，全归化城里最讲究最豪华的大马车基本就挨个儿集中停在了三家馆子附近的街边道旁。钱庄票号的经理财东，"茸盘子"的老板客商，这类富商掌柜们在小班馆子里一待就是一天，口中品尝着山珍海味，耳畔唱响着丝弦妙音，眼前晃动着妖娆艳丽的"四村水地"，何不妙哉快哉！直到三更天了,"锦福居"的招牌灯火慢慢暗下来,丝竹之声渐歇,这些醉意朦胧的老板才在歌女的搀扶下走出店门,坐上早已等候在外的骡马轿车,由小伙计打着灯笼走向街灯昏暗的深处。归化城衙门里的官员从前不在外面就餐,衙府里都有自己的厨子。光绪二十八年(1902)五月,钦差大臣贻谷曾为放垦事务来到归绥,朝廷大员也忍守不住归化城小班馆子的诱惑,时不时地"屈驾"到"锦福居"来解馋。据说他特别喜爱"锦福居"的红糖酥饼,这种以红糖坚果粒做馅胡麻油翻烙的甜饼,时兴起来后竟被坊间百姓叫成了"钦差饼"。其实从当时的绥远新城将军衙署到归化旧城大南街,一东一西少说也有六七里地,为一餐饭食钦差大人也未必值得那般车马劳累,再说那时归化、绥远两城之间是大片的荒野,中间只有一条孤零零的土路,也不那么安全,包个饭菜点个"外卖"倒是有可能的。

为招徕食客照顾到各方口味,小班馆子自制了黄酒、玫瑰露酒和五加皮酒。这几个馆子都有些什么拿手名菜未见记载,只是说一个坐十二位的酒席加上唱戏"小班"的消费,要花掉十几二十几两银子。而馆子里的厨子每月虽然只有三两银子的薪酬,各类小费赏钱却能进账十几两,也从一个侧面说明了晋商财主们在餐饮消费上的阔绰大方和挥霍浪费。每每酒席气氛热络到高潮,歌女们除了能得到赏钱,还能得些饭菜,某个好琴师的家中,不时会收到小班馆子送来的摆在一个长条木盘中的几盘炒菜和一沓"钦差饼",都是那些老客赏的。小班歌女们收入的丰厚更是令人称奇,除平日在馆子唱曲外,遇有年节还能去赶庙会拜大年,特别是拜年送戏上门,对象都是归化城三大号这样的大商号门头,赏钱自然少不了。据说常在小召二道巷居住的小班歌女大同人老荣花儿,光绪年间还是"锦福居"顶生意的财东之一。而"四村水地"们更不含糊,在归化城墙下的南茶坊盖起了自己的独门独院,除歌艺超群外,家业也都兴旺起来。

起于嘉庆年间的小班馆子在归化城的红火发达,时间加起来有百余年，但史无所载，只留下上面讲述的一些光绪年间的零星片段，到最后萧条不过三四十年光景，即被"东路馆子"和"平康里"所取代。一九〇一年"辛丑条约"签订之后，开设在天津的洋行有不少来归化城设立分庄，收购皮毛之类的土特产。这些洋行的买办代理人从中原和沿海来到边塞苦寒之地，在饮食上不习惯此地口味。当年随慈禧太后和光绪帝落难西安时曾当过"皇差"的山东人傅魁、大同人王昌两位厨师，那几年间就在归化城给道台府和归化关衙门掌勺，到一九〇五年的时候，二人联络在将军衙署给贻谷做饭的一位姓郜的和在归化城厅同知衙门包饭的苏长海师傅，在小东街关帝庙旁边开了一家"聚锦堂"，并聘请原来"锦福居"的经理崔挠师担任经理。"聚锦堂"的主要服务对象是归化城的衙门和商会的官饭消费，餐饮水准自然比从前的小班馆子要高出许多。白温，归化城老人，光绪至民国期间曾在"锦福居"当学徒，红案刀功驰名归绥餐饮业。据他在二十世纪六十年代回忆，"聚锦堂"主要是靠所谓独此一家的"满汉全席"招徕顾客而大发其财。这"满汉全席"计有：餐前四点心（烘焙糕点）、四水果（时令鲜果）、四干果（桃酥糖、炸花生、炸杏仁、瓜子）、四道脯（桃脯、梨脯、蜜枣、哈密杏脯）、四蜜碗（乳酪、西瓜酪、杏仁酪、乌梅酪）。冷盘荤素六个。热菜为四大件（鸽蛋燕窝、扒鱼翅、扒海参、蜜汁莲子）、四烧熏（鸡、鸭、猪方子肉、熏鱼）、八底座（四喜肉、神仙肉、汆鱼丸、汆鸭肝、扒白菜、爆银芽等），外加八个小菜。中间腰饭是喇嘛糕、芙蓉糕、钦差饼和炸元宵。从午餐宴席开始一直到黄昏掌灯时分才散摊，之所以拖这么长的时间，是因为这些有权有钱的人一个个在宴席中间忍受不住要躺倒在一边，挨个儿去吸食鸦片，抽大烟肯定要用去比进餐饮酒更长的时间，而鸦片及烟枪的使用都是算在饭钱里边的。这样一桌"满汉全席"在当时的归绥要价是四十八两银子，加上小费等要花费五十两银子之巨（估计仅鸦片烟就会占去一多半）。这是那个年月一个普通四口人家四五年的口粮钱了，有人算过，比照六两重的大焙子能买三万个。当然这种归化城的"满汉全席"与满清宫廷的菜席相比，肯定不是一码事，但即便是此等货色，拿到归绥来，也照样可以蒙骗走不少人的钱财和虚荣。据同治年间扬州盐商童岳荐撰写的厨膳秘籍《调鼎集》(《北砚食单》)所记，清代的满汉全席满与汉各有独立的菜席，主要是食客所需与厨子所能各有不同，其汉席一共有肴馔六十八例，汉席二有一百二十九例，飞禽走兽鸡鸭鱼鹅无所不有；满席有菜肴二十五例，乳猪嫩羊和鸡鸭多整件食用，非整件用的烧哈尔巴、红白胸叉、烧肋条、白煮肋条等都是三四斤重的大块肉，烹饪方法以烧烤蒸煮为主，使用刀子割食也颇具马上民族的剽悍之风。而归绥这种改版的满汉全席既没有熊掌驼峰，也没有鹿尾烧鹅，却引得归绥城里人人艳羡、趋之若鹜，可见偏远边塞的孤陋寡闻，见识无多了。

光绪年间在不平等条约的保护下，洋人大量进入中国，归化城的"聚锦堂"也玩起了洋花样，虽然做不了西餐，却在餐桌上摆上西餐用的刀叉勺子。玩这种把戏的以贻谷的下属、那些办理垦务的总办委员们为多，他们把方桌拼在一起，铺上白布、摆上西餐餐具和鲜花，待"满汉全席"上来仍然用筷子夹菜，西餐餐具明晃晃地成了摆设。贻谷的红人一个叫姚学镜的，初任"归化关"总办，后任东胜五原同知，是一个讲究吃喝的老官僚，他把这种吃法叫"中餐西吃"。每次从包头来归绥，他都要到"聚锦堂"尝鲜，直到把"聚锦堂"的一位厨师拉拽到包头专门去为他服务。"洋务运动"的兴起，在彼时的中国造就了不少假洋鬼子，也成为部分无聊青年追赶时髦的一种现象。山西祁县大财主乔务有一个儿子叫称意子，一到盛夏天热时候就从山西来归绥避暑，住在自家的字号"通顺店"里。此人留着日式"仁丹胡"，脚蹬细长的高腰马靴，踩着脚踏车在归化城南北大街上乱窜。因为他是"乔百万"的儿子，归绥、包头两地都有他家开的商铺，仅在归化城就有"法中庸"钱铺，"大德通"票号，"通顺店"茶庄和"大德店"粮铺。作为"富二代"，归绥商界和市面上的人都以结识他为荣，每一听说他来到归绥，这帮人就排着队轮流请客。清末民初，归绥一带流行夏天到乡下看戏，美其名曰"采青儿"。称意子也爱这一口，他带着"聚锦堂"的厨子跟着戏班子游走。在乡下，称意子在自制的帆布帐篷里摆宴席，这种特制的帐房摆得下好几张桌子，刮风下雨都不怕。"聚锦堂"也经常借用他的帐篷来待客，半月二十天光景，"聚锦堂"也赚得一把好钱。到贻谷垦务案发被革职，其总办委员作鸟兽散，"聚锦堂"连带着受到影响，鄩厨子也跟着贻谷回了北京，"聚锦堂"歇业。辛亥革命和外蒙独立事件发生，旅蒙商大外路的生意惨淡，归绥商业大萧条，小班馆子也门庭冷落。但没过多久，京绥铁路通车到了丰镇，测量队到归绥后，决定把归绥火车站设在南瓦窑，北京天津的投机商开始来归绥购地置产，在小召周围修建平康里大街，"平康公司"开设了妓院，"泰和隆""四时春""四扒馆"等东路馆子接连开张，使得"锦福居""荣升园""旺春园"这些小班馆子及"同和园"等大戏馆子受到进一步挤压。无奈之下，"旺春园"与"同和园"的老板合意新开了一家"鸿宾楼"，"荣升园"转为"聚锦楼"，"锦福居"的几个人又开了"庆云楼"，这些换了招牌的馆子都聚集在旧城北门周围。"鸿宾楼"像过去的小班馆子一样也有侑酒的歌女，只不过她们是从"平康里"叫过来的，演唱的曲子也与从前有了不同的风味，加入了中原沿海大城市的流行歌曲。在马福祥任绥远都统的民国时期，"鸿宾楼"生意红火超常。在军阀混战百业凋零的年代，归绥的这些馆子受到时局不靖的影响而时兴时亡，很少有某一个招牌能延续生存繁荣百年的情况，直到一九三二年"麦香村"的出现。

在归化城里比小班馆子略低一些档次的饭馆叫"大戏馆子"，这种馆子客人在就餐的同时还能看戏，场面规模都比小班馆子大很多，故称大戏馆子，也叫戏酒馆子，它的服务对象是归化城里的各大商号及财东们。这种馆子也是在冬季发达起来的，这时候走后草地跑大小外路的商号掌柜员工们都回到了归化城，各大商号的年终结算也进行完毕，是一年中享受生活的好时日。大盛魁、元盛德和天义德三大商号的年终聚餐，每一场都是好几百人参加，小班馆子难堪此任。

归化城北门一带的大西街、小西街、小东街和大召东夹道，九龙湾大北巷西口，都曾经是大戏馆子红火的地方。大西街的"同和园"楼上楼下摆得下一百二十张方桌，每张桌子只坐五个人，留出来的地方看戏上菜。饭菜分为"四六席"和"改菜席"，四六席为四干果、四冷荤、四大碗和六中碗，六中碗里有一碗是海参，另有黄酒加点心腰饭，主食是大米饭花卷。光绪三十年（1904）时，一桌四六席要一两多银子。改菜席是把四六席中的九碗肉菜全部改为海菜，干贝鱿鱼冷冻鱼虾齐全，是那个年月比较稀罕的筵席了，因此比四六席价位要高出一两多银子，近三两银子一桌。除商号、公家在大戏馆子订桌聚餐外，常来的食客多数是顶着生意的小掌柜和学徒们，大财主经理们在小班馆子聚会，是专门的包饭包戏。那些通词行和领房子的经理掌柜从后草地回来，好久不见，接风洗尘，老友新交都要来大戏馆子聚会消费。

"同和园"这样的大戏馆子一楼二楼对着一个戏台，商号的学徒们跟着师傅掌柜去赴宴看戏首先要学会"人恭礼法"，文明宴饮，在看戏就餐中间既不得喧哗吵闹，也不许鼓掌喝彩，演戏中间场面始终很安静。有些不是来吃饭只是想蹭戏的人，可以站在楼梯过道处听戏，是免费的，但要紧贴着过道廊柱让出上菜伙计的通道，人们戏称这种情形叫"贴对联"。每个大戏馆子都有相对固定的戏班子，"宴美园"里唱戏的是侯攀龙的"吉升班"，十三红、飞来凤、二庆旦、杏黑娃、杏生儿等在此献艺；在"同和园"唱戏的是任狗子的"长胜班"，艺人有千二红、一杆旗、二奴旦、八百黑、二娃娃。这些艺人都是晋剧北路梆子的名角，戏班子将他们从山西"二州五县"请到口外，从光绪到民国年间，他们当中的一些艺人在归绥、包头一带名气很大。直至二十世纪八十年代，像十三红、十六红这样有名的艺人还在呼和浩特、包头的老城区演出，公园门前的戏台周围依旧是人头攒动人山人海，晋剧、二人台曾经在内蒙古西部地区的影响力可见一斑。艺名"十三红"的张景云十三岁上学艺，须生老生从扮相到唱腔卓然超群。"千二红"和"八百黑"之名与他们的唱戏收入有关。归化城的大戏馆子是晋剧、二人台艺人卖艺练功的好场子，但凡新推出的年轻演员来到归化城，都需先在大戏馆子里使出浑身解数把自己唱红，才有资格搭入戏班去街头乡野唱戏赚钱。在大戏馆子常年唱戏的艺人收入也很可观，有不少人在归化城购置了宅院。戏班子的班头如侯攀龙、任狗子还是"宴美园"餐馆的股东。大戏馆子豢养着一群看家护院的"赖小子"，平时专门维护唱戏秩序，遇有大事则充当卖命打手，十三红就是这帮人从张家口戏院中抢夺到归绥的。十三红又被包头的戏院拐走，也是这帮人一路追踪硬给夺了回来，可见一个好艺人在不在场直接影响着大戏馆子的生意。到民国初年，受国内时局动荡和外蒙独立的双重影响，旅蒙商们的生意越发惨淡，归化城内的商号货庄因垫资难以收回而歇业的不在少数，大戏馆子也难以支撑下去，不得已而改做服务市面的红白喜事的事宴，甚至靠出租桌凳盘碗加外卖一点自制黄酒的"清酒馆子"艰难生存。到新中国成立前后，社会风气提倡朴素节约，这种本属夹缝中的行当终至消失。

大盛魁的劫难与归途

大盛魁走向衰落的主因在于外蒙古国事巨变带来的不可抗拒的巨大冲

击，一九一一年十月辛亥革命爆发，孙中山"驱除鞑虏、恢复中华"的纲领口号传遍中外，觊觎外蒙已久的沙俄乘机策动外蒙的活佛、王公们脱离中国。同年十一月三十日，活佛八世哲布尊丹巴呼图克图宣布外蒙独立，俄国趁机进兵驱逐华人，强占华人商铺并将货物截留扣押，仅科布多一地就有三十八家华商的铺房被拆占，街面铺子被拆占四百五十多间。晋商中大盛魁、裕盛和、天义德、元盛德、天义成等几十家商号惨遭劫难，被迫撤回归绥，损失巨大到难以形容，有的商号自此一蹶不振，退出旅蒙商行列。

早在清雍正五年（1727），清政府与俄国就签订过《恰克图通商条约》，俄商遂进入外蒙经商，但大盛魁的生意并没有受到多大影响。光绪初年（1875）至宣统末年（1911），随着俄钞大量涌入，外蒙的金融市场几乎被俄钞控制，旅蒙商们不得不使用俄钞来结算汇兑。十月革命前后，俄钞贬值一落千丈，从白银五钱掉到二钱，直至一个卢布仅值白银二三分，旅蒙商的收入断崖式锐减。大盛魁虽全力协助中国银行在库伦设立分行，大量收购俄钞力图挽回颓势，但未能奏效，旅蒙商再度折戟漠北。

辛亥革命后，在俄国与蒙古订立的商务条款中规定，凡运货入境须纳重税捐。这是外蒙当局与俄国联手限制商品进入的举措，矛头对准的就是中国旅蒙商。一九一九年十月，北洋政府派西北筹边使兼西北边防军总司令徐树铮率军进驻外蒙，随行有工商部的商务调查团。据调查，在库伦东营子有旅蒙商号大盛魁等二百六十三家，西营子有六百八十八家，以晋帮、陕帮、京帮商号为主，东、西两厢加起来竟达九百五十一家之多。根据这次调查，北洋政府宣布一九一二年以前的旧债仍属有效。按这个时间划段，各商号手上都有不少账目，如大盛魁仅在科布多就有一万五千峰骆驼、两万多匹马、二十万只羊的债权，这些数量庞大的债权实打实地收回了多少，恐怕也是大盛魁的一笔糊涂账，折损必然巨大。徐树铮虽以铁腕遏制住了外蒙临时政权的作为又软禁了哲布尊丹巴活佛等王公，并于一九一九年十一月十七日迫使外蒙古正式上书中华民国总统，呈请取消"自治"，完成了外蒙复归中国的使命，但旅蒙商们在所面临的乱局和困厄中终未能有所作为。

在特殊年代的剧烈动荡之下，旅蒙商们如同大海上随风漂泊的小船，若能不倾覆，幸运地靠近一片陆地，求得一份日后再图勃兴的希望则要看各自的造化了。面对外蒙古乱局，大盛魁为保全利益，在经济、政治等方面也做出了种种努力。外蒙古首席活佛哲布尊丹巴宣布"独立"未久，大盛魁就曾向其"政府"提出抗议，并向北洋政府及其驻外蒙的官署发出了请愿活动的要求。大盛魁还联合其他旅蒙商向王公们提出分期偿还、缩减债权数额，甚至按照成本偿还所欠债务的解决纠纷之法，也得到不少王公的理解，同意延续以往惯例，继续赊购货物，开发印票账，延续所欠债务等，但与辛亥革命前的清朝统治时期相比，在大动荡的背景下，各项贸易已一落千丈，不复从前。

而令人匪夷所思的是，后期的大盛魁竟然做出了买空卖空、投机倒把的勾当，不但影响到它的生存前景，也在其发展史上留下了极不光彩的一页。民国十年（1921）大盛魁支持它的小号通盛远银号，在包头地界大搞囤积居奇、买空卖空的生意，归绥和包头的本地人管这种买卖叫"耍空盘"。通盛远承大盛魁指使，大量出售铜圆收买银圆。包头的银号广生店的后台老板是山西祁县帮巨商复字号，复字号在包头商界坐头把交椅，被冠以"先有复盛公，后有包头城"的美誉。广生店在复字号的支持下，大把出卖银圆收购铜圆，想以此将通盛远的资本挤出包头市场。双方势均力敌都不肯罢手，赌注越下越大甚而不可收拾。到最后双方直接面对面交割实物：通盛远交出拟卖出的铜圆，收回银圆；广生店交出拟卖出的银圆，收回铜圆。通盛远利用大盛魁的关系网络，在各大小城镇乡村收集铜圆运进包头，交给广生店后即向对方逼索银圆。同时他们买通了绥远马福祥都统府，明文下令不准包头的铜圆出城，使广生店无法收购银圆来抵还。万般无奈之下，广生店的经理胡振业跑到归绥求见通盛远的经理邢克让，低头认输，央求放他一马，请求疏通官署撤销禁止铜圆出城之命，以期结束这场血腥争斗。邢克让表面上热情接待，暗中却再使官署发布通告严令禁止铜圆出包头城。最终通盛远暴利满钵，广生店关门歇业，胡振业因此大病一场，未几便积愤病亡，包头头号巨商复字号也损失惨重。

其实早在清朝末年，大盛魁在包头就搞过囤积居奇、投机倒把的活计，干过赔赚银子的买卖，还惹来一身官司。光绪二十五年（1899），在新粮上市之前，大盛魁在包头的小号大义魁粮店大量抛售粮食，它以为新粮一上市粮价必然下跌，到时再以低价购回必定发财。岂料包头的粮价竟一路上涨，到期一结算，大义魁赔进去十二万八千多两银子。为躲避欠债，大盛魁的经理李顺廷与大义魁经理杨道中两人签了一份合同，把大义魁推托给了杨道中个人，这样大盛魁就和大义魁摆脱了财东的关系，而大义魁则成了没有任何资产的空头商号，这样就可以以没钱还债为借口赖债。这种丑恶勾当彻底激怒了包头粮食公行的债权人，他们联合起来到归化城道台衙门状告大盛魁的不法行为。衙门前的广场上，大盛魁的经理李顺廷被庭前杖斥数十大板不说，大盛魁被判如数偿付欠款，并在款数上再加二成罚款上缴道台衙门。众债权人各自实际收入八成，以二成"奉献"给了衙门。道台衙门公开掠走四成，共五万多两银子进了他们的腰包，大盛魁却为赖债而多付出二万多两银子。经此一故，大盛魁在包头商界信誉扫地，再也没有人愿意与它谈生意，从此退出了包头市场。

大盛魁起家在随营生意，发家也多靠官府衙门和蒙古王公们的合作，可谓是官商勾结的典型，特别是到了它最后一任经理段履庄身上，表现得更是有过之而无不及。北洋政府时期，因段氏收容安置土默特旗骑兵一事有功，被北洋政府授予一等文虎章和二等嘉禾章，聘为农商部顾问。袁世凯还以大总统的名义将一幅"拱卫绥远"的匾额赠予段氏，被段氏悬于绥远总商会大堂。几年后，段履庄在老家山西祁县南社村修建了一处豪华宅院，落成之日，收到黎元洪以大总统的名义赠送的匾额"功德盖塞"。一九一九年十月，徐树铮奉北洋政府之命进驻外蒙前，就曾与大盛魁联系，大盛魁当即表示"用人人到，用钱钱到"。徐氏开进库伦时，段履庄作为随行的高级顾问，出任库伦商务会会长，为徐的部队及随行筹措军需给养。为解决外蒙问题，北洋政府成立中俄交涉署，外交总长兼代内阁总理的王正廷提请任命段履庄为委员。据说，在中俄之间的交涉活动中段委员表现得十分活跃，大盛魁的日常业务几乎甩手不管，只为国事行走奔忙，但因他的这类活动涉及国家外交机密，社会层面并没有留下多少可查的资料。

民国十八年（1929），在大盛魁开始清理债权债务做歇业准备之时，时任民国政府工商部长的孔祥熙派吴保平到达归绥，与段履庄及有关人等对谈，了解大盛魁陷入困境的原因，探讨挽救办法。吴向段当面表示孔祥熙准备为大盛魁注资二十万元，期望能起死回生。只因大盛魁面临的困局不只在经济方面，还在于其内部始终存在的财东与经理之间的矛盾斗争如今表现得更为激烈，大盛魁对此提议没有给出答复，这件事情也就没了下文。段履庄本人也一直有着个人的图谋，总想着给自己头上戴上顶戴。一九三一年被大盛魁财东们逐出商号后，依然谋划着美妙前程。一九三四年，他偕同祁县商贾段子峰前往南京，拜见财政部长兼中央银行总裁孔祥熙，求任中央银行绥远省分行经理一职，未得同意，孔却提议以国民政府实业部的名义出资一百二十万元，由段负责启动大盛魁复业事宜。先行拨付六十万元筹备复业开张，待股东大会召开后再拨六十万元。并指示王、张、史三家发起人仍为财东，每家按五万元投资计利，无须再入资。段履庄与王家积怨日久，明确表示不同意，经赵守钰、段子峰和范子寿等人一再说和沟通，段才勉强接受，但最终因拨款未到而告吹。

西北王阎锡山对大盛魁一向很看重，常在人前人后称赞大盛魁是开发西北的一把钥匙，赞赏段履庄是西北大实业家，并与之交往甚密。段氏但凡赴京或回山西老家途经大同时，晋北镇守史张汉杰常代表阎锡山迎送款待，段到了太原就吃住在阎的官邸。一九二五年，段在原籍休假，阎常邀其讨论西北经济，并表示愿为大盛魁投资。一九三一年阎锡山重掌山西后，对已经歇业两年的大盛魁提出复业设想，段履庄拿出复业规划蓝本，阎却认为投资太大而打了退堂鼓。

傅作义出任绥远省政府主席后也曾有帮助大盛魁复业的举动，指派绥远平市官钱局官员到大盛魁调查摸底，当了解到大盛魁内部矛盾深重已经到了难以调和并必将会影响到今后发展时，傅才打消了念头。

一九三一年仍在守护大盛魁的财东伙计们一致协商同意，将段履庄逐出商号，推举陈严甫为经理，设想重组一个没有段履庄的大盛魁。支持这一派的主要是以王相卿后人为代表的财东势力，而另一方则是握有实权的经理掌柜帮。双方互不妥协退让，最终两败俱伤，彻底拖垮了大盛魁，至一九三六年散伙。

一个曾经横跨大漠南北，资金物流遍及中外，称霸北方草原两百余年的商业巨子，就这样消失在中国西北广阔的商业舞台，其衰败的诸种因素必然是多方面的，但最根本的原因还是在于其管理制度本身的缺陷，它自身并不具备解决内部人财冲突的规定和办法。在面对倒闭之前所发生过的两方对立时，也不过仅仅是通过为某一方增加钱财来缓解事态，深层矛盾根本得不到解决，直至一九三〇年夏天发生了财东王玉行刺经理段履庄的极端事件，致王玉积愤而亡，其妻出家为尼。即使到了如此这般激烈的地步，大盛魁内部也从来没有人考虑过应该设置一种机制来解决矛盾问题，以致积怨不断加深而分崩离析。

大盛魁的隐秘之道

然而煌煌大盛魁毕竟走过了两个多世纪的漫长岁月，存在时间占据了大清王朝的一多半历史阶段，直到民国年间，人们所说的百年老店大盛魁自当名副其实。客观地说，大盛魁的内部管理当然有一套行之有效的办法，这些管理方式往往非常具体而隐秘，外人不足道也。

都说大盛魁的"厚成"很大，这个"厚成"指的是超出营业账面数字以外的资金积累，也有人用"公积金"来形容这笔资金。"厚成"也好"公积金"也罢，最让人摸不着头脑的是这笔资金根本就不出现在账面上，而是用繁杂隐蔽的手法记账，即假设名堂，细化数目，分散记载到各种大小账簿中，不设专账专户，外人很难看出端倪。只有最高管理层的几位"大先生"，即经理、总会计师之类的人员才一目了然、心领神会。既对外人屏蔽也对内部保密，这笔资金是大盛魁生产经营的隐形靠山，遇到再大的风浪也能保证其行稳致远。大盛魁后期，遇蒙古人民共和国成立，印票账被废，货物被没收，直接损失掉二三百万两银子，大盛魁依然能按期按股分红，经理财东们拿到手的银子分毫不差，在归化城无人能比。

我们没有找到大盛魁在管理方面的文字记录，并不能说大盛魁就没有相应的规章制度。老号后人们说起来，都认为大盛魁的正常运转靠的是历任老掌柜"大先生"们传衍下来的话语格言和号规习惯，大盛魁总号与各分庄小号上下间的指示、安排和请示、汇报，一般都用编号和记有日期的书信来沟通。写信不用日常话语，而是以问候健康、谈家庭琐事或天气冷暖之类的比喻暗示来谈论号内业务，遇到重要机密则派高级掌柜面见口授。晋帮商人之间还有一种被老人们叫作"隐语"的口头语，即在正常话语中间插入相对成套的字词，把要说的话和这些字词混杂在一起，不知道的人听起来如闻天书，明白人则抛去那些套词即听懂了意思。这种"隐语"在二十世纪六七十年代的呼市旧城和包头老城东河的街面上还有人在说,笔者少年时就曾学说过一些,当时只是觉着好玩而已,并不明白其中玄机。这种"隐语"属山西晋北方言,语句连贯吐字较快,中间的套词听起来感觉就像现代汉语中的某类助词一样。按大盛魁的行商保密规矩,这种"隐语"势必也曾在经理掌柜们中间风行一时,而这种"隐语"的来源和产生恐怕与晋商们的商业活动不无关系。

大盛魁的从业人员中总号经理是最高领导者,所有号令号规经财东掌柜们公议后,他才是权力的实施人和执行者,所有员工都要服从他的支配。大盛魁"柜上的人"即员工由三部分人组成:有股份人员(经理、坐庄掌柜和其他顶生意的掌柜)、无股份人员和学徒。大盛魁后期从业人员达一千五百多人,有股份人员不足百人(共三十多个人力股),其余均为无股份人员和学徒。

有股份人员叫作顶生意的掌柜,他们之间以股份多寡区分地位高低,他们各自的股份被明明白白地写在万金账上,按股公平分红。大盛魁实际上是在这些人的统治之下。但在有股份的人员中又区分为称"己"者与不称"己"者,在万金账上写法大有不同,称"己"者在姓与名中间加一个"己"字,不被称作"己"的人只写姓名。"己"当然是所谓大盛魁的自己人自家人核心层,这些人有权参加号内重要会议,查看万金账,询问号内的公存。他们才是大盛魁的骨干和握有实际权力的人。正如号内员工所谓"做掌柜难,得一'己'字更难"!我们已经无法知晓那些屈指可数的掌柜们,是如何为自己戴上金光闪闪的"己"字冠冕的,依大盛魁的传统应该无非是为大盛魁立下大功者,或是精明过人又肯吃苦能干事的本土乡亲,此外还能是谁呢?

那些没有任何股份的人被叫作吃劳金的,他们的报酬只有一份薪酬。这部分人占所有员工的大多数,学徒期满留在号内还没有成为掌柜,地位在有股份人之下。他们彼此之间以兄弟相称，对有股份者则称掌柜。他们之下是众多的学徒工，号内管吃住，每月发银子一两，这些人生活打拼在大盛魁的最底层。在实际生活中，学徒入号的头三年都是被当作仆役来使唤的，为号内做事及学习做生意的常识仅是附带之事，只要是跟对了掌柜，付出了辛苦，未来当然可期。

大盛魁以顶生意来吸引它的众多学徒，不但它所有的顶生意的掌柜都是从学徒工熬上来的，就连它的每任经理无一不是本号学徒出身。大盛魁从来没有从号外聘请过经理，即老人们常说的"大盛魁的经理都是亲生的，没有过继的"。虽然能成为顶生意掌柜的人是少数，但大盛魁从掌门人到各级经理掌柜都来自本号的学徒人群，从下到上自然形成一种无声的向心力就成为必然，这也是它超然于其他商号之上的独门文化现象。

能够胜任大盛魁经理的人，在入号学徒的头十年，除了在归化城总号学习做生意的一般常识需要用去三年时间外，还必须在外蒙前营和后营的柜上再学习三年。首先要学会说蒙古话，熟悉当地生活，学习了解跟蒙古人做生意的方法，知晓驼队路线站点，适应草原上的习惯习俗。在此基础上，但凡为大盛魁的经理，必须是领过房子拉过骆驼，坐过庄坐过场，在外蒙的生意柜上当过领头人，在羊场马场熬过了寒冬。大盛魁的三位初创人都在外蒙前营后营坐过庄，这种传统在后来的经理继承者们那里得到了传承。可以说，大盛魁的经理在从业经历、业务经验和敬业精神上腰板是硬的。

大盛魁是"人力合伙"类型的商号，它对号内人员的约束自有一套行之有效的办法。其无可估量的资本"厚成"是强大的物质基础，高额的分红和发展前程是它吸引、笼络从业者为之奉献、效忠的手段和期许。多少大盛魁人争先恐后梦寐以求地想成为顶生意的掌柜，成为万金账上的"己"人！因此大盛魁对员工的考核第一条就要看其遵守号规制度如何，再看服从经理掌柜的忠诚度怎么样，再看与其他员工之间的关系是不是有问题，这样几条之下，则是年度负责考核的掌柜们更严实更细致的考察，达到基本要求可以继续受聘，否则即开除出号。

在日常管理上，对外大盛魁号内人员被规定不得在经营地建立家庭，更不得与蒙古女人结婚生育；对内所有人员一律不准携带家眷；严厉禁止嫖娼赌博吸毒；号内人员不得长支短欠；号内财务款项不得挪用；号章不得用于作保；号内人员不得兼做本号以外的业务；不接待个人亲属朋友；非因号事不得去小号串门；不得向财东掌柜送礼，如遇婚丧嫁娶由号内负责行礼，不得互相送礼，不得互相借钱；不得在外惹是生非，如有过失不得互相推诿，不许欺瞒包庇；号内人员有以下情况立即开除：打架斗殴，挑拨是非，结伙营私，不服从指挥调动。据说每年大盛魁都有不少学徒工被开除，多数是难以适应上述过于严苛的管理，只要被除名出号，则不准再入。底层员工甚至发出"大盛魁的掌柜都是缺子无后，他们对待员工不是儿女心肠"的怨愤谴责。其实那些掌柜制定的这些规矩并不单单对着学徒工，他们自己也必须带头遵守，不然同样会受到惩罚。

大盛魁每到三年头上在归化城总柜进行一次结账分红，同时总结经营成果，整顿号内事务，评定人员功过，实施奖惩。大盛魁的分红与别家商号的不同之处在于，别家商号一般是按年终实际盈利分配，而大盛魁则长期按相对固定的款数分配，盈利大了不会多分，小了也不会减少。大盛魁在清末至民国九年时期，人力股最多达到三十四个，除王、张、史三家"财东"三份财股和王家多五厘永远身股外，还有近三十一股。一股（一份）生意按一万两银子分红，号内顶生意的掌柜共九十多人，总号经理顶一份生意，副经理顶九厘，分庄经理顶八厘，余下人员按职位资历及年度贡献大小各有区分。都说在大盛魁能顶上二厘的生意就是老百姓公认的活财神了，但即使是三年一次结账分红，顶生意的掌柜在分得红利的当年也拿不到属于自己的全部分红，要顺延三账分九年逐年取得，依此类推。到民国十二年改为顺延一账也得三年之后才能全部拿到手。这是大盛魁抓住财东掌柜的一个有效办法。这部分红利存在万金账上，成了大盛魁持续不断的"厚成"的一部分，成了所谓的公积金、周转金。财东掌柜们的生存发展跟大盛魁的兴衰紧紧裹挟在一起，增强了某种凝聚力。

大盛魁的经理每三年账期内所得的红利按顶一股（一份）生意算，是真金白银的一万两雪花银，而当年进驻绥远城的将军一年的办公经费才一千一百多两银子。嘉庆十年（1805），大盛魁为其创始人王相卿、张杰和史大学三人各以一百两股银记录在万金账上，并开始按账期给予分红。后期又变为每人一股两千两，三家各一股，加上王家多半个股，共七千两，作为对先人创业的褒奖和对三家后人的关照，一直延续始终。所以大盛魁经理掌柜的后人们在山西老家大多过着奢华讲究的生活，先人积累下的殷实财富足够几代人接续享用。

大盛魁后人的生活

在两百多年的辉煌历程中，大盛魁商号积累了无可估量的"厚成"，那些经理掌柜们自然也分得了厚实的红利。代代相传，大盛魁的后人们得到过哪些荫泽？日子过得又如何呢？

王相卿的三儿子王德深不但头戴"武德骑尉"的花翎，在老家太谷县城西武家堡村王家大院的门楣上悬挂着"武德第"的牌匾，客厅正中还悬有"都闑府"的匾额，一副管家财主的气派。王相卿的后人按一份财股加半个永远身股分红，三年一账就有将近一万五千两银子的收入。王相卿的另一位后人叫王绅，以五厘生意在大盛魁独顶一门，按年可预支一千五百两银子，他住的是院子套院子的楼院，这样的楼院据说共有八处之多。这是一位爱显摆喜欢赶时髦的人，院子里摆有两辆时兴小轿车，他要求司机每天要把车身擦得锃亮，一辆自己专用另一辆家人用，有事没事就一个人坐在轿车前排座上满县城转悠观光兜风，向羡慕的人群摆手。遇到年节来临他又出钱邀来戏班子为邻里乡亲们唱戏，还请来名厨大摆筵席请客红火。与王绅家并排的一座楼院，也是王相卿的后代，在大盛魁顶着两小门分五厘、一门二厘五毫的生意，每年从柜上能支用七百多两银子，生活虽比不过王绅排场，大院门上也悬有"武略第"的牌幅。王家另一门后人兄弟四人共享一份五厘的生意，每人一厘二毫五，以此每个人每年能拿到一百五十多两银子。在村西各住着两进院的砖瓦房，据说四家人常年雇着保姆管做饭之类的家务，各自门上都挂着"武略第"的大匾，也还有自己的一些讲究。

张杰家在祁县城西南义井街天相巷，子孙繁茂人口不少，一份财股被三大门按大小不等分摊，顶大股有名有姓的分别叫作暨馨财主、常寿财主，也都在自家门头悬挂"大夫第"的牌子。另一门由几位寡妇领住，院落房屋一般，各拿一份小股，年底下来也能分得四五十两银子，若没有不良嗜好生活节俭一点，平常日子也过得蛮好。

史大学是祁县祁城村人，他在大盛魁的一份财股被一个侄儿赖着占去三分，余下七分。他留有一儿两孙，后人分为两大门子孙并不很多，光景自然宽活。光绪年间祁县人李顺廷当经理时，曾借助史东家之力对抗王、张两家势力并一时顺风顺水，所以从光绪末年至民国六年的十年间，归化城柜的大盛魁总号每年都额外补贴给史家后代五百两银子，以示优待。史家在村里的房子分四处大院，占据了一整条街，人称史家巷，每个院子的门头都挂有"大夫第"的牌匾。史家后人宁书财主和二普财主每到阴历四月十五祁城村赶交流大会时，都会招来厨子雇下帮手，各院子都摆下酒席招待宾客乡邻，祁县城里做茶叶生意的掌柜们都会登门随礼来红火一番。

大盛魁几位有作为的经理各自积累下的财富也颇为可观。秦钺是右玉县杀虎口人，是大盛魁乾隆末年至嘉庆初年的经理。时逢大盛魁创业拓展时期，他在经营体系、管理制度、内外联络等方面均有所建树，特别是在印票账的放账收账上大胆图谋，严格执行，使大盛魁由一般商号开始走上了垄断扩张之路，清政府发给大盛魁的"龙票"就是在秦钺任经理时争取到的。因此，在当时的大盛魁内部秦钺的威望甚而可比三位创始人。据说众多财东掌柜鉴于秦钺为大盛魁做出的卓越贡献，曾一致主张奖励给他一个永远身股，秦钺力辞不受，大先生们依然把他的功劳用金粉写在了万金账上。他还在任经理时就在杀虎口营房街建有并排的中、东、西三处住宅大院，在西街盖有店铺，开着米面铺和杂货铺，他的三个儿子均不事功业而坐享其成。到孙子辈上有了起色。其孙秦浩在杀虎口关监督衙门任经成，即内部科室的头儿。曾孙秦作梅、秦作枢也是衙门里的人。秦作桢在大盛魁后营的柜上顶着生意，生活奢华在他人之上。据杀虎口乡邻们讲，秦家虽没捐过功名，但在自家大门上也挂过"乡耆""介宾"字样的牌匾，以示与普通人家的区别。

代县人王廷相在秦钺之后的道光、咸丰年间任经理。学徒的时候，兄弟伙计们中间有人捅了篓子做错了事都爱往他身上推，他也不否认不辩白，低头一笑了之。掌柜们看在眼里记在心上，都对他高看一眼，于是便派他到大青山北面的召河草原马场任骆驼场经理。有一年，前营乌里雅苏台庄上给总号来信，催促赶紧供货。组织好货源准备发走驼队房子时才发现大量的驼鞍、屉柜还没来得及整修，无法使用。从各驼场抽调，只有王廷相的召河驼场有早已备好的驼鞍驼柜，连忙运往归化城，总柜才算解了燃眉之急。此项因王廷相为大盛魁创下厚利，被评为当年号内首功而增加了所顶的生意。接着王廷相出任总号的进货及储备的掌柜，按他的计划进货、储备的货品销路都很好,大盛魁的利润也滚滚而来。有一个时期他大量购进白蓝绸缎存在库房里不出货,引起不少人议论,因白蓝绸缎一般销量都不大,都是王公贵族们用的货。结果未久遇皇帝驾崩,这批货很快出尽。人们不得不佩服王廷相有眼光,其实他是把和别人听到的同样的信息储存在心里,仔细研磨后再做出判断。直到被推举为经理,他在扩大销售区域,加大商品品种数量,力推印票账业务上均有所突破,是大盛魁诸位经理中的佼佼者。王廷相在大盛魁从低到高担任过不少职务,在经理任上就干了三十多年,据说名下的资产值三十万两银子。其子王照山在代县城里开过几家商店,还为自己捐了一个蓝顶戴。其孙王绳祖考中过秀才,在大盛魁小号裕盛厚钱庄写账,也顶过生意。

祁县人李顺廷作为光绪年间的经理,经历了大盛魁的持续发展时期,也遭受了大盛魁在外蒙市场垄断地位的削弱丧失,在外国资本纷纷进入内外蒙的巨大竞争压力下,号称魄力、权威和胆略都极其超人的李顺廷,积极在归化城和包头等地增设小号,扩大业务覆盖范围,拓展资金来源。但他在包头通过小号"大义魁"粮店买空卖空,以致赔进去大把银子而又签假合同企图逃避债务,被包头粮食公行控告至归化城道台府,作为堂堂大盛魁的经理竟当庭挨了几十大板,大盛魁也被责令全额还款并追加罚款。此事对大盛魁以后的发展产生过怎样的影响,留下何种隐患不得而知。李顺廷留下的财产有五十万两之多,他在归化城开过铁匠铺、药店,在包头还有分店,这些都被其长子李卓吾接手。李卓吾还在新商号大德恒任住号经理,在北京分号也做过经理。此外,李顺廷在祁县老家有大量的水浇地和菜园,收入也很稳定,子孙们自然不是财主就是地主。

即便是大盛魁小号的经理们,生活也是很讲究排场的。据大盛魁后人讲,小号天顺泰的经理宋连城去世丧事大办,请召庙里的喇嘛们来家中念了七天七夜的经,夜里除转街坊招魂外,还施放焰火。他的柏木棺材沉重到需要六十四个人交叉架杠才能抬起，挽幛纸扎等排起来有一里多长，丧事花费在千两银子以上。

晋商与大院

清朝初年，蒙古地区战乱频仍社会动荡，生活日用品极度缺乏且长期得不到缓解。在康熙三十五年（1696）的多伦会盟上，蒙古王公再三请求清廷派商号商人去到外蒙古销售商品。可以说起初许多旅蒙商是应政府的要求到外蒙古开展贸易的，而后发展成为各商号商户主动自愿的行为。在时局未稳、路途遥远的情况下，进入陌生地区做生意肯定承担着一定的风险，清政府颁发给商号的"龙票"上的规定条文，具有保护鼓励的作用，是一种尚方宝剑。

旅蒙商们不远千里、不辞劳苦地往来于归绥与蒙古草原，最主要的动因当然是漠北广大无垠的草原上有源源不断的滚滚财源。客观上那里交通不便，信息闭塞，生产方式单一粗放，一些生活所需之物（如铁锅、铜壶、木碗、绸布、针线、茶叶、火柴、烟叶、药丸等）当地根本无法解决，加之草原牧民憨厚朴实，疏于心计，不但对商品交换的基本规则一无所知，还不愿（不会）斤斤计较，这些切实的客观存在，都为旅蒙商以不平等交换获取暴利提供了天然条件。在偏远的牧区草地，旅蒙商凭着如簧巧舌用五包针一盒彩线，就能从牧民手里换来一张羊皮；而在他们的出发地归化城，同样一张羊皮可以换三十包针十盒彩线；如果再拿到太原，就可以换到六十包针二十盒彩线。一口直径五十厘米五六斤重的铁锅，由骆驼驮运到库伦，马上能换到十只大肥羊，如果再运到乌里雅苏台和科布多能换到的更多。这还算是比较规矩可信的，更有一些无良商贩竟私印钱票充当信物，直接从牧民手里拿走活羊活马兽皮绒毛，在归化城倒卖后下次去时才付账，实属空手套白狼的商业欺诈行为无疑。

印票账发放的对象主要是蒙古王公与寺庙喇嘛，普通牧民岂敢卷入这类高利贷把戏，他们只能向小商贩赊买一些简单的生活必需品，逢年过节能尝到一口粗点心就已经了不得了。虽然清朝政府为限制旅蒙商无止境的高利盘剥，规定年利率最高不得超过百分之三十六，但止不住商号们利率累计的"驴打滚"，滚到最高的竟达到百分之四百。

旅蒙商在为边疆民族贸易的发展付出艰辛的同时，也产生了一些问题，这些问题无须回避。旅蒙商所获得的巨额利润是建立在对蒙古牧民超量经济剥削基础上的，在客观上造成了蒙古地区资金与资源的大量外流，严重制约了草原畜牧业的发展，使蒙古牧民的生活非但没有改善反而愈加困苦。当年旅蒙商与蒙古王公、牧民及寺庙喇嘛之间的矛盾冲突时有发生，诉讼案件逐年增多就是一种客观反映。

在旅蒙商生意兴旺的年代就有人说，大盛魁从外蒙古草原攫取的财富，如果以银圆计，用五十两一枚的银元宝铺路，从库伦一直能铺到归化城。那是一条自北而南一路银光流淌的财富大道，四周围的草场和羊群都在为它喝彩。

旅蒙商们赚钱当然不是为了建设归绥或在那里生活消费掉，他们把自己获取的财富的绝大部分都带回到了山西老家，在家乡大兴土木盖房建院扩田置业，在县城或村庄建设起一座座宏伟华丽的豪宅大院。这些造价高昂、豪华坚固的高墙大院，过去是财主大老爷们生活与享乐的居所，现在已然成了当地开展旅游的优势项目，直到今天依然是晋商后人们光宗耀祖的谈资，当然更是先人留给他们的福荫。

在清代，全国排名前十六位的大财团都在山西，晋商稳居全国商帮之首，在国内和蒙、俄称雄五百余年，有人说山西几家富户的资产加起来比得上国库的存银，这恐怕不假。晋商大军中有"八大家"之说，即乔、常、渠、曹、侯、范、亢、孔。乔家创始人乔贵发走西口来到包头，靠倒卖黄豆发家后开设货栈，先后在包头设有"复字号"商铺十九家，员工达五百余人，成为包头开办最早、实力最强的商号，"先有复盛公，后有包头城"是历史的真实写照。到清末乔家在全国各地有票号、钱庄、当铺、粮店等字号二百多处，总资产过千万两。乔家大院在晋中市祁县乔家堡村，始建于清乾隆时期的一七五六年，是在包头发迹的"复字号"经理"亮财主"乔致庸的宅院，别名"在中堂"。整个院落分六个大院，二十多个小院，三百一十三间房屋，平面呈一个"喜"字，建筑面积四千一百七十五平方米。乔家大院虽然不是晋商大院中最大的，名头却最响亮，就是因为不少影视作品以它为拍摄基地，特别是电影《大红灯笼高高挂》和电视连续剧《走西口》的成功播映，更是让它一夜成名。

榆次常家是晋中富商，民国徐珂《清稗类钞》称常家有资产数百万两。《山西外贸志》载："在恰克图从事对俄贸易众多的山西商号中，经营最长，历史规模最大者，首推榆次车辆常家。"常氏一门在乾隆、嘉庆、道光、咸丰、同治、光绪、宣统七朝期间做旅蒙旅俄商，沿袭一百七十余年。尤其在晚清，在恰克图的十几个大商号中，常家就占去四席，确属晋商中的"外贸世家"。常氏经商始祖常威早年去张家口行商，不带盘缠，靠给人相面掐指算命就解决了食宿。直至后来在多伦、大同等地都开有买卖，还做到了库伦、恰克图。乾隆时恰克图被确定为中俄贸易的唯一地点，号称"北常"的常威三子常万达看准时机，出口茶叶绸缎进口银锭皮毛，获利甚丰。常氏增设了大升玉、大泉玉、大美玉、独慎玉等"玉字号"，分布于上海、苏州、汉口，独慎玉在莫斯科还设了分号。常氏家境富裕后鼓励子弟入堂读书，常氏八世常吉为县贡生。到一九二一年，常家有十人大学毕业，是晋商子弟中少见的。常家大院位于榆次东阳镇车辋村，从康熙到光绪末年，二百多年时间常氏在车辋村建起了两条大街，街边深宅大院里亭台楼阁鳞次栉比，一百多亩土地上建有楼房五十余幢一千五百余间房舍，砖雕木雕材质丰富，做工精致考究，是北方地区古旧民宅中的建筑经典，故民谚有"乔家一个院，常家两条街"之说。

"八大家"中除乔、常、渠三家与大盛魁类似也做一部分旅蒙旅俄的生意外，其余诸家的商业活动大部分都在内地开展。祁县渠家先人开始做生意的时间很早，据说在元末明初时就已经在山西各县城之间做贩运小买卖，乾隆嘉庆时入蒙俄做茶叶生意，到渠氏十七代源字辈时兴旺发达，开设了独资的"百川通""三晋源""汇源通"票号，在各省开有钱庄、茶庄、盐店、绸缎庄、药材铺，实现了金融资本与商业资本的成功结合。光绪二十八年（1902），"百川通"每股分红高达二万多两白银。到清末一位叫渠本翘的考取了举人，曾任清政府驻日本横滨领事。渠家大院在晋中祁县，始建于清乾隆年间，建筑面积一万三千二百七十一平方米。有八大院十九小院二百四十间房屋，由栏杆院、明楼院、统楼院、戏台院、书房院、牌楼院等巧妙组合而成，形态各异，错落有致，从高空俯瞰犹如一个"明"字形状。渠家大院是整个晋商文化的缩影，牌楼门楣悬挂着"载籍之光"匾额，乃清代山西巡抚曾国荃为表彰渠家在光绪三年（1877）山西大旱时捐献巨款、赈济饥民、广设粥棚的善举所赠。匾下楹联书"绕屋岚光三径客，满窗风雨一床书"。在祁县至今留有一处"长裕川"茶庄旧址，有四处大院六十六间房屋，茶庄西南院为楼院，其他为单坡顶的四合院。西北院正房抱厦前有一副藏头楹联："长泽道蒙山石花喷顶，裕民资淮涌川夜凝膏"，将"长裕川"三个字嵌藏其中，上联说茶下联说盐，意思是说上天赐给渠家的恩惠来自蒙山顶上的石花仙茶，渠家的富裕靠的是千辛万苦贩运海盐，是谓饮水思源、不忘先人。

范家经商始祖范永斗明末即在张家口做生意，关内关外为清政府提供军需和情报,康熙征噶尔丹时就为清军"输米馈军","辗转沙漠万里,不劳官吏,不扰闾邻,克期必至,省国费亿万计"[①],以致被朝廷授予官职,甲第联辉,显赫一时。不但获得了西北草原地区独家贸易许可,还在朝廷购进日本洋铜时获得了其中大部分的业务份额。乾隆四十八年(1783),清政府以"亏折日深,已至上年误运误课,拖欠官项累累"为由,革除范氏一族在内务府、户部等衙门所任官职,着令严加审讯范氏兄弟,还查封了家产,昔日堂堂正正的"世袭皇商"变成了阶下囚。

山西平阳府的亢氏一家,在明清时期聚财数千万两,为山西首富,除乔家逾千万两,常、渠、曹、范等各家仅为七八百万两。亢氏在清代盐业专卖时取得贩运的特权,利润稳定而丰厚的程度可想而知。在盐商聚集的江南名城扬州建有"亢园",占尽风光。亢家也是大粮商,当时北京最大的粮店就是在正阳门外开设的亢家粮店。在原籍平阳府亢家"仓廪多至数千",号称"宅第连云,宛如世家","上有老苍天,下有亢百万,三年不下雨,陈粮有万石"。老百姓见亢家财富如山,便编了故事说亢家的钱财是当年李自成在山海关与清军作战失败,溃逃途中路过平阳见亢氏人家仁厚老实,便将一部分钱财寄存在亢家,谁想起义军一去无归,这笔钱财后来就成了亢家做生意的本金。

晋商八大家中,按时间排列最晚的一位即民国时期的四大家族之一的孔祥熙。一九一二年,他看到煤油灯日渐走进人们的生活,便从英商亚细亚火油公司取得了总代理权,因而成为山西第一位买办商人。一九一五年,孔祥熙看到欧洲第一次世界大战军工所需急猛,便把阳泉的铁砂运到天津港,在天津开办"祥记"和"裕华"两家公司做出口生意,赚得盆满钵满。一九二六年,他被任命为广东财政厅长兼管后方财政事务。由于在

---

① 《清史稿·列传》。

蒋介石与宋美龄的婚姻上孔祥熙和夫人宋霭龄说服了父母，孔氏家族进入了中国政治经济决策的最高层，为财富的增值获得了可靠保证。一九三三年，孔祥熙出任行政院副院长兼财政部长、中央银行总裁，公器私用的孔氏家族聚敛了多少钱财难以计数，据说抗战初期宋霭龄仅套取外汇做投机买卖这一项，就净赚八百万英镑。到一九三九年，她在美国的存款居重庆政府"所有要人在美国银行中存款的第一位"，被美国记者赛利文称为"中国人民的钱袋子"。一九四四年的"朋分美金公债案"被披露于众，一时间重庆社会民怨沸扬，孔祥熙被迫下台。

归绥八景

　　有清一代至民国中期，归化与绥远两城商贸兴旺发达，市井繁荣活跃，从中原内地到塞外边城再到甘肃、新疆、蒙古、俄罗斯，军旅官僚、阔商巨贾，直至驼倌贩夫、雁行流民，各色人等往来络绎不绝，那时的归绥地区应该是呼和浩特城市发展史上最为辉煌蓬勃的一个特殊时期。其间有好事者围绕着归绥地域的自然人文遗存，编创了"归绥八景"之说，这八景是：青冢拥黛——在归绥城南九千米的大黑河南岸，有一座孤立凸起的土丘，远观若一座小山，蒙古语称"特木尔乌尔虎"，意为"铁垒"。为汉代人工积土夯筑而成，是史籍记载与民间传说中西汉时期"宁胡阏氏"昭君王嫱之墓冢。冢高三十三米，坐底面积约一万三千平方米，距今已有两千多年历史。冢前有古碑数方，其一题"汉明妃之墓"。冢顶立有一亭，游人可拾阶而上观四野平阔之壮景。待秋风起时百草衰黄，唯有冢上青青草色吸引人们的目光，故名"青冢"，"青冢拥黛"是其谓也；白塔耸光——白塔耸立在归绥城东古丰州城西北角，距城区约十七千米，为辽代之万部华严经塔。塔身为砖木结构，通高五十五点六米，塔内旋转楼梯可登至第七层，远观山川风物。塔内各层留有历代游人题记，除汉字外还有契丹、女真、回鹘、蒙古、八思巴、古叙利亚及古波斯等文字，是研究辽金元明社会的极佳资料。"白塔耸光"，是因为在它的外表涂着一层白垩土，在朝霞初上或旷野落日之时，白塔的塔身会因反射光照而熠熠生辉，是谓白塔耸光；柳城荫绿——绥远城建成时起，驻防的八旗官兵便在城四周的护城河两岸广植柳树，每到春来嫩柳吐绿，河水汤汤，绥远新城与城下的柳荫在河水中倒影叠嶂，宛若仙境，颇似江南苏堤白堤之春光潋滟；石桥晓月——在归化城扎达盖河庆凯桥两岸，商贾云集，店铺林立，驼队车马往来穿梭，人群摩肩接踵。黄昏时分，炊烟袅袅，驼铃声声，小商贩叫卖卤煮熏炸小吃的吆喝声阵阵传来，行走其间，大有时空转换至江南水乡的生活场景之感；沙溪春涨——归绥道衙署东、西辕门外，春风拂面，流水回环，鱼翔浅底。虽为官府之地，春和景明之时，归化城百姓皆麇集一处，共享平康安乐之福；杏坞翻红——归化城西北的大青山下，乌素图台地上植有大片的杏树林，新春三月，坡上杏花报春，百鸟争鸣，山间泉流淙淙，流水伴着鸟鸣，声声入耳，是归绥民众早春踏青的佳地；虎头瀑水——归绥城东奎素沟内有一虎头山，亦称虎崖、虎峰、滴水崖，沟内山峦参差，林木青苍。一石峰若巨虎昂首咆哮，口吐悬流百尺，凌空而泻，水落一池曰龙潭，四季不竭。百米之外即可耳闻宣泄之声，近看白练横空，飞流如带飘落人间，令人一时忘却尘世之念；牛角旋风——为一奇峰，在归绥城西毕克齐镇北山上，其状峥嵘独秀，云蒸霞蔚，气势拔绝，人称塞外第一峰。

一九四五年归化与绥远合为归绥市。一九五四年，内蒙古人民政府决定恢复这座城市的古老名称——呼和浩特。呼和浩特的老街坊们习惯性地把归化城区叫作旧城，把绥远城区称为新城。归绥八景是清朝与民国时代的产物，时过境迁物是人非，呼和浩特城区及周边的环境也发生了巨大的变化，这个"旧八景"早已失去了当年存在的意义和价值，只有个别蕴含历史人文信息的景物还能够引发人们的认识和思考，多数景致已经被遗忘至久。作为一种文化现象，归绥八景的产生也不是可以偶然和随意为之的，在此"归绥八景"评出半个多世纪之后的八十年代，又有好事者评出了呼和浩特"新八景"，连一处广场的电灯竟然也成了一"景"，不能不说是笑话了，得不到人们的认可是必然的。由此可见，一座城市积累一点文化其实是很难的，往往都是些短命的水沫气泡。

灾匪频仍的年月

呼和浩特平原的北面是一架茫茫无尽的阴山，山南坦荡的平原上大黑河、小黑河环绕流淌，西南面则是浩荡奔腾的黄河，在整个中国西北地区，这样优越的地理环境并不多见。久居于此的人们，面对肥沃的原野、充沛的水源，非但没有享受到利用自然地理带来的便利，过上安定长久的和平生活，在灾害年月却要遭受旱灾水灾风灾，再加上兵荒马乱匪患横行，黎民百姓苦不堪言。

《绥远通志稿》记载，民国元年（1912）八月，连绵阴雨之下大黑河的洪水没过了堤岸，沿河二十四个村庄被淹。民国六年（1917）九月，东北三省的黑死病（鼠疫）经北京传入绥远，以致铁路公路运输瘫痪，这场病毒到第二年春季才平息下来。底层百姓"往往全家仅余幼儿一人，亲友不敢收容，听其冻饿而死。死者尸体纵横，穷乡僻壤，有延至数月尚未掩埋者"。民国十五年（1926）春夏之交，"全境苦旱，田稼多枯"之时又发生了战乱。战事在由奉系、直系、晋系等军阀组成的联军与冯玉祥的国民军之间展开，远在南方的国民政府在七月誓师北伐，国民军在北方遥相呼应。联军迫于南北夹击的压力，全力进攻驻守南口的国民军，国民军寡不敌众被迫向西撤退过绥远至包头、五原。随后晋军进驻归绥，到十一月奉军又取代晋军。这些乱军"称兵构衅之时，又到处搜刮民财……粮秣供给之烦，车驼征集之众，财务损失之多，为从来所未有"，这年"遂成饥馑之岁"。

民国十六年（1927），"民已无力备种，春耕大半停辍，夏复大旱，下种之田，秋收无望，又成饥年"。然而绥远都统衙门不但不体恤民情，还在三月发出布告：凡不交丈地费者，不准耕种土地，同时开放烟禁。这一举动引发了民怨。三月二十八日清晨，在中共绥远工委的领导下，以国共合作时期的国民党绥远省党部名义，组织工人农民和市民学生等数千人在归绥旧城南茶坊孤魂滩召开"难民大会"，并开进归化城沿街游行示威。游行队伍捣毁地亩局，攻入归绥县公署，又砸烂政务厅、教育厅、财政厅牌子后，向绥远新城进发，继续请愿游行，轰轰烈烈的斗争迫使绥远都统商震答应了所提条件，反抗斗争取得最终胜利，是谓"孤魂滩事件"。

《绥远通志稿》记载：民国十八年（1929）一月十四日上午，"归绥、托克托、清水河各县地震，以归属毕克齐镇受灾较重，……附近百里内，摆度甚大，为时约五分钟始止。次日又震，连续二十余次"。不啻如此，这年春旱连着夏旱，八月大水又至。民国十八年的大水是呼和浩特历史上两次危害巨大的洪水，第一次发生在清乾隆三十八年（1773）六月。民国十八年的这次洪灾在绥远建设厅档案中有记载，归绥县长张锡馀在水灾情况电文报告中说："八月一日夜，天降淫雨，彻夜不止，山洪暴涨……"托县等地向绥远建设厅报告八月二日的水情说："平地皆水，民间墙倒屋塌，黑河又暴涨三尺余，一片汪洋，全成泽国。"

大雨连降五日，引发黄河决口，大青山的洪水亦如猛兽般直扑归绥两城。城北的大青山有哈拉沁、红山口、蜈蚣坝、乌素图四条沟谷，归绥的山洪都来自这四条山谷。县长张锡馀在报告中还说："山洪暴涨，河水澎湃，职府后马维林家被水冲毁正房六间，马棚三间，损失什物甚多……上午小西街西口所修大木桥，桥下之柱冲刷欹斜，甲子桥东头全行溃决，职府房屋墙壁坍塌十处。"归绥市公安局长卜兆瑞也向建设厅报告："窃查近日以来，阴雨连绵，山水暴发，职局前草桥，钧厅旁甲子桥，均经冲毁……兹复查育婴堂西原有浅河一道，每逢夏雨，山水多并此河下流，因水小势缓，沿岸居民向未蒙受何等损失，此次大雨滂沱，连绵四昼夜，山水洪涛，势甚猛烈，致将西岸居民的田地、树木、房屋，先后被水淹没或冲塌……"超常的大水还将绥远新城的东城墙冲垮了一段，足见洪流迅猛。

在城外的南郊，"归绥南境黑河合流改道，沿岸数十村举目汪洋，尽入水中，田禾荡空，月余水退，腴田变为沙砾……村民无所栖止，少入城乞食"。西部农村的灾情，有归绥县西区铁帽村村长杜发，向绥远建设厅的报告为证："不幸于六月间淫雨连绵，横水暴发，不但将田禾尽为淹没，房屋亦相倒塌。真正福无双至，祸不单来，旱灾已去，水患复来，各处沟水暨黑河水已到，村民举在一处，将旧有之坝全行刮毁，横水一直进村，无法阻挡，将村内各户住宅十刮九户……"水灾刚退去，中秋节前后归绥又大风突起，气温骤降，提早到来的霜冻将田间残余无多的庄稼摧毁，致使当年颗粒无收。

十一月的绥远已经入冬，天寒地冻之时，号称"龙虎五大山"的匪首陈得胜聚集散匪五六百人，在归绥、萨拉齐之间流窜抢掠，黎民百姓为躲避土匪而逃亡，村与村之间的道路上"冻毙者极多"。

民国十八年的灾难在延续民国十五年以来灾难基础上，达到了一个高点，旱灾、水灾、风灾、霜冻加上匪患，从春到冬未有停歇，为历史所罕见。归绥一带的人民群众遭受了难以描述的困苦不幸，自民国十五年的"饥馑之岁"起，乡村饥民有点儿办法的就往城里跑，一来去投亲靠友，二来讨吃要饭也有个地方。于是归绥两城的街道上灾民人流如潮，不止本县甚至连附近其他县乡的流民也涌入城中。绥远赈务会对这几年灾民人数做过统计：民国十六年，归绥县灾民总数八万三千余口；民国十七年，十万四千余口；民国十八年，十万六千余口。

连年增加的灾民即使进了归绥城也并不是衣食无忧，由于这一年是所谓"北方八省大旱"，因而归绥城里的粮食和草的价格水涨船高，民国十六年小米一斗三元五角，面粉每斤二角，到十八年涨到每斗四元，面粉每斤三角。吃不起米面者夹杂着吃草，草和沙蓬每石五元。绥远赈务会在新、旧两城开设了粥厂，人多粥少，也只是摆摆样子罢了。而这一年发了财的却是丧尽天良的人贩子，据《绥远通志稿》载，仅山西一地来的人贩子，就从归绥城内"鬻出妇女三千余，男女小孩千余"，归绥铁路车站上妻离子散骨肉分离，哭喊号啕之声不绝，悲情震天！

乡村灾民的凄惨之状更是无法形容，粮食吃完了，靠麻籽、油渣、糠麸度日；这些东西也吃尽了，野菜树皮草根，田野里所有能充饥果腹的东西都被抢食一光，能吃上煮野菜者被誉为"上富"！据一位从民国十八年幸存下来，家住呼和浩特郊区黄合少村的老人讲："开春时候家里就没粮可吃了，我妈带上我到地里挖去年没有起净的小山药，那些山药经过一冬天已经冻成黑紫烂软。拿回家碾成面糊熬着喝，气味难闻到咽不下去。熬过了春天，地上有了野菜还好些。秋天一场大水，庄稼等甚都没了，实在没法儿活了家里就把我给卖了。那年我们村里七八岁、十来岁的娃娃可多给卖了。父母大人的想法是出去了就能活下去，在家只能饿死……"那年景为活命，吃麻雀吃老鼠，吃死人肉……到最后只有上吊喝农药。那年月到处传的"外甥不敢登舅舅的门"这句话，听起来更吓人，说外甥到舅舅家不是被卖掉就是会被吃掉，有去无回！

大灾之年，不见政府出面组织赈灾救济，而是由民间绅士李景泉、郭象伋等人首先发起，组织召集各界人士集会，于民国十五年（1926）十一月成立了"归绥旱灾、兵灾救济会"，这是绥远区首个救灾组织。之后绥远道尹公署成立绥远赈务处，与救济会联合筹办赈灾事宜。但从档案记载中看到，从调查安排到募捐、义演、筹集款项、设立粥厂，多数活动都是救济会所为。直到民国十七年（1928）一月，绥远都统署府才出面召集军政工商各界，成立了"绥远灾民临时赈济会"，"广为劝劳，兴襄义举"。会后发布的《捐启》中有这样的话："当北风吹墓上哀哀，画携儿抱女之灾黎，雪满春郊冽冽，皆啼饥寒之孺子，疮痍满目，冻馁成群，难绘流民之图……"十二月十七日，鉴于"本省办赈机关名目繁多，事权不统一进行"，绥远省政府按照国民政府颁发的各省赈务会组织章程，对绥远赈灾乱象进行了整顿，成立了全省统一的赈灾机构——绥远省赈务会，名誉会长为绥远都统商震，会长为建设厅长冯曦，郭象伋等人为副会长。赈务会指定了"实赈原则"：凡灾民为妇孺老弱者，施以急赈，其余壮丁，均从事工作，以代赈济。

民国十八年（1929）的几项主要赈灾活动在赈务会的组织领导下有序展开，当年二月设立"鬻卖妇孺收容所"。几年灾荒下来，许多妇女儿童逃难到城里，孤儿寡母更是无依无靠，孤苦伶仃，常被市面上一些无良之徒哄骗转卖到外地谋利。由归绥市公安局经办的收容所成立后不久就收容了六百多位妇女儿童。入秋九月，土匪陈得胜再扰绥远乡村，不少老百姓又涌入城内躲避。不得已赈务会又在旧城小召和土默特旧营盘上开设两个收容所，收容近千名灾民。对灾民中身体无恙的孩童，分送至北平、天津、上海等地，由当地政府转至收养人手中，以保将来的成长。对壮丁劳力，在开春时节就由赈务会协助借贷了籽种，及时进行春播。民国十八年春季，归绥县得到的赈务借贷麦种有：小麦种三百三十石，荞麦种三百石，莜麦种一百三十七石，春夏时补种又贷荞麦种三百三十八石。以上这些举措顺时有力，避免了众多灾民冻馁街头村口，保证了粮食生产的稳定。

除此基本民生保障办法外，赈务会协调筹款上马了几项大的工程，使"以工代赈"落到实处，流民中壮劳力的饭碗里也有了保命的吃食。第一是在一九二八年，筹款二十万元开挖民生渠引黄河水灌溉，即由包头东郊古城湾乡磴口村起挖，横贯土默川平原，东至归绥陶思浩车站南十千米的高家野村，基本呈东西走向，继而自北向南经大黑河故道入黄河。全长七十二点五千米，渠宽十五米，深两米。当年用工达一万三千多人，劳力多来自归绥灾民。此渠后经多次整修，直到中华人民共和国成立后配套建设了磴口扬水站、修缮旧渠新开支渠才算真正发挥出了它的效益。第二是在归绥县新开一条灌渠，自西大黑河起经百什户、陶卜齐、沙梁子等二十几个村落，至浑津桥入东大黑河，全长二十多千米，中间挖二十条支渠，每条两千米，共四十千米，这项工程也为归绥的灾民解决了不少生活所难。第三项工程是在归绥城内翻修马路，旧城北门至南大街各条马路，东南西北四条顺城街道，大西街、小东街、大小召前街以及九龙湾、头道巷、二道巷等马路，都得到新建或翻新，用工自然是城内的灾民。这些大大小小"以工代赈"工程，让大多数灾民填饱了肚子，度过了荒年。实施这些工程需要大笔的经费，中央政府于民国十八年（1929）一月下拨五千元，八月又下拨一部分公债，但纯属杯水车薪。绥远省赈务会派员到平津奉天广东及香港南洋广为宣传积极筹款，组织艺人在归绥举办义演活动，发动机关职员捐俸月薪，这样才基本缓解了赈灾所需款项的压力。此外，为表彰激励捐款大户，赈务会还专门呈请中央政府准制匾额，定制金、银质奖章，褒奖捐助者。这些举措均顺势得当，较有成效。

灾荒兵乱不断的绥远，在民国时期自生的土匪恶霸也横行一时。民国初期就有所谓"龙虎五大山"匪徒团伙，匪首各为陈得胜（匪号虎臣）、张耀（匪号飞龙）、金宝山（匪号小金子）、赵青山（匪号赵半吊）、郭春山（匪号郭秃子）、徐文彪（匪号松山）、戴海源（匪号茂山）。这些匪徒团伙平日里以"请财神"绑架地富财主勒索钱财为生，如遇灾年更是四处狂掠，甚至一些无事可做的农民也化身土匪，《绥远通志稿》记载民国十五年（1926）"天久未雨，各县大旱，民心惶惶，各处无赖辈，三五成群，持棍行动，名曰不浪队，明火抢劫，遍地皆是"。内蒙古西部民间一直都有"萨（拉齐）、托（克托）二县出土匪"的说道，乃此之谓也。

HOHHOT
THE BIOGRAPHY

呼和浩特传

大地脉动,河套开渠与草原放垦

第五章

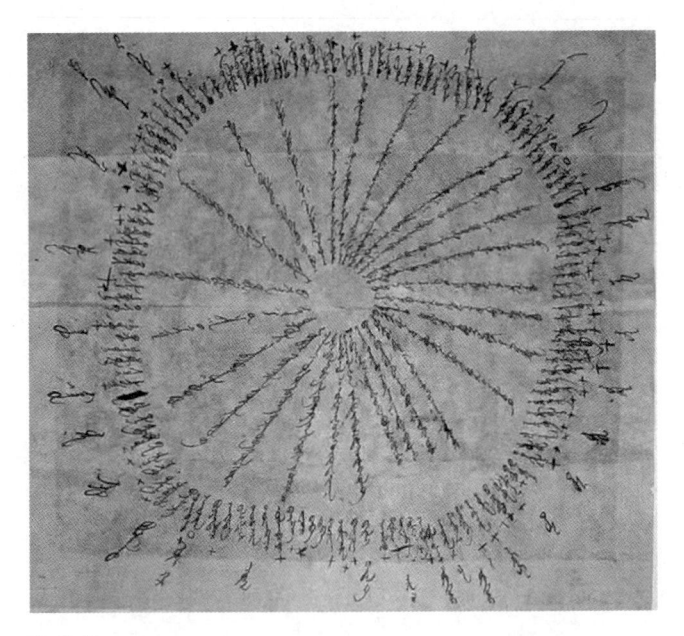

独贵龙

何谓河套

河套专指黄河的整体流态中向北凸出的大弯曲部分，是黄河的中上游，它西起宁夏青铜峡，东南止于山西偏关，由宁夏平原的"西套"、巴彦淖尔的"后套"与包头、呼和浩特的"前套"组成。"后套"与"前套"也称作"东套"。所谓"套"的概念和称谓可能起于古人头脑中绳索之状，无可考。当今内蒙古人习惯性地认为河套西起巴彦淖尔市的磴口，东至呼和浩特市的清水河，并分为前套与后套两部分。这一段的位置处于河套的套顶迤东，是黄河纬度最高的地方，所谓黄河大几字弯的最顶端。古语"黄河百害，唯富一套"，所指无非此地，特别是指后套。纵横东西和飞越南北的阴山与贺兰山，为河套阻挡着西北来的大风黄沙，黄河与山脉之间的千里平川成为古今最美的牧场和良田。《汉书·匈奴传》载中部侯应对汉元帝言："阴山东西千余里，草木茂盛，多禽兽，本冒顿单于依阻其间，治做弓矢，来出为寇，是其苑囿也。"

河套因"黄河百害，唯富一套"而闻名天下，这"一套"广义上指的是黄河的大几字弯，而黄河在内蒙古巴彦淖尔，几字弯最顶端这一段分作南北两道，南边叫南河（今黄河），北边叫北河或乌加河即黄河古河道，两道河中间的平原滩地及北河至狼山南麓地方被人们称作后套。《巴彦淖尔史料》载内蒙古师范大学教授孙金铸《巴彦淖尔盟地貌》一文介绍："后套平原西起巴彦高勒、四坝、太阳庙一线，东至乌梁素海和西山咀，北至狼山南麓一千二百米等高线，南至黄河。东西长约一百八十千米，南北宽约六十千米。呈一扇形，面积约一万平方千米，平均海拔一千〇五十米。"二十世纪三十年代，史学家顾颉刚先生在《王同春开发河套记》一文中说，"这块地方，南北四百余里，东西六七百里，真是天府之国"，"四百余里，六七百里"之数不知先生如何得来，是否受顾炎武《天下郡国利病书·河套地广袤略》中"东西两千余里，南自边墙，北至黄河，远者八九百里、六七百里，近者二三百里"的大河套概念的影响，也未可知，但"天府之国"的称谓还是恰如其分的。

北方早期的部族鬼方、猃狁、荤粥至楼烦、林胡都曾在此驻牧繁衍，殷商卜辞中记载伐鬼方多达三百多次，西周《小盂鼎》铭文康王命盂伐鬼方，一次战争斩首四千八百多人，俘虏一万三千多人。匈奴、突厥、鲜卑诸民族国家更是以河套为基地，强大的草原帝国早已突破黄河天险，威逼中原。公元七八世纪自岷山进入河套的党项族，经百年的生存发展，取得了与宋、辽、金争霸并立的局面，西夏王朝遂成为成吉思汗南下远征的首选目标。故而秦汉、隋唐等朝代都在河套一带依山造墙背河筑塞，力图阻挡胡马度阴山。公元十世纪中叶到明朝灭亡的近七百年间，中间除去蒙元王朝统一和平的一百来年，河套地区始终战火连绵，经济、生态不能得到持续发展。这也从一个侧面证明了河套地带的地理战略位置的重要性，清人李绂在《河套志序》中如此论及河套："此地安，则东与西皆可无患，故曰东与西皆依于此也。"

屯垦、移民、开渠

河套一带是典型的牧业与农业汇合交错的二元地带，秦汉以来的历代中原王朝都在河套地区移民戍边浚渠屯垦，秦统一六国后北逐匈奴取"河南地""以为四十四县，城河上为塞"，"又使蒙恬渡河取高阙、阳山、北假中，筑亭障以逐戎人"。①蒙恬统兵三十万，坐镇上郡，"暴师于外十余年"，不施屯垦根本无法解决大军的口粮。汉武帝取"河南地"后，即开始大规模移民，设郡县置屯田。北魏郦道元《水经注·河水注》："河水经朔方临戎县故城西，又北有支渠东出，谓之铜口，东注以溉田。"一九七三年，内蒙古文物考古队在河套地区征集到三方西汉官印，第一方为"西河农令"印，出土于鄂尔多斯杭锦旗霍洛柴登乡的一座汉代古城，在古城周围还找到了古代铁制农具等物。第二方为"中营司马"印，是农都尉的副官助手的印信。第三方为"汉匈奴栗借温曷鞮"印，栗借是匈奴贵族姓氏。汉元帝时，南匈奴呼韩邪归汉，汉廷颁予"匈奴单于玺"，单于之下各级首领均颁赐官印，此印为南匈奴特有无疑，证明当时的河套地区已经是匈汉杂居、农牧并举。

《汉书·王莽传》："遣尚书大夫赵并使劳北边，还言：五原、北假膏壤殖谷，异时常置田官。乃以并为田禾将军，发戍卒，屯田北假，以助军粮……兼并起，贪鄙生，强者规田以千数，弱者曾无立足之居。"汉武帝斥逐匈奴后，曾有一位叫桥姚的人，到塞下畜牧耕殖，"致马千匹，牛倍之，羊万头，粟以万钟计。"②

鲜卑族于三国曹魏时期进入匈奴故地，后南迁于河套朔方。登国元年（386）拓跋珪称代王，建都盛乐后即"息众课农"，北魏早期的屯田农事便开始了。登国六年（391）拓跋珪灭刘卫辰，在其盘踞之地河套北部实施军民屯戍。《魏书·元仪传》说："太祖征卫辰，仪出别道，获卫辰尸，传首行宫。太祖大喜，徙东平公，命督屯田于河北，自五原到稒阳塞外，分农稼，大得人心。慕容宝之寇五原，仪摄居朔方，要其还路。"五

---

① 《史记·秦始皇本纪》。
② 《史记·货殖列传》。

原与稒阳分别在今包头市及周边地区，都是汉代曾经的屯垦区域，大量的沟渠、仓场、道桥一直被后继者沿用。拓跋珪破刘卫辰时，仍能"收其积谷"。登国十年（395）秋粮丰收，引得东边的邻居后燕跑来抢粮。《魏书·太祖纪》载："秋七月，慕容垂遣其子宝来寇五原，造舟收谷"，"造舟"当然是黄河水运通畅才可行船的。北魏执权者自太祖拓跋珪始比较重视水利，至太和十二年（488），孝文帝又"诏六镇、云中、河西及关内六郡，各修水利，通渠灌溉"[①]。

鲜卑族原本畜牧兴盛，来到河套平原后主动发展农耕，力保生存的基本需要，选择无疑是明智的。自汉末匈奴等部族大量人口入塞，黄河中上游为北方游牧者统治，河套一带虽大兴农事，但经济主体依然是牧业。北魏降柔然、敕勒，将他们迁徙到河套，"列置新民于漠南，东至濡源，西暨五原、阴山，竟三千里"[②]，北方各族传唱的《敕勒歌》当然是河套地带牧野生活的精彩描述。

隋朝初立，突厥频繁袭扰河套，文帝征伐与怀柔并举，使东突厥款服，农牧业得以发展，"人民羊马，遍满山谷"[③]。

唐太宗贞观二年（628），唐军灭军阀梁师都置夏州。贞观四年（630）东突厥降，在河套套内（今鄂尔多斯）安置其部族十万人。唐代大规模屯田始于玄宗时期，《唐六典·尚书工部》有述，开元年间各道屯田，关内道屯田主要在河套地区：北使二屯。盐州牧四屯。太原一屯。长春一十屯。单于三十一屯。定远四十屯。东城四十五屯。西城二十五屯。胜州一十四屯。会州五屯。盐池七屯。原州四屯。夏州二屯。丰安二十七屯。中城四十一屯。

[①]《魏书·高祖纪》。
[②]《魏书·世祖纪》。
[③]《资治通鉴·隋纪》。

会州、原州不在河套地区，其余地块均在河套，计二百四十九屯之多，按州划分则是：丰州，辖河套黄河以北地区，为边防重地屯田一百四十二屯。据《旧唐书·娄师德传》载，武后天授初，以娄师德为"左金吾将军，兼检校丰州都督，仍依旧知营田事。"可察在天授之前，丰州的田事活动就已经开展起来了。《大唐六典》所载单于、东城都在丰州境内，单于即单于都护府，在今天呼和浩特的和林格尔县，天宝中为振武军驻地，东城即东受降城也在今呼和浩特境内；西城、中城即西受降城和中受降城，此二城均在河套套顶。安史之乱后，唐廷大力恢复河套屯田，收获颇丰。《新唐书·食货三》有详细记载："元和中，振武军饥，宰相李绛请开营田，可省度支漕运及绝和籴欺隐。宪宗称善，乃以韩重华为振武、京西营田、和籴、水运使，起代北，垦田三百顷，出赃罪吏九百余人，给以耒耜、耕牛，假种粮，使偿所负粟，二岁大熟。因募人为十五屯，每屯百三十人，人耕百亩，就高为堡，东起振武，西逾云州，极于中受降城，凡六百余里，列栅二十，垦田三千八百余顷，岁收粟二十万石，省度支钱二千余万缗。"胜州，唐时辖地在今鄂尔多斯东北部，屯田十四屯，规模不大；灵州，即今银川平原，定远、丰安在其境内，屯田六十七屯，规模仅次于丰州。盐州，因北临毛乌素沙漠，田亩错落，仅有十一屯，规模也较小。夏州，即十六国之赫连勃勃的统万城周围，唐朝时沙漠化严重，屯田只有二屯。

唐高宗时突厥寇丰州，朝廷有人建议放弃丰州，灵州都督唐休璟反驳道："丰州控河遏贼，实为襟带，自秦汉以来，列为郡县，田畴良美，尤宜耕牧。……贞观之末，始募人以实之，西北一隅，方得宁谧。今若废弃，则傍河之地复为贼有，灵、夏等州人不按业，非国家之利也。"[①] 唐朝坚

---

① 《旧唐书·唐休璟传》。

持在丰州、灵州的屯田戍卫,不仅维护了其在河套地区的统治,还阻挡住了突厥南下进扰,确保了北部边疆的安定丰宁,为关中与中原的繁荣发展提供了有力保障,这当然是大唐王朝持续强盛力量源泉的关键所在。

忽必烈至元元年(1264)大科学家郭守敬来到河套地区,设计指挥疏浚河道,修复西夏故有旧渠,广施灌溉。《元史·郭守敬传》载其弟子齐履谦撰《郭公行状》曰:"至元改元,从忠宣公(中书左丞张文谦)行省西夏,兴复滨河诸渠。先是西夏濒河五州,皆有古渠。其在中兴者一名唐徕,长袤四百里;一名汉延,长袤二百五十里。其余四州,又有正渠十,长袤各二百里;支渠大小共六十八,计溉田九万余顷。兵乱以来,废坏淤浅,公为之因旧谋新,更立闸堰。役不逾时,而渠皆通利,夏人共为立生祠于渠上。"是说郭氏走后,当地人为感谢和怀念他,在大渠上为他建了一座庙宇,竖立了丰碑。

元代在河套地区兴修水利发展农业生产,使宁夏平原成为西北地区粮食生产、收储、输出的重要核心区。《元史·世祖本纪》载,至元二十六年(1289)七月,"复葺兴、灵州仓,始命昔宝赤、合剌赤、贵由赤左右卫士转米输之,委省督运,以备赈给"。元初,亦集乃路(今内蒙古额济纳旗)每年都需从宁夏、甘肃购粮食万石以上。为保证生产,元廷一方面要收拢安置流散兵民,一方面又从南方省份如随州和鄂州(今湖北境内)大量移民至此,至元八年(1271)随鄂移民过来的人口达一千一百多户。甚至还从蒙古塔塔里千户迁移过来九百五十八户蒙古人投入农耕。第二年,朝廷"诏诸路开浚水利",在全国推行"内而各卫,外而行省,皆立屯田以资军饷"[①],整个河套地区靠近黄河的灌渠农田,都得到很大发展。连本居于阴山之北的一些汪古部人民,也因移居到山南的丰州,开始从事

---

① 《元史·兵志》。

农业活动，而被时人称为"种地白达达"，是较早转换了自然身份的蒙古人。马可·波罗称丰州人民"并持畜牧，务农为生"，可见农业的比重已超过畜牧业，这当然是为生存所需和应对战事的需要而做出的选择。

元末明初的河套，是元廷北撤后蒙古势力与明朝冲突较为激烈的地区，明朝在河套屯田垦戍活动之地只限于宁夏平原。明朝中后期，蒙古鞑靼部的势力向南越过了阴山，土默川与鄂尔多斯及辽河上游地区又成了草原游牧者的天下。特别需要指明的是，明嘉靖二十一年（1542）蒙古土默特部领主阿勒坦汗，继其先祖达延汗后基本统一了蒙古大部，在其统辖的核心地带——土默特平原上的农业得到了显著发展。由于阿勒坦汗收留了大量从明朝辖地逃奔而来的汉人，其中各类工匠等超过十万余人，这些人为土默川的城郭庙宇建设、手工业发展和农耕水平的提高，发挥了主要的作用。在阿勒坦汗与明廷和解及其夫人三娘子继续执政的几十年里，土默特平原农牧并举，各族人民安居乐业，是河套平原少有的一段和平安定的时期。

清代河套粮食产区的水利建设，在中央集权的统一协调下，前、后套汉、唐时所修的水利工程得以恢复和新修，灌溉面积超越了明代。在大黑河及其支流冲击而成的呼和浩特平原上，先民们自古以来就善于引用大黑河、小黑河等河水之便用以灌溉来保证粮食稳产丰收。民国郑裕孚撰、郑植昌修的《归绥县志》载："万家沟水灌溉沙尔沁西梁古城、把什板申、察素齐五村并萨拉齐云社堡之地，夏秋山水涨发时，西柜、南柜、老大柜、缸房、五星坡、毛恼亥、平基七村及萨拉齐参将等村之地亦赖淤灌。"地处呼和浩特西的万家沟水流自大青山出四季不竭，两岸大地平坦阡陌纵横，是土默川小麦、玉米、高粱、葵花的高产区。

清雍正甘肃布政参议陈履中著《河套志》载："丰州屯田安师德、唐休璟、李景略、卢坦最有名。咸应、水清、陵阳三渠溉田数百顷至四千八百顷之多，岁收谷四十余万斛，边防永赖，士马饱腾"。其丰州治所在今巴彦淖尔临河东，"溉田"区域覆盖今包头市，东至今呼和浩特部分平原地区。

后套平原自汉代以来就有开渠灌溉的记载，清初蒙汉接壤地带实行划界禁边，后套属蒙地，耕植未能开展。但也有例外。乾隆二十四年（1759），乌拉特部王公就私自将黄河沿岸的草场租予流民耕种。乾隆末年，在此种地的汉民用"桔槔取水，试行种植，大获其利"[①]。《巴彦淖尔盟志》记载，道光八年（1828）朝廷特许开放缠金地招种，移民来到后套的汉人利用黄河溢水形成的自然壕沟，挖渠引水灌溉，良田得以滋润丰收。

发展农业生产是人类为生存而做出的选择，天然的土地为之一遍遍翻耕播种，大规模的行动必然导致土质退化沙化，危及和破坏生态平衡，单凭自然之力根本无法恢复。战国秦汉开始，我国北方地区的农业生产方式发生了巨大改变，铁制木制农具的普遍使用，人类向自然索取的能力有了很大提高，而土地的生态也必然随之改变。北方的农业区推进至河套以北的阴山之下，天然草场变成了粮田，一些本应属牧业草原的地带也被硬性改为耕田。河套地区从宁夏平原到阴山下的前后套平原土地裸露，加之降水偏少，流失的水土开始涌入了附近的大河，河水的含沙量逐年累积增加，河床被抬高，造成下游水患频仍，中原巨大的黄泛区给黎民百姓带来了诸多苦难和不幸。在此之前，黄河被称作河水，汉字中黄沙黄土的黄字从汉代开始被披在了大河身上。此前战国时候的黄河在今宁夏段被称作河水，在今内蒙古段被称作北河，在今山西陕西段被称作西河。那时的大几字弯由这三段组成。

[①]《清史稿·食货志》。

隋唐时期的河套被开疆拓土，土地开发利用达到高潮，竟至"田尽而地，地尽而山"的地步，一直开挖到了大山脚下，这一切都源于唐廷垦荒免租政策的诱惑使流民集群涌入，肆意滥垦。《新唐书·食货二》载宰相陆贽言："贵田野垦辟，率民殖荒田，限年免租，新亩虽辟，旧畲芜矣。人以免租年满，复为污莱，有稼穑不增之病。"人们弃旧田喜新田而随意滥垦，非但没有增产反而"稼穑不增"，真可谓自食其果。唐代边塞诗人李益有诗《登长城》描述河套东南部汉代时上郡的（今山西离石）景象："汉家今上郡，秦塞古长城；有日天常惨，无风沙自凉。"北宋初，史官王延德出使高昌回鹘，《西州使程记》记录了他的行旅途中所见："初自夏州历王亭镇，次历黄羊平。渡沙碛，无水，行人皆载水。次历茅女王子开道族，行入六窝沙。沙深三尺，马不能行，行者皆乘橐驼。不育五谷，沙中生草，名登香，收之以食。次历楼子山，无居人，行沙碛中，以日为占，旦则背日，暮则向日，日中则止。夕行望月亦如之。"他从夏州北上，穿越毛乌素沙漠，过黄河再过乌兰布和沙漠，进入蒙古境内后西行。他所描述的毛乌素与乌兰布和两大沙漠和如今的位置差别不大，可见当时的沙化也很严重，而河套地区的屯田状况不见笔墨，是否已经被流沙掩埋也未可知。谭其骧弟子葛剑雄教授在《谭其骧历史地理十讲》一书"导言"中说："谭其骧教授曾经对黄河的变迁作过深入的研究，他发现黄河在西汉时经常泛滥成灾，但从东汉以后却有近千年的安流时期。其原因在于中游变农为牧或者农牧俱废，受到破坏的天然植被得以恢复，发挥了保持水土的作用，因此流入黄河的泥沙大大减少，河床不致淤积，河水也就不再决溢泛滥。"

"河神"王同春本事

民国二十三年（1934）春夏，史学家顾颉刚两度来到绥远，沿途听到许多人给他讲一个叫王同春的人开发河套的故事（此前他只在报纸上看到过"民生渠"三个字），他一路边听边记，回京后写下《王同春开发河套记》，发表在一九三五年十二月十八日《大公报·史地周刊》上，后又补充修改发表在当年《禹贡》半月刊第二卷第十二期。

王同春（1851—1925），乳名进财，字浚川，直隶顺德府邢台东石门村人，清咸丰元年（1851）出生在一个破落地主家庭。五岁时因出水痘左眼下垂，长大成人后也半睁半闭，人称瞎进财。七岁入私塾半年，因家贫辍学，十四岁那年犯命案出逃去往绥远河套。

在河套磴口，王同春被叔父王成收为嗣子。磴口靠近黄河，当时已经有人把蒙古人的牧场私垦为农田，开始凿渠引黄河水灌溉。王同春就着给别人挖沟修渠的便当逐渐熟悉了地情水势，因为他人高马大又肯出力气，有不少人雇用他出工。十五岁那年，王同春与人斗殴伤到对方，只得离开磴口跑到后套东端的西山咀，受雇于旅蒙商号万德园继续修渠筑坝，为万德园修筑了新渠，使商号的水地垦田剧增，获利巨大。

同治十三年（1874）王同春转而投身于一位叫郭有元的人家。郭氏原籍四川，早先来到河套，娶一甘肃女子立下门户。此人大概是河套地区首倡开凿大渠的人，他自己动手开的"老郭渠"一直沿用到今天，现名"通济渠"。王同春身长六尺，膂力过人，人机灵会做活。郭有元很看重他，派他管理渠上事务，还把女儿也嫁给了他。光绪七年（1881）王同春从召庙喇嘛那里租到一块土地，自己凿渠引黄河水浇灌。这条渠横贯后套南北，是当时最长的灌渠。大渠修成他一时性起用自己的名字命名了这条渠，后觉不妥改为义和渠。他将此渠不断北引，跟随他聚集的人也越来越多，便随即买下一处名叫隆兴长的商铺，改建成自己的大本营，在其周围建起一个个"牛犋"（村子），隆兴长发展成后来的五原，即今天的隆兴昌镇。

"他有绝特的聪明。他时常登高望远，或骑马巡行，打算工程该怎么做，比受过严格训练的工程师还要有把握。在黑夜之中，他点了三盏灯，疏落地放着，来测定地的高低。逢到下雨天，他又冒雨出去，……有一次，他指着一块地，说一尺以下必有水，旁人不信，掘下一尺，他的话竟验了。这人骇怪，问他原因，他说'你看，地鼠穿的窟窿，翻起来的土是湿的。这不是很明白的证据吗！'黄河中起泡，他知道水要涨了，对农民道：'你们看，我开这渠，水会跟我来的！'果然渠口一开，水就汹涌地进来了。农民对他信仰极了，真要把他当成龙王拜。……凡是到河套去，提起王同春，这名字太文雅了，未必人人知道；一说瞎进财，没有不知道的。"[①]

清道光二十九年（1849）黄河被泥沙淤塞向南改道，旧河道成了北河，人们都认为河套的地势是东北高西南低，黄河水流向西南低处，善骑马四处游走察看的王同春却得出相反的结论。他有一套查勘地形的绝招，白天在水里扎上竹竿挂一个白布水斗，然后用他的一只独眼目测水平高低和水流方向；晚上他让手下人提着灯笼向四面散开，他在一处高地上目测后带上铁链骑马到每个点上钉下木桩，木桩之间铁链拖行的痕迹就是将来的河道。一到天降大雨，他则像一位将军一样身披斗篷骑马在田野里奔跑，不明事理的人以为王同春在消闲戏耍，哪里知道他是在观察水情！他的马停在积水多的地方，马背上的王同春眼睛紧盯着积水流出的方向，顺水便掌握了一地的坡度，看清了渠道该在哪里转弯在哪里设闸，他管这种

[①] 顾颉刚：《王同春开发河套记》。

办法叫"瞅渠"。但凡经王同春观测开挖的渠道，都"渠口广狭合度，渠身深浅得宜，高不病旱，卑不病涝，耕者咸获其利"①。修渠时必须观测水平，他不像别人那样趴在地上，两眼直视前方。白天他仰卧于平地，头朝着水流走的方向，脚对着引水的来处，眼睛朝后看，渠道保证顺畅无误；夜里他叫人沿渠道插上一排排蜡烛，他站在不远处目视烛火的高低，便知道了从低处引水到高处时要加大渠道的弯度，"水流三弯自然急"，渠水便涌过了高处。后套老百姓对王同春的超人聪慧和独门绝技佩服得五体投地，说他是："上识天时，下熟地理，能预知河水之涨落，相度地势之高低。"② 直呼他为"河神"。

王同春开挖的大渠都是顺后套地势从西南"迎水"，向东北的阴山脚下流去，渠水一路灌溉良田之后，进入北面的乌加河。在乌拉山下王同春又开凿了一条长四百余里的退水渠，将灌溉剩余的水经此渠退入乌加河再入乌梁素海，复归到黄河。如此这般渠水进有进处出有出口，对缓解后套耕地盐碱化与土壤板结有不可小视的作用，同时也结束了后套灌渠系统有灌无排的历史。

几十年的时间里，王同春在后套自行开出义和渠、沙河渠、丰济渠三道大渠；与人合伙集资开出刚济渠和新皂火渠两道渠；参与指导开挖了永济渠、通济渠、长济渠、塔布渠、杨家河五道渠。他还率人指挥挖通了二百七十多道支渠，经过长年不断地整修开挖，到民国时由原来的"八大干渠"拓展成为"十大干渠"，干渠、支渠总的长度超过四千余里。在发达的渠网之下，水田达七千多顷，熟田两万七千顷，可浇灌面积一百一十多万亩，超过了闻名于世的四川都江堰当时的土地灌溉面积，创造了中华民族历史上黄河引水浇灌的现代奇迹，王同春被奉为继大禹、李冰之

---

① 《五原厅志略·重修河套四大股庙碑记》。
② 《临河县志·五原乡绅王同春行状》。

后中国水利事业史上神话般的人物。光绪三十年（1904）他受清朝垦务大臣贻谷的委托，重新勘测整修永济渠。经过反复勘察和推演，确定了一条新引水渠，并创立了"吸水法"的开渠方法，调整坡度，宽开深挖，渠水经二喜渡口、公中庙等处汇入乌加河，永济渠和它的名字一样，从此畅流不息。

自后套平原引黄河水灌溉始，农业生产便快速发展起来，到清光绪三十年前后，后套已是渠道纵横，田畴毗连，稻蔬遍地，鸟兽翔集的丰腴沃野、北疆绿洲。王同春家族也在开发后套的生产中获益巨大，据光绪三十年的统计，他占有土地过万顷，组织自设公中二十八处，牛犋七十个，每年收粮达二十余万石，收地租十七万两有余。他统辖的各公中、牛犋有耕牛一千头，骡马一千七百多匹，羊十二万二千余只，奶牛二千一百头。在后套的田头渠坝上，每天都有上万人在为他出工干活卖力。王同春财富积累的过程和在后套经营土地的其他地商农商没什么两样，一是组织大规模开渠、播种，同时也倒手转租土地；二是做买卖投资生意。在清朝时期，后套是鄂尔多斯的牧场，归属于达拉特旗和杭锦旗管辖。王同春作为土地商人，依靠的对象就是当地的蒙古王公和召庙中的喇嘛。他以极低的成本向他们租来成片的牧场，除去他亲自组织播种生产占去的亩数外，其余的土地则以高价包租或转租给地主，再由地主租给佃农耕种。秋收到了，佃农交租给地主，地主交租给地商，地商除收地租外还收浇灌用的水钱。王同春在经营土地上与其他地商套路基本相同，区别只在于他的渠道长田地广而已。他的隆兴长商号经营的商品达二百多种，茶叶绸布、羊皮驼毛、日用杂货、酿造酒醋、炼铁打铁、修渠配套用具等种类齐全，形成了后套地区的供应垄断，隆兴长一地后来繁荣发展成集镇，直到把五原县府也吸引搬迁过来，商号的作用和影响也有力助推了王同春开渠耕种事业的发展。

光绪十七年（1891）、二十五年（1899）、二十六年（1900）、二十八年（1902），京畿、冀、察、晋、陕数年大旱，王同春四次共调出赈灾粮食九万五千多石，救无数灾民于水火。每逢灾年北方各地灾民逃荒"跑后套"，王同春都开仓施粥广为救济。一八九一年聚集在隆兴长一地的灾民就有四五万人之多，光是煮粥用的大铁锅就摆下一百多口，所用米面都由王同春的各个牛犋轮流运来。在离粥棚不远处，王同春还为露宿野外的灾民们搭起连片的毡房以避风寒，灾民们都喊他王大善人。他对手下人也关怀有礼，遇婚丧嫁娶即赏给定额银钞，逢年过节发放红包，突遇急难便慷慨相助。有不少投奔他来的邢台乡亲，得到他的扶助做了"二地主"。他的善举义行反馈回河北老家，又吸引了顺德府的皮毛业向包头、后套等绥远西部发展，用大乡绅来评价这样的王同春似并不为过。

名声大了就招人眼目，引人不安。光绪二十九年（1903）清政府搞"移民实边"，派贻谷办理蒙地垦务，贻谷委任姚仁山为西盟总办。姚胁迫王同春将其自有的田地灌渠上交归公。无奈之下，王同春将数十年辛勤开拓的水地七千余顷、熟地二万七千余顷和大渠五道、支渠二百七十余条及房舍十八间做了"奉献"。清政府却只付予他一点五万两白银的补偿，还美名曰赏银，这和大白天土匪拦路抢劫有什么区别呢？

民国之后，王同春开发后套的事情受到北洋政府农商部长张謇及地理学家张相文等的关注。一九一四年，张謇聘请王同春为农商部水利顾问，邀请王同春到北京商讨疏浚淮河与开发西北之事。次年王同春随张謇与美国、比利时的两位工程师南下考察淮河，他对淮河的治理意见得到张謇的认可。张相文所著《王同春小传》也于一九一五年完成。一九一六年，王同春受邀到山西朔县指导开渠引浑河水灌田达两千多顷。一九一七年，已经六十六岁的王同春又在后套指挥开凿杨家河，次年又开凿新皂火渠、浚川渠及珊瑚湾渠。其中新皂火渠于一九二〇年竣工，渠长一百二十里，灌溉田亩无数。一九二四年，冯玉祥邀请已是七十三岁高龄的王同春共同商议开发河套，王对冯玉祥拟用本军将士开挖后套河渠的设想深表钦佩，表示将全力支持。一九二五年，国民军开至后套，石友三设总办署于五原，接管各渠道，领兵疏渠种田，修缮乡间道路。王同春协助石友三监察黄河及渠道水利建设，不幸六月中暑于田野，引发痢疾，一病不起，二十八日病逝于隆兴长老营，享年七十四岁，葬于五原城东门外。冯玉祥在包头为他举行了隆重的悼念大会，对他一生奉献于后套水利事业的卓越功绩给予表彰。当地人感恩其开渠治套泽被后人的壮举，集资为他在五原城北门外建起了一座祠堂。每年农历六月初六庙会期间，当地人都要在祠堂前搭台唱戏，在各大渠上放送荷花河灯，以纪念王同春百世流芳的壮举，缅怀他们心中永远的河神，这种活动一直延续到民国结束。

作为我国近代黄河河套地区的主要开发者，王同春开发后套的壮举引得后人很高评价。陈耳东在《河套灌区水利简史》一书中说："他是当时的'水利大王'和'开渠大王'。通过他的治水活动，奠定了近代河套水利的基础。"学者顾颉刚先生也说："绥远一省只有十八个县，而五原、临河、安北三县是王同春开发的。一个不识字的人能赤手空拳创出这番大事业来，那不够我们的纪念？再说倘使官民能够合作，他的成绩又将怎样？所以张相文沉痛地说'王同春是不幸而生于中国'！"

绥远放垦

八国联军侵华战争发生在清光绪二十六年（1900），是以当时的英、美、法、德、俄、日、奥匈和意大利八个国家组成的联军对大清帝国的武装侵略战争。八月十三日北京城破，慈禧太后与光绪帝仓皇出逃，在逃亡途中指定李鸿章为与列强议和全权代表，发布彻底铲除义和团的命令。丧权辱国的《辛丑条约》签订后，一九〇二年一月，慈禧太后由西安回到北京，让她无法面对的不是百姓遭受的苦难，而是巨额的战争赔款将从哪里出。那时清政府全年财政收入不过三千万两白银，对各国的赔款竟达四点五亿两（价息合计超过九点八亿两），推算下来，全国人民不吃不喝也要还三十五年，也就是说慈禧到她闭上眼睛归天的时候也看不到赔款还完。一九〇二年腊月的一天，紫禁城内慈禧太后和光绪皇帝上朝了，慈禧对着满朝官宦开口道：这几日皇帝可是没睡好觉哇，给外国人赔款钱从哪儿来呀？我大清这是赶上了，内忧外患哪！还没这么难过呢，你们都说说，该怎么办哪！文武大臣或垂头不语，或左右察看，没有人敢站出来说话。就在慈禧太后失望至极之时，一个人站出队列，提议将朝廷目前在长城以北用来隔离汉人和蒙古人的那些禁地利用起来，租给汉人耕种，地税等税收拿来还战争赔款。

说这话的人叫岑春煊，曾任广东、甘肃布政使，八国联军侵华危及北京，他率军赴京"勤王"，并一路护驾慈禧太后和光绪皇帝到了西安，因而擢升陕西巡抚，慈禧回京后他即任山西巡抚。当时的内蒙古乌兰察布盟和伊克昭盟的一些地方归山西大同管辖，属岑春煊的掌管范围。他说："晋边西北乌兰察布、伊克昭二盟蒙古十三旗，地方旷衍，甲于朔陲。伊克昭之鄂尔多斯各旗，环阻大河，灌溉便利，以各旗幅员计之，广袤不下三四千里，若垦之十之三四，可当得田数十万顷。"岑春煊说的这一区域就是所谓的"黑界地"，早在顺治年间，清政府为区别管理之便，将长城以北五十里宽，东西约两千里长的地带划为禁区，规定汉族农民不得越过长城进入鄂尔多斯牧地，蒙古牧民也不许来放牧，更不能进入长城内的汉族地区。康熙征噶尔丹后默许汉人出关到"黑界地"耕种，每年向盟旗王府缴纳土地租银，拉开了"走西口"人口流动的大幕。到雍正八年

(1730)再次准许汉人向"黑界地"以北拓地,从五十里扩展到一百里,实际上汉民耕种的地带已经不只是朝廷划定的那些地方了。

岑春煊的这一高招点醒了慈禧的大脑,她一连三次召见岑春煊,商定开发"黑界地"之事。岑春煊给太后算了一笔账:"黑界地"数十万顷土地,要是开发利用好了,朝廷不但增加不少税收,还可以让蒙古人收一部分租金,汉人的吃饭问题也解决了,可谓是一举三得。如果经营得当,朝廷每年能拿到一亿两白银,用不了十年就能还清八国联军的赔款。"黑界地"一开,就意味着要动用蒙古人的土地草场,虽然是按朝廷旨意推行的开垦行为,也难免触及蒙古王公们的利益。事实也证明,后续的开垦根本不限于"黑界地"的那一百里。为稳妥起见,岑春煊又向慈禧太后推荐了一个叫贻谷的人来负责这件事。贻谷,满洲镶黄旗人,光绪十八年(1892)进士,时任兵部左侍郎。光绪二十七年(1901)四月就任钦命督办蒙旗垦务大臣。临行前,慈禧对贻谷说,能不能还了赔款就看你的放垦了。贻谷重任在肩,组班搭伙,于次年五月成立了蒙旗垦务局,开始走马上任。

贻谷在太原组建东路和西路两个垦务公司,东垦负责察哈尔右翼四旗垦务,西垦负责乌兰察布盟和伊克昭盟垦务,以官商合作方式入股运行。但他没有料到,蒙古人并不搭理,而是以草场有限,开垦成田地,牧民的牛羊无处放牧为借口搪塞他。召集蒙旗王公开会,也没有人来参加,他督促上报开垦土地情况,却连一半的数字也报不来。气急败坏的贻谷向朝廷告状求援,朝廷能给他的就是官阶和权力。光绪二十八年(1902)八月,不到半年时间,他就被加授清政府统治蒙古、回部及西藏等少数民族的最高权力机关理藩院尚书头衔;次年八月,又授绥远城将军,并节制山西、陕西、甘肃三省和乌、伊两盟相邻各厅、州、县。身兼四职的贻谷一时权力大增,他文武并用、软硬兼施,撤销反对放垦的盟、旗长职务,武力镇压各旗抗垦斗争，绥远放垦得以全面推开。《清史稿》中说："先后六年，始自察哈尔两翼八旗，而推之二盟十三旗，以及土默特、绥远右卫与驻防马厂各地，凡垦放逾十万顷，东西二千余里。绝塞大漠，蔚成村落，众皆称之。"贻谷用六年时间完成了岑春煊"可当得田数十万顷"的设想。但此时的慈禧已一命归天，大清王朝也快走到尽头，贻谷本人则因"贪残相济、扰害蒙民、败坏边局"的罪名被贬至边陲。今天，我们不知道当年放垦所得的税收银两，在清政府用以偿还《辛丑条约》中赔款所占比重有多大，但自光绪二十六年（1900）起，清政府每年都在按条约如数还款。那些随放垦而涌向关外的大量人口，也在内蒙古草原定居下来，这是自咸丰五年（1855）之后，又一次人口大迁徙，前一次是农民因天灾而自寻生路，这一次却是因国难而背井离乡。

草原抗垦"独贵龙"

土地是农民的命根子，草场当然也是牧民生存的根基。绥远放垦期间，自光绪二十八年（1902）至三十四年（1908）内，绥远地区共垦丈土地七百五十七万一千三百余亩，征得押荒租银二百七十二万七千六百余两；至宣统三年（1911），绥远地区（包括察哈尔右翼四旗）共放垦土地七百九十八万四千二百亩，征得押荒租银二百六十四万一千二百余两（不包括西路公司收入）。这些数字表明了清政府在内蒙古放垦获得的巨大利益，而这些都是贻谷用强制手段搜刮剥夺上来的，其结果必然要引起蒙汉人民的抵制和反抗，以伊克昭盟乌审旗为代表的"独贵龙"运动爆发了。

十九世纪五十年代起，内蒙古伊克昭盟地区就发生了多次规模不等的"独贵龙"运动，这是一种蒙古牧民自发组织的反抗封建王公的斗争形式。

在蒙古语中"独贵龙"是环形、圆圈的意思，即"独贵龙"的成员在举行活动议事时，围坐成圆圈，以示身份均等；在决议和文件等文字材料上需要签名时，成员的名字组成一个无头无尾的环形图案，外人看不出谁是领导者，是一种巧妙的自我保护。这个图案整体的形状犹如一个勒勒车的车轮，圆圈加车辐都由签名组成。

咸丰八年（1858），在丕勒杰等的率领下，内蒙古伊克昭盟乌审旗蒙古族贫苦牧民发动了反暴政、反苛捐赋税的"独贵龙"运动，迫使伊克昭盟盟长与乌审旗札萨克王公等当众宣布减轻赋税，从此"独贵龙"运动开始扩展到全盟。光绪二十五年（1899），伊克昭盟准格尔旗、鄂托克旗、乌审旗、札萨克旗以及附近的阿拉善旗等地的蒙汉人民纷纷组织起"独贵龙"运动，有的还与黄河南岸的汉族农民联合起来，以武装斗争的方式开展反洋教运动。

光绪二十七年（1901），清政府为了偿还战争赔款缓解财政危机，以"新政"的名义取消了对蒙古地区的封禁，开始放垦蒙地，规定开垦蒙地"押荒一半归蒙，升科地全归蒙旗"。蒙古王公获利自肥，故争相报垦，滥垦牧场土地，激起广大牧民的强烈反抗。光绪二十九年（1903），准格尔旗协理台吉丹丕尔联手当地的"独贵龙"，赶走了垦务官员，组织武装抗垦，未久丹丕尔的队伍被清军镇压下去。光绪三十年（1904），乌审旗牧民组成了十二个"独贵龙"，聚集起民众两千多人，成立了总指挥部，开展抗垦斗争。光绪三十二年（1906），杭锦旗厂汉卜罗等领导组成了十三个"独贵龙"，还与纳素朝领导的达拉特旗后套"独贵龙"合拢，制作大旗，收集民间枪支，武装抗垦力量。札萨克旗活佛旺丹尼玛指挥"独贵龙"驱赶垦务官，火烧了垦务局。此外，什拉召、阿拉坦鄂博、包尔哈少等地的"独贵龙"也很活跃，鄂托克旗、札萨克旗、郡王旗也有"独贵龙"活动的踪迹。伊克昭盟"独贵龙"运动的抗垦活动一直持续到宣统二年（1910），从清政府到地方王公受到极大震动，使垦务局和王公们未能如期出卖丈放了的土地。辛亥革命期间，鄂托克旗等地的"独贵龙"武装斗争坚强有力，使王公们不但不敢出卖土地，甚至一度停征了牲畜赋税。

一九一二年，以席尼喇嘛为首的乌审旗牧民组织起十一个"独贵龙"，第二年发展成"六十安达独贵龙"，以强大的阵营带领民众对蒙古王公和和封建特权开展反抗斗争。席尼喇嘛曾遭通缉逮捕，获救后建立了自任团长的民众武装，领导乌审旗牧民推翻了王公政权，建立了"公众委员会"。在乌审旗"独贵龙"运动影响下，杭锦旗牧民也组织起六个"独贵龙"，开展抗垦活动。伊克昭盟的抗垦斗争最终在蒙旗封建主联合发动的武力镇压下相继失败了，"独贵龙"的首领们被清政府流放到湖南、山东等地。凡参加"独贵龙"运动的台吉、牧民均被削职、革爵、鞭杖、罚扣牲畜。但"独贵龙"运动从一个旗几个旗的零星斗争，发展到整个伊克昭盟，对清政府及封建军阀王公在鄂尔多斯地区的统治产生了剧烈的冲击，减缓了放垦给广大牧民带来的压力，虽然发动时间较早，但由于运动本身缺乏统一的领导指挥，没有上升到时代民族变革更新的历史高度，难以汇集成更大的力量，直至彻底动摇封建统治，运动失败的结果是无法避免的。

席尼喇嘛传奇

席尼喇嘛（1866—1929），蒙古族，内蒙古伊克昭盟乌审旗嘎鲁图人，本名乌力吉吉尔格勒。"席尼"蒙古语为"新"之意，即新喇嘛，是蒙古族近代史上杰出的牧民进步运动领袖。

席尼喇嘛出生在一个普通牧民家里，七岁时就到牧主家里当了小牧童。一八八一年,他十五岁,开始在王府跟差,辛苦劳动之余努力学习,掌握了基础蒙古文,成长为一个辨文识字的少年。一八八九年被旗王府选为"笔帖式"(秘书长)。一九〇一年被派做慈禧太后随驾侍从人员自西安到北京。他目睹了清朝统治阶层的腐朽无能和对帝国主义的卑躬屈膝。一九〇四年他辞掉笔帖式,参加到"独贵龙"运动中,为更好地掩护身份,一九〇七年他出家当了喇嘛,因为是半路为僧又有妻室,所以大家都叫他"席尼喇嘛",即新喇嘛。

一九一三年十一月,席尼喇嘛与志同道合的六十余人结拜为兄弟,组成了鄂尔多斯历史上著名的"六十安达独贵龙",抵抗放垦,反抗差徭赋税,提出十二条要求,将乌审旗王爷察格都尔苏荣赶出王府。一九一八年二月的一天晚上,王爷和他的"黄脸福晋"娜仁格日勒在睡梦中被惊醒,席尼喇嘛派去的安达秘密带走了福晋,这个欺压百姓为非作歹的女人被"独贵龙"解决掉了。"六十安达独贵龙"活动开展得如火如荼,盟旗王公们早就想抓住席尼喇嘛灭掉"独贵龙",他们成立了一个"七十安达"来应对席尼喇嘛众弟兄。一九二〇年夏天,因"六十安达独贵龙"在营地防守上出现疏漏被王府从达拉特旗调来的三百多军兵偷袭,席尼喇嘛等多人被俘。在王府的狱中席尼喇嘛被钉上八十斤重的镣铐,受过刑的伤口又化脓溃烂,即使这样,王公们仍然命人押着他到沙乡各嘎查示众。席尼喇嘛全家被籍没为奴,五弟被逼身亡,家产被没收。全旗凡是参加过"独贵龙"的牧民每家重罚一千两银子,人人签名画押,保证永不聚众,并由扎兰、苏木章京负责看管镇压。面对此景,"六十安达独贵龙"的弟兄们决定营救席尼喇嘛,他们与同样反抗王公的一个民间武装一起谋划,加紧劫狱营救席尼喇嘛等人的准备。一九二〇年十一月的一天,乌审旗王府的牢狱外面响起了枪声,一群人冲进王府砸开监狱大门,席尼喇嘛等狱友重新获得了自由。为躲避敌人追捕,席尼喇嘛来到北京,隐居在雍和宫,结识了慕名已久的同乡旺丹尼玛。

旺丹尼玛是伊克昭盟札萨克旗庙的班第达活佛，是鄂尔多斯"独贵龙"运动的早期领导人，对伊克昭盟各旗的"独贵龙"运动都曾给予过支持指导。早在一九一二年他就参加并领导了后套地区的"独贵龙"运动，一九一三年七月被宁夏总兵马福祥诱捕投入太原监狱，面对严刑拷打他宁死不屈，奋力抗争。北洋政府顾及他是活佛，没有对他下狠手，给了他一个陆军总署顾问的虚衔，软禁在北京。席尼喇嘛与旺丹尼玛命运相仿，志同道合，两人经常探讨内蒙古及蒙古民族的奋斗与新生问题。通过旺丹尼玛的引荐，席尼喇嘛也在陆军总署谋到了一个差事，便在北京长期住了下来。

一九二一年，蒙古人民革命党在外蒙古取得胜利，一九二四年建立了人民共和国。此举对内蒙古人民的革命运动产生了影响，在伊克昭盟"独贵龙"运动处于困难的情况下，一九二四年秋天，旺丹尼玛安排席尼喇嘛一行十六人赴蒙古人民共和国，考察学习民族民主革命斗争经验。席尼喇嘛回到乌审旗，联络起包括他十四岁的小儿子贡嘎在内的人员，动身向蒙古国出发。一行人骑着马和骆驼，穿过毛乌素、库布齐沙漠，在三盛公渡口过黄河，翻越狼山出甘其毛都，历尽艰苦终于到达蒙古国首都乌兰巴托。席尼喇嘛等受到蒙古人民革命党领袖乔巴山的热情接待，先后被安排到蒙古国立图书馆和军事学校工作学习，在阅读大量革命经典之后，他写下了《鄂尔多斯乌审召旗升起了革命的曙光》等多篇文章，总结了"独贵龙"运动的经验教训。

一九二五年十月，在第三国际和中国共产党北方局的领导下，内蒙古人民革命党（简称内人党）在张家口召开成立大会，大会提出了反帝反封建的革命纲领和民族平等的政治主张。第三国际和中共都派代表与会，李大钊在大会上作了重要讲话。席尼喇嘛回国参加大会并当选为中央执行委员。旺丹尼玛作为成立筹备人当选为内蒙古人民革命军司令，随后组建了四个连，席尼喇嘛被任命为连长。内蒙古人民革命党党部迁到包头后，成立了三公（军政）学校培养骨干力量。多尔济扎布任校长，孟根昌任教导员，赛兴阿任军事教练员，奎壁、巴彦巴图尔等任教员。一九二六年夏天，旺丹尼玛在回伊克昭盟途经包头时，被特务投毒遇害，归葬于故乡札萨克旗庙。

这年春天，席尼喇嘛回到乌审旗。他重返家乡的消息传出后，"独贵龙"的七百多人聚集在嘎鲁图庙欢迎他。在有两千多位牧民参加的大会上，他宣读了内蒙古人民革命党中央的文件，宣告只有在无产阶级政党的领导下，才能够夺取胜利获得彻底解放的真理。"独贵龙"火焰重新燃起，参加"独贵龙"的群众达到一千多人，内蒙古人民革命党的支部发展到七个，并成立了党的乌审旗革命委员会。

席尼喇嘛脱险后，曾向在包头的内蒙古人民革命党中央委员会提出组建革命武装的设想，经同意后即着手解决武器弹药问题。当时，第三国际援助冯玉祥的武器到了张家口，从中分出五百支步枪给了内蒙古人民革命军。乌审旗"独贵龙"分得一百支，随即在包头组建了乌审旗保卫队，后改编为内蒙古人民革命军第十二团，席尼喇嘛任团长，在长城沿线与北洋军阀和封建王公展开武装斗争，他率领"独贵龙"战士与数倍于己的强敌进行机智勇敢的战斗，多次击败陕西军阀井岳秀和旗王府武装的进攻，一九二七年至一九二八年间，消灭二百六十多个敌人。一九二七年一月五日，趁十二团部分官兵回家过年之际，乌审旗王爷派王府军一百多人偷袭革命军驻地，席尼喇嘛早有准备，率军给敌人以迎头痛击。七日，席尼喇嘛又主动出击，突然包围了王府军，彻底击溃了敌人，部分残余逃到陕北，投靠了国民党军阀井岳秀。二月十三日，革命军一百多人正在乌兰陶劳盖一带驻防，突然从乌兰陶劳盖庙东南的柴达木方向，驰来井岳秀的二百多骑兵，分兵三路，一路直扑十二团驻地，另两路从庙的侧翼包抄过来，准备合围席尼喇嘛的队伍。席尼喇嘛早已掌握了敌人来袭的准确情报，遂布置战士们埋伏在庙西北的山坡上，待敌人靠近时居高临下突然开火。革命军强大的火力把敌骑兵压制在开阔地不能动弹，冲锋号声响起，战士们勇猛冲杀，经过一天一夜的激烈战斗，将来犯之敌赶出了乌审旗。

战斗结束不久，革命军乘势进占了旗王府，宣布成立人民革命政权"公众委员会"。"公会"是乌审旗"独贵龙"群众首创的独特政权，早在清光绪年间该旗的"独贵龙"运动中就已经有过。有所不同的是，此番建立的"公会"完全掌握在党和军队的手中，下设机构有管理指挥部、审判部、军事部、文化教育部等。席尼喇嘛领导的军队纪律严明，官兵一致，他曾对战士们说："我们是人民的军队，不能随便打骂人民和拿老百姓的东西。不然，我们和王爷的官兵有什么区别呢？"

一九二七年九月，窃据内蒙古人民革命党领导权的白云梯投靠蒋介石，革命形势进入低潮。一九二八年冬，乌审旗王爷和军阀井岳秀发布悬赏令，以乌审旗骑兵指挥官官位外加一千两赏银的诱饵，拉拢收买"独贵龙"中的变节分子伺机谋害席尼喇嘛。一九二九年正月初二夜里，被王爷特古斯阿木古郎收买的席尼喇嘛身边的布仁吉尔嘎拉等闯进席尼喇嘛的房间，将这位卓越的民族运动领袖枪杀，英雄终年六十三岁。叛徒和败类后被革命政权处决。

席尼喇嘛是鄂尔多斯"独贵龙"运动的杰出领导者，他领导的形式独特、影响巨大的"独贵龙"运动，给北洋军阀和蒙古王公以沉重打击，在内蒙古民族解放事业的历史上写下了卓越的篇章。人民怀念这位民族英雄，他的故事被写入了诗歌、民歌、音乐和民间故事，至今仍在内蒙古草原上广为传颂。

在今天的内蒙古鄂尔多斯市乌审旗达布察克镇，一座"席尼喇嘛纪念塔"矗立在纪念园中，塔的三层主体呈"独贵龙"的圆形，中间层圆盘上开有十一个圆孔，象征着席尼喇嘛领导的十一个"独贵龙"。一九五八年初建，十年动乱中毁坏，一九八四年重建。

嘎达梅林的故事

一九二九年至一九三一年间，在内蒙古东部哲里木盟（今通辽市）的科尔沁草原上，发生了以嘎达梅林为首的广大牧民群众反抗达尔罕王爷勾结奉系军阀，开垦草原掠夺百姓生产生活资料，给普通牧民生活带来沉重灾难的武装起义，迄今已近百年……

  南方飞来的小鸿雁哪，不落辽河不起飞；要说起义的嘎达梅林，是为了蒙古人民的土地 // 北方飞来海力色雁哪，不落辽河不起飞；要说造反的嘎达梅林，是为了蒙古人民的土地。
  天上的鸿雁从北往南飞啊，是为了寻求太阳的温暖；要说起义的嘎达梅林啊，是为了蒙古人民的草原 // 天上的鸿雁从南往北飞啊，是为了迎接春天的降临；要说造反的嘎达梅林啊，是为了蒙古人民的利益……[①]

嘎达梅林，本名那达木德，汉名孟青山，蒙古族，一八九二年出生在内蒙古科尔沁草原达尔罕旗（今通辽市科左中旗）塔木格勒的满达日哈屯

[①] 蒙古族民间叙事诗《嘎达梅林》。

一个牧民家庭，父亲的名字叫伊德日阿斯郎，家里兄弟四个他最小，东北人叫"老嘎达"。梅林是他的官职，由于后来他当了旗卫队的军官"梅林"，人们就习惯称他为"嘎达梅林"。因为家贫没钱上学，他从小就给别人家放马放羊。一九〇八年十六岁的嘎达到旗卫队当了兵，五年后提升为章京，二十五岁任扎兰。这时他为自己识字不多而感到苦恼，于是开始用功读书习字，为将来的发展做准备。这一年，他和本旗伊申格勒的台吉的女儿牡丹成婚，婚后把家安在了伊申格勒东北十五里的浩林毛都，盖房开地，还雇了四五个长工。一九二五年，嘎达三十三岁时升任达尔罕旗军务梅林，统领着卫队一百二十多名兵丁。

从清朝末年开始，为巩固边防阻止沙皇俄国的侵略，清政府在东部蒙古各部放垦移民。一九一四年二月，中华民国政府内务、农商、财政等部及蒙藏事务局联合制定《禁止私放蒙荒通则》和《垦辟蒙荒奖励办法》，准备大面积开垦蒙地。从一九一六年起，奉系军阀张作霖即开始大量放垦，放垦戍边增强了边防，安置了移民，经济得到一定发展，但却直接损害了众多草原牧民的利益。从一九〇四年白音达赉首发抗垦起义开始，东蒙人民的反抗斗争便风起云涌，势不可当。

一九二二年，张作霖勾结蒙古王公，妄图吞并达尔罕旗肥美的草原。王公们更是贪得无厌，中饱私囊，配合开垦出卖土地。于是草场被剥夺，牛羊失去了牧场，牧民失去了生存保障，被迫离开祖祖辈辈生活的家园。为拉拢王公，张作霖把自己的女儿许配给了达尔罕王爷的长子，还在奉天的小河沿建起一座深宅大院，给王爷做府邸。一九二八年，张作霖在辽源郑家屯设立开垦侵占蒙地的"荒务局"。这时达尔罕旗已有四分之三的土地被放垦，引发牧民们极大的不满、恐慌和抗拒。一九二九年农历正月，眼看着来势汹汹的军阀开垦测量队即将开进，面对身后聚集成群的牧民百姓渴求的眼睛，嘎达梅林抱着能劝谏说服王爷的天真意愿，和另外在群众集会上被推选出来的三个人,带着请愿书来到奉天。达尔罕王爷非但不与相见,还唆使奉天省警察厅逮捕了四位代表,押解回旗王府投进监牢。王公们视嘎达梅林为心腹大患,在牢饭中下了毒药,幸被监狱伙夫发现偷偷倒掉。王爷的走卒还密谋几个人用装满沙子的麻袋压死嘎达梅林,对外宣称他是犯病而死。

嘎达梅林的妻子牡丹是一位大智大勇的蒙古姑娘,她和身边的亲友已经为营救嘎达梅林做了多种准备,只待时机到来。这一年的十一月十三日,牡丹以祭祖为名杀羊备饭,请来亲友同乡商议如何行动。她对众人说:"梅林为了大家被关在牢里,性命危急。今天晚上我要去营救他出来!"隆冬时节,科尔沁草原上北风呼啸大雪纷飞,牡丹带着七个人跑了三十里路,来到监狱近旁。按照计划,两个人做暗哨,五个人摸到监狱外墙下做接应。牡丹只身一人径直闯进看守的房间,面对突然站在眼前的牡丹,两个看守傻了眼。牡丹对他们说:"二位大哥不用害怕,我今天来就是要带嘎达梅林走,你们不要阻拦,日后我会报答你们。"两个看守中的一个缓过神来,大声吼道:"胆大包天,一个女人你敢这样!"牡丹见这二位不吃软的,便倒退一步"嗖"的一下掏出一把手枪,"咔"的一声拉开保险,对准了二人喊道:"快!给我打开牢门!走!"牡丹搀扶着嘎达梅林攀上绳索,成功越狱而去。

像自由的骏马重新奔跑在草原上,出狱后的嘎达梅林开始设想组织人马进行武装抗垦。他的一些老部下,全旗零散的抗垦队伍,仰慕嘎达梅林的为人,慢慢向他集结过来。他的队伍由十几个人发展到一百多人,大家又开始称他为"梅林"。他们提出"打倒测量局,不许抢掠民众"的口号,主动出击攻打军阀垦荒军,赶走测量队,砸毁地界碑,惩治恶霸奸商,穷困牧民们奔走相告,草原上的人们又看到了新的希望。起义军依靠老百姓,为他们撑腰出气,队伍转战于西拉木伦河两岸,与王爷和垦荒军展开激烈的战斗。一九三〇年初春，垦荒军的测量队又来到达尔罕旗境内的驾马吐、舍伯吐和白音太来等土地肥沃的草原，强行丈量土地准备放垦。就在牧民百姓万分焦急之际，嘎达梅林的义军从天而降，迅速击败了垦荒军，赶跑了测量队。他们砸毁地界碑，烧掉契约账簿，牧民百姓们无不欢欣鼓舞，拍手称快。嘎达梅林的草原保卫战屡战屡胜，旗卫队和垦荒军慌了手脚，达尔罕王爷便使出一招，动员嘎达梅林的莫逆之交管旗章京巴珠尔前去劝降。嘎达梅林说："看在你我从前交情深厚的份上，我放你回去。请转告要你来的人，嘎达我铁了心抗垦，只要我活着，就绝不许王爷卖地更不许再开垦我们的草原！"达尔罕旗王爷听到后恼羞成怒，加上招数已经用尽，便派人去向奉天东北军阀求援派大部队来围剿嘎达梅林。嘎达梅林也感觉到应该马上扩充兵力加强防范，招纳活动在各地的"绺子"，联合起来共同抗敌。很快，许多大股小股的人马汇集到义军门下，玉山、黑塔、高山、天龙等各路首领也都站队在嘎达梅林的麾下，到一九三〇年秋季的时候，嘎达梅林的抗垦义军达到一千多人。当时的《蒙藏周报》对嘎达梅林曾经的队伍有如下表述："扎鲁特左旗，因地处极边，东与辽属达尔罕旗接壤，西与察属乌珠穆沁旗暨外蒙古毗连，故盗匪出没无常。……近二年来，因警力单薄，匪势仍猖獗，去冬有大帮马匪孟梅林、洪顺等，率众由达尔罕旗串入境内，始仅三百名，巡扰边境。嗣各股合伙，逾集逾多，迩来竟增至六七百人。……本地蒙汉警兵，虽经年兜剿，只以人少、式微，枪弹不济，莫能御制。"孟梅林即嘎达梅林，洪顺是一个"绺子"头领，后率队加入嘎达梅林的队伍中，成为义军首领。从这篇报道中不难看出，当时起义队伍已经壮大到敌人"莫能御制"的程度。

一九三〇年底，东北军阀应达尔罕旗王爷请求，调动洮南、白城、郑家屯、通辽、开鲁的驻军数千人马，开始疯狂扫荡嘎达梅林的义军。敌军压境，自己的队伍内部也不是铁板一块。义军壮大以后，队伍的成分变得更复杂了，一些"绺子"恶习难改，损害义军声誉的事情时有发生；一些意志不坚定者被胁迫诱惑开了小差；队伍人多，孤军奋战，没有后方支援，给养供应不保；最关键的是，经过屡次艰苦战斗，原有的英勇善战、忠心耿耿的战友牺牲了大半，后续的骨干力量没有培养起来，紧要关头时没有核心的中坚堡垒做支撑。面对残酷的现实，嘎达梅林和牡丹等首领商议决定分散突围，保存有生力量。嘎达梅林的身边留有二百多人，因牡丹妊娠临产，留在一位熟人家里隐藏起来。

嘎达梅林带着队伍到了老北山，准备凭借险要地形抗击敌人，但粮食和弹药的奇缺迫使嘎达梅林只能选择转战突围。有一天他接到情报，垦荒军从奉天得到日本关东军特务赏给的两大马车三八大盖步枪和弹药，于是嘎达梅林决定先突围，然后到舍伯吐劫获这批军火。突围过程中，因敌人在交通路口、村口有了防备，义军每过一处都付出了很大伤亡。等冲出包围，进至扎鲁特旗东边的花结、胡结地方时，只剩下八十多个人，子弹也快要打光了。嘎达梅林派人去给鲁北县长下了通牒，勒令他速送来一万发子弹，不然义军将进占县城。诡计多端的县长当面满口答应，背后却急忙派人把嘎达梅林即将弹尽粮绝的情报报告给了垦荒军头目。当嘎达梅林的队伍行进到前德门苏木庙时，遭到尾随追击的开鲁军的伏击，残酷激烈的近战肉搏使嘎达梅林再次失去了五十多位战友。危难之中他带着余下的三十多人到了达尔罕旗境内的舍伯吐东北的黄花敖包，当他爬上制高点观察地形时，发现了事态的严重。前方山下，初春的西拉木伦河支流乌力吉木仁河（新开河）已经开河，汹涌的河水卷着巨大的冰排形成激流，想要泅渡过河已是危险重重。这时，由东北军第十七旅三十四团团长李守信带队的三个骑兵团一千多个敌人已经从三面包抄上来，"活捉老嘎达！"的疯狂喊叫声传到嘎达梅林的耳朵里，仅凭手下这三十几人根本无法抵挡敌人的进攻。嘎达梅林命令把仅有的子弹集中起来，自己和两名枪法过硬的战友巴布、斯楞格留下阻击敌人，其他兄弟迅速渡河。嘎达梅林看到二十多个战友已经泅渡上岸，便与两位战友纵马跃入河中……据敌酋李守信晚年回忆，当时，他和副官各架一支步枪轮流向嘎达梅林和他的战友射击，有十几个渡河的战士被他们击中落水，嘎达梅林和他的战马渡到河心的时候，一颗子弹击中了他的后背。一九三一年农历二月十二日，三十九岁的嘎达梅林和战友们的鲜血染红了乌力吉木仁河，人民英雄把生命献给了故土家乡。

　　嘎达梅林的武装起义虽然失败了，但东北军阀的放垦行为得到了有力的遏制，起义在一定程度上保护了广大牧民的利益。放垦必然破坏草原，生态随之恶化，今天的科尔沁草原严重紧迫的沙化态势与当年的无序滥垦有直接的因果关系。科尔沁沙地，现在成了一个固定常用的生态名词，沙地的面积已经超过八千万亩，成为中国沙地之最，目前，这片沙地正以每年百分之一点九的速度在持续扩大，直接影响着那里人们的生产生活。

HOHHOT
THE BIOGRAPHY

呼和浩特 传

第六章 风云激荡，土默川走进新时代

荣祥旧照

李大钊与内蒙古革命青年

"一九二一年中国共产党成立后,李大钊同志是我党坚强而优秀的领导者之一。他主要负责领导中共在北方地区的工作。当时,党在领导全国革命斗争的同时,就着手开展少数民族地区的工作。内蒙古是中共首先开展革命工作的少数民族地区,而这个地区在二十世纪二十年代初自发的革命斗争,正是在以李大钊同志为首的北方局党的同志的直接指导和关怀下,才逐步找到了党、找到了马克思主义,走上了正确的道路。"①

中共在内蒙古地区的工作,首先是在蒙古族进步青年知识分子中间开始的。一九二三年八月,受北方区委指示,中共早期党员、土默特旗人荣耀先从北京回到家乡招生,土默特高等学堂的云泽(乌兰夫)、奎子章(奎壁)、多寿(多松年)、佛鼎、孟纯、赵壁臣(赵诚)、春和(高布泽博)、云润、云尚义(勇夫)、云继先、朱世富(朱实夫)等学生和归绥中学的吉雅泰、李裕智、高喜柴等四十多位青年学生,来到北京蒙藏学校学习。早在一九一八年,荣耀先就由土默特旗总管保送到蒙藏学校学习,创办过刊物《蒙古前途》。在校期间入团,一九二三年入党,次年四月北方局指派他入黄埔军校第一期学习,曾任北伐军突击团团长,在一九二八年第二次北伐战争中牺牲,年仅三十二岁。蒙藏学校虽为北洋政府开办的专门培养蒙藏青年的学校,但邓中夏、李大钊、赵世炎、刘伯庄及北方局的

---

① 吉雅泰:《李大钊和内蒙古早期革命活动》。

同志经常来学校讲课，学生们也常到校外参加进步青年们的聚会活动，中共内蒙古早期领导人吉雅泰多次到李大钊同志家中，请示工作聆听教导。一九二三年冬，在京的蒙古族青年乌兰夫、奎璧、吉雅泰、多松年、李裕智、佛鼎、赵诚、高布泽博、云润、孟纯等加入共青团，多松年任支部书记。这年冬天学校放寒假，奎璧没有钱回家只好留在学校，宿舍冷得厉害，奎璧就在院子里跑步取暖。刘伯庄看到后，走近奎璧用手捏了捏他的衣角，没说话就离开了。几天后门房喊奎璧取包裹，疑惑中的他打开包裹一看，是一件崭新的棉长袍。奎璧后来才知道那是刘伯庄用自己的薪水给他买的，这件事让奎璧感动不已，让他体会到了共产党人的朴实平等和对蒙古族青年的真诚爱护。留校期间，李大钊安排奎璧和其他在校同学到北京师范大学补习功课，组织他们阅读《向导》《新青年》《政治生活》，秘密传阅《共产党宣言》，一九二四年乌兰夫、吉雅泰、奎璧、多松年、李裕智成为中共预备党员。

在北京的蒙古族青年进步学生中，吉雅泰与李大钊先生来往较多，是大钊先生家中的常客，他在晚年记叙与李大钊先生交往的文章中写道："那时，蒙藏学校的党组织经常举行党的会议，李大钊和他领导下的北方局的同志们常来参加。他们在会上经常作报告，给我印象最深刻的是他去苏联参加第五次共产国际会议回来后作的一次报告。在北大三院礼堂，我们蒙藏学校几十个党团员都参加了。大钊同志穿一件灰色粗布棉袍，一头浓密的黑发，架着一副无边眼镜，神采奕奕地向我们报告了苏联击败外国武装干涉后，开始社会主义建设的情况。当他谈到苏联如何解决少数民族的问题，逐步实现民族平等时，特别引起了我们的注意和兴趣，差不多每个字都紧扣我们的心弦，我们仿佛看到了自己的未来和希望。"

一九二五年春，李大钊、邓中夏、赵世炎分别找乌兰夫、奎璧、多松年谈话，动员他们运用已掌握的思想理论编写革命刊物，向蒙古族人民宣传马列主义和中共的政治、民族政策。接受任务后，他们马上分工筹备，三人共同写稿，多松年负责编辑，乌兰夫和奎壁负责刻印发行。钢板和油印机是借来的，蜡纸刻笔纸张是他们从生活费里挤出来的，当年四月，蒙古民族第一个革命刊物《蒙古农民》诞生了。创刊号上刊发了"蒙古农民的敌人是军阀、帝国主义、王公""直奉打仗内蒙古农民遭殃""喇嘛应该结婚"等内容的文章，还有一首题为《蒙古曲》的诗歌。李大钊看过后连连称赞道："这些文章写得理论联系实际，针对性很强，很有战斗力。"《蒙古农民》被北方局确定为北京蒙藏学校党组织的刊物。

吉雅泰记得李大钊同志对内蒙古进步青年的引导和关心，他曾十分认真地提醒他们要注意抵制某些人蜕化行为的影响，以确保自己队伍的纯洁。一九二五年秋天，因为请示成立内蒙古人民革命党的问题，吉雅泰来到大钊同志家里，"他对当时我们组织内蒙古人民革命党的工作，作了许多重要的指示，并决定要我们参加这个组织，而且要在这个组织内发挥自己的战斗作用"。这年冬天，在李大钊亲自安排下，北方局从蒙藏学校抽派三批学生外出学习，派乌兰夫、多松年、云润、康根成、荣照莫赴苏联莫斯科入中山大学等院校学习；派奎壁、赵诚、佛鼎赴蒙古人民共和国入党务学校学习，后赵诚、佛鼎转入莫斯科东方大学；派云继先、朱实夫、高布泽博、勇夫、云霖等入黄埔军校学习，贾力更、王建功等入毛泽东主持的广州农民运动讲习所学习。这些来自内蒙古的进步青年在外学习后，回到家乡即进入地方军政系统及蒙旗乡村，开始了中共在内蒙古的斗争活动。

"孤魂滩"事件

距今近一百年前，即公元一九二七年三月二十八日，在归绥旧城南郊一个被当地人称作"孤魂滩"的地方，爆发了一场轰轰烈烈的有数千名"难民"参加的抗议大会，在集会、演讲、辩论后，愤怒的市民、工人、农民、学生与地方绅士、工商界人士、回民驼户屠户等各界人等共五六千之众，冲入旧城，捣毁绥远地亩清丈第一分局和归绥县政府，砸烂政务厅、财政厅和教育厅的牌子，又潮水般涌到新城城下，向晋绥军绥远都统商震请愿。商震令紧闭城门，拒不接见。游行群众齐声高呼口号，从中午一直坚持到天黑。商震迫不得已开门谈判，无奈地接受了代表提出的条件，反抗运动取得胜利，这就是震动整个绥远地区的著名的归绥"孤魂滩"事件。

事件发生一周之后，四月六日的北京《晨报》报道了事件经过，标题为《空前未有之绥远市民示威运动——反对丈量余荒、夹荒，反对开放烟禁，反对扣发流通券》，引发全国的关注。"孤魂滩"事件，是中共在大革命时期依靠统一战线，在内蒙古西部地区领导的一次规模浩大的反帝反封建军阀的胜利斗争，在内蒙古现代史上留下了不可磨灭的印记。

一九二五年初，中共绥远特别区工委在归绥成立，归绥、土默特旗等地分别成立了党团组织。根据中共"三大"提出的与国民党建立统一战线的方针，同年中共北方区委成立了绥远特别区党部，最初的负责人是吉雅泰。

"孤魂滩"的位置在归绥旧城南茶坊与西菜园之间，附近除了东岳庙和孤魂庙外，四周全是乱坟岗子和芦苇滩，是清朝和民国初期的刑场。把难民抗议大会的地址选在这里，不仅地方偏僻不易被官府察觉，也有某种警醒的意味。"孤魂滩"不仅掩埋着成千上万受苦受难者的骸骨，还是一九〇三年反抗放垦的准格尔旗丹丕尔协理台吉、一九一六年反对袁世凯称帝的王定圻先生被反动当局杀害的地方。中国绥远工委领导"难民"在先烈们流血牺牲的地方举行誓师，向阎锡山晋绥军反动政府发起猛烈冲击，具有特殊的鼓舞作用。

国共两党党员和青年团员以及各群众团体的负责人，在总指挥路作霖带领下，于二十八日凌晨就到达了"孤魂滩"。天刚麻麻亮，学生和工人们带着小纸旗子，手握木棒一拨一拨地赶来，一条写有"绥远难民大会"的白布横幅悬挂在一处高的坟岗上，前面是摆好的主席台桌凳。随着国民党党部委员和地方绅士们的到来，大会主席国民党员李正乐致辞，然后是自由发言。先是共产党员杨曙晓站在高处，发表了愤慨激昂的讲演，引得群众沸腾起来。接着国民党员不甘示弱，张遐民代表身穿农民衣服，发出了老农们悲苦的声音。学联主席张焕文、女子师范学生卜效夏、鄂荣光的发言也声音高亢，激情迸发。现场群众的热情被调动起来了，总指挥路作霖下达号令：出发！五六千人的浩荡大军从"孤魂滩"向着旧城进发了。

按提前安排的游行示威路线，由学生组成的突击队开道，游行队伍向北行进拥入史家巷，从大召门前拐进财神庙巷，后面的队伍还没到大召，前面的突击队已经将地亩局砸烂，将卷宗账簿烧毁。队伍来到小什字街的时候，"回民促进会"理事艾辅庭和"明善堂"书局经理赵子南，带领着一群头戴白帽的回民练武青年和几十个信"清佛教"的善友，从马莲滩和小东街赶来声援加入游行行列。队伍经过皮裤裆巷进到大南街，头道巷二道巷的钱庄、茶庄和"上三元"烧卖馆、"裕和兴"纸马栏柜，以及"天顺泰""聚生泰"绸缎庄的商号伙计们，经由"大盛魁"经理段履庄的组织，纷纷打着小旗子跟在队伍后面游行。到达大什字街向大西街拐弯时，北面赶来了火车站铁路工人队伍，他们肩扛斧头手提撬棍迅速加入最前面的突击队中。游行大军力量集中后，攻打了归绥县公署，守卫公署的一个排的军警在群众劝说下没有开枪撤回了公署内。队伍捣毁了知事冯延铸的大厅，又往大北街去包围政务、财政、教育三厅，但听从了部分教师的劝阻只将三厅的牌子砸烂后，便高呼着口号开始向新城进军。此时已是正午十二点钟了。

新城那边闻讯早已将城门紧闭，城楼上架起了机枪，城墙垛口站满了荷枪实弹的兵卒。示威请愿的队伍来到西门外城墙下，无法进城只能高呼口号，数千人的怒吼之声震耳欲聋，都统商震坐卧不宁，茶饭不进，派出秘书长赵伯陶在城门箭楼上向下观察，回报给商震说一大群人斗志坚定，没有撤退的意思。商震打开城门，让刘进仁、张焕文、阎肃、陈志仁等十一位代表进城谈判。城内的谈判进行着，城外的游行队伍已经大半天没有水米沾牙，喊口号把嗓子也喊哑了。路作霖、杨曙晓派学生赶快跑步到最近的姑子板申村叫人烧开水，艾辅庭打发人回牛桥街让回民推着独轮车送来焙子馒头等熟食干货和酱菜，还有跟随队伍的小贩也在附近售卖，算是基本解决了中午的吃喝问题。等天快要全黑下来了，仍不见代表们从城里出来，人群开始不安起来，几个人一把火点着了附近的奶奶庙，给城内施加压力。又过了六个小时，城楼上传下话来：条件同意了！原来，代表们提出的条件商震不敢做主，电话请示在太原的阎锡山，阎考虑了七八个小时，最终回答要商震让步，不要闹出大乱子来。商震得到答复才走进会客厅当面回答代表们的要求：归绥县知事冯延铸撤职，更换山西驻军头目冯曦之事，待请示阎锡山后答复。代表们胜利归来，示威队伍唱起了流行全国的"打倒列强，打倒列强，除军阀，除军阀，国民革命成功，国民革命成功，齐奋斗，齐奋斗！"的歌曲，还有人带头唱起了《国际歌》。人群散去，城里人都各回各家，市郊的五千多位农民则在杨植林、李致芳、梁效儒等的安排下，让"大盛魁"出面号召商铺赶制了一万斤切面外加干货焙子作为晚饭，南柴禾市和西五十家街的大粮仓则成了农民兄弟夜宿之地，大家在温暖和谐的气氛中度过一个难忘的夜晚，一场反对封建军阀官僚、争取基本生存权利的正义斗争以"难民大会"的最终胜利而告结束。

塞北文豪荣祥

时间定格在一九一五年的某一天，身在北京的湖南文人陈兰田在报纸上看到一首题为《赋得门掩梨花谁识面得谁字》的诗句："梨院双扉静掩时，溶溶花月系相思。一枝墙外原非尔，半面门中肯示谁？鸠杖已难通曲径，马缨况复隐崇楣。妒他绿水穿篱入，恋此香风隔圃吹。欲赋仙姿徒想象，将描倩影费猜疑。园丁未敢逢人说，亭午仍防过客窥。背地任教呼素素，朝天终不效师师。兽钉俨似金铃护，葵馆几同铁锁羁。添趣倘容蜂上下，助娇宜许燕差池。玉阶梦断邱为什，霜鬓魂销永叔诗。座满纵然佯北海，宫深无奈闭西施。愿言乞得东邻主，献出琼葩共赏之。"陈兰田也是才气横溢的诗人，见得这首署名"塞翁"的佳句不禁击掌称赞，他猜测这位"塞翁"必定是一位来自北方的老者，便萌生了与之结交的想法。后经同乡文人枫林客牵线见到了令他大吃一惊的这位"塞翁"，原来仅是一位二十出头的年轻蒙古人。

这位年轻人本名荣祥，字耀宸，姓云硕布氏，乃绥远土默特旗美岱召村（今属包头市）人。荣祥的家世为"世代簪缨，塞北望族"，先世可追溯到清雍正年间土默特右旗三甲的鄂勒吉图，他曾带兵赴伊犁、哈密平叛剿匪。其后大习尔麻、巴图吉尔格勒、桃尔户、赞布、扎木森等后传五代多为农人，家境平常，乡邻友善。到第七代荣祥之父都格尔扎布（字昶玉）知书达理，蒙汉兼通，历任旗署笔帖式、骁骑校、佐领、参领，成为政府官员。民国初年，他陪伴乌兰察布、伊克昭两盟蒙古王公进京"翊赞共和"，被民国政府授予副都统，成为土默特旗十二参领中颇具威望的尊者。

都格尔扎布是一位具有历史和民族责任感的人，毕其一生于改善土默特旗的政治文化进步和保障所属旗民的利益。一九一四年，绥远特别行政区拟撤销土默特旗，都格尔扎布携全旗参领向民国政府申告，坚决抵制，保住了旗制。一九一五年，绥远都统署以整顿土地的名义，重新丈量土地，发证收税，侵害了蒙民"户口地"的权利。都格尔扎布身为旗财政科长、垦务会办，向萨拉齐厅垦务局说明"户口地"典与租的不同，为萨拉齐、包头地方的旗民争取回"户口地"的永租自主权及收使过约、岁租等费的权利。一九二〇年，他与另一位参领贺色奋代表全旗赴京请愿，挫败了绥远实业筹备处以振兴实业、开发矿产为名，剥夺土默特旗大青山矿产自主权的企图。

都格尔扎布通达蒙、汉、满三种文字，曾自撰《土默特旗志》（未刊稿，已失），参与过《绥远旗志》《归绥道志》的编撰，汉译蒙著作稿有《论语》《大学》，晚年曾编辑油印稿《蒙文辑要》，提倡年轻人多学习本民族语言文化，一九二七年病故。良好的家境和父亲的人格品性，在荣祥坎坷人生中起到了决定性的作用，他所具备的坚强个性、不畏强权、读书尊长及家国民族利益高于一切的思想观念，无不来源于父亲。

生于一八九四年十一月二十五日（清光绪二十年十月二十八日）的荣祥自幼聪颖，六岁入私塾，十三岁入归化城小东街旗立第一小学堂，在学习部颁课程的同时，诵读《诗经》《左传》《文选》及唐宋诗词，因学习成绩排名第一，被前来巡视的归化城副都统文哲珲奖励一百文铜钱而名噪一时。一九一一年十七岁考入归绥中学堂，任班长。这年十月武昌起义暴发，革命风云席卷全国，次年初，山西革命军撤离太原后由首领阎锡山带领占据包头、萨拉齐，并准备进攻归绥。一时间归绥地区风声鹤唳，官宦富庶之家惶惶不可终日。归绥道署幕僚俞翰青垂涎归绥中学堂的一笔教育基金白银五万两，企图趁乱借机窃为己有。他串通私党呈请绥远城将军批准他们成立治安维持会，并以归绥中学堂教育基金作为活动经费。归绥中学堂堂长吴福麟闻之大惊，急忙招荣祥和简易师范班班长姚玉枢商量办法。荣祥认为只有上书归绥最高层才能解决问题，于是由他起草了一份文稿上书绥远城将军。文中阐明如若基金被挪用，将来上峰追责，将军必被牵连其中而代人受过。文稿投入将军衙署不久，便得到将军不得动用学堂基金的命令。这年春天，清王朝终结，民国初建，归绥城也走马换将。归绥中学堂易名为归绥中学校，这时一位对荣祥影响巨大的人物出现了，他就是学校新聘任的学监王定圻。

王定圻，字屏章，包头刘宝窑子村人，此人天资聪慧，性格刚勇有大志。早年在归绥中学堂甲班就学时，就曾因带头对抗教师恶行而被开除，一怒之下他徒步千里到太原，考进山西优级师范学校。辛亥革命中他参加革命军，转战包头、萨拉齐，在刀尔什村战斗中表现英勇。在归绥任教期间，王定圻创办了《归绥日报》，此为内蒙古西部地区第一张报纸。在宣传辛亥革命新思想新风尚的同时，报纸开辟了《诗词》、《杂文》、《小说》等栏目。王定圻很欣赏荣祥的文采，学习课间荣祥除了在《归绥日报》上发表一些诗文外，还在上面连载了一部小说《天国革命记》。这是荣祥一生中唯一的一部小说，内容贴近当时的现实，他把孙中山先生领导的辛亥革命事件演绎转化为孙大圣在天国发动革命，推翻玉皇大帝统治的故事，因情节生动有趣，受到很多青年读者的欢迎，也引起不少保守遗老的指责。都格尔扎布为儿子的将来考虑，让荣祥终止了写作。

一九一三年秋，归绥中学校因校长袒护教师开除荣祥的同学而引发学潮，荣祥是学潮中的主要人物，学潮平息后，他和同班另外两名同学被学校开除。荣祥把情况投信给已在北京的王定圻，表示自己准备赴太原考学。王定圻回函建议他来京就学，荣祥遂与同被开除的杨映林、张云汉坐着骡车到大同阳高改乘火车到了北京。

北京宣武门外上斜街三忠祠内的山西会馆，成为他们的落脚之地。因为过了应考时间，三人便读书背诵准备明年报考。这时荣祥的五弟桂祥也从归绥来京求学，兄弟俩同室备学，在归绥遭遇的不平与烦闷也一扫而光。在北京荣祥每月由土默特旗公署发给六十元助学金，生活无忧。一九一四年，袁世凯就任大总统后，解散议会，驱逐国民党人。王定圻拒绝当局的收买，被没收议员证，逐出北京。返回归绥后，王定圻接任归绥中学校长，将《归绥日报》改为《一报》，继续约荣祥写稿，每月定时寄给荣祥十元稿酬，还开玩笑说"课余入梨园，顾曲买票，亦不为无补也"。不久，荣祥考入中央政法专门学校法律本科，学业并不费力，他依然痴迷于古典文学和历史，保持写作的习惯。

一九一五年秋，土默特旗辅国公色一峰进京行年班之仪，荣祥为之代拟了一份申请觐见呈文。此文一出手即被争相传阅，在报纸上刊发后，竟引出一位荣祥久违的故人和一段师生情缘。原来，此文被正在琉璃厂浣花书局印书的绥远副都统文哲珲先生看到了，遂经书局经理牛宝璋联络，二人得见，甚是欣喜。文哲珲介绍荣祥拜桐城古文大家姚鼐嫡孙姚永概为师，习练古文，日渐精进。此时的荣祥以"塞翁"笔名在京城报刊上不断发表作品，成为名动一时的文坛新秀。他的社会交际面也逐渐扩大，结识了不少官吏文人，其中与民国政府铨叙局秘书安徽霍邱人王咸宜的交谊，则是传遍当年燕京文坛的一段佳话。王咸宜，笔名片石，散文、骈文、诗、赋及书法俱佳，虽年已六旬，仍为铨叙局局长三多所器重。王咸宜钦佩荣祥的文采，忘记了自己的年龄，亲自登门拜访要与荣祥结拜。荣祥颇感不安，几度推托不下，只得遵从长者与先生交换了兰谱。王咸宜认为荣祥"虽年少，而于词章确有根柢"，因而每次替三多代撰的诗文，都要请荣祥看后才出稿。那年他过六十大寿，诗朋文友多有酬和，荣祥所作《诗翁王片石六十初度作歌寿之》一诗，一经发表便被各报刊转载，轰动京城。

生活的安适，读书作诗，这些并没有使荣祥年轻求索的心安定下来，一九一六年绥远又起匪患，土匪头子卢占魁带着两千多流寇祸害绥远城乡，威胁归绥安全。绥远都统潘矩楹借机构陷杀害了王定圻，罪名是煽动祸乱、结党纵匪。荣祥闻讯悲愤难抑，为其撰墓志铭并作长诗祭祷。一九一八年春天荣祥回到归绥，应归绥道公署之约作命题诗三首，一举夺魁，奖品为湖笔、徽墨、锦笺及《张江陵全集》一部。道尹周登皞赞赏道："荣君以一年轻蒙古人，而有此宏笔丽藻，是马祖常、萨都剌一辈人，后生真可畏也！"荣祥在归绥文坛声名再起，文人墨客们称之为"塞北文豪"。当年夏季，因绥远与山西同属一个议会，荣祥当选为山西议会议员，九月赴太原出席会议，开始步入坎坷仕途。其间，在议员张子腾、刘孔嘉和病重的五弟桂祥等的劝说下，他参加了全国高等法官考试的头场国文甄录试，与七千多名应试者一决高下。考试当天他以四百字短文交了头卷，发榜前他就对刘孔嘉说："兄看榜须看前头，考官若识我文，则我名不当在前十人之外。考官若不识我文，则名落孙山必矣！兄不必大海捞针也。"张榜那天，荣祥所言果不其然，七千人中只录用五人，他列第五，再次证明了荣祥国文功底的扎实。十月初，年仅二十四岁的五弟桂祥病亡，荣祥悲痛不已，在归绥城郊散心的他，又目睹了当地驻军强征军马草料的场面，引发了他悲愤的诗情，随即挥笔著就长诗《草车行》："防秋粮秣积如阜，尽是良农膏与脂。……柳营但计紫骝肥，荜户谁知黔首泣。……前月西邻尚欢笑，今朝闻已绝炊烟。村农恒产倾十九，虽余十一犹颠连。……不独天涯行路难，故乡亦是难行路。极目神州一怆然，绝少桃源避秦处。"（节选）诗友张玉山评曰"吾绥之诗史"。此诗是荣祥诗歌作品中最贴近平民生活的代表作，也是诗人敢于直面现实淋漓鲜血伟岸形象的生动写照，更为他今后的人生站位竖起了一个支点。

一九二〇年，绥远都统蔡成勋收受伊克昭盟准格尔旗东协理那森达赖贿赂，准许开种违禁的罂粟，各地跟随效仿，绥远地区烟苗如麦苗一般随处可见。蔡某又以禁烟名义四处大开罚单牟取钱财。盛夏时节，荣祥等六位议员从太原回到归绥，惊闻此等怪事遂一同赴京，联名向国务院控告蔡某违法事实，要求撤职查办。岂料内阁总理靳云鹏与蔡某同为北洋系旗下人物，他表面上答应派人查办，私下却告诉蔡某要息事宁人。蔡某请出荣祥好友察哈尔区议员张钦做说客，以每人三千元赠款换取撤诉。荣祥等六位议员不为所动，每隔数日就向国务院递交一份催办呈文，并声言若得不到答复，就在省议会提弹劾案，并通电全国各省议会。蔡某又请出归绥道尹周登皞出面调停，周氏进京见到荣祥等说，如果得不到一点通融，自己也就不好再回到归绥的任上了。荣祥看到自己尊敬的师长的两难之境，在与大家商议后提出四项撤诉条件：一、改撤职为自动辞职，限蔡某两个月内执行；二、改追赃为捐款，蔡某拿出十万元交地方用于公益事业；三、必须清偿累年积欠商会贷款和农会粮秣折价；四、达到上述条件，我方不再追究违法责任。周道尹随即返绥复命，这几条除捐款改为在京、绥两地各买一处大宅作为绥远会馆外，其他均一一照办。

一九二一年五月，宁夏护军使马福祥被任命为绥远都统，荣祥等六位议员与在京的同乡集会，欢迎在北京的马氏及早就任。几年前马氏曾在归绥剿匪，荣祥与之有过交集，便作诗云："欲开紫塞耕云日，须趁苍生望雨时。敬代丰州诸父老，挥毫赋赠迓公诗。"马氏颇为感动，日后对荣祥也多有关照。一九二二年初，绥远当局设立学务局，荣祥任第二科科长。十月绥远师范学校成立，兼任国文教员。但在随后发生的一场冲突中，荣祥却惹了众怒。某天在课上，荣祥不无调侃与鄙夷地对学生们说："现在的白话文没什么价值，像《胡适文存》之类的书，我一周就能写一部。"此言一出立刻招来一片讨伐，学生杨令德在激愤之下，写下"白话通神，《红楼梦》《水浒》真不可思议；古文讨厌，欧阳修、韩愈算什么东西"发泄不满，据说此言出自作家林琴南之口。学生董怡写下"塞北有个大文豪，自大加一点，臭也！"，直接向荣祥开炮，这些话迅速在校园内外传开，历来受人尊敬的荣祥如何忍得这般羞辱，便告到学务局，两个学生被开除了。

而此刻的中国正是新文化运动蓬勃兴发之际，此事引起了北京方面的关注。十一月二十六日的《晨报》刊发了学生刘桂《绥远师范风潮趣闻，学校也兴文字狱，难道这应该开除么？》的文章，讲述了事情的原委，随即在京的绥远籍青年学生陈志仁、贾武、潘秀仁及在归绥的学生杨令德等人在《绥远旅京同乡会会刊》和《绥远旅京同学会会刊》上连续发表文章向荣祥猛烈开火，并大曝荣祥平素不端言语，一时间，荣祥被鄙视为"桐城谬种""选学妖孽"，指责和批判都有过度之嫌。

一九二五年二月荣祥染上肺结核病，到北京治疗养病，次年九月病愈回到归绥。这一年，败退的冯玉祥国民军集结于绥西五原，归绥成了晋军的天下。休养在家的荣祥为二叔女婿满泰的拜访所打动，答应赴京，为满泰的绥远骑兵第一旅打算依附奉系向北洋老将李际春求情。此时奉军正准备西进绥远驱逐冯玉祥的部队，满泰的队伍因荣祥的周旋获准保留。一九二七年春，满泰的骑兵旅被改编为晋军骑兵第五师，满泰任师长驻防包头。荣祥奈何不得满泰，只得随他到包头任中校处长。包头乃绥西重镇，富庶兴旺，但荣祥看到的是军阀混战，民不聊生，站在著名的转龙藏台地上眺望包头城，他的胸中涌出了"胜地虽佳民未乐，伫思何计慰群黎"这样的诗句。这一年，满泰在晋、奉两系之间摇摆图存，荣祥头上的行武军衔也左右易名。一九二八年晋军重新控制了绥远，阎锡山将满泰降为土默特旗总管，荣祥随满泰又回到本旗。旗务并不繁忙。一九三〇年，荣祥将自己多年仅留存下眷稿的二百余首诗编辑成《瑞芝堂诗钞》，交绥远华北印刷局铅印出版，此为土默特蒙古人的第一部汉文诗集，一经出版便引来喝彩声不断。有人发现，直到十多年后的一九四七年，竟仍有人在归绥的报刊上与之次韵唱和，可见影响之深远。

一九三一年二月，荣祥到南京任蒙古各盟旗联合驻京办事处土默特旗代表，四月被推选为国大代表并加入国民党。七月，荣祥应老友郭象汲和绥远省政府主席李培基之邀，出任《绥远通志稿》编纂主任，一回到绥远，他便投入忘我的工作之中。这年八月，一位改写了绥远历史的重要人物的出现再一次改变了荣祥的人生轨迹，这个人就是时任国军第三十五军军长、代理绥远省政府主席的傅作义。傅作义，字宜生，山西荣河（今临猗）人，时年三十六岁。数年前以涿州守卫战而声名鹊起，是一位著名的爱国将领。一九三二年六月，阎锡山任命满泰为中将衔蒙边司令，荣祥任少将参谋长。此时的满泰已患有轻度精神病，许多旗务均由荣祥代理。七月，土默特旗总管满泰病逝，本为虚置的蒙边司令部随之解体。

十月，荣祥就任土默特旗总管，就职仪式由傅作义亲自监督。在面对来访的媒体记者时，荣祥说："余拟首先将内部人员加以整顿，务使振作精神，一除旧习，增加工作效率。"在整顿旗务上，荣祥对旗两翼参佐进行遴选补缺。责令司法部门不得拖延积压案件，对诉讼者给予方便。加强煤炭税收稽查，增加旗政收入。改组包头蒙民生计会。力行旗政监督，缩编旗政卫队，严格枪支管理。在教育整顿上，荣祥亲自兼任土默特旗第一小学校长，并于一九三五年九月恢复了土默特旗公立第一中学。拨专款维修了包头土默特第五小学，该校校长云耀因呈文中出现错别字，被荣祥解职。归绥麻花板村蒙民学校办学成绩突出，荣祥即予以奖励。制定新章，对出国留学生给予额外补贴。在维护本旗利益上，拟定管理办法，呈绥远省政府下令严管公有牧场和火烧地的经营。归绥城内的绥远饭店倒闭出让，他拿出土地与建设的资据与饭店董事会交涉，讨回了属于本旗的收益。

荣祥在主持旗政的同时，仍然每天到通志馆来做案头工作。一九三六年底，修纂达六年之久的《绥远通志稿》终告完成，虽经战乱匪患、时局动荡和生活漂泊，这一凝聚着荣祥半生心血的巨著，以它丰厚扎实的存在成为荣祥等学人留给内蒙古人民的一份珍贵的文化遗产，至今仍然是广大学者文人学习研究地方文史的第一手资料。

一九三一年"九一八"事变后，日寇侵占我国东北，内蒙古锡林郭勒盟盟长、苏尼特右旗亲王德穆楚克栋鲁普（德王）追随溥仪的伪满洲国政府，联络乌兰察布盟盟长云端旺楚克等，于一九三三年七月，在百灵庙发起"内蒙古高度自治"运动。次年四月，国民政府批准成立百灵庙的"蒙古地方自治政务委员会"（蒙政会），指定何应钦为指导长，赵戴文为副指导长，云端旺楚克为委员长，德王任秘书长，"蒙政会"的实际大权由德王掌握。德王的这番操作得到了日本关东军的支持，他本人也被溥仪伪政权封为"武德亲王"。傅作义对德王的行为极为不满，他向中央政府建议将蒙政会一分为二，分设察哈尔省境蒙古地方自治政务委员会（察境蒙政会）与绥远省境蒙古地方自治政务委员会（绥境蒙政会），这样的分治既与德王划清了界限，又对掌控稳定绥远地区的局势有利。一九三六年一月，绥远省境蒙古地方自治政务委员会在归绥成立，伊盟盟长沙克都尔扎布（沙王）出任委员长，各盟旗札萨克王公总管等尽为委员，荣祥自然位列其中。这个蒙政会虽然是傅作义操纵的虚设机构，权力有限，但毕竟是一个可以向最高层表达意见的合法渠道，荣祥也能借此为抗日也为蒙旗做点事情。

三月的一天，荣祥得到旗府人员报告，位于旗政府北面的泰安客栈内设有一架秘密电台，据说是为德王工作的，经请示傅作义后他下令取缔了这部电台。未久，荣祥家中一位不速之客驾临，来人称奉日本驻绥特务机关长羽山喜郎之命，请荣祥赴羽山会馆有要事商谈。荣祥随来人出了门，家人急忙向傅作义报告。在会馆羽山质问荣祥为何取缔日本特务机关电台，荣祥说此电台系我旗所设，因其活动涉及违法，此事纯属我国内政与你方无关。羽山又问即便是贵国内政，也应由省政府处理，何劳阁下越俎代庖？荣祥答我正是执行了省政府的决定。此时，奉傅作义之命派出的绥远省外事部门负责人李英夫带着三十五军一个加强连赶到会馆，羽山不敢把事情闹大，只得放荣祥走人。

这年下半年，傅作义率部在绥东红格尔图、大庙和绥北百灵庙等地重创日伪军，打响了草原抗战第一枪。次年七月七日，卢沟桥事变揭开了中国人民抗日战争的序幕。八月，阎锡山命傅作义第三十五军东进保卫山西，机关与官员也即行撤走。随后，抗日名将马占山的东北挺进军撤退至归绥，部队一时缺衣少食，而地方处于无政府状态。无奈之下，马将军亲自登门向荣祥表明抗战到底的决心，希望荣祥能帮助解决一部分物资给养。荣祥素来敬重爱国有德之人，立即召集归绥地方商、农、工、学等各界代表，在很短时间内为马将军筹款数万元及皮大衣三万件。

席力图召大喇嘛萨木腾来拜会荣祥，递上一封德王写来的信，信中要荣祥与之携同为民族振兴而合作。看过书信，荣祥站起身来对萨木腾厉声说道：你竟敢为一个叛国投敌分子送信，念你是本旗人就免你一过。否则，我把你交给马占山将军处置！你告诉德王，个人走个人的路，请他不要再和我联系！但荣祥的言行并不能代表本旗府中其他人的想法，森额、常龄、克寿卿等参佐暗中搞了一个土默特旗旗务委员会，准备在归绥沦陷时迎接德王。旗府上下一时烟雾笼罩，有人为了侮辱荣祥，把他的照片撕碎扔到茅厕里。荣祥没有怪罪他们，在一次公开会议上他说，人各有志，不能勉强，我是不会和日本人合作的。你们谁愿意跟着我，欢迎，不愿跟我的请自便。森额等最终还是选择了留下。

一九三七年九月日伪军进逼至归绥城下，马占山的部队与白海风的盟旗独立旅在郊外与敌激战，但敌我力量悬殊，十月十三日，归绥守军被迫弃城西撤，归绥沦陷。马占山从前线派人送信给荣祥，要他乘火车到包头会合，当荣祥及家人随从赶到火车站时，满目皆是败退的军人和难民，车站上已经没有火车可以挤上去了。见此情景，荣祥身配短刀，静坐不语，似乎在等待最后时刻的到来。混乱中不知过了多久，一列火车从西面飞驰而来，车门上站着荣祥的侄子、本旗保安队长殷石麟，他是在包头奉马占山的东北挺进军副司令黎伯豪之命来接马占山和荣祥的。马占山已在拂晓前向大青山坝口子一带撤退走了，荣祥一家随即登上一节客车车厢，其余四十节闷罐子车里挤满了逃兵和难民，连车顶上也坐着人。向包头开行途径美岱召车站时，因时情急迫荣祥竟无法下车去接还留在家中的女儿。到包头后见到马占山，得知包头也无法守住，荣祥便率随从由二里半渡口乘船渡河，向黄河南岸的伊盟转移。木船行至河中又遭到日寇飞机扫射，刹那间"弹雨注河珠溅白，委卵震岸天无光"，连船工也跳水逃命，小船随水势飘至对岸，荣祥夫妇在殷石麟等部众的搀扶下登上河岸。紧张过后的荣祥此时脸上露出了一丝浅笑，他对身旁的妻子说："今天这澡洗的是不是有点儿盆大水凉啊！"

过了黄河，荣祥一行继续南下，准备在榆林修整后赴武汉向国民政府报告情况聆取指示。国民党榆绥区特别党部负责人徐子良赶到荣祥住地拜会，并将荣祥在榆林逗留的情况电告西安转呈国民政府。驻扎在榆林的晋陕绥边区总司令邓宝珊、第二十二军军长高双成将军等都与荣祥会面，劝他留住在榆林暂避危局。榆林当局随即报请国民政府尽快恢复绥境蒙政会，拨付经费，希望在榆林设立蒙旗宣慰使公署，从事安抚蒙旗的工作。一九三八年二月，蒙旗宣慰使公署获准成立，伊盟沙王任宣慰使，荣祥任公署秘书长。就这样荣祥留在了榆林，直到八年后日本投降才离开。

当时的中国共产党也注意到荣祥在榆林的消息，正在伊盟乌审旗王府从事秘密工作的赵通儒，看到荣祥致伊盟各旗王公的呼吁精诚团结、一致抗日的信函后，对他坚决抗日的立场极为赞赏，相信他是蒙旗抗战所必需的重要人物，赵及时向延安方面作了汇报，还专程来榆林与荣祥见面接洽。随后，中共少数民族委员会书记高岗也亲抵榆林，与荣祥进行了数次面晤。在归绥的德王也不想失去荣祥这样有影响的人物，遂派博仁喇嘛专程带着亲笔信来到榆林，信中他批评荣祥"枉读诗书、思想糊涂"，劝荣祥回到归绥共同从事蒙古复兴大业，被荣祥严词拒绝。

蒙旗宣慰使公署在榆林东山宏景寺成立，在秘书长荣祥的领导下开展了卓有成效的工作。为号召蒙旗人民积极参加抗战，荣祥联络蒙旗独立旅旅长白海风等成立了"蒙旗抗日动员委员会"，荣祥任委员长，白海风等任委员。荣祥还发表谈话："今日我蒙古同胞，如不抗日，即愧对我成吉思汗始祖，今后决以此唤醒我蒙古同胞，共同肩负抗日重任。"他向国民政府西安行营提出要求，释放了被软禁的达拉特旗札萨克康王，缓解了伊盟各旗王公们的不满情绪。日军对在伊盟的成吉思汗八白室陵寝觊觎已久，国民政府为防范日军劫持，于一九三九年春派蒙藏委员会蒙事处处长楚明善、绥蒙指导长官公署石华岩等前来伊盟办理陵寝迁移事宜，不想却遭到沙王等王公们的反对。荣祥当面劝说沙王，迁移是为了确保陵寝安全无恙，将来还会再迁回伊盟。如果祖陵被日本人掠去，影响甚大，你们对全体蒙古人作何交代？沙王等幡然醒悟，成陵遂得以顺利迁移到甘肃兴隆山。荣祥则以起陵致祭官的身份参加了成陵的西迁。他还利用自身的影响力，对土默特旗及邻近地区的伪军做策反工作。一九四一年间，就有伪绥西联军连长马占彪、伪东亚同盟军连长李占元、伪绥西联军团长辛子纲、托县河口镇伪保安大队长任殿邠等几路人马二百多人携武器前来投诚。

国民政府上层对荣祥是比较看重的，一九三八年七月荣祥在汉口参加第一届国民参政会时，即受到蒋介石的接见。次年二月在重庆参加第二次会议时，蒋介石约他面谈全国抗战问题。一九四二年底，荣祥赴重庆出席边疆教育会议，又受到蒋的接见。这一次，蒋已得知荣祥的次子曾在延安民族学院学习过，但仍与荣祥谈及蒙古族青少年投向延安的事情。荣祥说这是因为共产党方面有专门机构和人员在做这项工作，而国民政府却没有。他建议政府应该在蒙旗增办学校，用于青少年的培养。蒋氏很满意荣祥的建议，指示他与教育部长朱家骅就此问题深入会谈。随后教育部在伊盟七旗各设立了一所国立边疆小学，可能就是这次谈话的一个直接结果。

榆林邻近延安，由于共产党抗日统一战线的影响及镇守将军邓宝珊不愿反共等原因，榆林的军政当局与延安方面的关系比较和缓，常有高层人物相互往来。延安方面的高岗、王震、南汉宸等都到过榆林，受到邓将军的友好礼遇。身在榆林的荣祥自然受到延安方面的关注，中共提出要"加强帮助绥蒙宣慰使署"，使其"成为号召蒙人抗日的旗帜，成为团结蒙人抗日的中心"。王震就曾亲自到榆林城外南郭庄的盟旗宣慰史公署看望过荣祥，带来延安出版的图书、报纸，之后还陆续寄来《解放日报》《中国文化》等报刊。荣祥南下汉口、重庆开会曾五次途经延安，两次见到毛泽东、朱德、高岗、叶剑英等中共领导人，均受到优厚接待。有一年榆林遭遇粮荒，延安方面随即送来十石小米，极大缓解了宣慰史公署的困难。蒙旗青年投奔延安或延安方面的人员路过榆林，荣祥也是尽其所能地给予关照帮助或暗中保护。一九四〇年土默特旗蒙古族青年连文秀、赵壁成赴新三师（乌兰夫所在的部队），次年蒙古族女青年章瑞麟（女英雄乌兰）从延安到新三师工作，荣祥均给予支持协助。一九四二年成新宇（克力更）从延安来，经榆林时被国民党特务跟踪，荣祥派出人马帮助其顺利脱身。

作为一个文人，荣祥在工作与社会活动之余喜欢独处，一个人在家里闷头看书思考。平时来往应酬并不多见，在榆林时也只有邓宝珊、高双成、朱绶光、杨令德几个人可以与他敞开心扉，而其中与邓宝珊相交最密。邓将军是甘肃天水人，与荣祥同庚，他虽为军人，但思想开阔腹有诗书，是一位儒将。某次面晤时他对荣祥说，论道德文章，你当然在大江南北鲜有匹俦，可一搞政治你就不行了。何为政治？说穿了就是两个字："需要！"荣祥点头称是，感慨道："知我者，宝珊也！"邓宝珊有时与荣祥在一起纵论国是、谈诗论艺至东方既白而不觉。某年中秋节黄昏时分，荣祥等待邓将军许久而未至，便随即作诗让传令兵送去，诗云："话别无心到草庐，一庭秋菊影扶疏。期君不至篱边坐，独对银蟾醉玉壶。除夕君曾爽约来，今宵有约又徘徊。果然大将神机密，似我庸人岂易猜。"诗句据事而发，也不无责怪之意。邓将军看过坐不住了，出门上马飞奔而来，两位挚友把酒凭栏，到次日午后将军才离去。某年邓做寿，荣祥赠诗《天水将军行》，邓读罢大喜："宝珊得耀宸兄如椽巨笔之谬奖，得不朽矣！"国民党元老于右任远在重庆，从报纸上看到荣祥的诗后大为赞赏，经邓宝珊搭桥与荣祥结识。一次荣祥到重庆开会，于老请他乘船共游嘉陵江，江风之上二人彼此唱和，甚是欢愉。荣祥晚年回忆道："民国时候认识不少人，但都没有密切的利害关系，只有于右任是作诗的朋友，邓宝珊是谈心的朋友。"

杨令德，这位少年时曾在绥远师范学校因与荣祥对立的"文白之争"中被开除的学生，后来成为《大公报》驻绥远的记者，报界闻人。日寇占据归绥后他举家迁到榆林，一时生活窘迫，荣祥闻之给予及时接济，并介绍他与邓宝珊成为好友，便于在榆林的社会上层活动。在榆林杨令德编辑出版的《塞风》杂志和《塞风社丛书》都得到荣祥的支持帮助。他在《大公报》上专门撰文介绍荣祥，产生很大影响。除去在绥远师范学校那一段不愉快的经历外，杨令德与荣祥的师生加文友的深厚友情是经过时间考验的。

一九四五年八月四日，荣祥在伊盟札萨克旗继任蒙旗宣慰使，十一天后日本战败投降。九月三日上午，札萨克旗各界举行抗战胜利庆祝大会，荣祥担任大会主席，发表了情绪高昂的讲话。当月十六日，他率部属向归绥出发。阔别八年的故乡，此时已是满目疮痍，百废待兴。在不到半年时间里，在荣祥的领导下，旗政机构、保安大队、官渡和学校等得以迅速恢复。但蒙旗的一些基本权利在这八年中遭到当局的侵犯褫夺，荣祥所追求的民族自治梦想在现实面前处处碰壁，他给绥远最高执政者傅作义写信反映也石沉大海，去南京请愿又受到冷遇无功而返，荣祥大失所望，愤而辞去国大代表的立法和监察两院委员的提名，而凭一己之力尽心竭力地惨淡经营着土默特旗这块小天地。

一九四八年秋，中共华北野战军发动第二次绥包战役，一度攻克包头围困了归绥，对傅作义所部形成重压。随着辽沈、淮海两大战役的胜利，平津战役也在京、津、绥地区逐渐展开。面对时局的重大转折，荣祥决心将个人的命运与蒙旗人民的利益凝聚在一起，追求和平，投向新兴的革命力量。一九四九年一月，荣祥参加"绥远和平促进会"活动，向绥远当局建议结束军事对立，释放政治犯，开展和平谈判。七月，绥远当局与中共绥蒙政府达成和平解放绥远的协议后，中共绥远省委驻归绥联络处进驻归绥，开始全面落实和平协议条款。二十三日晚，荣祥急匆匆赶到联络处对联络科长、当年在归绥时他的学生曹文玉说：明天你们千万别出门，国民党顽固分子刘万春要让你们流血！联络处负责人急忙电话通知分驻各处的工作组，但因住在火车站工作组的电话线被切断，致使次日该工作组秘书王士鑫被枪杀于街头，另有三人受伤。

由于刘万春、张庆恩等国民党顽固派的阻挠破坏，绥远和平起义进程十分艰难。八月下旬，傅作义、邓宝珊自北平到达绥远，力促和平起义加快步伐。荣祥对傅作义能否抗拒刘万春等的势力产生怀疑，私下曾与任秉均、胡凤山等议定，以他的名义与中共绥蒙政府联系，必要时不等傅作义，土默特旗与绥东四旗可以联合发表起义通电。九月，和平起义条件逐渐成熟，绥远省政府主席董其武通知荣祥去包头参加起义会议。荣祥因妻子刚刚病故，也因派去与中共绥蒙政府联络的回音还未传过来，他未能赴包。他对准备去参加会议的于存灏、陈志仁说："如果是和平起义，请无论如何替我把名字签上！"

新中国成立后，荣祥担任过绥远军政委员会委员、绥远省政府民委副主任、土默特旗旗长、绥远省文史研究馆馆长、呼和浩特市副市长和内蒙古文史馆馆长等职，表面上看他似乎顺风顺水波澜不惊，其实他的内心深处却颇感不适，因为他毕竟是一个从旧时代过来的文人，面对一个全新的社会总有一些不合时宜之处。在荣祥担任过的众多职务中，文史馆工作才是他最倾心畅快的，当然也是最适合他的工作。一九五六年五月开始，他集中精力投入到《呼和浩特沿革纪要稿》的撰著中来，并于次年三月顺利完成了这部十四万字的著作。几乎就在这部书稿完工之际，全国整风运动开始了，在自治区相关会议上荣祥对官僚主义、形式主义等作风问题提出了严厉批评，成为大鸣大放的代表，未料六月十五日的《内蒙古日报》即对他进行了点名批判。他不得不反复作检讨，其子荣庚麟也发表了批判他的文章，不久，荣祥被确定为极右分子，行政降级，留文史馆工作。

一九五九年《包头市简志》启动，荣祥撰写了"疆域及建制沿革"部分。次年他完成了二万四千字的《蒙古民族起源问题的浅探提纲》一文，对自己年轻时一些不成熟的观点进行了修正。当年六月，荣祥开始参与校订《绥远通志稿》，对重新校订自己从前编纂的文稿，他按捺不住内心的兴奋，以全部精力投入工作，"每天都做到晚上十点多，一字一句，不惜倾半天之力，搬几十本书查对"。一九六一年上半年，馆内领导和同仁向上级反映了荣祥的改变，有关领导也多次找他谈话。九月十五日，荣祥被摘掉了右派帽子。但荣祥依然秉性难改，在赴京列席全国政协会议上，他对所谓赶超英美的"大跃进"运动提出了批评。但无论什么会议活动都没有影响到他对《绥远通志稿》倾注心血，就在书稿即将完成校订之际，"十年动乱"开始了，年逾古稀的荣祥被数次抄家，所藏书籍被劫掠一空。更令他伤心欲绝的是，在呼和浩特市"革委会"某副主任的鼓动下，高校的红卫兵竟将呼市北郊乌素图附近荣祥亡妻的坟墓炸毁，将尸骨抛撒，荣祥在轰轰烈烈的运动中情绪低落，艰难度日。

一九七〇年，内蒙古最高领导机构"前线指挥部"奉陈伯达指示，再修《绥远通志稿》准备内部出版，荣祥再次和同仁们参与其中，不到一年时间书稿校勘完成。但在其后的印刷成书过程中，因陈伯达问题暴露，内蒙古"前线指挥部"下令停印，结果只印装出一部（一至十八卷），荣祥感到在他有生之年恐怕看不到此书的出版了。

一九七二年冬，荣祥大病卧床两个多月，躺在病床上的他回首往事不免感到来日无多，他决定抓紧时间完成自传体回忆录《大青山人自序》，但时断时续，力不从心，到一九七七年冬，脑部疾病导致无法握笔，写作内容的时间停止于一九三五年。风烛残年的荣祥对家人说："我这辈子就做错一件事，那就是不该从政。我死后，不要把我的骨灰放到大青山公墓，那儿有我鄙视的人，我不愿死了还和他们在一起。把我葬在大青山下，将来若是立碑，就写上'蒙古诗人荣祥'吧！"一九七八年一月十九日荣祥在呼和浩特家中安然离世，终年八十四岁。骨灰安葬在他的祖籍包头市土默特右旗美岱召村西北山坡上的墓穴，墓碑上镌刻着"塞北诗人荣祥之墓"几个大字。有《荣祥文集》（上、下卷）行世。

斯文·赫定与西北科考团

一九二六年十一月，瑞典地理学家、考古学家斯文·赫定带领着一支由瑞典、德国、丹麦等六个国家的不同学界的科学家组成的探险队来到中国，此行是受德国汉莎航空公司的委托，为开辟经中亚到中国的航线作气象考察，主要行程经过的地区都是草原沙漠戈壁。尚在筹备中的科考活动尽管得到了北洋政府的许可，但遭到北京学术界的一致反对。谈判的结果是：由中国、瑞典双方共同组成中瑞中国西北科学考察团，科考团中含五名中国学者和四名学生，考察采集和挖掘的一切动植物标本文物矿物质样品等，都是中国的财产。第二年五月，由北大教授徐炳昶与斯文·赫定率领的科考队离开北京，向西北进发。

这是斯文·赫定自一八九〇年十二月首次到中国新疆后第五次踏上这片土地，这一年他已年过花甲。这次一直延续到一九三五年的科考活动，科考队先后发现了内蒙古境内的敖伦苏木古城、黑城遗址等古迹，出土了汉简，在新疆发掘了楼兰遗址，斯文·赫定随后的著作《亚洲腹地探险八年》的出版，让他的名字随着楼兰遗址的发现传遍了天下。科考队成员德国人亨宁·哈士伦在乌兰察布和阿拉善用磁带录制了大量的蒙古民歌，出版了《蒙古的人和神》，专门研究探讨蒙古古老民歌的奥秘，成为国际上研究蒙古民歌领域颇有成就的人物。

作为向蒙古高原及新疆出发的大本营，科考队西行第一站选在了包头，五月九日他们从北平登上火车，次日到达包头，与前期已经在此的队员们汇合。这是斯文·赫定时隔三十年之后第二次来到包头，上一次还是在一八九七年一个寒冷的冬天。当时他的探险队从鄂尔多斯经过冰封的黄河河面，冒着"摄氏零下三十三度"的严寒，"我们骑马进入包头市"。不过他似乎满不在乎，兴致比较悠然，他在《我的探险生涯》中说"再次穿渡黄河的过程相当赏心悦目"，零下三十三摄氏度，骑在马上的赫定感觉到的是妙趣横生。

这一次在包头他们准备好了三百峰健壮的骆驼和驼工，以及野外生存行走所需要的各类物资用具，庞大的驼队开始穿越包头西边的昆都仑河谷，向着阴山以北的乌兰察布草原进发。科考队分成史地考古、地质矿产、气象观测和民俗文化几个小分队，首先在以百灵庙为中心的周边地区开展活动。三十四岁的中方队员黄文弼是北大西北史地学和考古学教授，他卸下行装就开始田野调查，从当地牧民口中他打听到距离百灵庙四十多千米有一座古城，在古城遗址中他和队员们发现了刻有景教图案的墓碑，在佛塔残堆里发掘出经卷和泥质小佛像察察，经初步判断此处遗址为金、元时期突厥汪古部的都城——敖伦苏木。正是黄文弼的发现，引起了当时日本国著名历史学家江上波夫（大陆骑马民族征服日本土著、建立大和王朝概念的提出者）的关注，一九三〇年十月他来到敖伦苏木做过田野考察，测量了古城的东西长度为五百六十米，南北宽度一千〇四十米，并判定"这个古城统辖德宁、砂井、净州、集宁等路。是元代的景教徒、著名的汪古部贵族建造的"。二十世纪八十年代初，他在其著作《骑马民族国家》的汉译者、著名作家张承志的陪同下，再一次到敖伦苏木古城进行了考察。

这一年才二十八岁的北大史地和古生物学助教丁道衡在百灵庙听说了在西北方向的一座高山上，有一座茂明安草原蒙古牧民祭拜的敖包，便独自来到这座山头附近，"甫至山麓，即见有铁矿矿砂沿沟处散布甚多，逾近矿砂逾富，仰视山巅，巍然屹立，露出处，黑斑烂然，知为矿床所在"。一连数日，着了迷的丁道衡采集了多种矿石和岩石标本，经过初步化学分析他认定此地为一处蕴藏丰富、远景广阔、极富开采价值的特大型铁矿。考察结束后的一九三三年他发表了论文《绥远白云鄂博铁矿报告》，两年后地质学家何作霖在白云鄂博铁矿石中发现了两种稀土矿物，他命名为"白云矿"和"鄂博矿"。再后来到一九四四年，另一位地质学家黄春江又在白云鄂博发现了东矿和西矿两大主矿，为白云鄂博稀土铁合金矿的矿藏样貌勾勒出了开发的全景。斯文·赫定在百灵庙对达尔罕、茂明安部落蒙古人的生产、生活做了考察记录，把百灵庙各殿宇绘制成图纸、按比例制作了模型，还收购了大量宗教法器运回北平。

在完成了百灵庙和乌兰察布草原的考察工作后，斯文·赫定与徐炳旭带领着他们的驼队继续西行，穿过乌拉特草原、乌兰布和沙漠和贺兰山，进入苍茫大漠阿拉善地界。斯文·赫定与徐炳旭拜访了阿拉善土尔扈特部王爷，得到了进行考察活动的许可，考察队分头开始工作。徐炳旭、黄文弼等在当地牧民的引导下找到了黑城子西夏遗址，对城址、喇嘛塔、景教念经堂进行了测量，发掘到经卷佛像等文物。瑞典考古学家贝格曼在额济纳旗汉代居延遗址发掘出万余枚汉简，运回北平后引起轰动。德国学者亨宁·哈士伦走访了土尔扈特牧民的一个个蒙古包，请"牙齿都掉光了"的民歌手现场演唱，录制了三百多盒磁带，带回到德国，使古老的蒙古民歌传遍了欧洲和世界。在结束了阿拉善的科考活动后，考察队一行继续向西，经新疆哈密进入罗布泊，继续他们的考古工作。斯文·赫定再次来到他于一九〇〇年四月发现的楼兰古城遗址，开始他未竟的考古探险。

这趟历时八年跨越内蒙古和新疆的科考活动结束后，科考团成员产生了多达五十五卷的《中瑞科学考察报告》，斯文·赫定本人写下了作为此份报告前三卷的全景式描述的五十多万字的《亚洲腹地探险八年》等著作。

此后，一九三三年十月至十二月，斯文·赫定等受国民政府铁道部门的委托，勘测收集修建一条横贯中国大陆的东西交通大动脉所需地质、水文方面的资料。这一次，他从归绥出发，向北经百灵庙，西行额济纳到达吐鲁番、库尔勒、罗布泊，回程从乌鲁木齐、敦煌、嘉峪关经武威、兰州到达西安。沿途收集拍摄到的地质地貌、水文气象照片及绘制的古城遗址的素描图画等资料，为不久的将来包兰铁路、兰新铁路的修建做了早期的设想和准备，这也是斯文·赫定在中国西北所从事的先后五次横跨四十五载春秋，漫长而艰辛的考古探险生涯的最后的尾声。

王若飞在包头、归绥

　　王若飞，一八九六年十月生于贵州安顺一个富裕家庭，八岁时到贵阳读书，参加革命后曾用"黄敬斋"一名做掩护。青年时代参加过辛亥革命和讨伐袁世凯运动，一九二二年六月，在法国与赵世炎、周恩来发起成立"旅欧中国少年共产党"。同年秋，与赵世炎、陈延年等一起，由阮爱国（胡志明）介绍加入法国共产党，一九二三年赴莫斯科东方大学学习。回国后曾任豫陕区党委书记，中共中央秘书长，参与上海工人三次武装起义的领导工作。一九二八年六月，任中共驻共产国际代表。一九三一年七月，中共驻共产国际代表团获悉有关内蒙古得胜旗农牧民自发起来反抗地主王公的斗争情况，决定派王若飞、吉合、潘恩溥三人赴内蒙古成立西北工委，王若飞为工委特派员，吉合任军事部长，组织领导西北地区（陕、甘、宁、晋、绥、新）的革命斗争。同年九月王若飞到达包头，住在城南复成元巷的泰安客栈，与中共西蒙工委负责人乌兰夫建立了联系。王若飞制订了在内蒙古的工作计划："一、按着反对帝国主义，中国国民党军阀及欺骗民族统治的压迫，实现解放的原则，实行民族革命运动和民族自决、民族独立。二、组织西北共产党，领导西北农民反对帝国主义屠杀及中国国民党军阀的压迫与地主的剥削，实行土地革命。三、以宁夏为工作中心建筑军事工作，组织游击队，渐渐成为红军，在军事上行动的第一步打通西北路线。"同时，王若飞在包头开展了许多具体工作，从乌兰夫、朱实夫那里了解了绥远地区党组织、农民协会及内蒙古人民革命党的情况，在绥西宾馆以请客宴会之名召开座谈会，与三德胜（三喇嘛）一同到五原调查了解农会和党组织状况。起草发布了《告全旗蒙民书》："不能信赖国民党，不能信赖班禅，不能信赖王公，五族共和、五族平等全是假话。"号召要发动群众，开展武装斗争，进行土地改革。在绥远地区建立一个党的外围组织"内蒙古平民革命党"，亲自起草了《内蒙古平民革命党宣言》。在王若飞的领导下，乌兰夫扮成商贩到土默特旗美岱召、沙尔沁、把什等村，建立农会发展会员一百多人。在把什村，农会赶走了来征收"锅厘税"的差役，保护了农民的利益。在包头建立国际交通总站，负责中共与共产国际的联系，转送由苏联、蒙古回国和去苏、蒙学习工作的同志，乌兰夫兼任该站站长。各项工作开展得顺利得手，谁料想在十一月二十一日，王若飞意外被包头县警察局拘捕。

王若飞的被捕，令绥远省国民党党部的要员们兴奋异常，感觉钓到了大鱼，即令将王若飞转至归绥市第一模范监狱。在包头监押期间，敌人就以假枪毙威吓王若飞，未能得逞。到了归绥监狱敌人更是企图在他身上打开缺口，追捕到更多绥远省的共产党员。面对敌人的威逼利诱，王若飞"坚不吐实"，慷慨雄辩，表现出高昂的斗志。万般无奈之下，国民党绥远省党部纠集了党政军法要员在绥远省政府礼堂搞了一次集中会审，集体对王若飞开火。参加会审的有绥远省政府主席傅作义、绥远省高等法院院长张钦、绥远省公安局局长郭灵野以及国民党绥远省党部的要员。主审人是号称省党部"哲学家"的纪守光。纪毕业于北大哲学伦理学专业，其父因捕杀共产党人有功而官升至国民党中央委员。

据当年王若飞同志的狱友赵连璧回忆："会审若飞同志的这一天，若飞同志一大早就被提了出去，很晚才回来，连午饭也是在外头吃的。若飞同志回来，一进大门看见我在院子里干活，（他）一只手拽着提脚镣的绳子，两脚迈着宽步，笑眯眯地走到我面前，像报告喜讯似的说：'今—天—辩—得—他们—闭—口—无—言！'语气拉得很长，辩字和闭字发音很亮。"

"这又是一次理论上的胜利？"我惊喜地问。

"若飞同志用同样的语调说：'那——当然是了！他们这些人没什么了不起，什么伦理学家，狗屁不通！那个纪守光只不过是一个党棍罢了。'"

"若飞同志接着说：'会审一开始潘仁秀（国民党党部负责人）就给我介绍纪守光，说这是北大毕业的哲学家、伦理学家，理论上很有建树，一番吹嘘就是想在心理上先压倒我，然后再在理论上压倒我。纪守光问我姓名、年龄、籍贯，又问我都干过些什么工作。我说什么都干过。他说什么都干过，太笼统，说得具体点。把你在共产党里干过的工作、职位都说出来。我说我不想给你们详细说。什么都干过，这还不是许多工作的名称么？纪守光把惊堂木一拍，气呼呼地说：你这样出言无状……根据你包头被捕的情况，你很危险！我说：一点也不危险！我把生死早已置之度外。我不在乎你们的吓唬。相反，真正危险的倒是你们！你们号称是国民党，为老百姓办了些什么好事？你们勾结豪强，镇压百姓，刮民是你们的本性，杀人是你们的嗜好。冤狱遍地，饿殍遍野，老百姓要起来跟你们清算的。你们才是真危险呢！这一下，纪守光、潘仁秀火冒三丈：你敢咆哮公堂！你实在危险至极！我们有权把你处以极刑。我说：你们没有什么好政策。杀人是你们唯一的本事。潘仁秀说：我们堂堂正正的国民党你不信，偏要信一个×××共产党。我说：你们国民党有什么了不起，什么堂堂正正？你们早已脱离了孙中山先生的政策！纪守光说：我们不仅有三民主义五权宪法，而且还有三民主义的理论体系，这在中国是最恰当的理论。我说：这些东西比起马列主义来根本不值一谈。三民主义理论体系在你们看来是看家本领，其实只不过是把三民主义作了一些注释罢了。你们不扶助工农，镇压工农，对外勾结列强，出卖中华民族的利益，早已失掉了人心，背叛了总理遗嘱，背叛了中华民族。只有马列主义才是中国最恰当的理论，马列主义是中国劳苦大众翻身求解放的理论，是现代稀有的哲学，是放之四海而皆准的真理。你们说不适应，这是你们主观的想法。主观，就要碰壁。这才是你们真正的危险！纪守光又重复他那句话。我回答他的还是同样一句话：一点也不危险，我把生死早已置之度外！最后，省党部的人一言不发了。'"

"傅作义一看，若飞同志义正词严，滔滔不绝。党政军法的人理屈词穷，张口结舌。已经有些下不来台，便说：'行了，会审就到这里吧。'便匆匆收场"……

一九三七年五月，在中共北方局的努力营救下，王若飞终于结束了五年零九个月的铁窗生涯。一九四四年五月，作为林伯渠的助手他赴西安、重庆，与国民党政府谈判。他还协助董必武主持中共南方局的工作，十一月起任南方局书记。一九四五年八月，作为中共代表随毛泽东、周恩来参加重庆和谈，他日夜操劳，呕心沥血。一九四六年四月八日，王若飞携带着中共代表团就宪法、国民政府组成等问题同国民党谈判的最后方案，与秦邦宪、叶挺、邓发和黄齐生等，乘飞机离开重庆返回延安。飞机中途迷失方向，在山西兴县黑茶山撞山坠毁，同机十三人全部遇难，王若飞当时年方五十岁。这场震动中外的"四八"空难，当时的解释是天气原因，后来已在台湾的老特工杜吉堂临死之前道出了真相，是国民党特务在飞机高度表和磁罗表上做了手脚，使飞机在即将飞抵延安时突然转向、降低高度而撞山。一九五一年六月，叶挺之子叶正大见到周恩来总理时，总理对他说："关于你爸爸的座机为什么会失事，过去说是飞机遇浓雾撞山失事，今天我可以告诉你，肯定是有人做了手脚，机上的乘客全是我们的人，其中还有我们党的王若飞、秦邦宪、邓发那样的重要负责同志，叶将军被国民党关了五年，可他一出狱就给党中央写信要重新入党，蒋介石是很生气的。老蒋是什么人，我跟他打交道时间很长，了解他的个性。飞机已经到延安上空，为什么一转眼就飞向黑茶山了，这不是国民党特务做了手脚又是什么！"

蒋介石视察归绥

中华民国二十三年（1934）秋，蒋介石偕夫人宋美龄视察了山西、陕西、甘肃、宁夏、察哈尔和绥远等西北、华北十一省，大小十六个城市，历时一个多月行程上万里，是他对北方时间最长的一次巡视。十一月三日，蒋一行从北平出发，途经察哈尔省会张家口市，在那里停留视察后，在察哈尔省主席兼二十九军军长宋哲元的陪同下，乘火车于十六日晚抵达绥远省省会归绥市。绥远省主席兼三十五军军长傅作义及各界代表五百多人到车站迎接，蒋一行下榻于设在公教医院的行辕。十七日上午，蒋介石在行辕接见了绥远各界人士，中午在绥远城西门外的小校场检阅了三十五军队列并训话。下午，蒋一行参观考察了绥远毛织厂、席力图召、农林试验场和图书馆，还到赛马场观看了绥远骑兵表演的骑术。据说蒋对傅作义治下的绥远社会深感满意，一再点头嘉许，特别拨付五万元给归绥兴办畜牧学校，还犒赏了随侍保卫的军警一千元，警察五百元。晚上，蒋设宴招待蒙政会云王、德王，荣祥受邀陪坐。

十八日上午蒋介石乘飞机赴太原。此次归绥之行是他一生中唯一一次踏上内蒙古的土地，用时三十余个小时。

HOHHOT
THE BIOGRAPHY

呼和浩特 传

乌兰浩特，红城光照内蒙古

第七章

"五一大会"旧址

从延安到商都

一九四一年八月，乌兰夫离开新三师从鄂尔多斯回到延安，在新组建的延安民族学院任教育处长。一九四二年十月至一九四三年参加延安整风运动。一九四五年四月，在延安参加中共七大并当选为中央候补委员。乌兰夫在延安的四年，正是抗日战争由战略相持阶段的最艰苦时期转向准备战略反攻，直至取得最后胜利的时期。一九三九年六月，为防止日寇破坏抢夺，在成吉思汗陵西迁之时，乌兰夫和白海风就派出新三师官兵武装护陵。陵榇途经延安时，延安各界举行了隆重的公祭。一九四〇年初在延安建立成吉思汗纪念堂和蒙古文化陈列馆，毛泽东亲自为"成吉思汗纪念堂"题字。一九四一年十一月，乌兰夫以蒙古族代表身份参加了朱德总司令主持的东方各民族反法西斯大会。一九四三年八月和一九四五年五月，乌兰夫在延安先后参加了为蒙古族爱国志士和抗日英雄那素滴勒盖、哈诺墨拉举行的追悼会，后者由乌兰夫主持，他还在《解放日报》上发表了悼念文章。一九四四年四月，由乌兰夫主祭，在延安祭奠成吉思汗。这些活动是中国共产党民族政策的体现，对动员全国蒙古族同胞团结抗日起到了重要作用。

抗战胜利前夕，为加强对绥蒙地区的领导，开展这一地区的工作，中共晋绥分局报中央批准，在山西偏关建立了绥蒙政府，乌兰夫任主席，杨植霖任副主席。日寇投降后，为准备收复绥远省和归绥市，八路军总司令朱德根据中央决定发布命令，委任乌兰夫为归绥攻克后的绥远省主席兼归绥市市长。受命于中央的重托，心中沸腾着民族复兴的热血，乌兰夫告别了延安，随吕正操率领的部队，东渡黄河，经雁北、绥东，九月初到达属晋绥解放区的商都县，政府机关也由偏关迁至商都。商都位于归绥与张家口之间偏北的蒙古高原上，是半农半牧地区，素有塞外小粮仓之称。但日寇长达八年的践踏蹂躏已经使农牧民处于食不果腹、衣不遮体的境地。乌兰夫对这一切了如指掌，他和杨植霖一起带领政府工作班子，广泛宣传中共的主张和政策，放手发动群众，检举和处置罪大恶极的汉奸、蒙奸；揭露国民党反动派妄图独吞抗战胜利果实，随时准备内战的阴谋；积极救济灾民；组织生产，支援前线，发展壮大人民武装；积极培养、大胆提拔蒙古族干部和当地干部，筹备建立民主政权。为了巩固解放区，地方政府在新收复的地区普遍开展了发动群众，检举审判汉奸、蒙奸的斗争，绥东、绥南解放区的群众很快发动起来，根据地得到了巩固和发展。

"单刀赴会"有故事

一九四五年八月苏蒙联军对日宣战，帮助解放了绥远省锡林郭勒盟和察哈尔省在内的广大地区，但在苏蒙联军中某些人的支持下，原伪蒙疆法院院长补英达赉等，于一九四五年九月在锡林郭勒盟西苏尼特旗温都尔庙成立了所谓"内蒙古人民共和国临时政府"。这个"政府"的组员除伪蒙疆的一些上层人物外，还包括一部分不明真相、看不清前途的追求民族解放的蒙古族青年。该"政府"成立后就派人到牧区宣传他们搞"独立"的主张，还派代表去蒙古人民共和国请求支援。中共中央为顺利实施"控制热察，发展东北，取得华北优势"的战略方针，决定派乌兰夫去解决这个所谓"政府"的问题。

十月上旬，乌兰夫赶到张家口见到聂荣臻、刘澜涛等领导同志，聂、刘向乌兰夫传达了中央对内蒙古工作的指示，介绍了已掌握的"内蒙古人民共和国临时政府"的情况，提出解决"临时政府"的问题宜快不宜慢，一致主张乌兰夫尽快出发。考虑到乌兰夫的安全，刘澜涛提出派一支部队随乌兰夫前去。乌兰夫认为解决问题靠的是党的政治主张和民族政策，主要是做思想工作，单枪匹马去虽然有一定危险，但这标志着我们的诚意，如果带军队去，很可能引起对方疑心，不利于做他们的思想工作。虽然说好了不带军队，但聂荣臻、刘澜涛心里一直不踏实，总为乌兰夫的安全担心。临别时，他们紧紧握住乌兰夫同志的手一再叮嘱注意安全。乌兰夫充满信心地说："请你们放心，等着听好消息吧！"乌兰夫只带着奎壁、陈炳宇、田户等几个人就出发了。

西苏尼特旗的温都尔庙位于锡林郭勒盟西部的干旱荒漠草原中，经过日伪近十年的统治，本来就人烟稀少的荒漠草原更显得荒凉，大庙的周围牧民很少，但召庙里的"政府"人员还在敲钟按点上下班。乌兰夫是内蒙古地区的老共产党员，现在的身份则是中共中央候补委员、绥蒙政府主席，在三十年代初，为营救王若飞同志，乌兰夫就曾与这个"临时政府"的主席补英达赉会过面，这回应该是第二次会面了。见面寒暄后，乌兰夫就直截了当地说明来意。补英达赉知道来者不善，但自恃打着"共和国临时政府"的旗号，又得到苏蒙联军和受蒙蔽的蒙古族青年知识分子的支持，刚一接触他就摆出一副很神气的架势，趾高气扬地说："建立内蒙古共和国临时政府是蒙古人的意愿，临时政府是民主选举的，苏方、蒙方都同意。中华民国的中央政府都没有干涉，你们凭什么管？有什么资格插手？蒙古人在北洋和民国时期受汉人欺负，日本人来了又受日本人欺负，已经受够了！日本人垮台了，我们蒙古人不想再受别人摆布！现在刚刚建立起代表我们蒙古人利益的共和国临时政府，谁也休想破坏！什么国民党、共产党，还不都是汉人！我们都不相信，都不欢迎！现在我们只相信自己，谁也不要想再欺骗我们！我们蒙古人要自己起来解放自己！"并说："谁不知道你们是真共产党，假蒙古，你们连蒙古话都不会说，还算什么蒙古人！"接着，补英达赉毫不客气地又说："我们的临时政府刚建立，要办的事情很多，没有时间陪你们。不过你们既然来了，愿意就待几天，我们以礼相待，如果想要干涉我们的事，影响我们的工作，那对不起，只能悉听尊便了！"

乌兰夫神情自若，胸有成竹地扫视了一下周围，对补英达赉说道："补英达赉先生，听了你说的这些话，引起我不少想法。我想先提几个问题，请先生考虑。请问先生，你所说的'蒙古人的意愿'，是指哪些蒙古人？你所说的'民主选举'，是什么样的民主？是哪些人的民主？你所说的苏蒙方同意，具体说是哪个人同意的，他能不能代表他们的党和政府？你所说的国民党、共产党都一样，都欺负蒙古人，有什么根据？你所说的蒙古人自己起来解放自己，是指哪些蒙古人，是什么样的解放？"

稍作停顿，乌兰夫又加重语气说："补英达赉先生，你说我是共产党这不错，说我是假蒙古凭据是什么？请你把凭据拿出来！看来补英达赉先生不欢迎我们。欢迎也罢，不欢迎也罢，我们是奉中共中央之命来解决自己民族的问题，我相信我们一定能完成自己的使命，解决好自己民族的问题。我们既然来了，就要把问题解决好，不把问题圆满解决，我们是不会走的！"

乌兰夫针锋相对的质问，坚定有力的话语，触动了在场的"临时政府"人员的心，跟随乌兰夫同去的人也感到了振奋，信心大增。而补英达赉等人的脸色却显得很尴尬，有些不知所措，补英达赉忙说："云泽先生请不要误会，我们之间是可以商量的。我只是想，我们蒙古人的事，该听听乔巴山的主张。怎么解决内蒙古的问题，要等派去外蒙的代表回来以后再说。"乌兰夫仍然保持着严肃的态度,弦外有音地说:"请好好考虑一下我提的问题,那些问题是怎么回事,你我都清楚,蒙古族老百姓心里也明白。该怎么想,该怎么做,请好好掂量掂量,可不要聪明人办糊涂事,到时候别后悔哟!"

初步交锋之后乌兰夫召集随行的同志们开会,对面临的问题做出分析。他认为"临时政府"当中一些人的想法做法不是偶然形成的,补英达赉等在蒙古人中间还有一定影响。多数蒙古人对中国共产党还不了解,加上日伪时期和之前的反动宣传,不少人对共产党存有疑虑。一些追求民族解放的蒙古族青年,因为对内蒙古的过去和现在缺乏了解,很难不受他们蒙蔽。在特定的历史条件下,苏蒙联军中又有人支持他们,这就增加了问题的复杂性。分析了这些情况后,乌兰夫又说:"看来我们的对手觉得他们在一定范围内还有影响,又有某些人的支持,要和我们争斗一阵子,想分个高低。我们的任务还是很艰巨的!不过,我看他们是枯木残叶,经不住几晃。现在的问题是看咱们怎么个晃法。我的意见是做两方面的工作:一是争取'临时政府'里的青年人,让他们了解真相,认清大势,不再支持少数想搞独立的人,这是挖它的基础。再就是同苏蒙联军支持他们的人直接谈,讲明我党解决内蒙古问题的方针和基本政策,请他们尊重我党意见,不做有损于我党和内蒙古民族利益的事,这就叫断它的腰。一棵树被挖了根,断了腰,你们想想它还能站得住吗?"

乌兰夫实事求是、条理清晰的分析,博得了同志们的交口称赞。他说完后,大家都表示同意他的看法和意见。最后他总结说:"既然同志们同意我的意见,咱们就这么办!你们先在下边和他们的人接触,特别是多和他们中的青年人接触,宣传我们党的主张,讲党的民族政策,提高他们的觉悟。由我出门去见苏蒙联军有关负责人,看看他们是什么态度。然后根据'临时政府'多数人的思想状况,再和他们一块儿谈。要想办法打动多数人的心，把他们中的多数人争取过来。到那时再找补英达赉谈，看他的态度有什么变化，再作最后定夺。"

这时候乌兰夫决定把在商都的克力更调过来，以增加我方的力量。乌兰夫很快约见了苏联驻蒙古副顾问尼古拉也夫，尼古拉也夫很傲慢，一副救世主、教师爷的架子，一开始就以教训人的口气说："你们的内蒙古应该独立，我们解放了这里，补英达赉建立的共和国临时政府是我们同意的，你们应该支持，不要干涉他们的事。"还说了一通为什么支持补英达赉这样做的理由。

乌兰夫听后娴熟地用俄语说："尼古拉也夫同志，苏蒙联军帮助我们打败了日本帝国主义，解放了包括内蒙古的锡盟在内的我国广大地区，我们表示衷心感谢。但是，你们不了解我们中国的情况，对内蒙古的情况也不熟悉。我们中国和你们苏联不同，我们有几千年的文明史，在历史上，我国很早以前就是一个中央集权的统一国家。内蒙古是中国的一部分，生息在这里的蒙古民族是中华民族这个整体中的成员。对于少数民族的问题，我们中国共产党的主张是：革命胜利后，少数民族地区实行民族区域自治。我们党在早年曾经设想过革命胜利后实行联邦制，但后来在实践中认识到，那样做不适合我们的国情，也不符合少数民族的意愿，已经被否定了。我希望你能尊重我们党的主张和政策，配合我们的工作。"

乌兰夫耐着性子反复讲了这些道理后，尼古拉也夫仍坚持自己的态度，不同意撤掉补英达赉的"临时政府"。乌兰夫火了，和他吵了起来："我是中国共产党中央候补委员，我受中共中央之命，来这里解决在你们的支持下搞起来的这个'内蒙古人民共和国临时政府'的问题。我已经向你讲了我们党的主张，我们党不主张内蒙古独立，不同意建'共和国临时政府'。苏联和蒙古都是社会主义国家，你们这样搞，在外蒙国内和国际上对我们党都有不良影响。我说的话是代表我们党中央的，你的意见是不是代表联共中央？如果能代表联共中央，请你写下来！"尼古拉也夫呆呆地听着乌兰夫说，他既不肯改变自己的主意，也不敢说他能代表联共中央。乌兰夫适可而止，缓和下来语气说："请你考虑一下，我们以后再谈。"

杨植霖与赶来的克力更等同志也在紧张地工作着，他们利用各种机会与"临时政府"的人接触交谈，化解矛盾效果明显。其中不少人已对补英达赉产生怀疑，思想开始了变化，想深入了解中国共产党的主张。乌兰夫认为时机已经成熟，决定约"临时政府"的青年人一起座谈，座谈时乌兰夫肯定了蒙古族青年知识分子热爱自己的民族、追求民族解放，是进步的表现。同时也指出，他们对中国和内蒙古革命斗争的历史不了解，对当前国内国际斗争的复杂性不了解，只凭热情很容易上当。为了启发他们，乌兰夫给他们讲内蒙古革命历史，讲中国共产党的民族政策和解决内蒙古问题的方针，揭露日本帝国主义和历代反动统治者的民族压迫政策，揭露德穆楚克栋鲁普一伙投靠日寇、出卖民族利益的行为。乌兰夫说的很多事情和道理，他们都是第一次听到，越听心里越明白亮堂。乌兰夫拿出一张《晋察冀日报》给他们看，他们从上面刊登的汉奸、蒙奸名单中，看到有德穆楚克栋鲁普、李守信和补英达赉的名字，都感到很惊讶。乌兰夫因势利导，在青年们思想剧烈波动的时候说："曾经认贼作父、为虎作伥的人，不反省自己的过去，摇身一变就成了革命者，就成了蒙古民族利益的代表，对这样的人我们能相信吗？""我们是要为自己的民族着想，蒙古族是要自主，是应该有代表自己民族利益的政府。但是现在这个'临时政府'不行，它的人员构成，特别是主要成员不具有代表性！如果不马上撤掉'临时政府'，那就要改变它的成分，换主要领导人，让受蒙古族农牧民和各界人士拥护、有革命斗争经验、真正代表蒙古族民族利益的人参加进来。"这是乌兰夫根据实际情况，分析了各类人员的思想状况和他们的接受程度后，构想的拟分两步走的解决办法。就是先进入这个"临时政府"，把它作为一股政治力量掌握起来，然后再作进一步解决。

事实证明这个构想是切实可行的，在当时它既能够为多数人所接受，又能最终执行中央的要求。经过几天的接触交谈，"临时政府"的多数人不仅对中国共产党和当前时局有了一定认识，同时对乌兰夫和他带去的人，对补英达赉等跟随德穆楚克栋鲁普效忠日寇的人，也有了认识。工作做到了这一步，支持补英达赉的苏蒙联军负责人的思想也有了转变，他又收到了马林诺夫斯基元帅查问此事缘由的电报，便不再固执己见。乌兰夫和身边同志商量后，又征得补英达赉和"临时政府"多数人同意，决定就地重新选举"临时政府"组成人员。

温都尔召庙的天空上接连刮了几天的风沙终于停了，这一天大庙里人头攒动，彩旗飘扬。选举结果乌兰夫以最高票数当选为主席，奎壁等当选委员，补英达赉保住了委员职务。为最终解决问题，乌兰夫决定把这个"临时政府"迁到在解放区的张北县。他跟大伙说："苏尼特右旗是纯牧区，没有粮食，牧民的牲畜被外蒙的军队赶走了不少，肉食也很缺乏，咱们这么多人挤在一个庙里，吃的烧的都成问题，长期在这里待下去，困难必然会越来越大。从长远考虑，我主张把'临时政府'迁到张北县去。张北县属察盟地区，以农为主，离牧区不远，又靠近张家口，生活问题比较容易解决，也便于对外联系。"大家觉得乌兰夫说的有道理，大多数人同意迁址，就这样两辆大卡车拉着"临时政府"到了张北县。乌兰夫需要去到晋察冀中央局汇报，临行前他安顿"临时政府"的人，"临时政府"暂时停止活动，以后怎样等他回来再说。从此以后，"内蒙古人民共和国临时政府"再没有活动过，用乌兰夫的话说，叫作"让它自生自灭了"。

周恩来总理在中共"十大"召开前夕，为了驳斥江青一伙诬蔑乌兰夫想搞"大蒙古帝国"，当成吉思汗第二，就曾以他处理"内蒙古人民共和国临时政府"问题为例明确指出:"抗战胜利后,党中央派乌兰夫同志去处理某些人搞的'内蒙古人民共和国临时政府'的问题。他单刀赴会,不发一枪一弹就把问题解决了。这充分说明在维护祖国统一的问题上,他是非常明确,非常坚定的!同时也表现了他的大智大勇。对一个在维护祖国统一方面为党、为国家、为人民立过大功的少数民族干部,怎么能说他反党叛国搞民族分裂呢?"周恩来的这一评价,使当时不可一世的江青等哑口无言,这也是给予乌兰夫的最公正、最权威的评价。

创建自治联合会,实现东西部统一

一九四五年底,中共中央和晋察冀中央局、晋绥分局几次电报协商,中央在给晋察冀中央局和晋绥分局的电报中说:"同意先建立内蒙古自治运动联合会,宣布纲领,发动广大蒙民,准备将来建立内蒙古自治政府。""在各省区之蒙民可成立地方性质之自治政府,分别归绥、察、热省政府领导。各盟旗自治政府目前可进行以下工作,如颁布简明纲领,建立地方武装,提拔培养当地蒙古干部,检举蒙奸,举办有利蒙民的各种文化、经济及社会公益等建设事业。""暂规定大的方针政策由中央决定,实际工作由晋察冀中央局及晋绥分局分别自行处理,而以乌兰夫同志和两个中央局联系,以筹划共同的行动方针及统一步骤。至于蒙古干部,应统一由乌兰夫分配。""西蒙情况,望随时电报中央,晋察冀、晋绥及热冀辽均应指定专人负责研究内蒙古问题。"

为了实施中共中央解决内蒙古问题的方针,在解决了"内蒙古人民共和国临时政府"问题后,乌兰夫在晋察冀中央局和晋绥分局的领导下,与派往内蒙古工作的干部一起,着手筹建内蒙古自治运动联合会。一九四五年十一月六日，以乌兰夫为首的内蒙古自治运动联合会筹备委员会在张家口成立。筹委会为联合会的正式成立，在思想、组织和物质方面做了充分的准备。十一月二十六日，内蒙古自治运动联合会成立大会在张家口远来庄礼堂隆重开幕，会场彩旗飘飘，气氛十分热烈。上午十点，代表两百万蒙古族同胞的七十九名代表入场落座。当乌兰夫等主席团成员和刘澜涛、成仿吾、张苏等晋察冀边区及察哈尔省领导人走上主席台时，场内爆发出热烈的掌声。乌兰夫宣布开幕并致开幕词。刘澜涛代表中共晋察冀中央局和八路军晋察冀军区，成仿吾代表晋察冀边区参议会，张苏代表察哈尔省民主政府，先后作了讲话并向大会致以热烈祝贺。

十一月二十七日，会议代表一致通过了《内蒙古自治运动联合会会章》。二十八日，大会以无记名方式选举了内蒙古自治运动联合会执行委员，乌兰夫以最高票数当选为委员，同时当选的还有奎壁、乌兰等人。大会还通过了《内蒙古自治运动联合会成立大会宣言》及全体代表给毛主席、朱总司令的致敬电。二十九日，内蒙古自治运动联合会召开了首次执行委员会议，以无记名投票方式选举了执委会常委，乌兰夫、奎壁、克力更等十人当选，常委会推举乌兰夫为执委会主席兼常委会主席。

内蒙古自治运动联合会成立大会后，大批干部和领导骨干到各盟旗深入基层，发动群众，宣传党的民族政策，宣传贯彻自治运动成立大会的精神。根据形势需要和现有力量，乌兰夫确定先抓四件大事：一是筹办内蒙古军政学院；二是筹备设立盟、旗自治运动联合会分会和支会；三是救济贫困的蒙古族同胞；四是创办《内蒙古周报》。在战后有利形势下，在晋绥、晋察冀、冀热辽三个边区领导的支持下，在各盟、旗先进分子的帮助下，自治运动像春潮一样，迅速涌向内蒙古全区域。上述四项主要工作，在乌兰夫为主席的领导下，取得了积极的成果，自治运动联合会成为发动群众，积蓄革命力量，领导和推动内蒙古革命的旗帜和核心。

一九四五年十二月，东蒙古进步青年包玉昆受内蒙古人民革命党东蒙本部的派遣，长途跋涉来到张家口找到内蒙古自治运动联合会，联系谋求解决内蒙古民族解放问题。此前，哈丰阿、特木尔巴根等发起重新建立了内蒙古人民革命党和由该党领导的东蒙古人民自治政府，组建了东蒙古自治军，控制了内蒙古东部的多数盟、旗。乌兰夫接见了包玉昆，交谈中乌兰夫对东蒙形势有了初步了解。根据党中央指示精神和当时东蒙情况，乌兰夫向晋察冀中央局汇报了自己的想法，决定派刘春带领内蒙古自治运动联合会东蒙工作团，去内蒙古东部区宣传中国共产党解决内蒙古问题的方针和内蒙古自治运动联合会的主张，以谋求内蒙古东、西部在自治运动联合会的统一领导下开展自治运动。

一九四五年底，工作团从张家口出发，经承德、赤峰赴东北。工作团到王爷庙后，即按临行前的部署同东蒙古自治政府的人接触，互通情况，交换意见，共商如何在内蒙古统一开展自治运动，以谋求蒙古民族的彻底解放。工作收到了令人鼓舞的效果，内蒙古人民革命党和东蒙古自治政府赞成东、西部统一开展自治运动，并同意派代表赴承德与内蒙古自治运动联合会的代表共商此事。于是，东蒙古自治政府的代表和内蒙古自治运动联合会东蒙工作团的同志同时启程去往承德。乌兰夫接到东蒙工作团关于东蒙形势及开展工作情况的报告后，于一九四六年三月下旬率部分准备参加同东蒙代表谈判的成员赶赴承德。

到达承德的当天，乌兰夫就来到内蒙古人民革命党和东蒙古自治政府负责人和工作人员居住的房间，同大家热烈握手，互致问候。虽然是初次见面，但朴素的民族感情紧紧维系着他们，大家无拘无束，彼此都感到热乎亲切。走到特木尔巴根面前时，乌兰夫一下就认出了他："这不是老张（特木尔巴根汉名叫张成）吗？"

特木尔巴根听后一愣，两眼盯着乌兰夫仔细打量了片刻说："你是云泽吧?"

两位老相识再次相逢格外激动,两人紧紧握手,互相拍打着肩膀,兴奋不已。特木尔巴根说:"我听说一九二九年咱们一块儿回国的西部同志都牺牲了,你已经不在了。还传说共产党让一个汉人冒充你云泽的名字来内蒙古搞自治运动。原来你这个云泽是真的!不是假的!"一席话说得大家都笑了起来,乌兰夫也笑着说:"我这个云泽可是地地道道的真云泽,一点也假不了。在西部坚持斗争的同志是有不少人牺牲了,可我这个人命大,几次在敌人眼皮底下溜过去了。看来这是马克思的意思,他还不要我,想让我留下来再多干几年革命!"

"你这个云泽在就好了。我们这么多年不见面了,又经过了那么多复杂的斗争,可是得要好好叙谈叙谈。"特木尔巴根感慨地说。

"是呀!是得好好叙谈叙谈。有不少大事需要咱们办哪!先考虑考虑,好好酝酿一下,改日咱们再慢慢谈。"

未久乌兰夫即与东蒙古自治政府的负责人开始交换意见,不出所料,很快暴露出在实质性问题上的分歧,双方各执己见,互不相让,展开了激烈的争论。但有一点是完全一致的,那就是都主张内蒙古统一起来搞自治运动,都反对国民党反动派的大汉族主义。争论是坦率的,谁都不掩饰自己的观点,双方都是发自内心地想寻求实现自己民族自治的道路。通过深入走访谈话,摆事实讲道理,诚以待人,以心相交,将在中国共产党领导下,进行民族自治的必然性讲清楚,连续几天的谈话对话,使东蒙古自治政府的主要领导人思想发生了转变,认识到只有走中国共产党指引的道路才是唯一正确的道路。一九四六年四月三日,内蒙古自治运动统一会议在承德召开,乌兰夫主持会议并致词,东蒙古自治政府负责人讲话,会议通过了《内蒙古自治运动统一会议的主要决议》,党的领导、自治运动的性质、组织形式、东蒙古自治政府的善后处理、武装部队的归属等重要问题，都在《决议》中加以明确。

这次东、西部会谈，在内蒙古革命史上被称为"四三会议"，"四三会议"成功解决了内蒙古东、西部统一的问题，结束了内蒙古数百年被割裂的历史，使蒙古民族走上了中国共产党领导的人民革命之路。"四三会议"的成功，使内蒙古东、西部的广大地域连在了一起，扩大了解放区，为华北、东北我军取得战役胜利提供了辽阔的战略后方，对实施党中央"控制热察，发展东北，取得华北优势"的方针具有极为重要的意义。

乌兰浩特，红城光照内蒙古

建立了自治运动联合会，解决了内蒙古东、西部统一的问题，实现了内蒙古自治运动的统一领导，团结了东、西部各界人士，扩大了解放区，这就为时机成熟时建立内蒙古自治区奠定了基础。

一九四六年秋，解放战争即将爆发，国民党军队李文兵团从东线，傅作义和阎锡山的部队从西线向张家口大举进攻。工作地在张家口的内蒙古自治运动联合会总部机关，向锡林郭勒盟贝子庙转移，乌兰夫带领自治机关在锡察草原上继续领导内蒙古自治运动。考虑到国内形势的变化和蒙古族各阶层的普遍要求，十一月十八日，中共中央西满分局向中共中央和中共中央东北局提出了建立内蒙古自治政府的建议。中共中央十二月二十六日复电，认为成立内蒙古自治政府的时机已经成熟，指示有关中央局、中央分局提出成立内蒙古自治政府的具体意见，进行必要准备于近期实现。在此之前，晋察冀中央局曾提出让内蒙古自治运动联合会东迁，将工作重点移向内蒙古东部，准备在东北建立内蒙古自治政府。为此，内蒙古党委在乌兰夫主持下，对东迁和建立内蒙古自治政府的问题作了专门研究，决定派人先去冀热辽分局、西满分局和东北局汇报情况，联络洽谈东迁事宜。同时，内蒙古党委和自治运动联合会总部机关准备东迁。

一九四七年新年刚过，乌兰夫和一批机关工作人员一起从贝子庙出发，离开锡察地区向内蒙古东部进发。大队人马车辚辚马萧萧，穿过锡林郭勒草原，先到林东再到王爷庙，途经的地方都是解放区，沿途干部群众热情迎送接待了他们，大家很受感动。乌兰夫曾经说："东迁是一次同群众广泛接触的好机会，也是一次大范围的民意测验，使更多的群众了解了我们，我们也了解了群众，这就自然地增进了群众同我们的感情。"

二月十四日，大队人马到达王爷庙。四月三日至二十一日，内蒙古自治运动联合会执委扩大会议在王爷庙召开，总结一年来自治运动情况，提高各阶层对内蒙古形势的认识，讨论修改《内蒙古自治政府施政纲领》《组织大纲》，提交即将召开的内蒙古人民代表会议讨论。四月二十三日至五月一日，内蒙古人民代表会议召开，在这次会议上，内蒙古自治政府诞生了。

会议中间一些代表对跟什么人、走什么路产生摇摆，乌兰夫随即召开一场摆事实、讲道理、以理服人的大讨论，会议气氛趋于缓和。经过激烈的争论和艰难的思想工作，代表们的认识普遍提高了，绝大多数代表的思想基本得到统一，内蒙古人民代表会议经过充分讨论后，一致通过了《内蒙古自治政府施政纲领》和《内蒙古自治政府暂行组织大纲》，通过了《内蒙古人民代表会议宣言》和向毛主席、朱总司令的致敬电。会议以无记名投票方式选举了内蒙古自治政府和内蒙古临时参议会组成人员。选举揭晓，乌兰夫当选为内蒙古自治政府主席，哈丰阿当选为副主席，博彦满都当选为议长，吉雅泰当选为副议长。原商定的政府委员、临时参议会议员候选人也全部当选。

五月一日，内蒙古人民代表会议闭幕式与内蒙古自治政府成立典礼同时举行。在隆重的典礼上，乌兰夫以政府主席的名义，代表当选的自治政府全体成员庄重宣誓："余等誓以至诚，为内蒙古人民服务，并为坚决争取自卫战争与解放战争之胜利，与彻底解放内蒙古而奋斗！"随后不久，王爷庙的地名更改为乌兰浩特，蒙古语"红色之城"。

内蒙古自治政府的成立，标志着我国第一个省级少数民族自治区的诞生，它比毛泽东主席一九四九年十月一日在天安门城楼宣告新中国成立整整早了两年零五个月。这两年零五个月，内蒙古自治政府同各解放区政权机关一样，是中国共产党领导下的真正民主政权。它们不仅不受国民党反动派把持的所谓中央政府管辖，而且是以推翻其反动统治为目的的高度自治的区域性政权。内蒙古自治政府和其他解放区政权机关的唯一不同之处，就在于它是以居住在祖国北部边疆的蒙古民族为主体建立起来的自治政府。它为解决我国民族问题开了先河，是具有开创性的。

HOHHOT
THE BIOGRAPHY

呼和浩特 传

第八章 『绥远方式』，呼和浩特新生

乌兰牧骑

"绥远方式"

一九四八年的冬天，在绥远省国民党军政人员中蔓延着惶恐不安的情绪，国民党军在辽沈、淮海两大战役中完败，使华北"剿总"司令傅作义的六十多万军队陷入四面楚歌之中。十二月二十二日，人民解放军以迅雷不及掩耳之势，在新保安全歼了傅作义经营多年的王牌三十五军，素以勇猛剽悍著称的军长郭景云战败自戕。二十四日，解放军攻克察哈尔省会张家口，傅作义部十一兵团和一○五军全部被歼。一九四九年一月十五日天津解放，十七日塘沽解放，傅作义逃海之路被截断。

人民解放军自一九四九年元旦之后开始向绥远挺进，驻绥远的国民党华北"剿总"归绥指挥所主任、绥远省政府主席董其武显得有些坐卧不宁。自新保安、张家口战败，他的部队与傅作义其他部队的联系被解放军切断，归绥及绥西被孤悬起来。两年前，傅作义即将担任华北"剿总"司令，总部准备移往北平时，董其武就心有余悸，不愿随傅东去，怕"担不起这个责任"。现在看来，董其武当年的忧虑是有他的道理的。

傅作义早年归属阎锡山，在抗战时期就与共产党有过交往，一九三三年长城抗战曾受到中共的赞扬。一九三六年绥东抗战、百灵庙大捷，毛泽东致电祝贺，并派南汉宸携慰问款、锦旗参加祝捷大会。之后的平型关、忻口、太原几大抗日战役中，傅作义的部队与八路军曾经是一个战壕里的战友。一九三八年，应傅作义要求，中共在陕北为傅部动员补充了三千名新兵，并派遣一批干部到傅作义驻晋西北的部队开展政治和抗战工作，其中，两个师的政治部主任由延安派来的康保安、王庆贞担任。这种合作关系维持到一九三九年傅作义离弃阎锡山投靠蒋介石而结束，蒋派大特务张彝鼎到傅部任要职，傅随后便"欢送"走了延安派来的人员，换上了蒋系之人，从此走上了追随蒋介石的道路。但这条路却越走越窄，越走前景越黯淡，如今已到了山穷水尽的地步，傅被围北平，孙兰峰被打垮，董其武手里的四万多人马也处于外援无望、独自支撑的境地。但董其武并不认为自己面临失败，他还存在一些幻想，在他看来毕竟傅作义手里还有几十万军队，傅也曾对蒋介石说过"还有办法"，事情也许还有某种可能？

在人民解放军的重重包围之下，困守北平的傅作义经过艰难抉择，选择了走和平道路，一九四九年元月二十一日北平和平解放。考虑到傅作义与绥远的深远关系、傅作义与董其武等老部下的深厚关联，中共中央认为绥远问题可以不用战争方式而采用和平方式解决。一九四九年二月二十二日，在西柏坡的毛泽东接见了傅作义、邓宝珊。他说："绥远问题可以采取绥远方式解决。绥远方式就是不用军事作战的一种方式。先画个停战协定线，让董其武先做好他的内部工作。另一方面派个联络组，把铁轨接通了，贸易起来，然后再看董其武将军他什么时候觉得可以举行起义，就什么时候起义。"他还对傅作义说："你也可以先派些人去，协助董其武搞。傅先生你不久也可以去看看你的旧部队。对董其武的经济困难，你去了也可以替他解决解决。"同年三月五日，毛主席在中共七届二中全会的报告中说："绥远方式，……就是说向这一部分军队作暂时的让步，以利于争取这部分军队在政治上站在我们方面，或者保持中立，以便我们集中力量首先解决国民党残余势力中的主要部分，在一个相当的时间之后（例如在几个月，半年，或者一年之后），再去按照人民解放军制度将这部分军队改编为人民解放军。"

同年三月，华北局与傅作义商定双方各派谈判代表问题，中共代表为李井泉、张友渔、潘纪文，绥远方面代表是周北峰、王克俊、阎又文。双方拟定了《绥远和平协议》，五月二十八日由董必武、傅作义代表双方签字。协议主要内容有：双方军队划界，平绥铁路通车通邮，在归绥设一个中共代表联络处，恢复商业贸易等。

七月二十日联络处进驻归绥，当时归绥的社会状况可以用动荡不安、人心惶惶来形容，北平、天津、察哈尔和晋北解放后，这些地方的国民党特务、反共顽固分子都跑到了绥远。华北中统特务头目张庆恩两次飞到绥远，组织指挥破坏和平起义的活动。在绥远军队内部也有以刘万春、鄂友三、乔汉逵为代表的顽固团伙，坚持跟蒋走，反对和平起义，个别部队内甚至有国民党特务携带着电台潜伏（九一九起义后，绥远又有七十三个特务落网，查缴电台十七部）。张庆恩重返绥远后以包头为基地，大搞特务活动，制造了大量谣言，在包头的大街上张贴传单，谩骂共产党，诬蔑和平起义，恐吓军政人员和老百姓，组织暴徒游行示威，沿街高喊"傅作义出卖北平，董其武出卖绥远""打倒傅作义，打倒董其武"等口号，制造恐怖气氛。

《奋斗日报》是傅作义兴办多年的在绥远地区很有影响力的报纸，在和平起义开始革新运动后，言论导向逐步向人民靠拢，宣扬革新和平，刊登进步文章发表解放区的消息，抨击国民党的腐败没落，结果成为特务们眼中的目标。七月十一日晚上十点多，旧城大观剧场和新生堂影院刚刚散场，街上还有不少行人。《奋斗日报》的编辑、记者们正在为第二天的报纸忙碌着，突然楼下两声巨响，枪声喊打声一阵混乱。一伙暴徒冲上楼见人就打，文柜桌椅被掀翻，有人躲闪不及被打成重伤。对傅作义派到绥远进行和平起义的工作人员，顽固派们也不放过。一天鄂友三、乔汉逵和高理亭三个旅长提着手枪闯进康王府，要王克俊出来说话，幸好王住在德王府不在此处，才免遭一劫。但在第三天晚上，德王府后墙突然爆响，院墙被炸去一大截。王克俊那天恰巧住在前院，安全避险。我方派驻归绥的联络处更是特务们的眼中钉，时常受到冲击、谩骂。七月二十四日，联络处铁路工作组的四名同志途经归绥警备司令部门前，遭到三个特务的围攻，工作组的王士鑫等义正词严地训斥了他们，慑于周围的民众，三个特务走开了。王士鑫他们走到纯一善社门前时，尾随而来的特务向他们投掷手榴弹，又开枪射击，王士鑫当场倒地身亡。

　　这一连串事件的发生，令傅作义寝食难安，非常焦虑，思来想去，他决定请示毛主席，自己亲自去绥远一趟。八月的一天，毛泽东、周恩来在中南海丰泽园第三次接见傅作义，毛主席说："事情总是有曲折的，可电告董其武主席多加注意。画停火线这件事，反倒给董其武造成困难了，国民党不给经费了。宜生（傅作义字宜生），你去解决，同邓宝珊先生一起走一趟。绥远的解放，用'绥远方式'不变。将来绥远不用军管，可以成立军政委员会，由傅先生任主任。"此行人民银行为傅作义拨付了十五万元，用以慰问部队。八月二十日，傅作义与邓宝珊等从北平出发，在归绥的三天时间里，他召见当地军政人员和地方绅士，了解他们所思所想，并检阅了部队，向官兵发放了慰问金。之后到归绥、包头间的美岱召暂住，对地方人员及官兵进行了慰问。九月十日傅作义到达包头，召见旅以上干部，向他们阐述为什么要走和平起义道路的道理，号召大家认清形势，走向光明。

　　傅作义回到绥远的消息传到南京，蒋介石来电对傅说："你这次回绥远，如同我当年西安事变回南京一样，一念之差，转成今日危亡之大错，你要接收我的教训，不要自误误国误部下……"李宗仁、阎锡山也电贺傅作义"脱险"。而国民党军统特务头子毛人凤则密电潜伏在绥远的特务头目赵思武，指示："傅作义认贼作父，拱手让出华北。近闻该逆潜赴绥远，企图鼓动部队降匪。着速就地刺杀，本局当有重赏。"对此卑劣行径，傅作义早有估量，他也只能一笑了之，继续将和平起义计划向前推进。九月十四日这一天，塞外包头秋高气爽，蓝天白云，驻包各部队的官兵们列队整齐，军容肃穆，他们集中在包头中学的操场上，准备接受傅作义将军的检阅。负责警戒的部队在认真检查场地及周边的安保情况，一个检查小组在操场旁的一幢房子内发现两挺机枪架在窗口，枪口正对着操场主席台。警卫立即向傅作义报告，大家建议傅将军紧急避险检阅改日再进行。傅将军泰然若定，命令清除隐患，加强警戒，按时检阅。官兵们整齐的队列，震天的吼声，军乐队的喇叭声传至四方。傅将军面带微笑向受检阅队伍致以军礼，对他的部队作了简短讲话。他当然知道他的部队今后将汇入到人民解放军的巨大洪流中去，为解放全中国而冲锋陷阵，想到这里，将军不禁长长舒了一口气。

蒋介石的劝导拉拢，特务们的拙劣表演，内部顽固势力的层层阻挠，都不能动摇傅作义举行起义的决心。起义的时间在一天天迫近，蒋介石使出了最后一招，于九月十七日派军令部长徐永昌飞到包头，徐手持蒋介石、李宗仁和阎锡山的亲笔信面呈傅作义，请傅即刻赴广州。傅作义对徐永昌说："国民党大势已去，我到广州也无能为力了。"徐永昌见傅作义态度坚定，自己来包头的任务很难完成，现在回去也无法复命，就装病待在医院里。而此时距离事先确定的起义日期只差两天了，徐永昌多待一天，起义就会受到干扰阻碍。如果不能按照确定的九月十九日举行起义，第一次全国政协代表大会即将于二十一日召开，起义的意义与影响将大打折扣。时间紧迫，九月十八日傅将军叫来邓宝珊和参谋长李世杰一块商量办法，他对邓宝珊说，你去看望一下徐永昌，我们请他来领导起义，将他一军，看他如何回答！邓宝珊带着新鲜水果和糕点来到医院，坐在床边他慢言慢语地对徐永昌说："你怎么了？病了？这地方气候不太好，要多加注意啊。宜生已经让董主席给你安排好了医院，去住院治疗。还有，我们想请你领衔绥远起义，你就不要再回去啦。起义以后，跟我们一起去北平见毛主席吧！"徐永昌一听顿时两眼发直，脑瓜子上直冒冷汗。让我去医院把我关起来，又让我带头起义？那不成了投降共产党了？想到这里，他连忙说："我的病不要紧的、不要紧的！我现在对共产党还没有认识，明天早晨我就走，不妨碍你们的事情。"邓宝珊又面露诚恳地再三挽留他一同参加起义，徐低头转脸一阵推辞，在第二天即九月十九日——起义当天一早乘机离去。

一九四九年九月十九日，一个历史不会忘记的日子，以董其武主席为首的绥远省军政官员和地方各界代表共三十九人，在绥远省银行包头分行礼堂集会，大家在起义通电文稿上各自郑重签上了自己的名字。《通电》部分电文如下："我们全体官兵、政府工作人员和各族各界同胞，今天在绥远发动了光荣的起义，并庄严地向人民宣布：我们正式脱离依靠美帝国主义的蒋介石、李宗仁、阎锡山等反动残余集团，坚决走到人民方面来……"《通电》回顾了傅作义部在抗战中的光辉战绩，表示要"实现新民主主义，和平建设新绥远、和平建设新中国"。下午一时，傅作义在干部大会上作了讲话，他不无动情地说："过去三年，我领你们走了错路，迷失了方向。这是我一个人的错误，责任在我一个人身上。现在我把大家又引到光明大道上来了！"傅作义将军顺利完成了历史性的重任，下午四时他偕邓宝珊、孙兰峰二位将军乘火车返回北平参加全国人民政治协商会议和开国大典。董其武主席留在归绥处理军政事务，肃清敌特分子，掌控社会局势。

次日，董其武在归绥接到毛主席、朱总司令，以及华北军区司令员聂荣臻、政委薄一波的复电，高度评价了绥远和平起义的壮举，同时给予热情的勉励。为庆祝起义成功，归绥、包头、陕坝等地的军民举行了庆祝大会和游行活动。

九月二十三日，阿拉善特别旗札萨克达理扎雅通电起义，二十七日，额济纳旗札萨克兼防守司令塔旺扎布通电起义。至此，绥远省全境得以解放。

在随后的整编中绥远部队改编为中国人民志愿军第二十三兵团，董其武任兵团司令员，并由其亲自率领赴朝鲜参加了抗美援朝战争。一九五三年部队回国后，二十三兵团改编为六十九军，董任军长至一九六五年达十三年之久。一九五五年董其武被授予上将军衔，一级解放勋章，并任国防委员会委员。用董在二十世纪八十年代时说过的话，是"近几年虽然因为年岁较大不在军队做具体工作了，但是始终担任着高级军职"。一九五三年董其武任六十九军军长，为正兵团级。董在其回忆文章中写道："有一次我到北京开会，毛主席见到我时，问对任六十九军军长职务有什么意见，我回答说没有。毛主席接着对我说：按照正兵团级，应任大军区的副职为宜，但这样就没有兵权了。所以，还是让你当军长，直接带兵，不离开老部队，有职有权。当军长好！"

就傅作义将军而言，他带领他的旧部亲身体验到了毛泽东提出的"绥远方式"是符合实际的，这个"方式"在解放战争建立新中国的过程中，只在绥远使用过一次，绝无二例（毛曾对傅嘱咐过，《起义通电》不要登报，怕别的地方也找来要求照搬，就不好办了）。"绥远方式"是毛泽东斗争与妥协互相联系、协调发展思想的生动实践，尽管困难重重，荆棘密布，但傅先生还是按时办妥了毛主席交给他的事情。毛泽东曾说过："起义有功，既往不咎。"

呼和浩特新生

一九四七年五月内蒙古自治区成立时，解放战争正在激烈进行中，我国大部分地区还掌控在国民党政府手中，内蒙古也只是解放了东部大部和中部的部分地区。那时候，客观上还不可能形成完整的内蒙古自治区。随着解放战争的胜利发展，内蒙古地区陆续得到解放，明确内蒙古自治区行政区域的问题就提上了日程。

所谓内蒙古，是自清朝起对漠南蒙古各部的称呼。清朝将较早内附的漠南蒙古各部称为"内札萨克蒙古"（札萨克，蒙古语"政府、执政官"之意），将后来陆续归附的喀尔喀、厄鲁特等部称为"外札萨克蒙古"，不设札萨克的察哈尔、唐努乌梁海等部为内属蒙古。"内札萨克蒙古"后逐渐演变为"内蒙古"一词。

一九五〇年一月间，周恩来总理通知乌兰夫进京专谈内蒙古自治区划界问题。乌兰夫来到中南海西花厅周恩来办公室时，看到周总理左手拿着放大镜，右手握着一支红蓝铅笔，在一张偌大的中国地图上勾勒着。总理抬起头说："乌兰夫同志，你来，我们共同商定一下内蒙古自治区的划界问题。"他指着标注着大小城镇和红线划定的自治区轮廓，问："你看看这些地区划归内蒙古行不行？"乌兰夫在地图上从东到西扫了一遍，说："行，行。总理对内蒙古的历史版图很熟悉啊！"总理又说："你再看看，内蒙古的版图像不像一匹骏马呀？"乌兰夫端详了一会儿，高兴地回答："像，太像了，这可是一个新发现！"

早在一九四九年初的中共七届二中全会期间，周恩来就曾把乌兰夫整理的一个内蒙古历史基本情况材料批转给与会人员。毛主席提出恢复内蒙古历史上的本来面貌，逐步实现内蒙古东西部的统一，自治区领导机关先由乌兰浩特搬到张家口，待绥远解放后移至归绥。按照毛主席这一意图，中央确定了内蒙古的行政区域。这一意图很明确，就是撤销热、察、绥三省，形成东、西部统一的内蒙古自治区，以彻底改变国民党反动派及历代统治者对内蒙古实行分割统治的状况。这样做既符合内蒙古的历史情况，也符合内蒙古地区蒙古民族和有关地区各民族的利益，深受蒙古族和其他各民族人民的拥护。但是，当时也有少数人不理解，以种种借口拖延这一问题的解决。周恩来总理坚定地贯彻了毛主席和党中央的意图，并为贯彻这一意图，耐心细致地做了大量思想工作。

据乌兰夫回忆，一九五一年底和一九五二年初，乌兰夫在北京参加中央民委的会议，元旦团拜在怀仁堂见到了毛主席。主席问：你搬家了没有？乌兰夫说：没有，还在张家口。毛主席转问当时的华北局书记薄一波：这是怎么回事呀？薄说：有关的同志不同意。毛主席发火了。他说：等的人脚心都发痒了，还不同意，不等了！你们传我的话，一个不同意撤一个，十个不同意撤十个，一百个不同意撤一百个，谁不同意就撤谁，有几个撤几个！毛主席说的时候火气很盛，在场的人都不吭声。见这场面，周总理说：蒙绥合并的事，乌兰夫同志本来和有关同志已商量好了，不知怎么有的同志后来又变了主意。主席你放心，我去做工作解决就是了。接着周总理借中央民委开会的机会，把内蒙古、绥远和其他方面有关负责同志都请到一起，专谈蒙绥合并的问题。结果还真是有人不同意，他们说：在内蒙古地区，历史已形成了蒙汉杂居，汉人那么多，热（河）、察（哈尔）、绥（远）建省和汉人多的地方设县已多年，没有必要再改变这种现状。还说：东蒙、西蒙都合在一起，从东到西跨东北、华北、西北，那么长管理不方便，有没有必要搞这么大？周总理当场批评了这些同志，讲了党的民族政策，特别强调地说，民族区域自治是我党解决我国民族问题的基本政策，不仅在内蒙古实施，在其他少数民族聚居地区也要实行。内蒙古是第一个实行民族区域自治的少数民族地区，在这个问题上一定要处理好，给其他地区做个样子出来看。他还讲了在蒙绥合并问题上毛主席说的"开两扇门"，这就是一扇是蒙古人欢迎汉人进来，开白云鄂博铁矿，在包头建钢铁联合企业，支援国家建设；再开一扇门是汉人支持蒙绥合并，恢复内蒙古历史上的本来面貌，实现内蒙古统一的民族区域自治。他要求那些思想上还不通的同志很好地理解党的民族政策，理解毛主席下这一决心的深刻意义。他说，对这个问题毛主席说过几次了，我们现在的任务就是执行中央决定和毛主席指示。就这样经过周总理亲自做工作，才顺利地解决了蒙绥合并问题。之后，中央又有步骤地采取了一系列的具体措施：一九五二年十月，决定撤销察哈尔省，把行政建制上属察哈尔省的锡林郭勒盟、察哈尔盟正式划归内蒙古自治区；一九五四年一月，政务院批准撤销绥远省建制，全部辖区划归内蒙古自治区；一九五五年七月，中央决定撤销热河省，把热北、热东地区包括赤峰在内的六个旗县市划归内蒙古自治区；一九五六年四月，国务院批准把甘肃省管辖的巴彦浩特蒙古族自治州（即阿拉善地区）和额济纳自治旗划归内蒙古自治区；一九六二年七月，又决定将原属河北省的商都县划归内蒙古自治区。

这样以呼和浩特为中心，东、西统一的内蒙古自治区基本形成。

自一九四九年春毛泽东拍板"恢复内蒙古历史上的本来面貌"，一九五〇年乌兰夫提出被周恩来认可的"承认历史，照顾现实"的原则后，到一九六二年商都县划归内蒙古自治区，历时十三年，才落实了"恢复历史上的本来面貌"，实现了真正意义上的内蒙古全区域统一自治，形成了在我国版图上横跨三北（东北、华北、西北）、面积近一百二十万平方千米的内蒙古自治区。

一九五二年六月二十七日，内蒙古自治区政府机关迁往归绥市。七月五日，乌兰夫就任绥远省人民政府主席，与副主席苏谦益、杨植霖、奎璧、孙兰峰一起参加就职典礼。一九五四年初，中共华北局提出"绥远省与内蒙古自治区合并，撤销绥远省建制"的建议，一月十一日至十七日，绥远省召开各界人民代表会议，会议做出了《拥护华北局关于〈绥远省、内蒙古自治区合并，撤销绥远省建制，统一内蒙古自治区人民政府的建议〉的决议》，一月二十八日，中央人民政府政务院批准该《决议》。据此，三月五日，乌兰夫主持召开内蒙古自治区人民政府和绥远省人民政府、省军政委员会、省各界人民代表会议协商委员会联席扩大会议，一致同意决定于三月六日正式撤销绥远省建制，其辖区归内蒙古自治区人民政府统一领导，并由政府主席乌兰夫签署布告，公之于众。四月二十五日，自治区首府由归绥改为蒙古语原名呼和浩特，亦即大明金国阿勒坦汗时代"库库和屯"的谐音，也算是恢复历史本来面貌吧。

乌兰恰特

乌兰恰特剧场开工建设于内蒙古自治区成立六周年的一九五三年七月，位置在呼和浩特市新华广场南侧，马路对面是原中国民航的白色大厦。乌兰恰特是一座白墙红瓦的藏汉式结构的建筑，主体立面为三层廊殿，每层由六根红色廊柱支撑。两侧附属建筑为六层，有一种护佑的效果，主体建筑顶端筑有一座穹庐式蒙古包，从外观上看，颇有席力图召大经堂的风采。剧场进门是前厅，左右为观众休息厅，一楼四百八十二个座位，楼上七百九十九个座位。剧场配有乐池、化妆间、淋浴间和贵宾室。此前呼和浩特仅在旧城有几处小剧场，早已老旧不堪。

作为曾经呼和浩特的标志性建筑，乌兰恰特是内蒙古文化发展的见证。一九五四年初剧场落成，即有内蒙古话剧团演出了《尤利斯·伏契克》，朝鲜访华艺术团演出了歌舞专场。同年中国京剧团在乌兰恰特连续演出三十三场，《借东风》《野猪林》《大闹天宫》精彩绝伦，市民大饱眼福耳福。一九五五年内蒙古第一届民族民间音乐、舞蹈、戏剧观摩演出在乌兰恰特举行，国家文艺团体及北京、天津、山西、甘肃、黑龙江等省市一千三百多名演职人员参加观摩演出。同年八月，在北京、上海、杭州、广州、武汉等地访问演出了一个多月的朝鲜人民军歌舞团，在我国防部、文化部代表陪同下来到呼和浩特。在乌兰恰特，首先由内蒙古军区文工团和内蒙古歌舞团举行招待演出，随后人民军歌舞团演出朝鲜歌舞，还演出了在中国访问期间学习的舞蹈《腰鼓舞》和歌曲《剪羊毛》等，观众掌声雷动。一九五七年五月一日，蒙古国家艺术团应邀来到呼和浩特，参加内蒙古自治区成立十周年庆祝活动。乌兰夫等领导与齐米德道尔吉·苏伦扎布团长一起，在夜晚的乌兰恰特楼顶蒙古包穹庐里，观看了新华广场的节日焰火。五月二日晚，蒙古国艺术团在乌兰恰特演出了三十多个节目，还用汉语演唱了歌曲《南泥湾》《纺棉花》，乌兰夫陪同前来参加庆祝活动的国务院副总理李先念观看了演出。一九五八年十月，按照中苏文化协定，苏联阿塞拜疆歌舞团来访并在乌兰恰特演出，乌兰夫及哈丰阿、奎璧等自治区领导出席观看。

乌兰恰特以它独有的风采吸引了众多名家前来献艺。自建成使用后，几十年来在乌兰恰特的舞台上，京剧四大名旦中的尚小云、荀慧生，四大须生中的马连良、谭富英，四小名旦中的张君秋和著名京剧表演艺术家裘盛戎、李少春、李万春、叶盛兰、厉慧良、高盛麟、关正明、言少朋，以及评剧表演艺术家小白玉霜，豫剧表演艺术家常香玉，"豫剧大王"陈素珍，曲剧表演艺术家魏喜奎，河北梆子表演艺术家李桂云、韩俊卿，晋剧表演艺术家牛桂英、丁果鲜，越剧表演艺术家毕春芳，还有许多歌唱家、舞蹈家和其他门类的艺术家纷纷献艺亮相，为乌兰恰特增添了光彩。一九五九年八月，应乌兰夫主席邀请，著名京剧表演艺术家俞振飞、言慧珠夫妇率上海戏曲学校师生来呼，在乌兰恰特俞振飞、言慧珠演出了代表作《墙头马上》，师生们也表演了节目。后几日，乌兰夫观看了俞振飞、言慧珠演出的《游园惊梦》，言慧珠反串《让徐州》。言慧珠是蒙古族，在演出休息间隙，乌兰夫对言慧珠说，你应该有一个蒙古名字，就叫斯琴高娃吧。

同年内蒙古开始筹建京剧团，这是塞外草原从来没有过的事，而演员的缺乏是首要问题。一九六〇年五月，乌兰夫邀请中央戏剧学校学京剧的毕业生来呼和浩特实习演出，随后他又在文化部部长沈雁冰（茅盾）的陪同下，亲自到该校挑选了十九名优秀学生，加入内蒙古京剧起步的队伍，这些学生很快就成了内蒙古京剧团的主干力量。那年月正值三年困难时期，填饱肚子是头等大事，乌兰夫责成政府副主席王逸伦到京剧团看望演员，对从中央戏剧学校来呼的学生每人每月增发伙食费七元，每人特别添加了一件过冬的棉大衣。过去内蒙古的地方戏在东部是"二人转"，在西部是"二人台"，从来没有过京剧。乌兰夫喜欢京剧，如前所述他不但积极引进人才，启动成立京剧团，还主动运作于一九六二年六月把"右派分子"、被"支边"到西藏的京剧名家李万春全家及其带领的剧团商调到了呼和浩特，李万春对此十分感激，视此为对在他困苦与危难中的及时搭救。有了李万春的内蒙古京剧团如虎添翼，名震海内，李万春也勤奋努力地参加排练演出，在呼和浩特招收弟子，举办讲座传授表演技巧，在内蒙古工作生活的十六年里，为剧团建设奉献了自己的才华，而乌兰恰特就是那个特殊岁月里他安身立命、演艺生涯得以持续下去的佳地。六月十二日，李万春率团在乌兰恰特举行首场汇报演出，主演了他的拿手戏《古城会·训弟》，李庆春和李小春叔侄二人合演了《三岔口》，李万春夫人、著名京剧演员李硕秀演出了《桑园会》《昭君出塞》，乌兰夫观看演出后对李万春等人说："热烈欢迎你们来内蒙古，欢迎先生扎根内蒙古，为内蒙古文化艺术的繁荣发展贡献力量。"

乌兰夫重视京剧，特别关注现代京剧的发展方向，在这方面他长期连续地亲力亲为。一九六四年三月在观看了内蒙古京剧团《草原英雄小姐妹》的演出后说:"这出戏排得很好,你们走在前头了。演现代戏方向对头,要坚决走下去。"这年夏天,文化部组织全国京剧现代戏观摩演出,其间国家民委邀集参加演出的少数民族地区京剧团召开座谈会,夏衍在发言时说:"最早发起现代京剧会演的是乌兰夫同志,他特别关心京剧现代戏。民族形式怎样融化在京剧表演艺术里,是个重要问题。现代戏汇演很重要。"乌兰夫也在座谈会上发言:"农村牧区大搞社会主义革命,但城市京剧舞台上,仍然还是'刘、关、张',这怎么能行呢?这次会演,没估计到有这么多反映少数民族革命、生产的京剧。"在乌兰夫的关心和倡导下,内蒙古京剧团在推进京剧现代戏方面做了大胆尝试,他们排演了诸如《嘎达梅林》《草原烽火》《草原英雄小姐妹》等许多新剧目。乌兰夫反复观看认真思考,遂萌发了搞"蒙派京剧"的想法。

所谓蒙派京剧,内蒙古戏剧理论家乌兰娜认为,蒙派京剧是在保持和发挥传统京剧唱腔音乐风格的基础上,大胆地加入蒙古族民间音乐的旋律,以突出剧中蒙古族人物的个性,同时与情节、人物紧密结合,创造出"长调散板"等新的唱腔形式,并取得了很好的效果。在音乐编制配器中加入了蒙古族马头琴、四胡、三弦三大件及管弦乐器,更强化了唱腔音乐的草原色彩。在蒙派京剧的创建上,李万春和鲍绮瑜二位大师做出了重大贡献。鲍绮瑜一九四〇年出生在北京,十四岁入戏曲学校,受教于荀令香、于玉蘅、程玉清、赵桐珊等前辈,一九五九年师从"四大名旦"之一的尚小云。一九六〇年鲍绮瑜毕业,被乌兰夫主席点名要到内蒙古京剧团,与李万春、李小春、徐东来等名家联袂合作。在内蒙古的四十五年里,她响应乌兰夫创建蒙派京剧的号召,创作演出了一大批优秀作品,塑造了众多少数民族女性艺术形象。她的扮相规范大方,文武俱佳,她主演的《草原英雄小姐妹》《查干庙》《嘎达梅林》等剧目,人物有血有肉、栩栩如生。一九九〇年,《北国情》赴京参加徽班进京两百周年纪念演出时,鲍绮瑜因成功塑造了萧太后的形象而荣获"天安奖"一等奖,并荣获一至十届戏曲电视剧总评最佳表演奖。

以三千孤儿来草原为题材的京剧《草原母亲》二〇〇二年十一月在乌兰恰特演出,观众们被源自生活、感人至深的故事情节所打动,不禁唏嘘落泪。这是一部交响乐形式的京剧现代戏,西方乐器和京胡与马头琴,蒙古族长调与京腔有机结合在一起,奏响了一部具有浓郁草原风情的京剧交响乐。该剧荣获第三届中国京剧艺术节优秀剧目奖、优秀表演奖。后来该剧被拍摄成京剧电影,电影多重的表现手段,将皮黄与长调、京胡与马头琴、梨园雅韵与草原风情融为一体,突破了京剧舞台的程式化和虚拟化,最大限度地拉近了京剧艺术与观众的距离,是探索实践的成功范例。在现代京剧《草原英雄小姐妹》的表演中,演员们把京剧抢花、大刀花等传统程式与小姐妹放羊生活的动作相结合,运用拉羊挡风雪、推羊、串翻身、跪蹉、抢背等虚拟技巧动作,生动地表现了龙梅、玉荣小姐妹在暴风雪中拼尽全力保护羊群的场面。剧中马舞的运用,是对京剧趟马程式的继承、扩展和丰富,蒙派京剧中的骑马动作远比传统京剧舞台上的趟马更生动、更真实、更粗犷、更美,是一种对蒙古族舞蹈动作的借鉴移植,既不破坏传统京剧的整体风格,又使地方民族与草原色彩得以鲜活展现。可以说,蒙派京剧的创新与发展,是对京剧这一古老艺术形式的再丰富再创造,它为传统样式注入了新鲜活力和强烈的时代感。蒙派京剧同时受到行业内的肯定和草原人民的喜爱,在全国戏剧界独树一帜,让古老的艺术在草原上扎下生命之根。

乌兰恰特这座与呼和浩特人民一起经历了五十多年沧桑风雨的独特民族建筑,由于它北侧的新华广场需要扩建而于二十一世纪初被拆除,呼和浩特因此失掉了一处可以见证其城市发展历程的绝好物证,不能不说是十分令人遗憾的。如今一座超大型的建筑出现在呼市东二环北侧,虽然仍冠以乌兰恰特之名，却已然没有了曾经的感觉，我心中的乌兰恰特当然不是这个样子的。

乌力格尔

在呼和浩特有一处位于新华大街老博物馆东侧的独特建筑"蒙语说书厅"，北面的一条小巷也跟着起名为说书厅巷。说它是"厅"其实是一座蒙古包穹顶式的建筑，二十世纪五十年代，它是为已经在呼和浩特工作生活的爱听说书的蒙古族同胞们专门兴建的场所，也叫乌力格尔厅，这样的说书厅在五六十年代的内蒙古有二十余座。现当代的乌力格尔蒙古说书是中原汉族说书在蒙古地区的变种，主要的起源和流行地在科尔沁草原，有所不同的是乌力格尔用蒙古语科尔沁方言演唱，用蒙古四胡来伴奏。乌力格尔的演唱者被称为"胡尔沁"，乌力格尔是说书讲故事，是叙述、歌唱、史诗、音乐的混合体，是说、学、逗、拉、唱的集合。先说后唱，说中有唱，方言土语甚至蒙古味儿的汉语和地方俗语、俚语、谚语、歇后语等混杂其间，运用巧妙，诙谐动人，颇具一种雅俗共赏的效果。是一个人一把琴就能展现的一台戏，有人说有的胡尔沁不用乐器伴奏而单凭自己的嗓音就能演出，那也只能算作一种单纯的说书了，与乌力格尔不同。

乌力格尔起源的时间未见考证资料，根据琶杰、毛依罕等大师们说唱的内容和他们说书兴盛时期的年代推算，大约应该是在清代，这是指乌力格尔本身。蒙古民族在还没有自己的文字的时候，口耳相传是他们留存记忆的主要方法。古老的蒙古英雄史诗就全赖于"江格尔齐"（史诗说唱者）们神奇的大脑、超人的记忆和迷人的表达，说唱英雄史诗用潮尔（马头琴前身）伴奏，说唱者也被称为"潮尔沁"。曾经盛行于西部蒙古的"潮尔沁"在清末近乎绝迹，胡尔沁开始在东部蒙古科尔沁草原兴起。乌力格尔在艺术形式上是对英雄史诗自拉自唱（说）这种民间说唱的继承，其说唱内容除《忽必烈汗》《清史演义》《嘎达梅林》外，多为中原地区流行的说书，如《东周列国志》《封神演义》《西游记》《三国》《唐五传》等，草原人民在胡琴深沉浑厚的旋律和说书人生动有趣的说唱中，对中原朝代的历史便有了一些通俗的了解。

乌力格尔讲究师徒传承，不像江格尔齐的"神授""梦授"，一觉醒来或一夜之间成为神人。也因为"胡尔沁"们说唱的都是人们熟悉的通俗小说，听众也都是普通牧民，所以乌力格尔"胡尔沁"们的社会地位并不高，多数人走村串包也只是求个温饱。个别说唱技艺超群的，也会被王爷看中留在王府中说唱。现代乌力格尔在二十世纪五十年代达到了高峰，是因为一些新小说的出现，《林海雪原》《平原枪声》《狼牙山五壮士》《野火春风斗古城》等都被"胡尔沁"们改编成乌力格尔，以琶杰、毛依罕为代表的一批"胡尔沁"的说唱技艺也日臻成熟。那时在呼和浩特的说书厅里，每到周末必是灯火通明、人头攒动，阵阵掌声和欢笑声弥漫在新城新华大街上。琶杰说唱的《武松打虎》，毛依罕说唱的《呼依勒巴特尔胡》堪称经典，经他们的改编整理，两部说唱书稿都在乌兰巴托出版，北京作家出版社还出版了毛依罕的《党和母亲》。这两位大师都在北京受到毛主席和周总理的接见，在那个年代，乌力格尔也有过自己的辉煌。

但随着时代的发展，"胡尔沁"们被请进了录音棚和录像室，人们从收音机、电视机上收听收看到的乌力格尔，已经没有了现场演出时特有的生动、幽默以及即兴发挥的个人色彩和效果。新一代年轻人已经对广播、电视不太感兴趣了，互联网数字时代手机客户端无奇不有，还会有多少人来收看乌力格尔呢？百度上能搜到的乌力格尔演唱，点击率从几千到十几万不等，衰落与消亡似乎难以避免，抢救与挖掘也仅限于文化保护层面。

尽管在一些大型活动上还能看到乌力格尔的表演，但也只是几分钟十几分钟的场面点缀而已，过去那种一唱几个小时，一连几天个把月的大部头说书的情形早已不见其踪。今天真正从事专业演唱的"胡尔沁"都散落在内蒙古东部区的旗县级乌兰牧骑，人数总共不过百人，也只是非物质文化传承人仅存的代表了。

与乌力格尔似有某种血缘关系的姊妹艺术是好来宝，意思是连起来唱，即连韵说唱，与汉族的数来宝近似。好来宝分单口、双人对口和众人多口三种，以自拉自唱，对问对答，领唱、齐唱、伴唱、伴舞为形式，乐器也从单独一件到众人多件，齐唱伴唱伴舞中加入了女演员，伴奏乐器能至四五种。

好来宝主要流行于喀喇沁、科尔沁一带，但历史比较悠久，在公元十三世纪就有成熟完整的艺术形式。关于它的起源有两种说法：一是源于蒙古民族早期的口头文学诗歌赞词，二是从乌力格尔中派生出来，从表现形式看，在今天的好来宝中，都有它们传衍的痕迹。好来宝的唱词诗句一般为四句一节，每句首押韵，也可中间和结尾押韵。各段落之间有交叉换韵的，也有的一韵到底。演唱内容可长可短，形式灵活，音乐节奏富于变化，但曲调相对固定。也可即兴编词套曲演唱，对观众吸引力更大。

好来宝第一代大师丹森尼玛为清代光绪年间人，琶杰大师是他的第三代传人。毛依罕大师更擅长于表演好来宝，传统优秀节目有《僧格仁亲》《可恨的官吏富豪》《呼和浩特颂》。

乌兰牧骑

乌兰牧骑，蒙古语本意为"红色的嫩芽"，是二十世纪五十年代新生事物红色文化工作队的代名词，这种文化工作队最初只设在旗县级。一九五七年四月，在庆祝内蒙古自治区成立十周年之际，乌兰夫以《十年来的内蒙古》为题发表文章，对文化工作存在的差距不足提出了自己的思考。自治区文化局对照文章查找问题后，成立工作组到锡林郭勒盟苏尼特右旗调研，发现该旗文化馆坐等来客，被动服务群众，面对地广人稀、流动性大的特点，没有什么有效可行的服务办法。调查分析研究后，该局提出一个设想，即在旗县一级文化馆增加少量演出队员，下到牧区演出，让坐等服务变成流动下乡。这年六月，内蒙古第一个乌兰牧骑在苏尼特右旗诞生。九月自治区人委发布了《乌兰牧骑工作条例》，确定了性质任务，明确了经费编制。随后的几年，乌兰牧骑在内蒙古各旗县蓬勃兴起。

乌兰牧骑的演出队伍短小精悍，简单实用，一架扬琴，一架手风琴，两把二胡，一支笛子就能演奏。队员都是多面手一专多能，报幕员同时是歌手，拉琴弹奏的又能下场跳舞，十来个人就能撑起一场有模有样的文艺演出。全队的人员器具，一辆胶轮马车就能解决交通问题，进入二十世纪七十年代后才改成大卡车，马槽放下来，车厢就是舞台。他们随时随地都能为牧民演出，可谓"天为幕布，地当舞台"，常年流动在各旗县的苏木、嘎查和牧民点上。节目多为自编自演，一般都是以唱歌为主，伴以器乐演奏，即使是这样简单的演出，对于生活在方圆几十里几百里人烟稀少的草原上的牧民来说，却是很难遇到的文化享受，因此乌兰牧骑队员是最受牧民们欢迎的人，牧民们称他们是"玛奈（我们的）乌兰牧骑"。

一九六四年，乌兰牧骑代表队参加了全国少数民族群众业余艺术观摩演出会，演出结束，周恩来总理在接见他们时说："我们要向你们学习，要拿你们这把火在全国点起来。"一九六五年周总理提议乌兰牧骑派出小分队到全国巡回演出，乌兰牧骑名扬全国。毛主席三次接见过乌兰牧骑队员，周总理十二次与乌兰牧骑队员在一起，他嘱咐队员们："不要进了城市，忘了乡村，要不忘过去，不忘农村，不忘你们的牧场，望你们保持不朽的乌兰牧骑称号。"

乌兰牧骑长年在乡下演出，早年的乡村牧区走几十千米上百千米才是公社所在地，队员们演出所付出的辛苦劳累，不是专业团体的人们能够想象的。二十世纪六七十年代乡村多不通电，夜里演出在马车卡车周围点上柴油火把，成群的蚊虫聚光而来，队员们立刻成了它们攻击的目标。蚊虫直往唱歌的演员嘴里钻，演员边唱边吐蚊虫，有时还会卡在喉咙上。一场演出下来，演员们的口鼻被柴油火把的浓烟熏得黢黑，化过妆的女演员脸颊成了花狸猫。七十年代初，笔者跟着父母在伊克昭盟乌审旗陶利公社下乡巡回医疗的三年当中，只看过一次乌兰牧骑的演出。下午的时候就赶紧去乌兰牧骑的卡车车厢前，找来砖头垛起来准备站在上面看演出。那时候都住土房子，家里只有土炕煤油灯，没有板凳。那时候我才十一二岁，只顾和公社里的孩子们围着火把乱跑乱喊了，演的什么节目一点记忆都没有，只知道演员里有个唱歌的叫金花。金花和拉苏荣后来都成为著名的草原歌唱家，乌兰牧骑是他们年轻时都经历过的生活，即使后来到了像呼和浩特这样挺大的城市，你仍然能从他们的嗓音中听到草原牧区的味道。与金花搭档多年的歌唱家拉苏荣，一九六〇年才十三岁还没完全变过声来，就被招入伊克昭盟杭锦旗乌兰牧骑。几经历练，他能面对不同的观众演唱不同的歌曲，在牧区他用蒙古语唱激情满怀的长调、短调和草原歌曲，到了农村他用汉语唱幽默诙谐的地方民歌，受到当地民众的普遍欢迎。他是蒙古长调歌王哈扎布的关门弟子，老师曾对他说："不管在哪里演唱，脑子里要有草原、毡包、马牛羊和牧民，这样歌曲的节奏、曲调、色彩才会有草原的味道，有对牧民的感情。"

乌兰牧骑属于草原，尽管如今人们认识世界的方式发生了急剧变化，欣赏文艺作品的途径也有了多重选择，但乌兰牧骑并没有被时代丢弃，反而得到新的发展进步。今天，内蒙古自治区有专业认证的乌兰牧骑七十五家，分布在呼和浩特等十二个盟市的旗里，演员达三千五百多人。每一年各旗乌兰牧骑要完成一百场下乡演出的任务，文艺轻骑兵是这个全国独树一帜的团体的绝佳称谓。

草原母亲与三千孤儿

"爱自己的孩子是人，爱别人的孩子是神。"——蒙古族谚语。

一九五九年至一九六一年的连续特大旱灾，是新中国成立以来旱情最重的年份，人们习惯地把它称作"三年困难时期"。一九六〇年，除西藏外，各省（区市）旱灾面积高达三千八百多万顷，为新中国成立以来的最高纪录。旱情一直持续到一九六二年，黄河在河南、山东一些地方露出了河床。据《干旱灾害对我国社会经济影响研究》（一九五〇——二〇〇一）确认，一九五八年至一九六二年位于新中国成立以来七个干旱高峰期之首，为严重干旱。其中一九五九年到一九六一年连续三年每年粮食减产达八百三十八万吨，减产幅度达百分之十五。按之前口粮平均消耗水平，大约有两千八百万人没有饭吃。一九六〇年全国人口减少了一千万。这些数字分别来自国家统计局《中国统计年鉴》（一九八三）、《新中国统计资料汇编》的记载，公安部的户籍人口档案资料与此也是一致的。自然灾害是"天灾"，同时发生的与苏联友好关系破裂，对方逼迫偿还债务和此前的"大跃进"、人民公社化运动及反右倾斗争所造成的"人祸"加在一起，吃不饱肚子饿死人的事情时有发生。大人们在苦苦支撑，一些婴儿刚一出生就没办法养活，很多孩子被送进了福利院，江苏、浙江、安徽等地福利院一时人员猛增，根本无法容纳这么多的婴儿，大批孤儿被转移到条件稍好一点的上海保育院。上海人民想尽办法保住孩子们的基本衣食，但仍然无法支撑下去，无奈之下把情况报告给了北京。周恩来总理想到内蒙古牧区的受灾情况可能相比之下要好些，就打电话给乌兰夫。其实内蒙古在三年灾害中也旱情严重，即使这样乌兰夫还是设法搞到大量的肉蛋奶制品发往上海，但仍然难以为继。负责妇女儿童工作的康克清同志心里也在牵挂着这些孩子，一九五九年底在北京的一次会议上，康克清找到乌兰夫请他再给上海和华东几个城市支援一些奶粉。但这只能解决一时之需，不能从根本上解决问题。乌兰夫想了一个办法，把孤儿接到内蒙古，交给牧民收养。早在内蒙古自治区成立初期，乌兰夫在牧区部署根治常见流行病时，就看到不少牧民家庭因为疾病的原因都没有孩子，他们当然会非常欢迎这些孩子的。于是乌兰夫把自己的想法汇报给周总理，总理很高兴："这很好嘛！内蒙古地广人稀，特别是牧区缺小孩子，牧民又很喜欢，多收养些南方孤儿，帮助解决了燃眉之急，并且对发展牧民人口和以后建设是有好处的，符合'人畜两旺'的要求。但要注意把工作组织好，把孩子们安排好！"乌兰夫回答道："请您放心，一定会安排好，准保他们吃得胖胖的长得壮壮的。"

  一九六〇年四月十七日晚，一列绿皮火车从内蒙古包头东站发车了，列车将开往上海去接那些孤儿。在一节硬座车厢里，一位刚二十出头的年轻姑娘与身边另外三名白衣护士在说着什么，她就是包头市第二医院的儿科护士长胡景兰，在护士岗位上工作了七个年头的她，在出发前刚刚检查出自己已经怀孕四个月了。接到去上海接护孤儿的通知后，她和同事们毫不犹豫就上了火车。四月二十一日到达上海，下午两点半开始给孩子们做简单体检，晚上六点火车载着一百个孩子向着呼和浩特的方向出发了。上海保育院知道孩子们要到北方去，怕孩子们受凉给每个孩子都穿上了新棉衣。但车厢里空气流通不畅，温度在慢慢升高，孩子们开始出汗流鼻涕烦躁哭闹，胡景兰和同事们赶紧给孩子们脱衣服，火车越走车厢里越冷，又再帮孩子们穿上。二〇〇二年，胡景兰和被抚养成人的孤儿到上海寻亲访问时回忆到，火车上一个三个月大的男婴高烧不退，从白天到黑夜，她抱着这个孩子一直到了包头。车上还有十六个孩子得了结膜炎，每个孩子都要按时口服药片滴眼药水，这些孩子都是几个月大，最大的也不足一岁（前几批来的孩子多数都是几个月大的婴儿），这给胡景兰和同事们的一路护理带来很大的困难，火车上的那几天就像是在战场上做护理一样根本没时间睡觉，等孩子们安静下来，护士们也只能坐下休息片刻，怀里还要抱着婴儿。终于到目的地了，这时候的胡景兰出现了因劳累而致流产的先兆，好在最后孩子保住了，当年九月她生下了一个大胖小子。二十世纪八十年代初，笔者的家人曾在包头市第二医院工作，和胡景兰同在一个科室，在医院里我多次见到过胡景兰，那时候对她的这段特殊经历我一无所知。今年夏天，我在包头市达茂旗"三千孤儿入内蒙主体展馆"展厅里看到了她在上海寻访时的照片，一时感动得流下了眼泪。胡景兰身材较高，戴一副眼镜，嗓音粗亮，和人说话时总是张嘴笑着。在展厅墙上的照片里我又看到一位出生于一九六三年六月的上海孤儿，叫李炎飚，当年被李德玉、付瑜夫妇收养，在达茂旗长大成人后调到市区工作，和我在一个系统。虽然并不熟悉，但我还是从照片上认出她来了。胡景兰、李炎飚这样我们身边的普通人，她们并不平凡的经历穿越了坎坷岁月，幸运也好苦难也罢，都已经成为一座城市的特殊记忆，镌刻在历史影像中永远不会消失。

孤儿们到呼和浩特和包头后，被转运至各旗育儿所要待上一年多，才可以让有领养意愿的牧民抱走。一九六一年四月，刚刚成立不久的乌兰察布盟四子王旗保育站的保育员都贵玛被分配照顾二十八个孩子，虽然之前受过一些培训，但只有十九岁连婚都没结过的她该如何照顾好这些孩子呢？面对咿咿呀呀的一群婴儿，把尿、擦屁股、哄睡觉、做饭、喂奶、洗衣、洗碗、搞卫生是天天都必须要做的。都贵玛从小在四子王旗脑木更牧区长大，蒙古族孩子的善良坚韧和勤劳勇敢在她身上都能看到，挤奶、打草、拾粪、放牧，在她十九年的生活中都经历过。即使是这样，这么多需要照顾的孩子，要张口吃饭要一天天长大，都贵玛除了投入全部的精力外别无选择。

乌兰夫向周总理保证过的孤儿们要"接一个，活一个，壮一个"的誓言，在乌兰察布杜尔伯特草原一位年轻保育员都贵玛的身上得到了验证。冬去春来，经过五百多天的精心照料，小家伙们慢慢适应了北方草原的气候和牧区生活，一个个都长得壮壮的，没有一个孩子因为生病饥饿而受伤致残或夭折。都贵玛也在孩子们一声声轻如羊羔般的"额吉，额吉（妈妈）"的呼唤声中，体验到了做母亲的感觉，这时候她的脸上已经看不到当初因为害羞而露出的红晕。一年多时间过去了，孩子们都养胖了，开始有人来认领了，这个时候是都贵玛最难受的，要么是要走的孩子抱住她的腿大哭，要么她一个人躲在一边抹眼泪。要认领这些孩子，也不是谁想带走就可以带走的，这些孩子在那时的草原上可都是宝贝。当时对认领的一个硬性要求是：你家最低要有一头奶牛。刚刚一两岁的孩子，没有牛奶喝怎么行呢？为了能领到孩子，有的牧民把家里值钱的马和头饰首饰卖了换回奶牛。小男孩扎拉嘎木吉（意即后来人），是都贵玛抚养的最后一个孩子，因此也最放心不下。去到养父母家后都贵玛常去探望，一次她看见小扎拉嘎木吉一个人在草场上背着粪筐在捡牛粪，都贵玛找到那对夫妻生气又心痛地斥责了他们，然后抱起扎拉嘎木吉头也不回地走了。回到乌兰花镇她接着又养了几个月，直到为扎拉嘎木吉找到另一个领养人家。这一次，都贵玛经过对这对夫妇的细致观察、反复考验，才把小扎拉嘎木吉交给了他们。在二〇〇六年CCTV新闻频道播出的"讲述草原额吉的故事·国家的孩子·扎拉嘎木吉"专题节目中，如今已是六十多岁的扎拉嘎木吉身穿蒙古袍戴着鸭舌帽，面对镜头一个劲地擦眼睛。提起童年的经历，他总是抑制不住自己的情绪，泪流不止。他说："父母的爱最深、最重要，我在那个地方（上海）没有得到过父母的爱，长大了又重新得到了父母的爱，这是我最自豪的事情！"

"孤儿"这个字眼，曾有一个时期在草原上是不能随便说出口的。小女孩包凤英从被收养那天开始，养母便不允许任何人再提起收养这件事。有一天家里来了一个客人，无意间说了句"这姑娘长得一点儿也不像上海人"，一向好客的养母立刻生气变脸把客人撵出了门，从此不再来往。二十多年过去了，当年欢蹦乱跳的小姑娘包凤英长成了一个大姑娘。回忆起当年她将要举办婚礼的前一天晚上，她动情地说："妈妈把我和丈夫一起叫到自己跟前，郑重其事地拿出一个小盒子，里面只是一个小小的铃铛。"那天，养母主动向未来的女婿提起了包凤英的身世："我的凤英不是孤儿，她是国家的孩子。这是她来的时候带来的小铃铛。我们把她养这么大，没动过一根指头，没骂过她一句。我现在要把我的宝贝交给你，你要善待她！"那天晚上，包凤英抱着母亲大哭，妈妈保护了她二十多年，现在找到了另一个可以保护她的人，妈妈终于可以放心了，才坦然说出了她的身世……

二十世纪九十年代，内蒙古的一些团体组织发起了上海孤儿寻亲活动，但因为当年离开上海时孩子们都太年幼，根本没有留下多少记忆，有的人只能说出家附近有一个大烟囱之类的模糊印记，寻找到自己的亲生父母是一件很困难的事情。而对于回上海寻亲，已经在草原生活了大半辈子的牧民朝克图，对此却并不那么热心。他的养母敖根说，去保育站认领那天，她一进门就看见了小朝克图向她一瘸一拐地走过来，小眼睛直愣愣的，面对这个腿上有残疾的孤儿，她的眼泪一下子就出来了。背着小朝克图回到家里，她对丈夫说："这个别人都不要的孩子我们养吧！"丈夫抱起朝克图在他的小脸蛋上亲了一口说："行啊！"

几十载光阴如白驹过隙，当年张着小口、细嫩的嗓音吐着吴侬软语的孩子们，如今都已是年过半百、满口腔音厚重的说蒙古话的北方草原人了。很多人都当了爷爷奶奶姥爷姥姥，都有一个儿孙满堂的幸福家庭，他们当中的大多数人现在仍然生活在内蒙古草原上。内蒙古档案馆资料记载，在一九六〇年"移入儿童设备购置明细表"中，写着小木床、小桌子、小椅子、小毯子、便盆、澡盆、枕头、毛巾等物品。从一九六〇年至一九六二年三年间，内蒙古共接收了三千四百八十六名上海及附近地区的孤儿。有人说"如果一位母亲收养了一个孤儿，只能说明这是一个人的善良；一片草原养育了几千个孤儿，那就证明了这个民族文化根基的深厚博大。"

二〇一九年七月，在新中国成立七十周年之际，国家主席习近平在人民大会堂为草原母亲都贵玛颁发"人民楷模"国家荣誉奖章。二〇二一年夏天，上海市政府负责人来到四子王旗都贵玛家中慰问，她成为"上海市荣誉市民"。

模范自治区

早在一九五二年初，周恩来总理在全国民族工作会议期间谈到内蒙古区域划界问题时，就对相关地区、部门负责人指出："内蒙古是第一个实行民族区域自治的少数民族地区，在这个问题上一定要处理好，给其他地区作个样子出来看。"

二〇二一年三月五日，国家主席习近平参加十三届全国人大四次会议内蒙古代表团审议时指出："内蒙古作为我国最早成立的民族自治区，在促进民族团结上具有光荣传统，长期以来拥有'模范自治区'的崇高荣誉，要加倍珍惜、继续保持"。内蒙古成为"模范自治区"可以追溯到二十世纪六十年代，一九六六年"十年动乱"前，内蒙古的社会经济得到快速发展，出现了内蒙古自治区历史上的第一个黄金时期，那个时候就被周恩来总理誉为"模范自治区"。

从一九四五年十一月在张家口召开内蒙古自治运动联合会，到一九四七年五月一日内蒙古自治政府在乌兰浩特成立，从一九四九年三月毛泽东主席提出要"恢复内蒙古历史上的本来面貌"，到一九五〇年四月周恩来总理亲自为新成立的内蒙古自治区划定版图，从新中国建设初期开始，内蒙古就一切从实际出发，提出"三不两利"和"稳、宽、长"的牧区民主改革和社会主义改造的方针，是马克思主义中国化在牧区工作的具体体现。一九五三年六月，中央民委第三次（扩大）会议做出《关于内蒙古自治区及绥远、青海、新疆等地若干牧业区畜牧生产的基本总结》，归纳为"五项方针、十一项政策、六项具体措施"，其经验几乎全部出自内蒙古，经政务院批准，作为指导全国牧区工作的法规性文件施行。一九五六年七月二十五日，中共中央在转发《关于新疆畜牧业社会主义改造问题》中指出："内蒙古自治区提出'依靠劳动牧民'……中央认为这个口号是适当的，你们可以采用"，并转发有关省区。至一九五九年，内蒙古自治区被中央誉为"民族区域自治的良好榜样"。

在新中国建设初期，内蒙古各族人民在包头工业基地和国家航天基地等大型项目建设中，服从国家统一布局，克服重重困难，团结协作，建成了一批先进的现代化工业项目，彻底扭转了内蒙古没有大工业的历史。三年困难时期，内蒙古响应中央号召，勒紧裤腰带，支援河北、辽宁、安徽等八省粮食共二十三亿多斤、大小牲畜一千多万头（只）。面对三年自然灾害后大量灾民涌入内蒙古的情况，乌兰夫要求"既来之接纳之，不管有无户口，尽力安置度荒"，通过三年全区人口增长率推算，共安置了一百多万流入人口。对多批次来的上海孤儿则要求"接一个，活一个，壮一个"，草原牧民用人间大爱拯救了三千多个幼小的生命。动员二百六十户牧民为国家建设第一个陆上导弹靶场基地，献出了三千多亩水草肥美的牧场。这些内蒙古各族人民为国担当、为社会分忧的历史佳话，诠释了蒙汉各族人民团结奋斗的家国情怀，也佐证了当之无愧的"模范自治区"的光荣称号。

我国民族区域自治地方众多，先后成立了内蒙古、新疆、广西、宁夏、西藏五个省级民族自治区，三十个民族自治州和一百二十个民族自治旗（县），民族自治地方面积达到全国国土总面积的百分之六十四。当好"模范自治区"，起到榜样和表率的作用，可谓任重道远。二〇一七年八月八日，中央在给庆祝内蒙古自治区成立七十周年的贺电中特别指出："内蒙古自治区历届党委和政府创造性落实党中央精神，内蒙古各族人民识大体、顾大局、讲风格、求奉献、有担当，赢得并始终如一呵护了'模范自治区'的崇高荣誉。"当日，内蒙古自治区成立七十周年庆祝大会在呼和浩特举行，中共中央政治局常委、全国政协主席俞正声在大会上讲话指出，内蒙古"民族关系团结和谐，创造了新中国民族工作史上众多第一和先进经验……赢得并长期呵护了'模范自治区'的崇高荣誉"。近年来内蒙古各族人民踔厉风发，社会各项事业协调发展，二〇二一年全区地区生产总值跨过了两万亿元大关，人均GDP达到八点五万元，居全国第十位，人均可支配收入增加到三点四万元。